VERBESSERN HEISST VERÄNDERN

Neue Wege, Inhalte und Ziele
der Ausbildung von Deutschlehrer(inne)n
in Studium und Referendariat

Herausgegeben von

Volker Frederking

D1705840

Schneider Verlag Hohengehren GmbH

Umschlaggestaltung:
Wolfgang H. Ariwald, BDG, 59519 Möhnesee
unter Verwendung einer Abbildung von © Tomi Ungerer „Lehrgut"

Gedruckt auf umweltfreundlichem Papier (chlor- und säurefrei hergestellt).

Die Deutsche Bibliothek – CIP-Einheitsaufnahme

Verbessern heißt Verändern : neue Wege, Inhalte und Ziele der Ausbildung
von Deutschlehrer(inne)n in Studium und Referendariat /
hrsg. von Volker Frederking. –
Baltmannsweiler : Schneider-Verl. Hohengehren, 1998
  ISBN 3-89676-089-0

Alle Rechte, insbesondere das Recht der Vervielfältigung sowie der Übersetzung, vorbehalten.
Kein Teil des Werkes darf in irgendeiner Form (durch Fotokopie, Mikrofilm oder ein anderes Ver-
fahren) ohne schriftliche Genehmigung des Verlages reproduziert werden.
© Schneider Verlag Hohengehren, 1998.
  Printed in Germany – Druck: Wilhelm Jungmann Göppingen

Inhaltsverzeichnis

Volker Frederking

Einführung.

Deutschlehrer(innen)-Ausbildung im Zeichen einer radikalisierten Moderne

Wir befinden uns am Anfang einer neuen Bildungsdebatte. Daran kann angesichts der zunehmenden öffentlichen Diskussionen über Fragen der Bildung und der Ausbildung kaum ein Zweifel bestehen. In den Mittelpunkt des Interesses sind dabei bislang vor allem die Schule bzw. die Probleme der in ihr Lehrenden und Lernenden gerückt. Die Notwendigkeit grundlegender Veränderungen steht hier für viele außer Frage. Wenn Oskar NEGT diagnostiziert, unsere Schulen seien „in einem erbarmungswürdigen Zustand",[1] Hartmut von HENTIG dazu auffordert, 'die Schule neu zu denken',[2] Reinhard VOß einen ganzen Kongreß unter das Motto 'Die Schule neu erfinden'[3] stellt oder Peter STRUCK ebenso provozierend wie plakativ die Forderung „Neue Lehrer braucht das Land!"[4] formuliert, wird evident, daß im Urteil vieler Bildungsexperten die gegenwärtige Situation an unseren Schulen die Entwicklung vollkommen neuer Ansätze und Modelle notwendig macht. In der öffentlichen Diskussion finden diese Einschätzungen einen vielstimmigen Widerhall. Die Probleme sind längst in das allgemeinere Bewußtsein getreten. Schließlich lassen sich pädagogische Miseren nicht verheimlichen. Zu viele sind unmittelbar davon betroffen - als Schüler(in), als Student(in), als Referendar(in), als Lehrer(in), als Erziehungsberechtigte(r). In den Medien der neunziger Jahre ist denn auch vom „Nervenkrieg im Klassenzimmer" und vom „Horrorjob Lehrer" die Rede, so ein Titelblatt des 'SPIEGEL',[5] oder vom 'Alptraum Schule', wie der STERN einen Artikel überschrieb.[6]

Auch wenn eine genauere Bestandsaufnahme sicherlich zu differenzierteren Urteilen gelangt, steht die Notwendigkeit eines neuen Nachdenkens über die Aufgaben von Schule außer Frage. Denn das Problem besitzt eine außerordentliche gesellschaftspolitische Brisanz. Hatte Georg PICHT schon 1964 vom Bildungsnotstand gesprochen, diagnostiziert Oskar NEGT dreißig Jahre später eine Bildungskatastrophe, deren gesamtgesellschaftliche Folgen sich bereits abzuzeichnen beginnen: „Gewaltanfälligkeit der Jugendlichen und Schulmüdigkeit, zerbrochene Lernmotivationen im Unterricht und Fluchttendenzen aus der Gesellschaft sind keine belanglosen Randerscheinungen einer Gesellschaft mehr, die gerne als wohlgeordnet und auf ausgleichender Gerechtigkeit beruhend charakterisiert wird. Es muß befürchtet wer-

---

[1] *Negt* (1997) 9.
[2] *Von Hentig* (1993).
[3] *Voß* (1996).
[4] *Struck* (1994).
[5] *'Der Spiegel'* vom 14. Juni 1993.
[6] *Stern* vom 26. August 1993.

den, daß die zur Zeit noch zerstreut auftretenden Krisensymptome eines Tages brennpunktartig zusammenschießen und zu einem qualitativen Umschlag unseres ganzen demokratischen Gesellschaftssystems führen."[7] Mit Hartmut von HENTIG läßt sich die einseitige Wissensüberfrachtung bei gleichzeitiger Ausklammerung lebenspraktischer Zusammenhänge und unzureichender Verwirklichung humaner Bildung als wesentliche Ursache der gegenwärtigen Probleme verstehen. In seinem Urteil entläßt die Schule „die jungen Menschen kenntnisreich, aber erfahrungsarm, erwartungsvoll, aber orientierungslos, ungebunden, aber auch unselbständig - und einen erschreckend hohen Anteil unter ihnen ohne jede Beziehung zum Gemeinwesen, entfremdet und feindlich bis zur Barbarei."[8] Angesichts von Gewaltbereitschaft, Rechtsextremismus und Orientierungslosigkeit unter Kindern und Jugendlichen erweist sich das „Mißverhältnis von Aufwand und Erfolg, von Absicht und Ergebnis"[9] schulischer Bemühungen dabei als so eklatant und offensichtlich, daß nur ein radikales 'Nachdenken' über und 'Neu-Denken' von Schule Chancen zur Behebung der Mißstände eröffnet. Verbessern heißt eben verändern.

Doch neben den von NEGT und von HENTIG skizzierten bildungspolitischen bzw. schulinternen Ursachen des Problems sind auch schulexterne Faktoren von Bedeutung. Nach VOß sind es die „tiefgreifenden Veränderungen in unserer Gesellschaft",[10] die sich in der Schule und ihren Problemen widerspiegeln und ein radikales Umdenken notwendig machen. Die BILDUNGSKOMMISSION NRW kommt in ihrer 1995 vorgelegten Denkschrift 'Zukunft der Bildung - Schule der Zukunft' zu einem ähnlichen Ergebnis. In ihrer Diagnose sind in der Bildungsdiskussion grundlegende Neuorientierungen notwendig, da sich die 'Zeitsignaturen' in signifikanter Weise verändert haben. Exemplarisch genannt werden die Pluralisierung der Lebensformen und der sozialen Beziehungen, die Veränderung der Welt durch neue Technologien und Medien, die ökologische Frage, die Bevölkerungsentwicklung, die Auswirkungen der Migration, die Internationalisierung der Lebensverhältnisse und der Wandel der Wertvorstellungen und Orientierungen.[11]

Vor diesem Hintergrund wird erkennbar: Die Krise der Schule und der in ihr agierenden Lehrenden und Lernenden spiegelt in gewisser Hinsicht lediglich die viel grundlegendere und umfassendere Krise im Selbstverständnis der modernen Industriegesellschaft und der sie bedingenden Wandlungsprozesse wider. Das 'Projekt Moderne', von dem Jürgen HABERMAS zurecht festgestellt hat, das seine Vollendung noch aussteht,[12] ist in ein bedenkliches Stadium getreten. Die „Erschöpfung utopischer Energien"[13] ist unübersehbar. Zukunft, jenes Zauberwort im neuzeitlichen Selbstverständnis, hat seinen Glanz verloren und erscheint erstmals deutlich

---

[7] *Negt* (1997) 33.
[8] *Von Hentig* (1993) 10.
[9] *Von Hentig* (1993) 10.
[10] *Voß* (1996) 7.
[11] *Bildungskommission NRW* (1995) XII.
[12] Vgl. *Habermas* (1980).
[13] *Habermas* (1980) 141.

negativ konnotiert. Das Individuum steht dieser Entwicklung teilweise hilflos gegenüber. Die Häufigkeit, mit der Begriffe wie 'Sinnkrise', 'Orientierungslosigkeit' oder 'Werteverlust' in den Mittelpunkt des öffentlichen Diskurses rücken, kann als Indikator für den Grad der individuellen wie gesellschaftlichen Verunsicherung in der 'Risikogesellschaft'[14] verstanden werden. Gleiches gilt für den geradezu inflationären Gebrauch der Vorsilbe 'post', die man mit Ulrich BECK als „Codewort für Ratlosigkeit" verstehen kann, „die sich im Modischen verfängt", als „Grundrezept, mit dem wir in wortreicher, begriffsstutziger Verständnislosigkeit einer Wirklichkeit gegenüberstehen, die aus den Fugen zu geraten scheint."[15]

Doch gleich, ob man vor diesem Hintergrund mit Jürgen HABERMAS von der 'Neuen Übersichtlichkeit'[16] spricht, mit Wolfgang WELSCH den Anbruch einer 'postmodernen Moderne'[17] diagnostiziert oder mit Ulrich BECK und Anthony GIDDENS die Umbrüche und Krisen als Indikatoren für den Anbruch einer 'anderen', 'radikalisierten' bzw. 'zweiten' Moderne'[18] interpretiert, außer Frage steht, daß Kindheit und Jugend im Zeichen der diversen Modernisierungsprozesse grundlegenden Veränderungen unterliegen. Nicht nur das von Neil POSTMAN[19] vor dem Hintergrund des wachsenden Medieneinflusses diagnostizierte 'Verschwinden der Kindheit' ist hierfür symptomatisch oder die von Dieter BAACKE u.a. untersuchte Sogwirkung der Medienwelt.[20] Zu nennen ist ebenfalls die zunehmende Auflösung traditioneller familiärer Strukturen, die für Kinder und Jugendliche sehr schwer zu bewältigen ist. Auch die Verinselung der Sozialkontakte[21] und die gerade in Großstädten in großem Umfang feststellbare Einschränkung kindlicher bzw. jugendlicher Erfahrungs- und Handlungsräume erweisen sich zunehmend als Probleme, die die Arbeit der Lehrer(inn)en in der Schule in erheblichem Maße beeinflussen. Gleiches gilt für die Pluralisierung und Differenzierung von Lebenszusammenhängen. Kindliches bzw. jugendliches Aufwachsen zwischen Moderne und Postmoderne ist mit einer „Fülle neuer Widersprüche"[22] verbunden, die sich bei den Heranwachsenden insbesondere in der Erfahrung struktureller Krisen und einem weitreichenden Orientierungsdilemma widerspiegeln, wie die Jugendforschung gezeigt hat.[23]

All diese hier nur kurz umrissenen Veränderungen von Kindheit und Jugend stellen die Schule und den Unterricht vor vollkommen neue Herausforderungen. In besonderer Weise gilt dies natürlich für die sogenannten geistes- bzw. kulturwissenschaft-

---

[14] *Beck* (1986).
[15] *Beck* (1986) 12.
[16] *Habermas* (1985).
[17] *Welsch* (1987).
[18] *Beck* (1986); *Giddens* (1990) 185.
[19] Vgl. *Postman* (1982).
[20] Vgl. *Baacke/Frank/Raade* (1989).
[21] Vgl. *Melzer/Neubauer/Sander/Volkmer* (1993).
[22] *Baacke/Heitmeyer* (1985) 14.
[23] *Baacke/Heitmeyer* (1985) 16f.; *Ferchhoff* (1985); *Helsper* (1991).

lichen Fächer. Dabei spielt weniger die von Odo MARQUARD[24] im Zeichen der Modernitätskrisen reklamierte Kompensationsrolle geisteswissenschaftlicher Reflexion eine Rolle. Viel eher ist den Geisteswissenschaften mit Jürgen MITTELSTRASS eine „Orientierungsaufgabe" zuzusprechen, weil „die Gegenstände, die sie erforschen, selbst häufig eine Orientierungsform haben".[25] Diese kann für den geisteswissenschaftlich ausgerichteten schulischen Unterricht eine konstitutive Bedeutung besitzen, wie sich gerade am Beispiel des Faches Deutsch in besonderer Weise zeigt. Denn im Zeichen einer radikalisierten Moderne muß es im Deutschunterricht verstärkt darum gehen, Kindern und Jugendlichen im Umgang mit Sprache und Literatur jene Erfahrungs,- Handlungs- und Gestaltungsräume zu eröffnen, die ihnen in ihrer außerschulischen Lebenswirklichkeit nur noch in eingeschränkterer Weise zur Verfügung stehen.

Fachdidaktisch sind diese grundlegenden Herausforderungen bereits in sehr umfassender Weise angenommen und diskutiert worden. Eine Vielzahl neuer methodisch-didaktischer Ansätze wurde seit Ende der siebziger, Anfang der achtziger Jahre entwickelt, um den Deutschunterricht in schüler-, erfahrungs-, identitäts-, handlungs-, produktions- und kreativitätsorientierter Richtung zu verändern und auf diese Weise den gewandelten Schüler(innen)-Subjekten in unseren Klassenzimmern Rechnung zu tragen. Schon 1977 stellte beispielsweise Jürgen KREFT in diesem Sinne fest: „Da in unserer hochindustrialisierten Gesellschaft nicht nur der Erwerb von speziellen Qualifikationen, sondern auch der Erwerb fundamentaler Kompetenzen und Ich-Entwicklung bis zur autonomen Stufe (Diskurs-Stufe) nicht beiläufig in der Lebenspraxis geschieht und sichergestellt ist, [...] sind institutionalisierte Lehr-Lern-Prozesse (Unterricht) notwendig".[26] Daß dabei dem Literaturunterricht eine exponierte Bedeutung zukommt, macht KREFT im Kontext seiner gesamten Studie deutlich und leitet damit eine verstärkte Berücksichtigung der Identitätsproblematik im fachlichen Diskurs der achtziger Jahre ein, die mit Kaspar H. SPINNERs Konzept eines 'Identitätsorientierten Deutschunterrichts' ihren markantesten Ausdruck gefunden hat.[27] Auch die zu dem bestimmenden literaturdidaktischen Paradigma der Gegenwart aufgestiegene Konzeption des 'Handlungs- und produktionsorientierten Literaturunterrichts' versteht sich zum Teil als Reflex auf gewandelte gesellschaftliche Rahmenbedingungen und die dadurch eingeleiteten Veränderungen von Kindheit und Jugend, wie bereits die ersten theoretischen Grundlagenschriften zu erkennen geben. So betonte Günter WALDMANN bereits 1984 vor dem Hintergrund der „Produziertheit unserer Welt"[28] und der damit zusammenhängenden Reduktion des Individuums zum passiven Konsumenten die Notwendigkeit, für Schüler(innen) die emanzipatorischen Potentiale von Literatur durch einen handelnd-produktiven und eigenaktiven Umgang mit Texten erfahrbar zu machen und auf diese Weise die

---

[24] *Marquard* (1985).
[25] *Mittelstraß* (1990) 39f.
[26] *Kreft* (1977) 217f.
[27] Vgl. *Spinner* (1980).
[28] *Waldmann* (1984) 106.

Entwicklung einer in der modernen Gesellschaft zentralen Kompetenz zu fördern: 'soziale Phantasie'.[29] Sein systematischer Katalog von Formen produktionsorientierten Umgangs mit literarischen Texten sollte Lehrer(inne)n ein breites methodisches Repertoire zur unterrichtlichen Verwirklichung offerieren. Gleiches gilt für Gerhard HAAS' 1984 erschienene Studie 'Handlungs- und produktionsorientierter Literaturunterricht', die aufgrund der zahlreichen beschriebenen praktischen Verfahren breite Wirkung entfaltete. Trotz partieller intentionaler Unterschiede geht es auch HAAS analog zu WALDMANN darum, „die Struktur, Machart und gesellschaftlichen Bedingungen der Textsorte durch Eigenproduktion aufzudecken"[30] und auf diese Weise 'emotive', 'poetisch-ästhetische', 'kommunikative', 'kreative', 'kritische' und 'emanzipatorische' Kompetenz aufbauen zu helfen.[31] Auch die zentrale sprachdidaktische Konzeption, das 'Kreative Schreiben', begründet ihre didaktische Zielsetzung vor dem Hintergrund gewandelter gesamtgesellschaftlicher Entwicklungen, wie die pointierte Beschreibung eines ihrer exponiertesten Vertreter, Kaspar H. SPINNER, verdeutlicht: „Die Hauptleistung eines kreativen Unterrichts besteht darin, in einer Welt, in der die Entsinnlichung und Entpersönlichung immer weiter um sich greift, die Menschen in ihrer Eigeninitiative und Selbständigkeit zu stärken und ihre Sensibilität sich selbst und anderen gegenüber zu entfalten. Solche Menschen gewinnen Mut zur eigenen Verantwortung und nehmen gegebene Verhältnisse nicht immer hin, sondern haben die Kraft zur Utopie."[32]

Doch so fruchtbar diese Ansätze ohne jeden Zweifel sind und so grundlegend, ja paradigmatisch der Wandel ist, der sich mit ihnen in der Deutschdidaktik seit fast zwei Jahrzehnten vollzogen hat, im Mittelpunkt des fachlichen Diskurses standen und stehen vornehmlich didaktisch-methodische Fragen im Zusammenhang mit Unterrichtszielen, Verfahren und Konzeptionen sowie in bezug auf Voraussetzungen, Bedürfnisse und Interessen der am Unterrichtsprozeß beteiligten Schüler und Schülerinnen. Vernachlässigt wurden hingegen die personalen Voraussetzungen zur Initiierung und Durchführung dergestalt schülerzentrierter, personal-kreativer bzw. handelnd-produktiver Unterrichtsprozesse in der Persönlichkeit und im Selbstverständnis des Deutschlehrers bzw. der Deutschlehrerin selbst. Gerade vor dem Hintergrund veränderter Zeitsignaturen im Zeichen einer radikalisierten Moderne aber ist in dieser Hinsicht eine 'hochschuldidaktische Neubesinnung'[33] erforderlich, d.h. ein Professionalisierungsschub, der nicht nur die Unterrichtsarrangements ganzheitlicher werden läßt, sondern auch die Ausbildung derer, die sie gestalten bzw. umsetzen sollen. Denn jede(r) kann nur selbst vermitteln bzw. als Prozeß initiieren, was er bzw. sie zumindest im Grundansatz selbst erfahren bzw. in sich erschlossen hat. Um eine Metapher von Kaspar H. SPINNER[34] aufzugreifen und weiterzudenken: Den

---

[29] *Waldmann* (1984) 103ff.
[30] *Haas* (1984) 15.
[31] Vgl. *Haas* (1984) 13; (1997) 35ff.
[32] *Spinner* (1993) 23.
[33] *Spinner* (1991) 180ff.
[34] Vgl. *Spinner* (1994) 146ff.

neuen Bildern von Unterricht und von Lernenden im Fach Deutsch müssen neue Bilder von Lehrenden in Studium und Referendariat an die Seite gestellt werden. Denn die in der Deutschdidaktik eingeleiteten bzw. vollzogenen Paradigmenwechsel sind in ihrer Wirkmächtigkeit an neue Kompetenzen der in der Schule Lehrenden gebunden.[35] Anderenfalls werden didaktische und methodische Potentiale nicht ausgeschöpft. So macht die Anleitung bzw. kundige Ermöglichung produktiv-handelnder Formen des Umgangs mit Sprache und Literatur entsprechende eigene Erfahrungen im Studium und im Referendariat wünschenswert. Die Initiierung kreativer Lernprozesse im Kontext sprachlicher und literarischer Bildung ist an die Erfahrung von und mit eigener Kreativität gebunden. Die Förderung von Identitäts-findungsprozessen im Deutschunterricht hat die Auseinandersetzung mit der eigenen Identität und dem eigenen Selbst- und Weltverhältnis zur Voraussetzung. Auch der schulische Einsatz konstruktivistisch-entdeckender bzw. situierter Formen des Ler-nens wird erleichtert durch entsprechende Erfahrungen während der Ausbildung. Gleiches gilt für die Kompetenz zum offenen Unterrichtsgespräch.

Doch nicht nur veränderte fachdidaktische Konzepte und damit einhergehende Ziel-vorstellungen machen entsprechende neue bzw. erweiterte Kompetenzen von Deutschlehrer(inne)n notwendig, die es in der ersten und zweiten Phase der Ausbil-dung bzw. in der Weiterbildung als dritter Phase verstärkt zu berücksichtigen gilt. Im Zuge der diversen Modernisierungsprozesse gehen damit veränderte Inhalte bzw. Strukturen einher. Wenn beispielsweise die Bildungskommission NRW angesichts wachsender Fremdenfeindlichkeit, multikultureller Schulwirklichkeit und unüber-sehbarer Globalisierungstendenzen eine „Internationalisierung der Bildung" und eine „durchgängige interkulturelle Erziehung in allen Schulstufen und Bildungsgän-gen"[36] fordert, so sind damit gerade Deutschlehrer(inne)n Aufgaben übertragen, die diese nur auf der Basis einer eigenen (inter)kulturellen Kompetenz zu bewältigen vermögen. Ein ähnlich gelagerter Zusammenhang zwischen veränderten Sachstruk-turen und damit einhergehenden neuen Kompetenzen ergibt sich in bezug auf das Prinzip des fächerverbindenden bzw. -übergreifenden Lernens. Dieses wird in den Richtlinien vieler Bundesländer betont, um einer ständig inter- bzw. transdisziplinä-rer werdenden Forschungslandschaft Rechnung zu tragen[37] und für die Schü-ler(innen) Anlässe zu schaffen, „sich im Denken in komplexen Zusammenhängen zu üben".[38] Lehrer(inne)n des Faches Deutsch werden damit aber neue Formen fachli-chen bzw. fachübergreifenden unterrichtlichen Planens und Handelns übertragen, für die sie in ihrer Ausbildung in Studium und Referendariat praktische Anregungen erhalten sollten. In ihren Konsequenzen als noch eklatanter könnten sich die in ra-santem Tempo verlaufenden Entwicklungen auf dem Gebiet der elektronischen Medien erweisen. Denn so sicher, wie diese den schulischen Deutschunterricht in

---

[35] Vgl. *Kreft* (1979) 44.
[36] *Bildungskommission NRW* (1995) 117.
[37] Vgl. dazu *Kocka (1987)*; *Frühwald u.a.* (1991) 45ff.
[38] *Ministerium für Kultus und Sport Baden-Württemberg* (1994) 11.

naher Zukunft radikal verändern werden,[39] so unsicher sind die allermeisten Student(inn)en, Lehramtsanwärter(innen) bzw. Lehrer(innen) des Faches Deutsch in bezug auf einen sinnvollen fachspezifischen Einsatz 'alter' und 'neuer' Medien.

In Anbetracht all dieser skizzierten Problemfelder und Herausforderungen sind der Ausbildung von Deutschlehrer(inne)n in Studium und Referendariat vollkommen neue und bislang noch nicht in hinreichendem Maße erkannte Aufgaben zugewachsen. Es bedarf tatsächlich einer 'veränderten Professionalität',[40] wie die Bildungskommission NRW betont. Denn wenn man nicht auf zufällige, d.h. angeborene oder außerhalb von Schule, Hochschule bzw. Fachseminar entwickelte Fähigkeiten setzen will, müssen die angehenden Deutschlehrer(innen) die notwendigen Kompetenzen während und im Rahmen ihrer Ausbildung erwerben können.

Dazu sollen in diesem Buch konkrete Vorschläge gemacht werden. Die Artikel beinhalten in diesem Sinne sowohl theoretische Analysen als auch, soweit möglich, praktische Vorschläge für neue Wege, Inhalte und Ziele der Ausbildung von Deutschlehrer(inne)n in Studium und Referendariat bzw. Fortbildung. Die Palette der behandelten Themenfelder und vertretenen didaktischen Positionen entspricht dabei der Komplexität der gewandelten Anforderungsprofile. Widersprüche bzw. unterschiedliche Akzente wurden bewußt nicht 'abgeglättet'. Denn sie verdeutlichen im Urteil des Herausgebers nicht nur das breite Spektrum möglicher Lösungswege, sondern auch die Notwendigkeit weiterführender fachlicher Diskussionen.

Der erste Teil des Bandes (I.) hat Möglichkeiten einer hochschuldidaktischen Professionalisierung des Lehrens und Lernens zum Gegenstand. In diesem Sinne diskutiert Kaspar H. SPINNER konstruktivistische Grundlagen für eine veränderte Deutschlehrer(innen)ausbildung und erläutert praktische Konsequenzen an Beispielen aus eigenen Hochschulseminaren. In kritischer Auseinandersetzung mit fragendentwickelnden Formen der Gesprächsführung und ihren sokratischen Vorbildern entwickelt Wolfgang STEINIG Möglichkeiten zur Optimierung des Deutschstudiums im Horizont 'situierten Lernens'. Erhard P. MÜLLER setzt sich mit dem Verhältnis von Theorie und Praxis in der Ausbildung von Deutschlehrer(inne)n im Horizont der These 'Lehrer sollen handlungsfähig werden' auseinander. Vor dem Hintergrund der traditionellen Hochschullehre diskutiert Volker FREDERKING Möglichkeiten zur Verbesserung des Lehrens und Lernens in den Lehramtsstudiengängen des Faches Deutsch unter dem Aspekt einer Koinzidenz von Lehrinhalt und Lehrform am Beispiel des handlungs- und produktionsorientierten Literaturunterrichts.

Neue Inhalte und Schwerpunkte des Deutschstudiums rücken im II. Kapitel in den Mittelpunkt der Aufmerksamkeit. Jutta WERMKE erläutert die von der AG Medien formulierten Vorschläge für ein 'Hochschulcurriculum Mediendidaktik' und ergänzt diese durch Positionspapiere zur Bedeutung von Medien im Deutschunterricht bzw. in der Ausbildung zukünftiger Deutschlehrer(innen) von Petra JOSTING, Hartmut JONAS, Bodo LECKE, Birgit BERNDT, Ulrich SCHMITZ und Almut HOPPE. Frieder

---

[39] Vgl. *Bildungskommission NRW* (1995) 134ff.
[40] *Bildungskommission NRW* (1995) XIII.

SCHÜLEIN und Michael ZIMMERMANN verdeutlichen unter Bezug auf einschlägige theoretische Konzepte und eigene praktische Erfahrungen die zentrale Bedeutung, die dem Theaterspiel im Rahmen des Deutschstudiums in den Lehramtsstudiengängen zukommen kann. Die durch gesamtgesellschaftliche Entwicklungen und Migrationsbewegungen verstärkt erforderlich werdende interkulturelle Kompetenz zukünftiger Deutschlehrerinnen und Deutschlehrer reflektieren Hans-Werner HUNEKE und Regina WIELAND im Rekurs auf die polyglotten Wurzeln des eigensprachlichen Unterrichts.

Möglichkeiten fachübergreifender Hochschullehre bzw. fachexterner Impulse werden im III. Kapitel entfaltet. Theodor KARST entwickelt auf der Grundlage umfassender eigener Erfahrungen praktische Anregungen zu fächerverbindendem Unterricht im Rahmen interdisziplinär ausgerichteter Seminarveranstaltungen in Kooperation mit Kolleg(inn)en anderer Fächer. Bedingungen und Möglichkeiten zur Kreativitätsförderung im Deutschunterricht diskutiert Werner JÜNGER im Horizont psychologischer Kreativitätsforschung. Susanne NORDHOFEN führt in das bislang kaum reflektierte Handlungsfeld 'Philosophieren im Deutschunterricht' ein und verdeutlicht Konsequenzen für Unterricht, Studium und Referendariat. Roland WAGNER erörtert Grunderfordernisse 'kommunikativer Kompetenz' angehender Deutschlehrer(innen) aus sprechpädagogischer Sicht und zeigt Möglichkeiten ihrer hochschuldidaktischen Vermittlung auf.

Im IV. Kapitel, das sich mit Praktikum, Referendariat, Fortbildung und Schulentwicklung beschäftigt, reflektiert Juliane KÖSTER den möglichen Beitrag des fachdidaktischen Praktikums zum Ausbau des Theorie-Praxis-Bezugs in der Ausbildung von Deutschlehrer(inne)n im Studium am Beispiel eines Projektpraktikums an der Universität Bielefeld. Walter LENK verdeutlicht Grundfragen der Grundschullehrer(innen)-Ausbildung in Baden-Württemberg am Beispiel des Anfangsunterrichts als Ort des sprachlichen Lernens. Das Konzept einer projektorientierten Ausbildung angehender Deutschlehrer(innen) im Referendariat stellt Günter HEINE in kritischer Auseinandersetzung mit vorherrschenden Formen und der durch sie bedingten Probleme in der zweiten Phase vor. Barbara SCHUBERT-FELMY diskutiert auf der Grundlage langjähriger eigener Erfahrungen Möglichkeiten und Probleme der Lehrer(innen)fortbildung im Fach Deutsch. Matthias BERGHOFF schließlich erörtert in seinem Aufsatz Möglichkeiten einer pädagogisch sinnvollen Nutzung der Neuen Medien vor dem Hintergrund der schulischen Rahmenbedingungen und der hier notwendig werdenden Veränderungen.

Meinungsbilder unmittelbar Betroffener erweitern das Spektrum und eröffnen Einblicke in die Erlebniswelt derjenigen, auf die jedes Bemühen um eine Verbesserung der Ausbildung letztendlich abzielen muß - Schüler(innen), Student(inn)en, Lehramtsanwärter(innen) und Lehrer(innen) des Faches Deutsch.

Literaturliste

Beck, Ulrich: (1986) Risikogesellschaft. auf dem Weg in eine andere Moderne. Frankfurt am Main: Suhrkamp 1986.

Baacke, Dieter/ Heitmeyer, Wilhelm: (1985) Neue Widersprüche. Zur Notwendigkeit einer integrierten Jugendtheorie. In: *Baacke, Dieter/ Heitmeyer, Wilhelm (Hrsg.):* (1985) Neue Widersprüche. Jugendliche in den 80er Jahren. Weinheim/Müchen: Juventa-Verlag 1985. S. 7-23.

Baacke, Dieter/ Frank, Günther/ Radde, Martin: (1989) Jugendliche im Sog der Medien. Medienwelten Jugendlicher und Gesellschaft. Opladen: Leske und Budrich 1989.

Bildungskommission NRW: (1995) Zukunft der Bildung - Schule der Zukunft. Denkschrift der Kommission »Zukunft der Bildung - Schule der Zukunft« beim Ministerpräsidenten des Landes Nordrhein-Westfalen. Berlin: Luchterhand 1995.

Ferchhoff, Wilfried: (1985) Zur Pluralisierung und Differenzierung von Lebenszusammenhängen bei Jugendlichen. In: Baacke, Dieter/ Heitmeyer, Wilhelm (Hrsg.): (1985) Neue Widersprüche. Jugendliche in den 80er Jahren. Weinheim/München: Juventa-Verlag 1985. S. 46-85.

Frühwald, Wolfgang/ Jauß, Hans Robert/ Koselleck, Reinhart/ Mittelstraß Jürgen/ Steinwachs, Burkhart: (1991) Geisteswissenschaften heute. Eine Denkschrift. Frankfurt am Main: Suhrkamp 1991.

Giddens, Anthony: (1990) Konsequenzen der Moderne. Frankfurt am Main: Suhrkamp 1995.

Haas, Gerhard: (1984) Handlungs- und produktionsorientierter Literaturunterricht in der Sekundarstufe I. Hannover: Schroedel 1984.

- (1997)   Handlungs- und produktionsorientierter Literaturunterricht. Theorie und Praxis eines 'anderen' Literaturunterrichts für die Primar- und Sekundarstufe. Seelze: Kallmeyer 1997.

Habermas, Jürgen: (1980) Die Moderne - ein unvollendetes Projekt. In: Jürgen Habermas: Die Moderne - ein unvollendetes Projekt. Philosophisch-politische Aufsätze. Leipzig: Reclam 1994.

- (1985)   Die Neue Unübersichtlichkeit. Kleine Politische Schriften V. Frankfurt am Main: Suhrkamp 1985.

Helsper, Werner (Hrsg.): (1991) Jugend im Diskurs von Moderne und Postmoderne. In: Ders. (Hrsg.): Jugend zwischen Moderne und Postmoderne. Opladen 1991. S. 11-38.

Hentig, Hartmut von: (1993) Die Schule neu denken. Eine Übung in praktischer Vernunft. Eine zornige, aber nicht eifernde, eine radikale, aber nicht utopische Antwort auf Hoyerswerda und Mölln, Rostock und Solingen. München/Wien: Hanser 1993.

Keupp, Heiner (Hrsg.): (1993) Zugänge zum Subjekt. Perspektiven einer reflexiven Sozialpsychologie. Frankfurt am Main: Suhrkamp 1993.

Kocka, Jürgen (Hrsg.): (1987) Interdisziplinarität. Praxis-Herausforderung-Ideologie. Frankfurt am Main: Suhrkamp 1987.

Kreft, Jürgen: (1977) Grundprobleme der Literaturdidaktik. Eine Fachdidaktik im Konzept sozialer und individueller Entwicklung und Geschichte. Heidelberg 1982.

- (1979)   Möglichkeiten und Grenzen einer curriculumtheoretischen Begründung des Faches Deutsch. In: Hopster, Norbert: (1979) Hochschuldidaktik 'Deutsch'. Paderborn/ München/ Wien/ Zürich: Schöningh 1979. S. 24-50.

Marquard, Odo: (1985) Über die Unvermeidlichkeit der Geisteswissenschaften. In: Ebd.: Apologie des Zufälligen. Stuttgart 1986. S. 98-116.

Melzer, Wolfgang/ Neubauer, Georg/ Sander, Uwe/ Volkmer, Ingrid (Hrsg.): (1993) Wandlungen der Kindheit. Theoretische Überlegungen zum Strukturwandel der Kindheit heute. Opladen: Leske und Budrich 1993.

Ministerium für Kultus und Sport Baden Württemberg (Hrsg.): (1994): Bildungsplan für die Realschule. Villigen-Schwenningen: Neckar-Verlag 1994.

Mittelstraß, Jürgen: (1990) Die Geisteswissenschaften im System der Wissenschaft. In: Wolfgang Frühwald/ Hans Robert Jauß/ Reinhard Koselleck/ Jürgen Mittelstraß/ Burkhart Steinwachs: Geisteswissenschaften heute. Eine Denkschrift. Frankfurt a.M. 1991. S. 39f.

Negt, Oskar: (1997) Kindheit und Schule in einer Welt der Umbrüche. Göttingen: Steidl 1997.

Postman, Neil: (1982) Das Verschwinden der Kindheit. Frankfurt am Main: Fischer 1982.

Spinner, Kaspar H.: (1980) Identität und Deutschunterricht. Göttingen 1980.

- (1991)   Bildung im Literaturstudium. Für eine hochschuldidaktische Neubesinnung. In: Griesheimer, Frank/ Prinz, Alois (Hrsg.): Wozu Literaturwissenschaft? Kritik und Perspektiven. Tübingen: Francke 1992. S. 180-197.

- (1993)   Kreatives Schreiben. In: Praxis Deutsch 119 (1993), S. 17-23.

- (1994)   Neue und alte Bilder von Lernenden. Deutschdidaktik im Zeichen der kognitiven Wende. In: Beiträge zur Lehrerbildung. Zeitschrift zu Theorie und Praxis der Grundausbildung, Fort- und Weiterbildung von Lehrerinnen und Lehrern 12 (1994) 2, S. 146-158.

Struck, Peter: (1994) Neue Lehrer braucht das Land. Ein Plädoyer für eine zeitgemäße Schule. Darmstadt: Wissenschaftliche Buchgesellschaft 1994.

Voß, Reinhard (Hrsg.): (1996) Die Schule neu erfinden: systemisch-konstruktivistische Annäherungen an Schule und Pädagogik. Berlin: Luchterhand 1996.

Waldmann, Günter: (1984) Grundzüge von Theorie und Praxis eines produktionsorientierten Literaturunterrichts. In: Hopster, Norbert (Hrsg.): Handbuch 'Deutsch' für Schule und Hochschule Sekundarstufe I. Paderborn/ München/ Wien/ Zürich: Schöningh 1984, S. 98-141.

Welsch, Wolfgang: (1987) Unsere postmoderne Moderne. Weinheim: Akademie Verlag 1987.

I. Vorschläge für eine hochschuldidaktische Professionalisierung des Lehrens und Lernens

Es wird sie einmal geben

Es wird sie einmal geben, die Deutschlehrer, die Deutschlehrerinnen, die sagen können: "Ja, ich bin einer. Ich liebe Sprache und Sprechen und Lesen und Zuhören und Schreiben. Und Nachdenken über Gelesenes, Gehörtes, Geschriebenes. Und ich will dies, was mir so wichtig ist, weitergeben an Kinder und Jugendliche. Und ich kann es und traue es mir zu."

Und sie, diese Deutschlehrer, werden zurückdenken an die Stätte, an die Zeit, an die Menschen, durch die sie das geworden sind, was sie sind.

Sie werden zurückdenken an ein helles, freundliches Gebäude mit vielen geschäftigen, nicht geschafften Menschen.

An Bücher, Bücher, Bücher: unter den Armen der vielen Menschen, neben den Kaffeetassen in der Mensa, in den Regalen der Bibliothek.

Ja, die Bibliothek: groß und ruhig und mit Holzfußboden, Ort des Lesens und Lernens. Bücher - so viele, wie das Herz begehrt. Weiche Schmökersessel. Tische in Nischen zum Arbeiten. Pflanzen. Und Ruhe ...

Die Deutschlehrer werden sich erinnern an Vorleseabende und Buchvorstellungen und Diskussionsrunden, mit und ohne Autoren, mit Dozierenden und Studierenden. Aufregend, anregend. Ohne Angst, was Falsches zu sagen, dafür mit Lust am Austausch. Die Kinder werden ihnen wieder einfallen, die zahlreich und ohne Scheu durch das helle, freundliche Gebäude liefen. Mit ihnen wurde gelernt, geredet. Auf Deutsch, manchmal auch mit Händen und Füßen und einem Lächeln, das jeder versteht, egal welche Sprache er spricht.

Und da waren auch die Lehrerinnen und Lehrer dieser Kinder, die, die das schon waren, was man selber werden wollte. Sie waren Hilfe, berichteten von ihrem Alltag, ihren Erfahrungen, aber nicht nur. Es wurde zusammen geplant, ausprobiert, ausgetauscht, voneinander gelernt und miteinander.

Erinnerungen steigen auf an die Dozierenden, an einzelne Gesichter, an alle. Auch sie waren, wie die Lehrer, erfüllt von einer Freude an ihrem Fach und an ihrer Aufgabe, die ansteckte. Ihre Türen standen immer offen, und sie waren freundlich und kreativ und klug. Man kannte sich und war interessiert an der Meinung des anderen.

Die Veranstaltungen waren überschaubar. Es war Zeit und Raum für gemeinsames Planen und Reflektieren. Die Studierenden entschieden sich bewußt für ihre Veranstaltungen und freuten sich auf die Zusammenarbeit, die neuen Erfahrungen und Erkenntnisse. Freudig und engagiert übernahmen sie Aufgaben und schufen sich den Raum, in dem sie lernen wollten.

Es gab Veranstaltungen für jeden Geschmack: Einführungen mit vielen praktischen Übungen und Hauptseminare, in denen der ganze Kurs in sprachphilosophischen Höhen schwebte, Vorlesungen, Projekte, Kompaktseminare, Praktikumsbegleitungen, Tutorien, Kolloquien, Veranstaltungen über Sprache und Sprechen und Lesen und Zuhören und Schreiben, ein "Markt der Möglichkeiten" - zweimal im Jahr...

Da waren didaktische Werkstätten, wo Sprachmaterialien untersucht, entwickelt und erstellt wurden. Es roch immer nach Kleister, und das Laminiergerät stand selten still. Arbeitsmittel, Bücher und Zeitschriften konnten ausgeliehen werden.

Aber nicht nur in den didaktischen Werkstätten wurde "geschafft". Es gab Theaterworkshops und Kabarettgruppen, offene Schreibwerkstätten, Lesezirkel, Druckereien, Kalligraphiekurse und Erzählstunden, Puppentheater und eine Hochschulzeitung. All dies war Bestandteil des

Studiums, dennoch freiwillig und wurde rege wahrgenommen. Hier traf man auch auf Menschen anderer Fachrichtungen und auf Hochschulfremde.

Ach ja, die anderen Fächer! Kunst, Sport, Psychologie, Musik, Pädagogik, Mathematik, es gab kaum ein Fach, mit dem man nicht zu tun hatte. Die verschiedenen Fächer befruchteten sich gegenseitig, und manch ein Deutschstudent entwickelte so auch einen Zugang zu bisher verschmähten Disziplinen.

Gelernt und gelehrt wurde aber nicht nur an der Hochschule selbst. Es gab Exkursionen in Verlage, in Museen, zu Ausstellungen. Theater wurden besucht und Büchereien und alternative Schulprojekte. Kompaktseminare führten an andere Orte und ermöglichten ein ganz anderes Lernen. Die Studierenden. wurden zu Auslandsaufenthalte ermutigt und zu außerschulischen Praktika.

Alle hatten Ruhe und Zeit, so zu studieren, wie sie selbst es wollten, im eigenen Tempo, mit eigenen Schwerpunkten. Man wurde nicht gepuscht und nicht gedrängelt, nicht von der Studienordnung, nicht von den Eltern und nicht vom Bafög-Amt.

Und zufrieden und selbstsicher verließen sie die Hochschule und waren das, was sie hatten werden wollen: Deutschlehrerinnen, Deutschlehrer.

Die, die sich einmal an all das erinnern werden, werden vielleicht nicht wissen, daß all das einmal anders war. Daß das Studium früher für viele geprägt war durch Scheindruck, Zeitdruck, Prüfungsdruck. Daß viele gar nicht Lehrer werden wollten, nicht wirklich werden wollten, sondern zum Studium getrieben wurden durch Ratlosigkeit, Perspektivlosigkeit oder weil das Abi nur dafür reichte. Daß Lust fehlte, Mühen gescheut und Chancen nicht wahrgenommen wurden. Daß die Motivation oft gering war und das Engagement - auch von Seiten der Dozierenden. Daß Stellen fehlten und Bücher und Räumlichkeiten und die Energie, die Utopie wahr werden zu lassen.

Zur Autorin:

Miriam Dowe studiert Deutsch an der Pädagogischen Hochschule Heidelberg.

Kaspar H. Spinner

Konstruktivistische Grundlagen für eine veränderte Deutschlehrerausbildung

Es gehört zu den Paradoxien der heutigen Lehrerausbildung, daß die Studierenden in vielen Veranstaltungen nach Lernmethoden arbeiten müssen, die sie als Lehrerinnen und Lehrer später nicht anwenden sollten - man denke nur an die verbreitete (Un)Art der Seminargestaltung, Sitzung für Sitzung Referate vorlesen zu lassen mit kurzer anschließender Diskussion, in der sich immer die gleichen vier oder fünf Teilnehmer melden (manchmal bestreitet der Dozent die Diskussion sogar alleine). Lehre in der Hochschule hinkt didaktisch hinter dem Schulunterricht her.

In der Didaktik gewinnen derzeit kognitivistische Lerntheorien immer mehr an Bedeutung. Durch sie wird - in Abgrenzung zu behavioristischen Auffassungen - die geistige Eigenaktivität beim Lernen betont. In der Lehrplangestaltung und in der Schulpraxis führt das zu deutlichen Veränderungen. Die Lehrerausbildung sollte die zukünftigen Lehrerinnen und Lehrer inhaltlich und methodisch darauf vorbereiten.

Das kognitionspsychologische Paradigma steht in Verbindung mit konstruktivistischem Denken, ablesbar schon daran, daß sich Kognitionspsychologie und Konstruktivismus auf Jean PIAGET als einen ihrer Ahnherren berufen. Mit den folgenden Ausführungen stelle ich einige hochschuldidaktische Konsequenzen zur Diskussion, die aus konstruktivistischem Denken für die Lehrerausbildung gezogen werden können.

1. Der erdrückende Wissensballast und die Faszination einer neuen Konzeption

Zu den entmotivierenden Erfahrungen der Studierenden gehört die Begegnung mit den endlos erscheinenden Wissensbeständen der Fächer. Überfrachtete Literaturlisten, vorausgesetztes Wissen in den Vorlesungen (signalisiert z.B. mit Formulierungen wie „den Roman, den sie sicher alle kennen"), zur Schau gestellte Fachsprache in den Seminaren usw. schüchtern ein und töten die wissenschaftliche Neugier ab. Ganz anders ist es dagegen, wenn Studierende den Eindruck haben, an wissenschaftlichen Entwicklungen teilhaben zu können. Ihr Blick ist dann nicht mehr nur rückwärts gerichtet auf das angehäufte Wissen, das angeeignet werden sollte, sondern vorwärts auf das Neue, das erst entsteht. Ich erinnere mich selbst noch intensiv daran, wie während meines Kunstgeschichte-Studiums die Manierismusforschung begann und nun zwischen Renaissance und Barock eine neue Epoche Einzug hielt und zu nicht wenigen Neuinterpretationen führte (der Barock erschien nun sozusagen als neue klassische Strömung im Vergleich zum Manierismus). Hier erfuhr ich in aller Lebendigkeit, wie durch die wissenschaftliche Tätigkeit neu und Neues gesehen werden kann.

Solche Erfahrungen sind für mich eines der stärksten Argumente für die Verbindung von Forschung und Lehre, und das heißt, für eine wissenschaftliche Lehrerbildung. Es erscheint mir wichtig, daß die Lehrangebote so gestaltet werden, daß die Studierenden einen Einblick in aktuelle Forschungsfragen erhalten. Projektähnliche Veranstaltungsformen sind dafür besonders geeignet, aber auch bei anderen Lehrformen sind solche Zugänge möglich. In der Vorlesung kann man z.B. die Studierenden sehr gut an den spannenden Suchbewegungen der gegenwärtigen Forschung teilhaben lassen.

In meiner eigenen Lehrtätigkeit ist das Anliegen, den Studierenden von Anfang an solche Erfahrungen zu ermöglichen, einer der Gründe, warum ich als Lehrstuhlinhaber selbst die Einführungskurse für die Erstsemester anbiete. Es soll nicht der Eindruck entstehen, daß man erst nach Erwerb eines Grundwissens ins Seminar zum Professor gehen darf. Vielmehr soll deutlich werden, daß die Studierenden mit Studienbeginn in den Wissenschaftsprozeß einbezogen werden. Die Hierarchie, daß die wissenschaftlichen Mitarbeiter für die Propädeutik, der Professor für die höhere Wissenschaft zuständig ist, soll so bewußt abgebaut werden.

Gewiß ergeben sich bei einer starken Berücksichtigung aktueller Forschungstrends auch gewisse Gefahren. Es gehört zu den systemimmanenten Gesetzen des Wissenschaftsbetriebs, daß neue Konzepte mit einer gewissen Einseitigkeit vertreten werden. Das hat sich gerade im Hinblick auf die Schule nicht immer günstig ausgewirkt (als Beispiel dafür wird gerne die Linguistisierung in den 70er Jahren genannt). Deshalb ist ein wissenschaftliches Ethos dergestalt gefragt, daß Strittiges vom Lehrenden als solches gekennzeichnet wird. Gerade wenn man Wissenschaft als einen dynamischen Prozeß begreift, in dem nicht nur Wissen aufgehäuft, sondern an Modellvorstellungen gearbeitet wird, dann weiß man auch um die beschränkte Gültigkeit eigener Theorien und hütet sich vor missionarischem Eifer. Bei allem Engagement für die eigene Position wird man auch die Skepsis dem eigenen Denken gegenüber vermitteln, die Teil einer wissenschaftlichen Haltung ist.

2. Genetisches Lernen

Konstruktivistische Didaktik steht dem schon alten Prinzip des genetischen Lernens nahe: Einsichten sollen dem Lernenden nicht vorgesetzt werden, er soll sie vielmehr selbst entdecken. Dabei wird er in eine Art Ursprungssituation hineingestellt; er soll sozusagen den historischen Erkenntnisweg, den die Menschheit bei der Lösung des jeweiligen Problems gegangen ist, nachvollziehen. Was bei der Beschäftigung mit aktuellen Forschungsfragen in direkter Weise geschieht, erfolgt hier durch eine Art Simulation.

Anregungen für die Modellierung entsprechender Lernsituationen sind vor allem in Kontroversen zu finden, die sich in der Fachgeschichte ergeben haben. Die unterschiedlichen Deutungen, die der „Struwwelpeter" in der Fachdiskussion erfahren hat, können z.b. dadurch lebendig vermittelt werden, daß man zunächst eine Problemlösesituation durch folgende Fragestellung erzeugt: Das Buch zeigt schauerlichste Strafen für unbotmäßige Kinder, führt aber den Untertitel „lustige Geschichten und drollige Bilder"; wie kann man beides zusammenbringen? Die in der Forschungsgeschichte vorgeschlagenen Deutungen des Buches z.b. als repressives Erziehungsinstrument oder als entlarvende Inszenierung von kindlicher Wildheit und lächerlicher Erwachsenenreaktion oder gar als jakobinisch-revolutionäres Werk können ausgehend von den Überlegungen zu dieser Frage teilweise selbst entdeckt werden.

Nichts mit genetischem Lernen hat es jedoch zu tun, wenn Fachgeschichte nur als positivistisches Wissen und nicht als Problemgeschichte, in die man sich selbst hineinverwickeln läßt, gelehrt wird. Man könnte, so meine ich, in Jostein GAARDERs „Sofies Welt. Roman über die Geschichte der Philosophie" einiges darüber lernen, wie Wissensvermittlung als geistiges Abenteuer inszeniert werden kann.

3. Verknüpfung mit eigenen Erfahrungen

Eine konstruktivistische Auffassung von Lernprozessen betont in besonderem Maße, daß sich jedes Lernen vor dem Horizont schon erworbener Erfahrungen vollzieht. Es kann also nie darum gehen, daß einfach auf eine tabula rasa Neues eingezeichnet wird. Lernende erschließen sich Neues, indem sie bereits Erworbenes ins Spiel bringen; je mehr Anschlußmöglichkeiten sich ihnen bieten, desto mehr Chancen für eine komplexe, reichhaltige Konstruktion neuer Erkenntnisse ergeben sich. Wissen, das nicht mit bereits Angeeignetem verknüpft werden kann, bleibt dagegen oberflächlich, inhaltsleer, träge, wenig transferfähig. Für die Lehre ist es deshalb wichtig, die Anknüpfung an Erfahrungen immer wieder zu suchen. Das läßt sich im Fach Deutsch besonders gut machen, weil sich die wissenschaftliche Reflexion vornehmlich auf ein alltäglich benutztes Instrument, die Sprache, bezieht. Auch wenn jemand z.B. noch nie etwas über Thema-Rhema-Folgen gehört hat, so praktiziert er sie doch tagtäglich und berücksichtigt sie in seinen Formulierungen, im Mündlichen etwas anders als im Schriftlichen. Man kann also an einen alltäglichen Gebrauch der Lernenden anknüpfen, wenn man ihnen die textlinguistischen Erkenntnisse vermitteln will.

Methodisch sehe ich für die Verbindung mit eigenen Erfahrungen vor allem zwei Vorgehensweisen im Hochschulunterricht: Die erste besteht darin, die Studierenden zuerst Erinnerungen, die mit dem Thema zu tun haben, äußern zu lassen; bei einem Seminar über Schreibforschung kann das z.B. so geschehen, daß eigene Schreibbiographien verfaßt werden. Wenn daran dann die Beschäftigung mit den Theorien und empirischen Forschungen angeschlossen wird, ist ein viel lebendigeres Erfassen möglich, als wenn gleich mit den wissenschaftlichen Fragestellungen angefangen wird. Als Beispiel zitiere ich aus einer Schreibbiographie, die ein Student bei mir für ein entsprechendes Seminar geschrieben hat:

„Gliederungen, wie sie von meinem Lehrer zu den argumentativen Aufsatzformen verlangt wurden, fertigte ich nicht in der verlangten Weise an. Die Gliederung sollte als Arbeitsschritt vor der schriftlichen Ausführung niedergeschrieben werden. Sie wurde von mir aber stets am Schluß angefertigt. Aus zweierlei Gründen: Ich wollte mich nicht auf einen nicht mehr zu ändernden Textablauf festlegen. Ich hatte von dem Lehrer den Eindruck, er hätte ein reduziertes Textverständnis, das davon ausginge, Texte seien geradlinig planbare Prozesse. Dieser Haltung, die ich bei meinem Lehrer vermutete, widersetzte ich mich. Zweitens: ich war der Überzeugung, die verlangte Gliederung sei an sich schon nützlich, nur seien die Gliederung, die einem Leser einen Überblick verschafft, und der Überblickszettel für den Schreibenden zwei auf verschiedene Art zu gestaltende Dinge. Ich glaube, daß es im Plan eines Schreibprozesses Schritte gibt, die für den Schreiber von Bedeutung sind, für den Leser jedoch bedeutungslos. Die im Unterricht verlangte Gliederung sollte aber beide - meiner Ansicht nach ganz unterschiedliche - Aufgaben erfüllen."

Mit einer solchen Äußerung ist man schon mitten in den Fragen drin, die die gegenwärtige Schreibforschung und -didaktik beschäftigen; denn für die Schreibprozeßforschung ist der Schreibplan eine zentrale Kategorie, die von der Gliederung unterschieden wird. Wenn in der Ausbildung Forschungsfragen an solche persönlichen Erfahrungen anschließen, werden die Studierenden die theoretische Beschäftigung nicht als abstrakt und praxisfern empfinden.

Die zweite Vorgehensweise für erfahrungsbezogenes Lernen besteht darin, Erfahrungen in der Lernsituation selbst herzustellen und sie dann zu reflektieren. Dies geschieht zum Beispiel, wenn bei der Erarbeitung poetologischer Begriffe literarische Schreibaufgaben gestellt werden, z.B. Umschreiben von der Er-Perspektive in die Ich-Perspektive im Hinblick auf die Behandlung von Erzählhaltungen oder Entwerfen eines Schauplatzes zu einer Handlung, um den Zusammenhang zwischen Raumgestaltung und Figurenhandlung zu thematisieren. Mit solchen Schreibaufgaben wird ermöglicht, daß sich das Gespräch über die poetologischen Kategorien und ihre Funktionen auf eigenes Tun, auf die Schreibversuche im Seminar beziehen kann. Es entsteht so, kognitionspsychologisch gesprochen, ein situiertes Wissen.

Wichtig ist im Vergleich zu älteren Vorstellungen vom Lernen, daß der Erfahrungsbezug nicht erst nach der theoretischen Erarbeitung im Sinne einer Applikation auf die Lebenswelt, die Praxis, hergestellt wird.

4. Kognitive Strukturbildung

Kognitivistische Lerntheorie sieht die Erarbeitung neuen Wissens allerdings nicht nur im Bezug zu konkreten Erfahrungen der Lernenden, sondern auch als einen Prozeß, bei dem Neues mit bereits erworbenen mentalen Schemata, also mit bereits aus Erfahrungen abstrahierten kognitiven Strukturen, verbunden wird. Ich stelle z.B. bei mir selber fest, daß ich poststrukturalistische und dekonstruktivistische Argumentationen in der Literaturtheorie immer vor der (Kontrast-)Folie der am Prinzip der Stimmigkeit orientierten Werkinterpretation, mit der ich groß geworden bin, lese. Jemand aus einer mehr soziologischen wissenschaftlichen Schule wird die neuen Ansätze in andere Bezüge einordnen. Nur weil wir in dieser Weise neue Informationen in Bezug setzen zu angeeigneten Schemata, werden sie für uns aussagekräftig.

Lernprozesse müssen deshalb so organisiert werden, daß sich die Lernenden veranlaßt sehen, konstruktiv das Angebotene in ihr Verstehensgebäude einzubauen. Bloße Übernahme von Wissen aus dem Buch in den Kopf reicht dafür nicht aus.

Mit der kognitiven Strukturbildung läßt sich auch erklären, worin das Geheimnis der Aha-Erlebnisse besteht, die für Lernprozesse so wichtig sind. Sie stellen sich ein, wenn plötzlich etwas passend in das eigene Verstehensgebäude eingebaut oder dieses durch Umbau zu einer neuen Stimmigkeit gebracht werden kann. Einleuchtend ist ein neuer Wissensinhalt für einen Lernenden nicht an und für sich, er wird es vielmehr erst durch den Prozeß der strukturbildenden Aneignung.

Jedes Lehren muß deshalb begleitet sein von einem Nachdenken des Lehrenden darüber, wie die Lernenden dazu angeregt werden können, das Neue mit den Wissensbeständen, über die sie bereits verfügen, in Verbindung zu bringen. Das kann in ganz unterschiedlicher Weise erfolgen; wenn ich in meinem Grundkurs z.B. in die in den letzten 50 Jahren dominierenden Grundpositionen der Deutschdidaktik einführe, lasse ich zuerst die Teilnehmer für sich notieren, wie sie das grundlegende Lernziel des Deutschunterrichts formulieren würden, wenn sie die Einleitung für einen Lehrplan schreiben müßten. Erst dann erhalten sie entsprechende Lehrplanformulierungen und lesen diese nun vor dem Hintergrund ihrer eigenen, vorher angestellten Überlegungen. Das Aufgeschriebene wird dabei weder eingesammelt noch vorgelesen, es dient nur der Aktivierung eigener Vorstellungen der Studierenden als Basis für ihre individuelle Rezeption der Lehrplantexte.

Solche kognitiven Strukturierungen von Lehr-/Lernprozessen sind m.E. insgesamt in der Hochschuldidaktik noch viel zu wenig ausgebildet. Dies ist gerade für Lehramtsstudierende, die in ihrem Beruf dann selbst Lernprozesse organisieren müssen, besonders fatal. Eigene Lernerfahrungen prägen, wie wir wissen, in besonderem Maße das spätere Lehrverhalten; wie soll dieses modernen Ansprüchen genügen können, wenn die Lehre in der Hochschule nur nach alten Mustern abläuft?

5. Irritation und Konstruktion

Ein weiteres Grundprinzip, das konstruktivistisches Lernen kennzeichnet, läßt sich mit dem Begriffspaar Irritation und Konstruktion beschreiben. Dazu sei ein Beispiel zur Grammatik genannt. Ich stelle immer wieder fest, daß die Studierenden kaum einen Bezug zum grammatischen Denken haben; es erscheint ihnen als ein reines Muß, das man vielleicht gerade noch als notwendig akzeptiert, für das man aber kein Interesse aufbringen kann. Anders ist es allerdings, wenn es in der Lehre gelingt, vermeintlich Gewußtes fraglich erscheinen zu lassen. So habe ich plötzlich engagierte grammatische Gespräche erlebt, wenn ich Studierende (es funktioniert auch mit Schülern in der Schule oder mit Lehrern) gefragt habe, ob es sich bei der

Formulierung „Ein Telefon. Ein Fax. Kein Entweder Oder." aus einer Telekom-Reklame um einen Satz, drei Sätze oder keinen Satz handle (noch spannender ist es, wenn die ganze Anzeige mit der Bitte ausgegeben wird, einfach mal zu zählen, wie viele Sätze man findet - die Ergebnisse gehen jeweils zur Verblüffung aller weit auseinander!). Es wird bei diesem Vorgehen also zunächst mit Kategorien gearbeitet, die dem Vorverständnis nach eigentlich kein Problem sein sollten - man weiß ja schließlich, was ein Satz ist; es stellt sich aber dann heraus, daß man in dieser Sache offensichtlich unterschiedlicher Meinung sein kann. Dadurch ist ein Diskussionsbedarf gegeben, der über die Kategorien nachdenken läßt, nach denen man - bewußt oder unbewußt - geurteilt hat.

Man könnte für dieses Prinzip der Irritation und Konstruktion auf BRECHTs Verfremdungstheorie verweisen; am Schluß des Stückes „Die Ausnahme und die Regel" formuliert er:

> Was nicht fremd ist, findet befremdlich!
>
> Was gewöhnlich ist, findet unerklärlich!
>
> Was da üblich ist, das soll euch erstaunen!

BRECHTs Verfremdungseffekt ist kein schlechtes Verfahren auch für akademische Ausbildung!

Im Rahmen der gegenwärtigen wissenschaftstheoretischen Debatten kann man die Irritation, so wie sie hier verstanden wird, auch als Dekonstruktion bezeichnen: Wissenschaftliches Denken beginnt dort, wo vermeintlich selbstverständliches Alltagswissen dekonstruiert wird; aus den Bruchstücken wird dann eine neue Konstruktion geschaffen. Der moderne Dekonstruktivismus hat in diesem Sinne also eine eminente didaktische Bedeutung.

Beim Lernen über Irritation und Konstruktion wird dem Lernenden bewußt, daß Begriffe und Theorien nicht einfach Abbilder von Wirklichkeit sind. Solche Erfahrungen lassen sich oft über einfache Lernarrangements erreichen. Wenn man Studierenden z.B. Wörter wie „betrunken", „probeweise", „zweite", „viel" u.ä. vorlegt und sie bittet, diejenigen Wörter zu unterstreichen, die sie als Adjektive klassifizieren würden, wird man sehr unterschiedliche Ergebnisse erhalten. Diese lassen sich in vielen Fällen nicht einfach als richtig oder falsch bezeichnen. Man kann z.B. „viel" als Zahlwort oder als Adjektiv (oder sogar als beides) klassifizieren. Worauf es ankommt, ist, daß man ein grammatisches System konstruiert, innerhalb dessen dann „viel" bestimmt werden kann.

Diese Einsicht in den konstruktiven Charakter von wissenschaftlichen (aber auch von alltäglichen) Begriffszusammenhängen gehört zu den elementaren Aspekten einer Einführung in wissenschaftliches Denken. Ich beobachte allerdings, daß viele Studierende bis in die oberen Semester hinein noch ein naives Abbildverständnis von Begriffen haben.

6. Selbstorganisation und Bildung der Person

Wenn im Sinne der konstruktivistischen Auffassung der Lernende als eigentätig in den Mittelpunkt des Lernprozesses gestellt wird, dann muß ihm die Ausbildung den Raum zur Selbstorganisation seines Wissens und seiner Fähigkeiten bereitstellen. Das ist im Grunde bereits eine klassisch humanistische Forderung. Trotzdem tendieren Ausbildungssysteme immer wieder dazu, vorgefertigtes Wissen in handlichen Portionen zu vermitteln. Rezepte, wie z.b. eine Unterrichtsstunde nach bestimmten Phasen zu gestalten ist, oder Merkmalslisten, z.B. bezogen auf literarische Gattungen, werden gerne gegeben und sind nachgefragt. Aber sie führen letztlich zur Entfremdung gegenüber den Lerninhalten.

Ich erlebe diesen Aspekt am stärksten in der Prüfungsberatung. Ich muß immer wieder mit Nachdruck den Studierenden verdeutlichen, daß ich als Prüfer nicht von einem Kanon von konkretem Wissen ausgehe, den ich nun abfragen will, sondern daß es mir darum geht festzustellen, ob jemand zu angesprochenen Problemzusammenhängen etwas zu bieten hat. Die guten Prüfungen zeichnen sich gerade dadurch aus, daß nicht nur zusammengewürfeltes Wissen präsentiert wird, sondern daß die Kandidat(inn)en aufgrund ihrer Wissens- und Praxiserfahrungen konzeptionelle Zusammenhänge herstellen können. Ich betone deshalb mit Nachdruck, daß die individuelle Auseinandersetzung wichtig ist. Wenn es im konkreten Prüfungsablauf immer wieder vorkommt, daß die Kandidat(inn)en in ihren Antworten sagen: „Meinen Sie etwa...‟ und ich dann erwidere: „Ich meine nicht etwas Bestimmtes, sondern mich interessiert, was Sie dazu meinen‟, dann zeigt das deutlich, wie wenig es uns offenbar in der Universität gelingt, das selbständige Denken in den Mittelpunkt zu rücken (die Antwort einer Kandidatin „Sie würden auf diese Frage jetzt antworten......aber ich meine.....‟ ist mir als ganz große Ausnahme in Erinnerung geblieben). Insgesamt stelle ich allerdings fest, daß der Hinweis auf die Bedeutung, die ich der selbständigen Auseinandersetzung und damit auch der persönlichen Schwerpunktsetzung zumesse, gerne und oft geradezu erfreut angenommen (wenn auch nicht immer überzeugend umgesetzt) wird.

Selbständige Auseinandersetzung als Kern akademischer Ausbildung spricht dem Studierenden eine höhere Eigenverantwortung zu. Dies kann als ein grundsätzliches Kennzeichen konstruktivistischen Denkens angesehen werden: Seine Vertreter (z.B. Heinz von FOERSTER) betonen in z.T. fast emphatischer Weise die Freiheit und damit die Eigenverantwortung des Menschen für sein Denken und stellen sich so gegen deterministische Auffassungen. Ich bin in dieser Hinsicht durchaus skeptischer, halte aber den in aufklärerischer Tradition stehenden Anspruch, daß Bildungsprozesse an der Zielvorstellung einer Erweiterung geistiger Autonomie ausgerichtet sein sollen, für unhintergehbar. Die Wirklichkeit heutiger Lehrerbildung wird diesem Anspruch allzu oft nicht gerecht.

Der Aspekt der selbständigen Organisation des eigenen Wissens läßt sich - insbesondere in der Lehrerbildung - noch in einen weiteren Zusammenhang bringen. Es geht nicht nur um die Arbeit am eigenen Wissen, sondern auch um die Entwicklung der eigenen Person. Nach all den technokratischen Tendenzen in der Didaktik der letzten zwanzig Jahre mag das geradezu etwas altmodisch klingen. Aber gerade die konstruktivistische Auffassung schärft unser Bewußtsein dafür, daß jeder Mensch während seines ganzen Lebens immer auch an der Konstruktion seiner Person arbeitet. Im Lehrberuf verbindet sich dies in besonderer Weise mit der beruflichen Rolle. Es gibt nicht das Lehrerverhalten, das für jede(n) in diesem Beruf Leitlinie sein kann. Was bei dem einen überzeugt, wirkt beim anderen unglaubwürdig. Es ist deshalb eine zentrale Aufgabe der Lehrerbildung, den Studierenden zu helfen, ihre Lehrerperson zu finden. Die Ausbildenden haben in diesem Zusammenhang eine ausgesprochen beratende Funktion, sie helfen bei der Findung der je eigenen beruflichen Rolle. Es versteht sich, daß diese Aufgabe in der zweiten Ausbildungsphase in besonderem Maße im Vordergrund steht. Aber schon in der Universität - in den Praktika, aber ebenso in den Lehrveranstaltungen in der Hochschule - müßte diese Perspektive deutlich sein. Ich denke dabei z.B. an die Rückmeldungen, die man als Dozent bei Referaten gibt. Hier kann individuell auf die Entwicklungsmöglichkeiten eingegangen werden. Allerdings erhalten viele Studierende in ihrem Studium überhaupt nie Hinweise, wie ihr Referieren im Hinblick z.B. auf ihre rhetorischen Fähigkeiten, ihre Körperhaltung usw. einzuschätzen ist. Ich sehe hier ein besonderes Versagen des deutschen Ausbildungssystems.

Bildung zur Person erfolgt auch dadurch, daß Studierende Lehrpersönlichkeiten begegnen. In dieser Hinsicht ist der Unterricht in Hörsaal und Seminarraum nicht durch CD-ROM und Internet ersetzbar.

7. Interpretative Fähigkeiten

Die beratende Funktion, die ich hier dem Hochschullehrer und den Ausbildenden in der zweiten Ausbildungsphase zugesprochen habe, ist auch ein Merkmal der Rolle, die ein Lehrer oder eine Lehrerin nach neuen schulpädagogischen Konzeptionen im Unterricht übernehmen soll. In einer Didaktik, die die Kinder und Jugendlichen in ihrem individuellen Lernprozeß fördern will, müssen sich Lehrende als Begleiter von Lernprozessen verstehen. Dies ist in letzter Zeit mit besonderem Nachdruck in der Rechtschreibdidaktik herausgearbeitet worden. Wir wissen heute viel mehr als noch vor wenigen Jahren über die inneren Regelbildungsprozesse, die bei Kindern ablaufen können. Ein Rechtschreibunterricht ist dann wirksam, wenn er den inneren Regelbildungsprozeß unterstützt und nicht nur von außen Regelwissen oder Wortbilder beibringt. In mancher Falschschreibung eines Kindes verbergen sich vernünftige Gedanken; ein ermutigender Rechtschreibunterricht bemüht sich, diese zur Kenntnis zu nehmen. Es geht darum zu verstehen, wie ein Kind zu seinen Lösungen kommt. Gefragt sind von den Lehrenden also interpretative Fähigkeiten. Sie müssen auch in der Lehrerbildung im Vordergrund stehen. Dazu gehört, bezogen auf den Rechtschreibunterricht, viel Wissen über Phonetik, Phonologie, Graphematik und auch Grammatik, aber ebenso eine entwicklungspsychologisch geschulte Fähigkeit, Wahrnehmungs- und Denkprozesse von Kindern und Jugendlichen in jeweils konkreten Situationen rekonstruieren zu können.

Ich mache meinen Studierenden diesen Aspekt in der allerersten Stunde des Grundkurses bereits bewußt an einem Stundenbeispiel, das ich bei Jürgen GRZESIK gefunden habe.[1] Ausgehend von den beiden an die Tafel geschriebenen Sätzen „Der Bauer rollt das Faß" und „Der Wagen rollt" will der Lehrer den Unterschied von Verben
mit und ohne Ergänzung herausarbeiten. Er fragt: „Wie kommt das denn, daß hier -
'rollen' keiner Ergänzung bedarf, und hier braucht es eine?" Ein Schüler antwortet:
„Also das Auto, das hat ja Räder, und, also man kann annehmen, daß das Auto
rollt." Darauf der Lehrer: „Ja, ihr habt sehr umständlich angefangen, ich könnt mir
denken, daß es richtig wird, wer hilft mir mal?" Umständlich ist die Schülerantwort
natürlich nur für den Lehrer; sie führt nicht direkt zur abstrakten grammatischen
Einsicht, die er vermitteln will. Der Schüler denkt konkret; innerhalb seines Denk-
horizontes ist die Äußerung keineswegs umständlich.- In dieser Weise die Denk-
und Verstehensprozesse von Kindern und Jugendlichen begreifen zu lernen, ist eine
Hauptaufgabe von Lehrerausbildung.

Die Vermittlung interpretativer Fähigkeiten ist nicht auf entwicklungsbezogene didaktische Fragestellungen beschränkt. Es geht um einen Aspekt, der auch in der
Sprach- und Literaturwissenschaft zum Tragen kommen kann, z.B. wenn man bei
einer grammatischen Begriffsbildung oder bei einer literarischen Interpretation
danach fragt, durch welchen Denkzusammenhang der Verfasser zu seiner Lösung
kommt. Ich höre immer wieder von Studierenden die Klage, daß ihnen nicht gezeigt
wird, wie jemand z.B. zu einer bestimmten Deutung eines Textes kommt. Sie haben
den Eindruck, ihnen würden nur Ergebnisse vorgesetzt. Anders ist es, wenn z.B. bei
zwei unterschiedlichen Analysen des gleichen Gedichtes versucht wird, den jeweiligen Begründungszusammenhang des Verfassers zu rekonstruieren. Damit wird -
neben dem speziellen literaturwissenschaftlichen Ertrag - die grundsätzliche Fähigkeit geschult, den Denkprozeß eines anderen Menschen nachzuvollziehen.

Interpretative Fähigkeiten stehen in engem Zusammenhang mit der Forderung nach
dialogischen Lernsituationen. Zur Veranschaulichung sei noch einmal auf die neue
Rechtschreibdidaktik zurückgegriffen. Die notwendigen individuellen Lernhilfen
müssen mit den inneren Regelbildungsprozessen der Lernenden verknüpft werden;
dies ist ohne Gespräch kaum möglich. Man fragt z.B. das Kind, warum es ein Wort
so und nicht anders geschrieben habe; dadurch erhält man Auskunft über innere
Regelbildungsprozesse und hebt diese beim Lernenden ins Bewußtsein, denn die
Schreibungen sind zunächst ja oft durch Prozesse unterhalb der Bewußtseinsebene
gesteuert. Das dialogische Prinzip ist in kognitionspsychologischer Sicht also für
Lernprozesse wichtig; ich betone dies besonders angesichts der zwar berechtigten,
aber z.T. zu einseitigen Favorisierung der Handlungsorientierung in der heutigen
Pädagogik. Auch in der Freiarbeit z.B. (die in der Hochschuldidaktik noch zu wenig
genutzt wird) muß das dialogische Prinzip eine wichtige begleitende Rolle spielen,
damit sie nicht zum reflexionslosen Hantieren wird. Sie schafft ja auch den Freiraum, daß sich die Lehrkraft einzelnen Schülerinnen und Schülern zuwenden kann.
In einer Lehrerbildung, die für solche beratende Lehrformen ausbildet, müssen die

---

[1] *Grzesik* (1988) 227.

Akzente anders gesetzt sein, als wenn es nur um die Qualifikation zum frontalen Unterrichten geht. Fähigkeit zum Dialog und zum Nachvollzug fremder Denkprozesse müssen im Vordergrund stehen.

Dazu gehört auch und besonders die Fähigkeit zum verantwortlichen Umgang mit Ungewißheit. Wenn man aus beobachtbaren Symptomen auf die Strukturzusammenhänge im Kopf des Lernenden schließt, so kann das immer nur in hypothetischem Sinne geschehen. Während behavioristische Lernkonzepte Beobachtbarkeit und Überprüfbarkeit geradezu optimistisch forderten und anwandten, gehen konstruktivistische Auffassungen davon aus, daß nicht einfach das gelernt wird, was gelehrt wird, und daß beobachtbare Lerneräußerungen immer nur Fragmente der tatsächlichen Lernprozesse sind. Unter verantwortlichem Umgang mit Ungewißheit verstehe ich eine Lehrhaltung, die der Wirkung von Lehrprozessen nicht gleichgültig gegenübersteht (und sie damit der Beliebigkeit überläßt) und zugleich um die Begrenztheit von Planung weiß; deshalb ist die Entwicklung von Beobachtungsfähigkeit und von Reflexion auf Unterrichtsprozesse, wie sie in studienbegleitenden Praktika der Lehrerbildung und im Referendariat erfolgt, so wichtig.

Lehren ist ein Tun, das von ständiger Reflexion begleitet sein muß. Es geht - wie man in der konstruktivistischen Diskussion sagt - um Beobachtung zweiter Ordnung oder Metakognition. Die Haltung, zugleich Beteiligter und Beobachter (der Situation, des anderen, seiner selbst) zu sein, muß in der Lehrerbildung als zentrale Grundqualifikation vermittelt werden. Das wird z.T. mit durchaus vertrauten Lehrformen geleistet, z.B. durch Interpretationsgespräche über literarische Texte oder über Schüleraufsätze (und möglichst auch über eigene Texte, über die Wirkung von Referaten und Rezitationen). Zu nennen sind aber insbesondere auch die Verfahren, die in den letzten Jahren Einzug in die Ausbildung gefunden haben, wie Nachdenken über die eigene Lese- und Schreibsozialisation oder workshopartige Veranstaltungsformen mit Reflexion auf die dabei ablaufenden Prozesse.

8. Schluß

Vielleicht mag manches, was in konstruktivistischer Perspektive zu fordern ist, angesichts der Verhältnisse in einem Massenfach wie Deutsch utopisch klingen. Ich meine allerdings, daß auch in Vorlesungen und großen Übungen einiges verwirklicht werden kann. Ich setze jedenfalls selbst in Veranstaltungen mit über 300 Teilnehmern lerneraktivierende Vorgehensweisen ein. Vieles ist aber nur kleineren Gruppen zu vermitteln. Daß ausgerechnet zukünftige Lehrerinnen und Lehrer für die Sprache an den Universitäten in besonderem Maße mit Massenveranstaltungen abgespeist werden, ist bildungspolitisch fatal. Man wundert sich manchmal, was sich Studierende und Universitätsdozenten in dieser Hinsicht alles gefallen lassen, während in den Schulen jede Erhöhung von Klassenstärken (zu Recht) großes Aufsehen erregt und in der zweiten Ausbildungsphase wiederum in sehr überschaubaren Gruppen gearbeitet werden kann. Konstruktivistische Lerntheorie impliziert auch bildungspolitische Forderungen für die Lehrerbildung.

Literaturverzeichnis

Gaarder, Jostein: (1993) Sofies Welt. Roman über die Geschichte der Philosophie. München: Hanser 1993.

Grzesik, Jürgen: (1988) Begriffe lernen und lehren. Stuttgart: Klett 1988.

Kötter, Ludwig /Mandl, Heinz (Hg.): (1983) Kognitive Prozesse und Unterricht. Jahrbuch für empirische Erziehungswissenschaft 1983. Düsseldorf: Schwann 1983.

Lecke, Bodo (Hg.): (1996) Literaturstudium und Deutschunterricht auf neuen Wegen. Frankfurt a.M.: Lang 1996.

Müller, Klaus (Hg.): (1996) Konstruktivismus. Lehren - Lernen - Ästhetische Prozesse. Neuwied: Luchterhand 1996.

Reich, Kersten: (1996) Systemisch-konstruktivistische Pädagogik. Einführung in Grundlagen einer interaktionistisch-konstruktivistischen Pädagogik. Neuwied: Luchterhand 1996.

Sieber, Horst: (1996) Bildungsarbeit: konstruktivistisch betrachtet. Frankfurt am Main: VAS Verlag für Akademische Schriften 1996.

Wolfgang Steinig

Situiertes Lernen an der Hochschule für einen veränderten Deutschunterricht

Viele sind daran beteiligt, die sprachliche und kulturelle Entwicklung eines Menschen anzuregen, zu fördern und zu prägen: Eltern, Geschwister, Erzieher, Lehrer, Mitschüler, Freunde, Schriftsteller, Schauspieler, Journalisten, manchmal auch Pfarrer und Dozenten.[1] Alle haben einen mehr oder weniger großen Anteil an dieser Entwicklung. Von Deutschlehrern erwartet man jedoch, daß sie Menschen in besonderer Weise in dieser Entwicklung fördern, ihn sprachlich und literarisch bilden; um sie auf diese Aufgabe vorzubereiten sind Germanisten und Deutschdidaktiker zuständig.

Man möchte meinen, es komme in erster Linie auf die einzelnen am Entwicklungsprozeß beteiligten Persönlichkeiten an. Für die eigenen Eltern ist das sicherlich richtig, und auch sonst mögen einzelne besondere Menschen prägend für das ganze Leben sein, auch einmal ein Deutschlehrer mit außergewöhnlichen fachlichen, didaktischen oder persönlichen Eigenschaften. Doch grundsätzlicher und tiefgreifender wirken Personen als Rollenträger in kulturell geprägten sozialen Situationen, die selbst Teil der kulturellen Reproduktion von Werten, Einstellungen und Verhaltensweisen sind. Ich möchte deshalb die langfristig prägenden 'kommunikativen und kognitiven Verhältnisse' im schulischen Deutschunterricht und in den für die Deutschlehrerausbildung wesentlichen Lehr-/Lernsituationen in Seminaren, Schulstunden, Praktika, Vorlesungen und in der eigenständigen Arbeit beleuchten und im Rahmen der Konzeption des 'situierten Lernens' mögliche Alternativen aufzeigen.

1. Das Seminar

Seminarveranstaltungen - Proseminare und Hauptseminare - sind heute das Kernstück universitärer Lehre. Seit der Zeit der 'Studentenunruhen' in den späten 60er Jahre haben wir dabei folgendes Muster: Zu Beginn eines Semesters vergibt der Seminarleiter Referatthemen - in der Regel ein Thema für ein bis zwei Studierende, die zu einem bestimmten Termin 'ihr' Referat halten müssen. Die ursprünglich emanzipatorische Forderung von Studierenden, über Referate die universitäre Lehre mitzubestimmen und zu gestalten, hat sich zu einer hochschuldidaktischen Routine entwickelt: Sitzung für Sitzung bekommen Studierende von Kommilitonen Referate präsentiert. Und je nachdem, wieviel Zeit am Ende eines Referates übrig bleibt,

---

[1]   Würde ich immer dort, wo möglich, die weibliche Variante einbauen, wäre dies ein wahrhaft lästiges Unterfangen. Auch der Leser und sogar die Leserin wären wenig erfreut.

kann über das Thema gemeinsam diskutiert werden. Einige wenige melden sich dann zu Wort. Die Diskussionsleitung hat in der Regel der Dozent.

An dieser Form wird zunehmend Kritik geübt. Wenn ein Referat ungenügend vorbereitet ist, zu weitschweifig, komplex und schlecht gegliedert, schriftsprachlich formuliert und vom Blatt abgelesen oder rhetorisch mangelhaft vorgetragen, kurz: einfach schlecht ist, haben die zuhörenden Kommilitonen ihre Zeit (ihre Lebenszeit!) sinnlos abgesessen. Bemerkt ein Seminarleiter, daß die Zuhörer bereits nach kurzer Zeit abschalten, kann er versuchen, mit Unterbrechungen in Form von Nachfragen oder Kommentaren die Aufmerksamkeit der Zuhörer wieder auf die Thematik zu lenken. Ein Wechsel zwischen referierendem Vortrag und zwischengeschalteten Diskussionen scheint noch am ehesten das Interesse am Thema wachzuhalten. Aber auch diese Variante eröffnet keine grundsätzliche Lösung: Das Unbehagen an Referat-Seminaren läßt sich so nicht ausräumen.

Nun könnte man argumentieren, die Fähigkeit, ein gutes Referat zu halten, habe in den letzten Jahren einfach nachgelassen, weil nicht mehr nur schulische Überflieger zur Uni gehen, sondern circa ein Viertel aller Schüler. Rhetorische Begabungen gehen in der Masse unter. Und weil die Studentenzahlen derartig angestiegen sind, haben Sprechpädagogen in ihren Kursen kaum noch die Möglichkeit, Einzelne angemessen rhetorisch zu fördern. Außerdem scheinen rhetorische Fähigkeiten bei Dozenten nicht besonders hoch im Kurs zu stehen, was an der strukturellen Abwertung von Vorlesungen deutlich wird. Seit den späten 6oer Jahren, als man den Muff von tausend Jahren aus den Universitäten fegen wollte, wurden die 'kommunikativen' Seminare auf- und Vorlesungen abgewertet. Vorlesungen insgesamt und speziell gute Vorlesungen sind seitdem immer seltener geworden. Dementsprechend haben Studierende auch seltener Gelegenheit, gute rhetorische Vorbilder zu hören und zu sehen.

Schließlich muß man beklagen, daß im gymnasialen Deutschunterricht freie Vorträge und Referate kaum geübt werden.

Weil Seminare, in denen mehr oder weniger leidlich vorgetragene Referate abgearbeitet, ja oft nur abgehakt werden, in die Kritik geraten, werden sie von einigen Dozenten auf wenige Kurzreferate beschränkt oder ganz abgeschafft und durch gelenkte Unterrichtsgespräche, also durch die Unterrichtsform, die in der Schule die beherrschende Stellung hat, ersetzt. Als didaktisch noch innovativer gelten jedoch Seminare, in denen das gelenkte Unterrichtsgespräch durch Partner- und Gruppenarbeitsphasen oder andere methodische Alternativen unterbrochen wird. Im Methodenwechsel liegt offenbar der didaktische Erfolg. Die didaktische Zukunft des universitären Seminars läge dann in gutem Schulunterricht. Und da ein Dozent der Deutschdidaktik eigentlich irgendwann einmal ein zumindest überdurchschnittlicher Deutschlehrer gewesen sein sollte, würde es keinen Hinderungsgrund geben, warum man nicht Seminare wie guten Schulunterricht aufziehen sollte. So kämen zukünftige Deutschlehrer doch in den Genuß, einen didaktisch vorbildlichen Unterricht erleben zu können, beispielhaft für ihren späteren eigenen Unterricht.

Dieses Modell scheint auch den Wünschen vieler Studenten zu entsprechen. Und es folgt zudem einem allgemeinen Trend, nämlich der Orientierung an zeitlich vorausgehenden Stufen institutionalisierter Unterweisung. Gymnasialer Unterricht gilt als 'fortschrittlich', wenn er Elemente aus der Grundschulpädagogik enthält, also etwa Freiarbeit, Montessori-Pädagogik oder das, was man als ein ' handlungsorientiertes Lernen mit allen Sinnen' bezeichnet. 'Fortschrittliche' Grundschulpädagogik wiederum hat viel mit Vorschulerziehung gemein. Je weniger monologisch, je größer die Menge der Äußerungen pro Kopf eines jeden Lerners und je methodisch vielfältiger, desto 'fortschrittlicher' wäre dann die jeweilige Veranstaltung. Aber so einfach kann die Gleichung nicht sein, schon allein deshalb nicht, weil Menschen unterschiedlichen Alters ein anderes Anspruchsniveau haben und inhaltlich wie methodisch anders lernen wollen und auch müssen.

Kann also die Lösung der hochschuldidaktischen Misere tatsächlich darin bestehen, daß man schlicht auf Unterrichtsverfahren des Gymnasiums oder gar der Grundschule zurückgreift, also die Universität bis in die kommunikativen Abläufe hinein verschult?[2] Bliebe da nicht das 'wissenschaftliche Profil' dieser sogenannten ersten Ausbildungsphase auf der Strecke? Wissenschaftlichkeit kann man jedoch nicht ohne weiteres an der formalen Kommunikationsstruktur eines Seminars ablesen. Um dem Problem auf den Grund zu gehen, müssen wir uns vielmehr das gelenkte Unterrichtsgespräch als die vorherrschende schulische Vermittlungsform etwas genauer anschauen, um zu prüfen, ob diese Gesprächsform tatsächlich als kommunikative Basis für universitäre Seminare taugt.

2. Gelenkte, 'sokratische' Unterrichtsgespräche

Die Chancen, daß sich die individuelle Sprache eines Menschen, sein Ideolekt, in einer kulturell wünschenswerten Weise mündlich und schriftlich entwickelt, stehen dann gut, wenn er sich in sozialen Situationen bewähren muß, in denen die kommunikativen Anregungen vielfältig und die Erwartungen an seine rhetorischen, stilistischen und textuellen Fähigkeiten eher etwas höher als zu niedrig sind. Zudem muß es sich für das Individuum lohnen, diesen Erwartungen zu entsprechen. Deutschunterricht könnte man als eine standardisierte kulturelle Situation auffassen, die ein kommunikatives Übungsfeld bieten soll, um diese kulturell wünschenswerten sprachlichen Fähigkeiten zu entwickeln und zu fördern.

Die kulturspezifische Situation 'Deutschunterricht' beruht weitgehend auf kulturell tradierten Inhalten und kommunikativen Arrangements, deren Wirkung auf die Entwicklung von kultur- und sprachbewußten Individuen kaum empirisch erforscht wurde. Man weiß also nur wenig darüber, inwiefern das, was ein Deutschlehrer unterrichtlich treibt, für die sprachliche und kulturelle Entwicklung eines Menschen tatsächlich sinnvoll ist. Gemeinhin vermutet und hofft man, daß die im Deutschun-

---

[2] Man läge mit dieser Orientierung am schulischen Unterricht in jedem Fall näher an den Traditionen universitärer Bildung, wie sie weltweit in den meisten Ländern anzutreffen ist.

terricht vermittelten Inhalte persönlichkeitsbildend und kulturell förderlich sind, aber möglicherweise ist das Unterrichtsverfahren selbst weitaus prägender, als die vermittelten Inhalte, ganz im Sinne von MCLUHAN'S These „The medium is the message!".[3] Vielleicht erklärt dies die schwer zu verdauende Tatsache, daß die Beschäftigung mit klassischer Literatur im Unterricht, also den kulturell wertvollen Stoffen oder 'Bildungsgütern', das Dritte Reich und Auschwitz nicht verhindern konnte. Es kommt offenbar entscheidend auf die Art und Weise dieser 'Beschäftigung' an!

Für gelenkte Unterrichtsgespräche sind Lehrerfragen der Motor des kommunikativ-didaktischen Prozesses. Lehrer führen ihre Schüler von Frage zu Frage in die von ihnen gewünschte Richtung. Der Wirkung, die von ihren Fragen ausgeht, können sich Schüler kaum entziehen. Sie stellen im Grunde immer wieder 'Nötigungen' dar, auf den Fragesteller - also den Lehrer - eingehen und antworten zu müssen. BODENHEIMER[4] stellt diese Macht, die von Fragen ausgeht und die Wirkungen, die mit ihnen erzielt werden kann, eindrücklich dar, wobei er Fragen in den verschiedensten kommunikativen Konstellationen diskutiert, den Unterricht jedoch nicht in seine Untersuchung einbezieht. Der 'fragend-entwickelnde Unterricht' als zentrales Grundmuster heutigen Unterrichtens läßt sich jedoch auf die sokratischen Dialoge PLATONs zurückführen, die BODENHEIMER einer fundamentalen Kritik unterzieht.

PLATON glaubte bereits vor über zweitausend Jahren zu wissen, mit welchem kommunikativen Verfahren man Menschen geistig, kulturell und sprachlich entwickeln kann, nämlich mit einer bestimmten Fragetechnik, die das aus dem Verborgenen hervorholen könnte, was ein jedes Individuum ungewußt in sich trägt. Diese Fragetechnik bezeichnete er treffend als 'Hebammenkunst', und SOKRATES war sein erster Geburtshelfer, der die erstaunlichsten geistigen Geburten selbst bei einfältigen Menschen ermöglichen konnte. Wie gut sie funktioniert, demonstriert er dem skeptischen MENON zu Beginn des eigentlichen Gesprächs über die Tugend in einem kurzen Dialog mit MENON's Sklaven.[5] Seine erste Frage an diesen Sklaven lautet:

> SOKRATES (zum Sklaven): Sage, mein Bursche, siehst du dieser viereckigen Fläche an, daß sie ein Viereck ist?

BODENHEIMER[6] zeigt nun, wie dieser Sklave von SOKRATES wie ein Versuchskaninchen mit einer engführenden Fragenstaffette zu einem vorausgeplanten Ziel geführt wird. MENON ist beeindruckt. Er glaubt tatsächlich, daß sein Sklave, der nie über Vierecke belehrt worden ist, sich aufgrund dieser Fragen an das verborgene, bereits in ihm liegende Wissen über Vierecke erinnert. Tatsächlich antwortet der Sklave aber wie eine Marionette meist mit „ja", ohne sich eigenständig Gedanken über

---

[3] Vgl. *McLuhan* (1964).
[4] *Bodenheimer* (²1985).
[5] Vgl. hierzu die Interpretation von Jürgen MITTELSTRAß, der zu einer gänzlich anderen Einschätzung der sokratischen bzw. platonischen Dialoge gelangt (*Mittelstraß* (1982) 146ff.). - Vgl. ebenfalls den Beitrag von Susanne NORDHOFEN in diesem Band.
[6] Vgl. *Bodenheimer* (²1985) 27ff.

diesen geometrischen Sachverhalt zu machen. SOKRATES ist ebenfalls stolz, wie
leicht es mit seiner Fragerei gelingt, Menschen dorthin zu bringen, wo er sie haben
möchte.

> *SOKRATES*: Siehst du wohl, Menon, wie ich diesen nichts lehre, sondern alles nur fra-
> ge? Und jetzt glaubt er zu wissen, wie groß die Seite ist, aus der das achtfüßige Vier-
> eck entstehen wird.[7]

SOKRATES glaubt ebenfalls, wie alle fragenden Lehrer nach ihm, daß mit derartigen
Fragen, die den Schülern die Antworten manchmal mehr, manchmal weniger in den
Mund legen, tatsächlich ein optimaler Lernerfolg erzielt werden kann. Doch Schüler, die man dieser didaktischen Befragung aussetzt, werden - wie MENON es ganz
richtig empfindet - eher durch dieses Verfahren verzaubert, ja behext.

> *MENON*: Im Scherz geredet, es kommt mir vor, als wärest du, was dein Antlitz und
> sonstiges Wesen anbetrifft, zum Verwechseln ähnlich jenem breiten Meerfisch, dem
> Zitterrochen. Auch dieser macht jeden, der ihm nahekommt und ihn berührt, erstar-
> ren. Etwas derart hast auch du denn, so dünkt mich, mir jetzt angetan. Du hast mich
> erstarren gemacht. Denn tatsächlich bin ich starr an Seele und Mund und weiß nicht
> was ich antworten soll. Und doch habe ich weiß wie oft über die Tugend die mannig-
> fachsten Reden gehalten, auch vor großen Versammlungen, und, so hatte ich mir ein-
> gebildet, stets recht gut. Und jetzt weiß ich nicht einmal mehr, was sie überhaupt ist.[8]

MENON drückt hier aus, wie man sich bis heute als 'dummer Schüler' bei einer Befragung fühlen muß: Das Empfinden einer eigentümlich Starre, die Denkblockaden
auslöst, eine ängstlich-bemühte Suche nach dem, was der Lehrer hören möchte und
das Gefühl des Ausgeliefertseins, da man den Antwort-Zwängen der Fragen nicht
entkommen kann. Die ständige Fragerei des Lehrenden wird als störende, engführende und blockierende Zumutung empfunden, die weitgehend verhindert, daß in
den Köpfen der Lerner eigene Konstruktionen entstehen. Dieses unentwegte Be-
drängtwerden durch Lehrerfragen im 'gelenkten Unterrichtsgespräch' ist wahrscheinlich nur in einer größeren Gruppe zu ertragen, in der man sich in der Masse
verstecken kann und in der sich nach jeder Frage schließlich immer jemand zu einer
Antwort bereitfinden wird, damit der 'fragend-entwickelnde' Fortgang des Unter-
richtsprozesses nicht unterbrochen wird.

In der Aufklärung begannen Lehrer ihre Schüler mit der sog. 'sokratischen Gesprächsführung' zu unterrichten. In der Folge setzte sich dieser spezifische Unter-
richtsdiskurs mehr und mehr gegenüber der älteren dozierend-erzählenden Vermittlung durch. Heute ist das gelenkte Unterrichtsgespräch das „mit weitem Abstand am
häufigsten verwandte Handlungsmuster der Regelschule".[9] Warum konnte sich diese
Fragetechnik zunehmend stärker und heute flächendeckend als das grundlegende
Unterrichtsverfahren an allen Schulen durchsetzen? Nun, es entspricht tendenziell -
zumindest auf der beobachtbaren Oberfläche der sprachlichen Interaktion im Klas-

---

[7] Zitiert nach der Übersetzung von Friedrich SCHLEIERMACHER: *Platon* Bd. 2, S. 23.
[8] Zitiert nach *Bodenheimer* ([2]1985) 25f.
[9] Vgl. *Meyer* (1987) 283.

senzimmer - dem Ideal eines dialogischen Prozesses, in dem sich alle Beteiligten gleichermaßen kognitiv und kommunikativ um ein zentrales Problem bzw. Thema bemühen. Seit der Aufklärung glaubt man an die Überlegenheit dieser 'dialogischen' gegenüber der älteren monologisch-erzählenden Methode für eine emanzipatorische Erziehung, die Menschen zu gleichberechtigten Partnern macht.

Aber wohl noch aus einem anderen Grund hat sich die 'sokratische Methode' durchgesetzt: In der Aufklärung entstand die Vorstellung von einer humanistischen Bildung und damit das pädagogische Bemühen, aktiv jeden Zögling zu formen und ihn auf ein humanistisch-idealistisches Menschenbild hin zu erziehen. Während es die bis zum 18. Jahrhundert übliche monologische erzählend-dozierende Unterweisung dem hörenden Zögling erlaubte, gedanklich abzuschweifen, eigene Gedanken zu entwickeln und sich so dem kognitiven Zugriff des Erziehers zu entziehen, hält ihn die sokratische Fragetechnik in einer Art Aufmerksamkeitsstarre, die hervorragend zu einer erwünschten Demutshaltung gegenüber den hehren klassischen Bildungsgütern paßt. Für den Zögling wiederum bedeutet es Anerkennung, Bewunderung und einen gehobenen gesellschaftlichen Status, wenn er diese Haltung internalisieren und später nach seiner Formungszeit seinerseits bei seinen Gesprächspartnern hervorrufen kann. Er gilt, wenn er diesen Formungsprozeß bis zum Ende durchhalten konnte, als gebildet - nicht so sehr aufgrund eines angehäuften enzyklopädischen Wissens, sondern eher aufgrund einer kommunikativen Haltung, mit der Wissen und Weisheit auch dann signalisiert werden kann, wenn man - wie SOKRATES - eigentlich wenig oder nichts weiß, aber trotzdem seine Gesprächspartner geschickt in prekäre Lagen zu bringen imstande ist, besonders durch Fragen, die letztlich nie befriedigend beantwortet werden können.

Bis heute halten zahlreiche Lehrer, insbesondere Deutschlehrer, an der Vorstellung fest, die Persönlichkeit junger Menschen in eine gewünschte Richtung zu formen, sie bilden zu können. Aber dies gelingt immer schlechter: Weniger, weil in den Lehrplänen kein klassischer Bildungskanon mehr vorgesehen ist und Jugendliche ihr Abitur machen und sogar Deutschlehrer werden können, ohne je den 'Faust' gelesen zu haben. Nein, die nostalgisch erwünschte Demutshaltung vor diesen großen Werken läßt sich nicht mehr erzeugen, vornehmlich wohl deshalb, weil sich die Schüler zunehmend weigern, sich im gelenkten Unterrichtsgespräch in eine bestimmte gerichtete Aufmerksamkeit drängen zu lassen. Sie rebellieren innerlich und äußerlich gegen die Zumutungen kognitiver Zurichtungen durch Fragen, deren Antwort der Lehrer kennt. Aber sein Wissensvorsprung gilt in ihren Augen immer weniger, da bildungsbürgerliche Inhalte immer weniger dazu beitragen, einen angemessenen gesellschaftlichen Status zu erlangen. Die zähe Langsamkeit des unterrichtlichen Prozesses, in der eine Gedichtzeile nach der anderen bis hin zu einzelnen Wörtern nach und nach durch Lehrerfragen aus den Köpfen der Schüler herausgeholt werden soll, gilt nichts mehr gegenüber einer rasch schaltenden technischen Intelligenz, die in der Lage ist, sich in Sekundenschnelle Informationen aus dem Internet zu ziehen, zu bewerten und gegebenenfalls weiter zu verarbeiten.

Nun könnte man einwenden, daß Lehrer im 'modernen Unterricht' ja gerade nicht engführende, sondern im Gegenteil, offene und den Denkprozeß der Schüler anregende Fragen stellen sollten. Und außerdem bietet doch schließlich die didaktische Literatur seit langem alle möglichen methodischen Alternativen an: 'Impulstechnik', Partner- und Gruppenarbeit, Projektunterricht, Medieneinsatz, handlungs- und schülerorientierte Verfahren. Doch gerade angesichts dieser methodischen Vielfalt, die jedem Lehrer zur Verfügung stehen sollte, ist es erstaunlich, wie sehr das gelenkte Unterrichtsgespräch in der schulischen Realität nach wie vor dominiert. Sicherlich, nicht jede Lehrerfrage muß Schüler in eine ganz bestimmte, vom Lehrer geplante Richtung lenken. Offene, zu divergentem Denken anregende Fragen gelingen jedem Lehrer hin und wieder, selbst SOKRATES gelangen sie zuweilen, aber die grundlegende Struktur dieser 'Hebammenkunst' führt den Fragesteller immer wieder zurück zur engführenden, nötigenden Scheinfrage, vor allem, wenn die Zeit drängt (und sie drängt immer, will man 'seinen Stoff durchbringen') und man in einer Stunde zu einem bestimmten Ergebnis kommen möchte. So sieht zumindest der Ist-Zustand an unseren Schulen aus. Auf Wege, die aus dieser Situation führen könnten, werde ich noch eingehen.

Hinzu kommt eine von vielen als unerträglich empfundene Arroganz des fragenden Gesprächsleiters, der implizit oder explizit deutlich macht, daß er nicht nur die Antwort auf die Fragen kennt, die für den Schüler noch gar keine Fragen sind, sondern auch den Weg, mit diesen Fragen den Schüler - ob er will oder nicht - zu dem für ihn richtigen Wissen zu führen. Und die Aussage von SOKRATES, daß er eigentlich nichts weiß, aber genau dies anderen Menschen voraus habe, nämlich zu wissen, daß er eigentlich nichts weiß, entspricht wiederum der spezifisch sokratischen Arroganz, die Lehrende bis heute ihre Schüler spüren lassen, denn sie sagen ja nicht explizit, was sie nicht wissen, sondern verbergen ihre Wissenslücken durch ihr ständiges penetrantes Fragen.

Aber nicht nur Schüler leiden an den kommunikativen Verhältnissen. Auch in der Lehrerrolle scheinen sich besonders Frauen zunehmend unwohler zu fühlen. Viele identifizieren sich nicht gerne mit ihrem Beruf, und die Mehrheit scheint stolz zu sein, wenn sie außerhalb der Schule nicht als Lehrerinnen identifiziert werden können.[10] Wenn man die Untersuchungsergebnisse zum weiblichen Gesprächsverhalten akzeptiert, dann steht das grundsätzliche Bemühen von Frauen, nämlich beziehungsorientiert und kooperativ und nicht - wie für Männer kennzeichnend - statusorientiert und konkurrierend zu kommunizieren, im Gegensatz zu der Struktur eines gelenkten Unterrichtsgesprächs. Bei Lehrerinnen besteht der Wunsch „nach einem kameradschaftlichen, persönlichen Verhältnis zu ihren Schülern, nach Kooperation auf der Basis wohlwollender Akzeptanz".[11] Aber offenbar schaffen es Lehrerinnen nicht, ihre kommunikativen Vorstellungen im Unterricht zu verwirklichen, sondern

---

[10] Vgl. *Flaake* (1989).
[11] Vgl. *Lindenberg* (1998) 17. - Ich möchte hier übrigens nicht die zahlreichen Männer diskriminieren, die ebenfalls dieses Bedürfnis verspüren.

verhalten sich im Unterricht weitgehend so wie ihre männlichen Kollegen. Unabhängig vom Geschlecht der Lehrer beherrscht das gelenkte Unterrichtsgespräch
„trotz seiner konversationellen Dürftigkeit weitgehend die Unterrichtskommunikati-
on"[12] und zwar in einer bemerkenswert einheitlichen Form. Da wir aber in einer Zeit
leben, in der Kinder und Jugendliche Zumutungen von Erwachsenen immer selbst-
bewußter zurückweisen, oft derartig aggressiv, daß sich Eltern kaum noch trauen,
ihre Kinder nach etwas zu fragen oder sie um etwas zu bitten, sehen sich Lehrer
genötigt, ihre ständigen Zumutungen in Form von Fragen und Aufforderungen an-
genehmer 'zu verpacken'. Es besteht die „Tendenz, dominante Formen sprachlicher
Handlungen im Unterrichtsgespräch zu verhüllen".[13] Das tat übrigens auch schon
Sokrates, der seinen Gesprächspartnern 'Honig um ihren Bart strich', damit sie sich
auf sein Verfahren einließen. LINDENBERG fand in ihrer Untersuchung nur auf dieser
Ebene der 'kommunikativen Verhüllung' einige Hinweise, daß Lehrerinnen hier
eher 'persönlich' werden und einzelne Schüler freundlich ansprechen, sie individuell für ihre Beiträge loben, emphatischer gegenüber den Erwartungen der Schüler
sind, selbst eher Fehler zugeben und häufiger Rollendistanz zeigen. Manche Lehrerinnen gehen so weit auf ihre Schüler zu, als wollten sie sagen: „Bitte verzeiht mir,
daß ich mich hier so wie ein Lehrer verhalten muß, aber es geht nun mal nicht anders. Wir müssen da irgendwie gemeinsam durch!" Männliche Kollegen, so der
begründete Eindruck von LINDENBERG, haben mit der strukturell erforderlichen,
dominanten Gesprächsführung im gelenkten Unterrichtsgespräch weniger Probleme
und sehen sich entsprechend weniger genötigt, sie mit verständnisvollen, persönlichen und rollendistanten Äußerungen zu verbrämen.

SOKRATES ist bis heute faszinierend: Ein gesprächsbereiter Mann, der nicht - wie
MENON - durch seinen Status und durch „mannigfachste Reden auch vor großen
Versammlungen" beeindrucken möchte, sondern schlitzohrig bescheiden von sich
behauptet, nichts zu wissen, also kein Experte zu sein, dennoch aber mit seiner raf-
finierten Fragetechnik auch überlegen erscheinende Gesprächspartner wie Nasenbä-
ren auf seinen gedanklichen Pfaden hinter sich herzieht. SOKRATES mußte gewissermaßen zu einem 'Schutzheiligen'[14] und zum 'Märtyrer' aller Lehrer avancieren,
denn er legitimierte sich, obwohl er kein Experte auf irgendeinem Gebiet war, aufgrund seiner zwingenden Gesprächsführung, die für die Athener Bürger schließlich
so unerträglich wurde, daß man ihn zum Tode verurteilte.

---

[12] Vgl. *Lindenberg* (1996) 21. - Die Autorin bezeichnet diesen Gesprächstyp als „institutio-
nalisiertes Unterrichtsgespräch", eine Bezeichnung, die wohl darauf hindeuten soll, daß es
sich in der Institution Schule im Grunde immer nur um diesen einen Gesprächstyp handelt.

[13] *Lindenberg* (1998) 22.

[14] Wie angesehen SOKRATES bis heute ist, zeigt das größte universitäre Austauschprogramm
der EU im Bereich Bildung und Ausbildung. Es heißt - wie sicherlich jeder Leser weiß -
SOKRATES. Erinnert sei auch an den weithin begrüßten „'Sokratischen Eid' für Lehrer
und Erzieher", den Hartmut von HENTIG 1993 in seinem Buch „Die Schule neu denken"
formuliert hat (*Hentig* (1993) 258f.).

Doch nicht nur die Athener setzten sich zur Wehr. Auch heutige Schüler finden immer raffiniertere Wege, sich ebenfalls zu widersetzen, bis hin zu offener Aggression. Sie müssen schließlich ungefähr über 15000 Schulstunden[15] die Zumutung dieses Befragtwerdens ertragen. Je älter Schüler werden, desto stärker wehren sie sich dagegen. Am stärksten übrigens Lehrer selbst, wenn sie auf einer Lehrerfortbildung von einem Fortbilder 'fragend-entwickelnd' unterrichtet werden und diesen Zustand demütigender Infantilisierung nicht ertragen möchten.

Der Befund zum gelenkten Unterrichtsgespräch, dem schulischen Mainstream-Verfahren schlechthin, fiel ernüchternd aus. Es ist hier nicht der Ort, über schulische Alternativen nachzudenken, denn es geht um Hochschuldidaktik. Ich wollte mit meinem einleitenden Exkurs zum schulischen Unterricht lediglich deutlich machen, daß es falsch wäre, wollte man dieses 'sokratische' Unterrichtsprinzip auf universitäre Seminare übertragen. Die Tendenz, Seminarveranstaltungen dadurch immer stärker zu verschulen, daß gelenkte Unterrichtsgespräche in den Mittelpunkt rücken, scheint nicht der richtige Weg zu sein, auch wenn dies zunächst einmal anregender und intensiver zu sein scheint, als Seminare nach herkömmlichem Referat-Schema durchzuführen. Diese Gesprächsform, die bereits in der Schule immer schwerer durchzuhalten ist, sollte man nun nicht auch noch auf die Universität ausweiten. Die Zumutung des ständigen Befragtwerdens durch Lehrpersonen wird langfristig nicht mehr zu ertragen sein - weder in der Schule noch in der Universität. Die universitäre Deutschlehrerbildung muß andere Wege gehen. Daß jedoch auch in Zukunft Unterrichtsgespräche - in Schule wie Hochschule - möglich sein müssen, steht außer Frage. Wir müssen jedoch diese Gespräche noch einmal von Grund auf neu denken und uns dabei von dem langen Schatten des SOKRATES lösen. Konkrete Vorschläge dazu werde ich später noch machen.

3. Das Praktikum - exemplarisch für situiertes Lernen

In jedem Semester betreue ich, wie alle meine Kollegen an der Pädagogischen Hochschule, ein Schulpraktikum. Einmal in der Woche vormittags bin ich dann mit einer Gruppe von fünf bis sechs Studenten an einer Schule, die dort jeweils zwei Schulstunden Deutschunterricht geben, die anschließend ausführlich gemeinsam besprochen werden. Zudem werden Vorschläge für die nächsten Unterrichtsstunden diskutiert. Nach meinem Eindruck wird in diesen Praktika am intensivsten gelernt. Das hängt zunächst mit der geringen Gruppengröße zusammen, aber auch mit einer anderen kommunikativen Interaktion. Hier werden weder Referate gehalten noch wird ein gelenktes Unterrichtsgespräch geführt. Man diskutiert vielmehr über die Tätigkeit des Unterrichtens, die man selbst zuvor ausgeübt hat oder aber noch ausüben wird. Praxis und Theorie rücken hier ganz eng zusammen und verdichten sich

---

[15] „Fünfzehntausend Stunden - Schulen und ihre Wirkungen auf die Kinder", so lautete ein schöner Buchtitel aus den 70er Jahren (vgl. *Rutter* (1979)).

in der Bewältigung komplexer Problemlösesituationen. Dieses 'lernende Arbeiten' in schulischen Praktika kann man als 'situiertes Lernen' bezeichnen.

Situiertes Lernen[16] bedeutet grundsätzlich ein Lernen, das in einen situativen Zusammenhang eingebettet ist, der wiederum Teil des Problems ist, das bearbeitet werden muß. Wissen und Fähigkeiten werden im Prozeß dieser Auseinandersetzung mit dem jeweiligen Problem in jedem Individuum auf spezifische Weise selbst konstruiert. Die naive Vorstellung, daß Wissen von einem Lehrer möglichst direkt in die Köpfe von Lernern verpflanzt werden könnte, wird von einem Ansatz abgelöst, der zu der didaktischen Konsequenz führt, daß Lerner mit möglichst erfahrungsoffenen situativen Arrangements konfrontiert werden sollten, damit jeder Lerner seinen ihm gemäßen kognitiven Lösungsweg finden kann.

In herkömmlichen institutionalisierten Lernarrangements besteht eine deutliche Trennung zwischen der Vermittlung deklarativen und prozeduralen Wissens und der späteren Anwendung dieses Wissens in einem Praxisfeld. Das Wissen wird hier losgelöst vom Kontext einer individuell oder gemeinsam erfahrenen Problemlösesituation vermittelt. Die Vorstellung, die diesem Lernen zugrundeliegt, hat Paolo FREIRE mit einem eindrücklichen Bild charakterisiert: Der Lernende gleiche einem Container,[17] in den Lehrer und Dozenten nach und nach, während der gesamten Schul- und Hochschulzeit, Wissen einfüllen. Am Ende ist der Lerner mit Wissensstoff angefüllt, aber wie er mit dieser Last in bestimmten Situationen umgehen soll, wie er genau das spezifische Wissen, das er bei einem komplexen Problem in der Praxis gerade benötigt, 'hervorkramen' kann, bleibt im Dunkeln. Die Lehrer, die ihn einst mit Wissen abgefüllt haben, stehen ihm später mit Ratschlägen nicht mehr zur Seite, ja viele würden ein derartiges Ansinnen, daß sie in der Praxis tatsächlich helfen könnten, sogar entrüstet zurückweisen, denn die Trennung zwischen abstrakter Praxisferne und konkreter Praxisnähe ist wesentlicher Bestandteil eines akademischen Habitus, den man nicht leichthin preisgeben möchte. Situiertes Lernen anhand von konkreten Problemlösesituationen, 'On-the-job-training', darüber erzählen, wie man selbst etwas erfahren und gelernt hat und was dies für einen persönlich bedeutet: All das gilt seit zweitausend Jahren als oberflächlich, von Zufälligkeiten abhängig, nicht abstrakt genug, als unwissenschaftlich und - ganz schlimm - als 'nicht akademisch'! PLATON hat mit seinem eigentümlichen Geburtshelfer SOKRATES zeigen wollen, worauf es im akademischen Diskurs tatsächlich ankommt: Gründlich und grundsätzlich über ein Problem zu sprechen, das man gerade nicht hat! Allzu viele Kopfgeburten sind so in abendländischen Hirnen entstanden.

Das „Container-Modell" des Lernens läßt dem Lerner wenig Möglichkeiten, sich das Wissen aktiv anzueignen und selbst den eigenen kognitiven Voraussetzungen und Bedürfnissen gemäß zu konstruieren. Sobald jedoch eine spezifische Problem-

---

[16] Besonders die Gruppe um Heinz MANDL hat die in den USA entwickelten Konzeptionen zum situierten Lernen in Deutschland publik gemacht und weiterentwickelt. Ich beziehe mich hier *auf Mandl/Gruber/Renkl* (^{2}1997).

[17] *Freire* (1973) 57.

situation gegeben ist, kann ein Individuum gar nicht anders als seine älteren und/oder neu erworbenen Wissensbestände zu reorganisieren, zu transferieren und dem Problem gemäß zu konstruieren.[18] Ein aktiver selbstkonstruierter kognitiver Prozeß ist deshalb am effektivsten, wenn der Wissenserwerb vom Lerner selbst unmittelbar mit den spezifischen Anforderungen einer Problemlösesituation verbunden werden kann.

Dieser enge Bezug zwischen kognitiver Aneignung und situierter Problembewältigung wird bereits bei der Wahl des Lernortes deutlich. Medizin im Hörsaal ist etwas anderes als Medizin am Krankenbett. Und die interaktiven Bezüge beim Lernen sind ebenfalls deutlich anders: Nicht-situiertes Lernen ist immer isolierend, exemplarisch im Frontalunterricht: Jeder Lerner arbeitet für sich, darf während des Unterrichts nicht mit anderen sprechen, wird isoliert beurteilt, darf sich nur weniger vorgeschriebener Hilfsmittel bedienen und konkrete Probleme in der Praxis werden allenfalls beispielhaft angedeutet.[19] Situiertes Lernen hingegen bedeutet kooperative Teamarbeit im Praxisfeld, wobei jegliche Hilfsmittel herangezogen werden können und ständig andere adäquate Lösungen für jede immer wieder veränderte Situation gefunden werden müssen.

In schulischen Praktika macht man häufig die Erfahrung, daß die Leistungen der Studierenden im Unterricht in einem relativ geringen Bezug zu ihren Leistungen in vorausgegangenen Lehrveranstaltungen stehen. Gleichgültig, ob dort etwas besser oder schlechter gelernt wurde: Es wird von den meisten kaum auf die Situation Unterricht angewendet, und es läßt sich auch schwer darauf anwenden, weil es nicht situiert, also vom Praxisfeld dissoziiert erworben wurde. Daß die Unterrichtsversuche dennoch häufig zufriedenstellend bis gut verlaufen, hängt damit zusammen, daß die Studenten alle einmal Schüler waren und fünfzehntausend Stunden lang Unterricht erfahren haben. Das Geschäft des Unterrichtens ist ihnen also vertraut, und zwar unabhängig davon, wieviel theoretisches Wissen sie sich in Seminaren und Vorlesungen dazu angeeignet haben. Aufgrund dieser grundsätzlichen Vertrautheit mit einer hochkomplexen Tätigkeit, die ja erst im Lehramtsstudium erworben werden soll, kann das theoretische Wissen, das nicht situiert außerhalb des Praxisfeldes Unterricht erworben wurde, leicht und scheinbar ohne Verlust verdrängt werden. Hier liegt ein wesentlicher Grund dafür, warum Unterrichten eine derartig konservative Tätigkeit ist.[20] Es kommt deshalb im Praktikum ganz entscheidend darauf an, daß die Studenten Unterricht tatsächlich auch als eine hochkomplexe Problemlösesituation begreifen sowie fachliches und didaktisches Wissen in prozedurales Wissen zur Bewältigung dieser Situation funktional anzuwenden lernen.

In schulischen Praktika werden Lehramtsstudenten auf eine Unterrichtspraxis vorbereitet, die stark von den Gegebenheiten einer Schule, den pädagogischen Vorstel-

---

[18] Sicherlich könnte man hier etwas weiter theoretisch ausholen und den Konstruktivismus in seiner gemäßigten oder radikalen Variante als theoretisches Fundament heranziehen.

[19] Vgl. *Mandl/Gruber/Renkl* (²1997) 168.

[20] Vgl. *Postman* (1979).

lungen der jeweiligen Klassenlehrer und der dort üblichen Unterrichtsführung gekennzeichnet ist. Praktika werden also stark von Rahmenbedingungen eingeschränkt, die wenig Freiraum bieten, unterrichtlich neue Wege zu gehen. Aber genau dies wäre notwendig, um vom gelenkten Unterrichtsgespräch als herrschender Form schulischer Lehre wegzukommen. Hier müssen Hochschuldidaktiker versuchen, sich im Einvernehmen mit den Praktikumslehrern neue schulische Lernfelder zu eröffnen.

Wie kann man die Rolle eines Dozenten in schulischen Praktika umreißen? Damit er an der situierten Lernerfahrung partizipieren kann, müßte er auch immer wieder selbst unterrichten. Ganz ähnlich wie ein Professor für Chirurgie neben seinen Lehrveranstaltungen selbstverständlich operiert und sich dabei auf die Finger sehen läßt, müßte ein Deutschdidaktiker Deutschunterricht geben. Ein älterer Professor operiert allerdings oft nicht mehr so gut wie sein jüngerer Oberarzt. Und ein Deutschdidaktiker, der nur relativ selten an Schulen unterrichtet, wird im Laufe der Zeit Probleme in der Unterrichtspraxis bekommen. Aber umgekehrt gilt auch: Je weniger man sich der Situation aufgrund dieser zunehmenden Unsicherheit aussetzt, desto größer wird diese zwangsläufig. Auch ein Dozent muß sich als sprachlicher Entwicklungshelfer weiter entwickeln dürfen, und das ist vor allem dann möglich, wenn er sich beim eigenen Unterricht als Dozent im Praktikum studentischer Kritik aussetzt. Als ein Experte für Deutschunterricht muß man keineswegs als Unterrichtender in der Schule perfekt sein, aber man muß die Einsichtsfähigkeit und auch Stärke besitzen, Selbstkritik üben zu können und eigene Mängel einzugestehen.

4. Die Vorlesung

Im letzten Semester wurde an unserer Pädagogischen Hochschule in Heidelberg ein neues Vorlesungsgebäude eingeweiht.[21] Zunächst war ich über diesen vermeintlichen Anachronismus einigermaßen erstaunt. Warum soll heute immer noch, mehr als fünfhundert Jahre nach der Erfindung des Buchdrucks, 'vorgelesen' werden? Noch voller Skepsis und Zweifel las ich wieder den längst vergessenen Aufsatz von Jean-Marie ZEMB „Ist die Vorlesung noch zu retten?" aus dem Jahre 1981. Nach der Lektüre und einigen grundsätzlichen Überlegungen zur Struktur des Deutschlehrerstudiums kam ich zu der Einsicht, daß die Vorlesung kein Auslauf-Modell ist, sondern - im Gegenteil - einen wichtigen Platz in der Lehre bekommen sollte.

Zunächst ein logistisches Argument: Wenn man tatsächlich, wie im letzten Kapitel vorgeschlagen, weitaus stärker als bisher auf eine intensiv betreute Arbeit in praxisorientierten Kleingruppen setzt, dann muß es zur Entlastung der Stundendeputate und zur Bewältigung großer Studentenzahlen einen Veranstaltungstyp geben, der viele 'Hörer' gleichzeitig bewältigen kann, und das schafft nur die Vorlesung.

Und nun zu den 'Hörern', die dichtgedrängt auf festgeschraubten Stuhlreihen in einer Art Amphitheater sitzen: Kann das, was sich vor ihren Augen und Ohren auf

---

[21] Außergewöhnlich in der herrschenden finanziellen und bildungspolitischen Misere!

der spärlich ausgestatteten Bühne abspielt, tiefgreifende Lernprozesse auslösen? Oder wird es hier nicht möglicherweise noch langweiliger als in den altbekannten Seminaren mit seinen vielen unsäglichen Referaten? Muß man sich hier nicht noch wesentlich hilfloser und ausgelieferter vorkommen, weil man keine Eingriffsmöglichkeiten hat und sich nicht gegen einen Monolog wehren kann?

Nein, ausgeliefert muß man sich nicht fühlen, denn wenn eine Vorlesung tatsächlich unbefriedigend ist, kann man schließlich gehen. Als Hörer einer Vorlesung hat man diese Freiheit. Aber die Freiheit des Hörers geht noch wesentlich tiefer. Zuhören, ohne der Zumutung ausgesetzt zu sein, jederzeit von einem Dozenten befragt werden zu können, durch 'sokratische' Fragen in eine bestimmte Denkrichtung gezwungen zu werden und auf der Hut zu sein, nicht dieses altbekannte Gefühl des 'Ertappt-Werdens' beim gedanklichen Abschweifen ertragen zu müssen: All das fällt bei einer Vorlesung weg. Die Zuhörer können sich in einer Vorlesung gedanklich 'gehen lassen', auch mit diffuser Aufmerksamkeit und nur mit halbem Ohr hinhören, weil sie vielleicht noch einem früher geäußerten Gedanken nachsinnen oder weil es innerlich in ihnen gärt und sie einen eigenen Gedanken auszubrüten versuchen.

> ZEMB schreibt dazu: „Der Hörer findet im größeren Saal mehr kritische Freiheit und ruhige Aufmerksamkeit als um einen Seminartisch herum. Im Seminar fühlt man sich angesprochen, beobachtet, herausgefordert, beinahe geprüft, und das kann sehr peinlich wirken".[22]

Als Hans Georg GADAMER sich kürzlich in einem Vortrag an unserer Hochschule an seine Studentenzeit vor circa siebzig Jahren erinnerte, wies er darauf hin, daß damals die Studenten unmittelbar im Anschluß an eine Vorlesung eifrig über das zuvor Gehörte debattierten. Weil jeder etwas anderes 'herausgehört' hatte, kam es zu diesen lebhaften Auseinandersetzungen. Nach gelenkten Unterrichtsgesprächen - so, wie ich sie oben skizziert habe - hat dagegen kaum jemand mehr das Bedürfnis nach einem anregenden, weiterführendem Disput, denn durch das fragende 'Auffordern' werden sie gedanklich dorthin geführt, wo der Lehrende sie aufgrund seiner vorab festgesetzten Lern- und Stundenziele haben möchte. Eigenständige Konstruktionen in den Köpfen der Hörer werden so eher verhindert.

Menschliches Lernen war ursprünglich immer situiert: ein Lernen in einer konkreten Problemlösesituation. Und die Festigung des situiert Erlernten erfolgte in der Regel durch nachfolgende Erzählungen: „Weißt du noch, wie wir damals die Karre aus dem Dreck gezogen haben? Oder: Soll ich dir mal erzählen, wie ich meine erste Deutschstunde zur Groß- und Kleinschreibung gehalten habe?" Derjenige, der einer Erzählung zuhört, kann etwas lernen, vor allem dann, wenn er selbst dabei oder einmal in einer ähnlichen Problemlösesituation war. In einem Ansatz situierten Lernens, der Anchored Instruction[23], arbeitet man mit narrativen Ankern, die es den Lernenden erlauben, sich in eine Problemsituation zu versetzen und sich aktiv mit

---

[22] *Zemb* (1981) 459.
[23] Vgl. *Cognition and Technology Group at Vanderbilt* (1990).

Interesse um die Lösung dieses Problems zu bemühen. Um Probleme lösen zu können, benötigt man Problemlöse-Wissen und prozedurales Wissen. Dieses Wissen entspricht der Struktur des Gegenstandsfeldes 'Deutschdidaktik'. Im Zuge der 'Akademisierung' des Faches entstand eine zunehmende Verlagerung hin zu der Vermittlung von deklarativem Wissen[24], d.h. von theoretischen Wissensbeständen ohne situativem Bezug zur Praxis. Das Fach steht heute vor der Aufgabe, selbstbewußt und ohne akademische Minderwertigkeitsgefühle den Weg zu seinem wissenschaftlichen Kern zu finden: dem Verstehen und der Bewältigung von sprachlich und literarisch geprägten Lehr- und Lernsituationen, wobei Problemlöse-Wissen und prozedurales Wissen im Mittelpunkt stehen müssen. Dies bedeutet aber nicht, daß deklaratives Wissen gänzlich außen vor bleiben kann. Die Vorlesung ist der Veranstaltungstyp, in dem diese Wissensinhalte noch am ehesten vermittelt werden können. Dennoch sollten sich auch hier die deklarativen Inhalte nicht verselbständigen, sondern immer wieder situative Bezüge erkennbar bleiben. Dies gelingt vor allem dann, wenn in die Vorlesung Erzählungen integriert werden, die Probleme der Praxis exemplarisch verdeutlichen. Ich denke hier bewußt an 'Erzählungen' und nicht an 'Berichte', weil der subjektive Bezug zum Lehrenden erkennbar werden soll. Dem Zuhörer muß mit Erzählungen deutlich werden, daß der Dozent selbst als Person konkret oder fiktiv Probleme mit der Bewältigung einer komplexen Lehr-/Lernsituation bekommen kann.

Deklaratives Wissen kann über Erzählungen hin zu situiertem Wissen transferiert werden. Erzählungen enthalten schließlich auch immer explizit oder implizit Bewertungen, die wiederum zu Begründungen führen („Das war damals eine super Stunde, obwohl am Anfang alles schief lief. Und ich glaube, das lag daran, daß ..."). Die Vorlesung steht als monologische Vortragsform Erzählungen auch generell recht nahe. Gelenkte Unterrichtsgespräche ähneln dagegen Quizshows oder gar Verhören, in denen Inhalte oft entfremdet und zerstückelt erscheinen und sich die Motivation vom inhaltlichen Zentrum auf das eigentümliche Prozedere verschiebt. Auch nach vielen Jahren kann man sich an bestimmte Erzählungen, an Vorträge oder Vorlesungen erinnern, aber an eine bestimmte Schulstunde, eine von circa fünfzehntausend in einem langen Schülerleben, erinnert sich kaum jemand, so gut sie auch immer geplant und durchgeführt sein mag, es sei denn, es wäre etwas Unvorhergesehenes, meist Witziges geschehen, über das man wiederum gut erzählen kann.

Allerdings stellt diese Veranstaltungsform hohe Anforderungen an die rhetorischen Fähigkeiten eines Dozenten, denn eine Vorlesung ist - wie ZEMB schreibt - ein hochkomplexes „virtuelles Gespräch"[25]. Und weiter:

> „In der Vorlesung geschieht etwas, nämlich zugleich das Aussondern einer bestimmten Idee und die Einbeziehung ihrer Umwelt. Dieses Geschehen bestimmt den Rhythmus, wenn es auch ganz verschiedene Methoden zuläßt: Roden, Mästen, Hobeln, Lavieren, Spiralen zentripetal oder zentrifugal ausfahren, Farbe bekennen oder

---

[24] Zu diesen Wissenskategorien vgl. *Mandl/ Friedrich/ Hron* (1993) 143ff.
[25] *Zemb* (1981) 460.

Trümpfe nicht ausspielen, mit Zitaten spicken oder mit Anekdoten füllen, die Inhalts-
angabe wie ein Theaterprogramm vorweg austeilen, zu Fahrten ins Blaue und doch
auf Schienen einladen, spontan sprechen und doch nicht improvisiert denken, ein
Manuskript mit oder ohne Unterbrechung vorlesen, dessen geschriebene gesprochene
Sprache im Prosodem eine unverwechselbare Präsenz gewinnt, Fragen, Bohren, Ma-
terialprüfungen vornehmen, wie ein Bauchredner dialogisieren, Ebbe und Flut, Sturm
und Windstille, Gewitter und Regenbogen, Nebel und Sonne, Furcht und Fassung,
Zweifel und Trost, Ergriffenheit und Hoffnung, lebhafte Metaphern und trockenste
Formeln, lauter fach-, thema-, temperament- und situationsgebundene taktische Vari-
anten, im Dienste der Strategie der didaktischen Kommunikation eben 'einer' Idee".[26]

Was Jean-Marie Zemb hier ausführt, steht im Einklang mit der Theorie situierten
Lernens: Ein Gedanke wird nicht einfach linear abgearbeitet, sondern in immer
neue, oft überraschende Kontexte eingebettet, die den unterschiedlichsten Zuhörern
die Möglichkeit bieten, ihre bereits bestehenden kognitiven Konstruktionen mit
bestimmten Aspekten des Gehörten individuell zu verankern. Gedankliches Entwik-
keln, die langsame Entwicklung eines Gedankens beim Reden, das Ringen um eine
treffende Formulierung und die wissenschaftlichen Anstrengungen, die sich - gerade
auch für den Dozenten selbst - hinter einer Hypothese verbergen: All das kann in
einer Vorlesung deutlich werden. Und ganz anders als beim Lesen eines Buches
kann der Zuhörer die Begeisterung spüren, die der Redner bei der Beschäftigung mit
einem auf den ersten Blick eher trockenen Gegenstand entwickelt.

Im Übrigen werden sich die didaktisch-methodischen Möglichkeiten in Vorlesungen
mit der Entwicklung multimedialer Anwendungen - Instruktions- und Interface-
Designs mit audiovisuellen Einspielmöglichkeiten der unterschiedlichsten Konfigurationen - in naher Zukunft dynamisch ausweiten, so daß aus der alten Vorlesung
eine Lernumgebung entsteht, in der sich Rhetorik und persönliche Präsenz eines
Dozenten mit virtuellen Lernarrangements verknüpfen lassen, die es den Studierenden wiederum erlauben, im Anschluß an eine Vorlesung individuell am Computer
den angesprochenen Arbeitsbereich vertiefen zu können. Ein zweiter Frühling der
Vorlesung steht also bevor. Um eine Vorlesung in diesem Sinne als virtuelles Gespräch zu verwirklichen, erscheint allerdings eine rhetorische und mediendidaktische Schulung geboten.

5. Noch einmal: Seminare - aber anders

Wenn man meinen Argumenten bis hierher folgen kann, müßte situiertes Lernen in
Kleingruppen mit 4-6 Teilnehmern und Vorlesungen mit Auditorien über 100 Teilnehmern deutlich in der universitären Deutschlehrerausbildung verstärkt werden.
Seminare dagegen, diese immer diffuser werdende Zwitterform, schwankend zwischen dem alten Referateschema und gelenkten Unterrichtsgesprächen und extrem
schwankend in den Teilnehmerzahlen, müßten dagegen in einem deutlich geringe-

---

[26] *Zemb* (1981) 457.

ren Umfang angeboten werden und ein klares Profil entwickeln. Wie könnten Seminare dieses neuen Typs aussehen?

Situiertes Lernen, wie wir es oben dargestellt haben, muß sich nicht nur auf Unterrichtsprozesse beziehen. Es könnte sich in der Deutschlehrerausbildung auch auf das beziehen, was diese Berufsgruppe gut beherrschen sollte, nämlich die mündliche und die schriftliche Kommunikation. Der Expertenstatus[27] eines Deutschlehrers als überdurchschnittlicher Rhetoriker oder Verfasser von Texten ist jedoch - merkwürdig genug - wenig gesichert. Deutschlehrer und Deutschdidaktiker gelten als Experten für Unterricht, aber nicht für das, was im Deutschunterricht ganz wesentlich gelernt werden soll: Stilistisch angemessene und gut lesbare Texte zu verfassen. Während ein Chemielehrer ganz selbstverständlich während seines Studiums im Labor gearbeitet hat, um sich 'situiert' mit den fachlichen Grundlagen auseinanderzusetzen, kommt fachlich-situiertes Lernen in der Deutschlehrerausbildung allenfalls am Rande vor, nämlich in Seminaren mit Experten für rhetorische Kommunikation, den Sprechpädagogen und/oder Rhetoriklehrern. Wie wichtig und sinnvoll diese Seminare sind, scheint weniger Deutschdidaktikern als den Studierenden klar zu sein.[28]

Aber wie steht es mit dem Schreiben? Welche Schreibexperten führen zukünftige Deutschlehrer in die Tätigkeit des Schreibens ein? Journalisten, Werbetexter, Schriftsteller, Experten für die unterschiedlichsten Textsorten sind in der Ausbildung nicht vorgesehen. Bietet aber tatsächlich einmal ein 'Schreibexperte' ein Seminar dazu an, bekommt er einen immensen Zulauf. Das Bedürfnis, Schreiben anders und besser zu lernen als in der Schule, ist bei unseren Studenten groß. Diesem Bedürfnis sollte man entsprechen. Studierende des Faches Deutsch müßten die Möglichkeit bekommen, sich nicht nur analytisch mit wissenschaftlichen und literarischen Texten auseinanderzusetzen, sondern selbst poetische oder journalistische Texte gestalten zu können, und zwar in einer fachlich kompetenten Weise. Doch Seminare etwa zum kreativen Schreiben verlaufen häufig - wenig professionell - nach einem schlichten Black-box-Modell: Der Stimulus vor Schreibbeginn und die Ergebnisse nach dem Schreibende sind bekannt, aber der zentrale Prozeß, die Tätigkeit des Formulierens selbst, bleibt opak.[29] Wenn man Schreiben in Einklang mit den Modellvorstellungen der Schreibforschung als Problemlösen bezeichnet, dann wäre

---

[27] Zu 'Experten im Unterricht' vgl. *Steinig* (1995).

[28] Vgl. dazu den Aufsatz von Roland WAGNER in diesem Band.

[29] Noch eine weitere Bemerkung zum 'kreativen Schreiben': In der eigensprachlichen Didaktik in Großbritannien ist die Entwicklung einer Schreibfähigkeit vorgesehen, die mit 'Narrative Writing' bezeichnet wird (vgl. *Turner* (1997)). Hier soll ebenfalls 'kreativ' geschrieben werden, aber eben nicht in dieser in Deutschland (und auch in den USA) vorherrschenden geniekultartigen Beliebigkeit, sondern anhand von Textgestalten, die der Textsorte 'Narration' bzw. 'fiktionale Erzählung' eigen sind. So können didaktisch Kriterien für diese Texte entwickelt werden, sowohl für das Verfassen wie für die Bewertung von Erzählungen (Vgl. dazu auch *Klotz* (1996)).

dies genau der Ort, wo situiertes Lernen, so wie ich es oben dargestellt habe, stattfinden könnte.

Ein Beispiel dazu: Ich habe mich beim Verfassen eines Textes filmen lassen und
dabei alles, was mir dabei durch den Kopf ging, laut verbalisiert: Eine Art gedankli-
cher Selbstentblößung bei einem Prozeß, den man als geradezu intim empfindet.[30]
Den Film habe ich dann anschließend in einem Seminar zum Schreiben vorgestellt
und die Studierenden ermutigt, mit dieser Methode sich selbst beim Schreiben zu
beobachten, damit ihnen der Problemlöseprozeß beim Planen, Formulieren und
Überarbeiten bewußter wird. So könnte beispielsweise situiertes forschendes Lernen
in bezug auf diese zentrale Fähigkeit aussehen, über die wir immer noch viel zu
wenig wissen.

Ähnliche Seminare als Forschungs- und Lernwerkstätten wären denkbar: Beispielsweise eine situierte Einführung in die Arbeit mit neuen Medien am Beispiel von E-
Mail- und Chat-Kommunikation, wie wir sie in zwei zeitgleichen Seminaren in
Deutschland und Ungarn mit Heidelberger und Debreciner Studierenden unlängst
durchgeführt haben[31] oder etwa - um ein älteres Medium zu nennen - in die Arbeit
mit der Freinet-Druckerei.

Ein weiteres wichtiges Feld für Seminare wären Simulationen, mit denen Lern- und
Unterrichtsprozesse nachvollziehbar und erlebbar gemacht werden könnten. Es ist
etwas anderes, ob man beispielsweise über Puppentheater mehrere Bücher gelesen
hat oder ob man selbst in einem Puppentheater mitgewirkt hat. In Seminaren mit
Simulationen bestünde die Möglichkeit, herkömmliche und experimentelle unterrichtliche Methoden und Verfahren auszuprobieren und anschließend intensiv zu
diskutieren.

Es geht bei der Entwicklung der Schreibkompetenz für einen zukünftigen Deutschlehrer nicht nur darum, die Textsorten, die er später von seinen Schülern erwartet,
selbst in vorbildlicher Weise zu beherrschen, sondern auch um die Fähigkeit, Texte
zu verfassen, die Teil des studentischen und wissenschaftlichen Arbeitens sind, also
Vorlesungsmitschriften, Exzerpte, wissenschaftliche Hausarbeiten usw. Für diese
Schreibkompetenz stünden genügend Experten an einer Hochschule zur Verfügung,
denn ein wesentlicher Teil ihrer Arbeit besteht schließlich im Verfassen wissenschaftlicher Texte. Aber wie könnten diese Experten ihr Wissen situiert vermitteln?
Sie müßten sich gewissermaßen in ihre kognitiven Karten blicken lassen und zeigen,
wie sie es selbst machen. Ein derartig situierter Zugang bedeutet, daß man in möglichst kleinen Seminargruppen diese Fähigkeit übt, denn ein Blick hinter die Kulis-
sen beim Schreiben und das kritische 'Zerpflücken' eines Textes, den man mit viel
Mühe entworfen hat, erfordert gegenseitiges Vertrauen und die Fähigkeit, Schwä-
chen und Fehler einzugestehen und daran zu arbeiten - nicht nur für die Studenten,

---

[30] Vgl. die wegweisende Untersuchung zum Schreibprozeß von Linda Flower und John R.
Hayes, in der diese Methode angewandt wird (vgl. *Flower/Hayes* 1981).
[31] Vgl. *Steinig/Frederking/Berghoff/Jünger* (1998).

sondern auch für den Dozenten oder einen Tutor, der ebenfalls derartige 'wissenschaftliche Schreibgruppen' betreuen könnte.

Mit der Abschaffung der universitären Monokultur nach dem Referate-Schema sollte man aber nicht das Kind mit dem Bade ausschütten. Die wichtige Fähigkeit, frei und verständlich einen komplizierten Gegenstand einer größeren Gruppe in einem Vortrag oder Referat präsentieren zu können, darf nicht in Vergessenheit geraten, ganz im Gegenteil! Hier plädiere ich für wenige Seminare, die explizit als Referate-Seminare ausgewiesen werden, und zwar in den ersten Semestern in enger Zusammenarbeit mit Sprechpädagogen, die in parallel stattfinden Übungsseminaren mit den Studierenden nicht mehr - wie bislang, zumindest an unserer Hochschule, üblich - anhand von beliebigen Themenstellungen Referate üben, sondern vielmehr situiert, d.h. anhand eines Themas, über das tatsächlich dann wenig später in einem themenspezifischen Seminar referiert werden muß.

In höheren Semestern könnte ich mir ebenfalls spezielle Referate-Seminare vorstellen, in denen Studierende über ihre eigenen Untersuchungen referieren könnten. Dies sollten aber nicht die bislang üblichen Oberseminare sein, sondern 'öffentliche' Seminare mit größeren Teilnehmerzahlen, damit fortgeschrittene Studenten ihren jüngeren Kommilitonen etwas über ihre Forschungsarbeiten mitteilen könnten.

Schließlich bleibt noch der Bereich übrig, den ich zu Beginn so scharf kritisiert habe, der aber der wichtigste und problematischste ist: das Unterrichtsgespräch. Welche Alternativen gibt es zu 'fragend-entwickelnden' bzw. 'sokratischen' Gesprächen? Nun, es müßte wohl zunächst eine Gesprächsform sein, in der Lehrerfragen allenfalls am Rande vorkommen dürften. Die Dynamik in diesen Gesprächen dürfte sich nicht mehr aus Fragen an die Lerner, sondern müßte sich vielmehr aus dem gemeinsamen Bemühen um die Lösung situierter Probleme entwickeln. Anstatt herkömmlicher sokratischer Gespräche wären situierte Gespräche zu fordern.

Wie könnte man sich ein situiertes didaktisches Gespräch konkret vorstellen? Welche Rolle hätten dabei die Studierenden und welche die Lehrenden? Nach meiner Beobachtung entwickeln sich situierte Gespräche immer dann nahezu von selbst, wenn ein Experte in seinem Praxisfeld handeln kann und dabei den Lernern als Laien die Möglichkeit eröffnet, an seiner Expertenwelt partizipieren zu können.[32] Die erste Forderung, die man an diesen 'Lehrer' stellen muß, wäre demnach, sich als ein 'primus inter pares' zu verstehen, der uneigennützig seine Erfahrungen mit anderen teilt und der beispielsweise auch akzeptieren kann, daß der eine oder andere seiner 'Novizen' ihn einmal überflügeln könnte und in bestimmten Bereichen bereits überflügelt hat. Diese Einstellung würde implizieren, daß Lehrende grundsätzlich neugierig und interessiert an dem sind, was Lernende zu sagen haben und grundsätzlich bereit sind, in und mit diesen Gesprächen selbst etwas hinzuzulernen. Dies gelingt nur dann, wenn man als Gesprächsleiter gelernt hat, jede Äußerung ernst zu nehmen und mit Interesse zuzuhören. Erst auf der Grundlage einer derartigen Haltung würden Studierende den Mut bekommen, als Teil einer sich entwik-

---

[32] Vgl. *Steinig* (1995).

kelnden Expertengemeinschaft mit zu diskutieren. Dies wäre jedoch kein sogenann-
tes 'symmetrisches Gespräch': Das Gefälle zwischen dem Experten und 'seinen'
Novizen' bliebe bestehen und Konkurrenz hätte selbstverständlich auch ihren
Platz.[33]

In situierten Gesprächen steht der konkrete, problematische Fall am Anfang: ein
Erlebnis, eine Erfahrung, ein Versuch oder ein Text und die sich daran knüpfenden
Beobachtungen, die auf die eine oder andere Weise verbalisiert werden können und
die einem unmittelbaren Verstehen oft nicht zugänglich sind. Dieses Vorgehen ist
zunächst einmal nichts Neues: Oft wird so - induktiv - ein Gespräch durch den Gesprächsleiter 'anmoderiert'; auch spontane Äußerungen - unmittelbar im Anschluß
an diesen Einstig werden häufig noch 'zugelassen'[34].

Die Weiterführung wird dann allerdings in einer bestimmten, vom Lehrer/Dozenten
erwünschten bzw. geplanten Richtung durch Fragen gesteuert, die für die Lerner
selten transparent wird. Eine situiertes didaktisches Gespräch in einem Seminar
müßte hier anders fortgeführt werden. Entscheidend ist, daß zunächst alle Beteiligten - auch der Gesprächsleiter, der nicht unbedingt ein Dozent sein muß - zum einen
ihre inhaltlichen Auffassungen zu dem eingangs vorgestellten Problem, aber andererseits auch Vorschläge zum Prozedere des Gesprächsverlaufs formulieren sollten.
Dazu müssen Verfahrenspläne wie inhaltlich orientierte Pläne zur Verfügung stehen
oder aber bereitgestellt werden, damit überhaupt Alternativen deutlich werden.

Vorbild für die Entwicklung derartiger Pläne kann die Schreibprozeßforschung sein:
Ganz ähnlich, wie Schreibern unterschiedliche Pläne zur Verfügung stehen, die etwa
beim partnerschaftlichen Herstellen eines Textes miteinander diskutiert und ausge-
handelt werden,[35] müßte bei Teilnehmern an einem didaktischen Gespräch die Kompetenz vorhanden sein bzw. entwickelt werden, Gesprächsverläufe mit zu bestimmen und zu gestalten. Didaktische Gespräche wären dann, ähnlich wie schriftliche
Texte, 'ill defined problems',[36] für die gemeinsam - zu Beginn und, bei Bedarf, auch
während des Verlaufs - Pläne bereitgestellt werden müssen, damit eine gemeinsame,
selbstbestimmte Verantwortlichkeit nicht für didaktische Gespräche, sondern für
den gesamten methodischen Ablauf entstehen kann. Praktisch könnte man sich dies

---

[33] Zur Zeit der Studentenunruhen, als man die Gesellschaft hin zu mehr 'Freiheit, Gleichheit
und Brüderlichkeit' über den Weg durch die Institutionen, besonders durch Schule und
Hochschule, verändern wollte, spielte das sechste „pragmatische Axiom" WATZLAWICKS
zur „symmetrischen und komplementären Interaktion" eine zentrale Rolle (vgl. *Watzla-
wick/Beavin/Jackson* (⁸1990)). Die gesamte Theorie WATZLAWICKS hat bis heute als 'ge-
sunkenes wissenschaftliches Kulturgut' immer noch seinen Platz in der Deutschdidaktik -
nach wie vor gut genug für mündliche Prüfungen (vgl. *Girgensohn-Marchand* (³1996)).

[34] Erinnert sei an Martin WAGENSCHEIN, der diesen 'situierten Einstieg' in ein didaktisches
Gespräch in einer bislang unübertroffenen Weise dargestellt hat (*Wagenschein* (1970)).

[35] Vgl. die empirische Untersuchung von Ria MÜLLER zum gemeinsamen, kooperativen
Formulieren und Gestalten von Texten, das die Autorin mißverständlich als „interaktives
Schreiben" bezeichnet (*Müller* (1997)).

[36] Vgl. *Flower/Hayes* (1981) 40.

beispielsweise so vorstellen, daß gemeinsam ein 'mind-map' erstellt wird und man
sich dann entscheidet, in welchen Schritten man die einzelnen Bereiche im Gespräch
bewältigen möchte. Im Rahmen dieses Vorgehens könnten Partner- oder Kleingrup-
penarbeit in mündlicher oder schriftlicher Form in einer für alle nachzuvollziehen-
den Weise integriert werden, nämlich aufgrund von methodischen Vorschlägen aus
dem Kreis aller Beteiligten und nicht - wie bislang - als autoritativ bestimmte Vorgaben des Lehrenden.

6. Lernen außerhalb institutionalisierter Lehrveranstaltungen

Der Forderung, einzelne Schüler dort abzuholen, wo sie sich befinden, kann gewiß
jeder sofort zustimmen, aber was dies genau in der schulischen Praxis bedeuten
kann, ist den wenigsten Lehramtstudenten klar. Wollte man diese Forderung wirklich ernstnehmen, müßte man sich längerfristig intensiv auf einzelne Schüler einlassen. Ein wirklich ernstgemeintes 'Abholen' eines Schülers würde bedeuten, daß man
ihn zu Hause, in seinem Elternhaus besucht, seine außerschulische Lernumgebung
kennenlernt, intensive Gespräche mit seinen Eltern führt, um zu verstehen, wie und
was er dort lernt und welche Brücken oder Hindernisse zwischen schulischem und
außerschulischem Lernen bestehen. Wenn man einem Schüler in seiner häuslichen
Umgebung 'Nachhilfeunterricht' erteilt,[37] der nicht lediglich Kompensation für
schlechten Schulunterricht ist, sondern mit ihm zusammen beispielsweise Texte
schreibt - prozeßhaft, gegenseitig vorlesend und überarbeitend -, dann entsteht ein
Bewußtsein für die im normalen Schul- und Hochschulalltag schwer erkennbaren
Probleme bei der Tätigkeit des Formulierens. Modelle des Schreibens lernen Studierende zwar im Seminar kennen und können dieses theoretische Wissen auch in Prüfungen meist recht gut reproduzieren, aber was Schreiben als Problemlösen tatsächlich für einen schwachen Schreiber in einer konkreten Schreibsituation bedeutet und
wie ihm hier unmittelbar geholfen werden kann, ist nur durch situiertes Lernen zu
erfahren. Ich schlage deshalb neben den Unterrichtspraktika individuelle schülerbe-
gleitende Praxiserfahrungen vor: Studierende würden während ihres gesamten Studiums jeweils einige wenige Schüler über längere Zeiträume in vorwiegend außerschulischen Lernkontexten in ihrer Lernentwicklung begleiten und sich über dieses
pädagogische Verhältnis mit Didaktikern austauschen. Derartige 'Lernpatenschaf-
ten' müßten nicht auf Schüler-Studenten-Paarungen beschränkt bleiben, sondern
könnten sich vielmehr als durchgängiges Prinzip einer altersheterogenen Schülerhil-
fe an jeder Schule etablieren.[38]

Sinnvoll wären deshalb auch Kleingruppen mit Schülertutoren und Studierenden, in
denen die Tutorentätigkeit kritisch reflektiert und vorbereitet werden könnte. Da das
didaktisch überaus wirkmächtige Prinzip des lehrenden Lernens bzw. Lernens durch

---

[37] Vgl. *Steinig* (1985) 72-109.
[38] Vgl. *Steinig* (1985) 190-205.

Lehren bislang nur in Ansätzen in unserem Schulsystem angewandt wurde,[39] könnten Studierende dabei mitwirken, partnerschaftliches Lernen mit klassenübergreifenden, altersheterogenen Lernpartnerschaften aufzubauen und so in größerem Umfang an unseren Schulen verankern. An den Tutor-Tutee-Begegnungen könnten die Studenten hospitierend teilnehmen, um anschließend mit den Tutoren über ihren Unterricht zu diskutieren. Auch dies wäre wiederum situiertes Lernen in Problemlösesituationen, sowohl für die Studierenden wie für die Tutoren und selbstverständlich für die Tutees.

Studenten könnten in ihrer außerschulischen Arbeit mit Schülern auch erfahren, daß individuelle Lerngespräche in privaten Situationen vollkommen anders verlaufen als gelenkte Unterrichtsgespräche und diese Gesprächserfahrungen wiederum für ihren schulischen Unterricht nutzbar machen. Schließlich würde es diese Form eines Praktikums Studierenden wie uns Didaktikern ermöglichen, eine intensivere didaktische Forschung zu betreiben. In den Prozeß forschenden Lernens kommen Studenten heute meist erst gegen Ende ihres Studiums, wenn sie eine wissenschaftliche Hausarbeit anfertigen müssen und in diesem Zusammenhang in Lernkontexten zeitlich äußerst begrenzt eine kleine empirische Studie betreiben. Mit einem studienbegleitenden 'Schülerpraktikum' würde es dagegen möglich werden, langfristig situiert zu lernen, zu beobachten und zu reflektieren und zu einzelnen Schülern ein persönliches Verhältnis aufzubauen. Wir als Didaktiker würden anhand dieser 'privaten' Lernsituationen viel über bislang schwer zugängliche Lernprobleme kennenlernen, nicht nur über wissenschaftliche Hausarbeiten, auch über Videoaufzeichnungen und Erfahrungsberichte. Die Ergebnisse dieser studentischen Arbeit wären Mosaiksteine für eine dringend notwendige, auf breitem Datenmaterial beruhende Lese- und Schreibbiographie- und -prozeßforschung.[40]

Mit diesen außerschulischen schülerbegleitenden Praktika könnte auch das stiefmütterlich behandelte Thema 'Hausaufgaben' genauer untersucht werden. Wie sinnvoll erscheinen Aufgaben, die im Unterricht gestellt wurden, in einer vollkommen anderen Lernsituation? Könnte es nicht auch möglich sein, daß sich eine Problemstellung aus dem außerschulischen Kontext heraus entwickelt - beispielsweise in der Tutorenarbeit -, und dann in den schulischen Unterricht hineingetragen und dort gründlicher untersucht wird? Grundsätzlich und radikal wäre zu fragen, wie

---

[39] Meist in der Form, wie es Jean-Pol MARTIN praktiziert, nämlich indem er Schüler in eine traditionelle Lehrerrolle schlüpfen und sie gelenkte Unterrichtsgespräche führen läßt (vgl. *Martin* (1985)).

[40] Erinnern möchte ich hier kurz an die Analysen des Aufsatzes von 'Philipp' in den Heften 45(2) und 46(2) der Zeitschrift Diskussion Deutsch (1993/94). Das eigentlich erstaunliche an diesen Analysen ist, daß keiner der Autoren in Erwägung zieht, mit Philip Kontakt aufzunehmen und ihn selbst zu seinem Text zu befragen, oder den Text gemeinsam mit ihm zu überarbeiten. Die Analyse bleibt deshalb auch in alter hermeneutischer Tradition am Produkt orientiert. Wie gering man die personale Leistung des Kindes schätzt, zeigt sich auch daran, daß der handschriftliche Text von Philip nicht einmal korrekt in einen gedruckten Text übertragen wurde (vgl. *Feilke/Augst* (1993)).

sprachliche oder literarische Projekte außerhalb der Schule (und der Universität) durchgeführt werden könnten.

Schließlich geht es um den Erwerb wissenschaftlicher Arbeitstechniken wie beispielsweise der Literaturrecherche. Seminare, in denen es über die Arbeit in einer Bibliothek geht, in denen Zitiertechniken und Recherchemöglichkeiten vermittelt werden, sind schrecklich ermüdend. Was hier gelernt wird, läßt sich schlecht memorisieren, und in einer späteren Situation, in der diese Techniken vonnöten wären, können sie nicht adäquat angewandt werden. Der Transfer von der 'deplazierten' Lernsituation im Seminar auf die Problemlösesituation in der Bibliothek kann deshalb so schlecht gelingen, weil der Erwerb dieses Wissens eben nicht - wie es sinnvoll wäre - situiert, also in der problematischen Situation selbst vor Ort in der Bibliothek oder am Bildschirm erworben wurde. Man müßte deshalb noch konsequenter als vielfach bereits üblich, mit Tutoren und Bibliotheksangestellten situierte Lernangebote schaffen, um am Arbeitsort selbst die konkreten Rechercheprobleme individuell zu bearbeiten. Mit einmaligen Führungen zum Studienbeginn ist es nicht getan.

7. Andere kommunikative Verhältnisse in der Deutschlehrerbildung

Situiert in der ersten und zweiten Phase der Deutschlehrer(aus)bildung zu lernen und zu arbeiten, bedeutet einen grundsätzlichen Paradigmenwechsel: Andere kommunikative Verhältnisse könnten an Hochschulen, Studienseminaren und Schulen entstehen. Situiertes Lernen würde nicht nur zu größerer Motivation, vertieften Lernerfolgen und einer größeren Identifikation mit dem Fach Deutsch führen, sondern generell zu veränderten Beziehungen zwischen Lehramtsstudenten und Dozenten wie auch zwischen Schülern und Lehrern. Wenn Dozenten und Lehrer sich weniger als Lehrende, sondern als Experten verstehen, die ihren Schülern nicht einfach etwas 'vermitteln' möchten, also Wissen aus ihren Köpfen in die Köpfe der Lernenden zu schieben versuchen, sondern sie gewissermaßen zu Komplizen ihrer eigenen kognitiven Konstruktionen machen möchten, dann muß sich notgedrungen das kommunikative wie das pädagogische Verhältnis zwischen Schüler und Lehrer verändern. Mit sokratischer Ironie und schlitzohrigen Fragen können dann Schüler nicht mehr so lange bearbeitet werden, bis sie die vom Lehrer erwarteten Kopfgeburten herausdrücken.

Die Formulierung von Fragen, die Fragerichtung und die Intentionen, die hinter Fragen stehen, würden sich in situierten Lernverhältnissen verändern. Einfache und gleichzeitig tiefgehende offene Fragen, auf die weder Lehrer noch Schüler eine rasche Antwort parat haben, wären sinnvoll. Beispielsweise die Frage, warum Menschen ihre Heimat verlassen. Ein ortsfester verbeamteter Lehrer könnte auf diese Frage nur abstrakt und wohl weniger überzeugend antworten als ein Flüchtlingskind, das dieses Problem situiert erfahren hat. Und selbstverständlich Fragen, die Schüler oder Studenten an ihre Lehrer und Dozenten haben. Im heutigen Unterricht sind diese Fragen sehr selten und beziehen sich meist auf formale oder technische

Details. Auch wenn Lehrende hin und wieder zu Fragen auffordern, wissen die Lerner doch, daß sie das 'Unterrichtsspiel' durch grundsätzliche und substanzielle Fragen nicht aufs Spiel setzen dürfen. Im herkömmlichen Unterricht werden Lehrende immer versuchen, sich keinerlei Blößen zu geben. Im situierten Lernen müßten sie dagegen ungeschützt agieren und ihre Schwierigkeiten bei der Bewältigung von Problemen offenlegen.

Um ein mögliches Mißverständnis auszuräumen: Situiertes Lernen bedeutet keine wissenschaftliche Verflachung, ganz im Gegenteil! Wenn linguistische oder literaturwissenschaftliche Wissensbestände im Rahmen der komplexen Problemlösesituation Deutschunterricht erworben werden, ist die kognitive Verankerung dieses Wissens aufgrund seiner situierten Bezüge tiefgreifender und führt zu komplexeren eigenständigen Konstruktionen.

Es wird angehenden Deutschlehrern zwar bislang immer deutlich genug gesagt, daß die Entwicklung einer hohen linguistischen und literaturwissenschaftlichen Kompetenz notwendig sei, um sinnvolle und begründete didaktische Entscheidungen treffen zu können, aber nur in der Vorbereitung der Problemsituation Unterricht und im Unterricht selbst kann dies erfahren werden. Heute laufen leider immer noch viele Schulpraktika so, daß Studierende zunächst Ideen für ihre Unterrichtsversuche auf methodischer Ebene entwickeln und erst im Nachhinein für ihren schriftlich ausgearbeiteten Unterrichtsentwurf allgemein gefaßte fachliche Grundlagen aus Fachbüchern entnehmen, die in keinem inneren Zusammenhang mit den getroffenen didaktischen Entscheidungen stehen.

Fachlich lückenhaft und unzureichend ausgebildete Lehrer stehen in der Gefahr, altbekannte kommunikative Abwehrstrategien zu aktivieren, um mögliche Lernerfragen, die Kompetenzmängel aufdecken könnten, nicht entstehen zu lassen. Lehrer mit unzureichendem Wissen lassen sich nicht gerne von ihren Schülern befragen. Und auch SOKRATES, der von sich behauptete, nichts zu wissen, erlaubte seinen Gesprächspartnern nicht, den Spieß umzudrehen und sich von ihnen befragen zu lassen.

Situiertes Lernen kann aus der Sackgasse sokratischen Unterrichtens führen, sowohl in der Deutschlehrerbildung als auch im schulischen Deutschunterricht. Wie dies innerhalb und außerhalb institutionalisierter Lehrveranstaltungen an Universitäten und Pädagogischen Hochschulen aussehen könnte, habe ich zu skizzieren versucht. Die damit möglich werdenden Veränderungen 'kommunikativer Verhältnisse' in der Lehrerbildung müßten auch zu Veränderungen an unseren Schulen führen.

Literaturverzeichnis

Bodenheimer, Aron Ronald: (^{2}1985) Warum? Von der Obszönität des Fragens. Stuttgart: Reclam 1985.

Cognition and Technology Group at Vanderbilt: (1990) Anchored instruction and is relationship to situated cognition. In: Educational Researcher, 19 (1990), S. 2-10.

Feilke, Helmuth/Augst, Gerhard: (1993) Schreiben, Schreibschwächen und Grammatik in der Schule. In: Der Deutschunterricht, 45 (1993) 2, S. 90-96.

Flake, Karin: (1989) Berufliche Orientierung von Lehrerinnen und Lehrern. Frankfurt/M.: Campus 1989.

Freire, Paolo: (1973) Pädagogik der Unterdrückten. Reinbek: Rowohlt 1973.

Flower, Linda/ Hayes, John R.: (1981) Plans That Guide the Composing Process. In: Frederiksen, Carl H./Dominic, Joseph F. (Hg.): Writing: The Nature, Development, and Teaching of Written Communication. Vol.2: Hillsdale: Erlbaum 1981, S. 39-58.

Girgensohn-Marchand, Bettina: (1996) Der Mythos Watzlawick und die Folgen. Weinheim: Deutscher Studien Verlag 1996.

Hentig, Hartmut von: (1993) Die Schule neu denken. München: 1993.

Klotz, Peter (1996): Grammatische Wege zur Textgestaltungskompetenz. Tübingen: Niemeyer 1996.

Lindenberg, Dorothee (1996): Unterrichten Lehrerinnen anders als Lehrer? In: Der Deutschunterricht 48 (1996) 1, S. 16-26.

Mandl, Heinz/ Gruber, Hans/ Renkl, Alexander: (^{2}1997) Situiertes Lernen in multimedialen Lernumgebungen. In: Ludwig J. Issing, Paul Klimsa (Hg.), Information und Lernen mit Multimedia. Weinheim: Psychologie Verlags Union 1997, S. 167-178.

Mandl, Heinz/ Friedrich, Helmut Felix/ Hron, Aemilian: (1997) Psychologie des Wissenserwerbs. In: Bernd Weidemann/ Andrea Krapp et al.: (1993) Pädagogische Psychologie. Weinheim: Beltz Psychologie Verlags Union 1993. S. 143-218.

Martin, Jean-Pol: (1985) Zum Aufbau didaktischer Teilkompetenzen beim Schüler. Tübingen: Narr 1985.

McLuhan, Marshall: (1964) Die magischen Kanäle. Understanding Media. 2. erweiterte Auflage, Basel: Verlag der Kunst 1995.

Meyer, Hilbert: (1987) UnterrichtsMethoden. Bd.2, Praxisband. Frankfurt/M.: Scriptor 1987.

Mittelstraß, Jürgen: (1982) Wissenschaft als Lebensform. Reden über philosophische Orientierungen in Wissenschaft und Universität. Frankfurt am Main: Suhrkamp 1982.

Müller, Ria: (1997) Interaktives Schreiben im Unterricht Deutsch als Fremdsprache. Baltmannsweiler: Schneider Verlag Hohengehren 1997.

Myers, J.P. : (1993) 'To boldly go ...' In: J. Edge/K. Richards (Hrsg.): Teachers Develop Teachers Research: Papers on Classroom Research and Teacher Development. Oxford: Heinemann International (1993).

Platon (1957): Sämtliche Werke. Hrsg. von Ernesto Grassi, Bd. 2, Hamburg: Rowohlt 1957.

Postman, Neil: (1979) Teaching as a Conserving Activity. New York: Delacorte Press 1979.

Rutter, Michael u.a.: (1979) Fünfzehntausend Stunden. Schulen und ihre Wirkungen auf Kinder. Weinheim, Basel: Beltz 1980.

Steinig, Wolfgang: (1985) Schüler machen Fremdsprachenunterricht.Tübingen: Narr 1985.

- (1995)   Experten im Unterricht. In: Pädagogik 47 (1995) 1, S. 41-45.

- (1998)   */Frederking, Volker/Berghoff, Matthias/Jünger, Werner*: (1998) Fremde im Zug - Fremde im Netz: Ein interkulturelles Schreibprojekt. In: Zielsprache Deutsch 29 (1998) 1, S. 3-24.

Turner, Peter: (1997) Issues and skills for „A"level English. London: Hodder&Stoughton 1997.

Wagenschein, Martin: (^{2}1965) Ursprüngliches Verstehen und exaktes Denken. Bd. I. Stuttgart: Klett 1965.

Watzlawick, Paul/Beavin, Janet H./Jackson, Don D.: (1967) Menschliche Kommunikation. Bern, Stuttgart, Toronto: Huber (1990).

Zemb, Jean-Marie: (1981) Ist die Vorlesung noch zu retten? Überlegungen zu einigen Aporien der wissenschaftsdidaktischen Kommunikation. In: Theo Bungarten (Hrsg.): Wissenschaftssprache. München: Fink 1981, S. 454-466.

Erhard P. Müller

Lehrer sollen handlungsfähig werden.

Zum Theorie-Praxis-Bezug in der Ausbildung von Deutschlehrern

Ich habe mir vorgenommen, hier einige Gedanken über die Ausbildung von Lehrern zu entwickeln. Um diese Vorstellungen begründen zu können, muss ich natürlich zuerst darüber nachdenken, welchen Lehrer ich überhapt meine: Das heißt, ich muss Ihnen mein Bild vom "idealen Lehrer" vorstellen. Eigentlich müsste ich noch weiter zurückgreifen, von der Gesellschaft, ihrem Menschenbild, ihren Bildungsvorstellungen sprechen, um die Bedeutung der Lehrer dieser Gesellschaft eruieren zu können.

Das ist in diesem Rahmen nicht möglich - nur soviel: Wenn wir uns auf ein Menschenbild im Rahmen einer sich demokratisch organisierenden Gesellschaft einigen können, das Begriffe wie Menschenwürde, Gleichwertigkeit der Personen, Selbstverantwortlichkeit, Verantwortlichkeit und dergleichen ernst nimmt, dann müsste auch der von mir gedachte Lehrer verständlich sein. In der Biographie von Alice HERDAN-ZUCKMAYER, der Witwe von Carl ZUCKMAYER, finde ich eine Lehrerin auf folgende Weise beschrieben:

> "Fräulein Klara ist eine geniale Lehrerin, weil sie kein erwachsener Mensch ist, sie hat die Genialität, die die meisten Kinder haben, bis sie ihnen die Welt raubt. Wie die Kinder hat sie nicht fünf, sondern hundert Sinne, alle unverbraucht und empfänglich. Wie das Kind ist sie über alles erstaunt; erzählt sie ihren Schülern über die Wunder der Natur, so muss sie selbst mit Interesse zuhören. Die Kinder merken, dass sie das klügste und kenntnisreichste Kind ist, so wird ihr gern die Führerschaft überlassen. Wie wird eine Schulstunde lebendig? Wenn derjenige, der die Führerschaft hat, sie am tiefsten erlebt. - Alles, was die Kinder erzählen, interessiert sie wirklich. Was erreicht sie? - Dass der Wissensdurst, der in jedem jungen Wesen lebt, nutzbar gemacht wird. Die Kinder haben das Gefühl, dass sie ihnen stets genau das sagt, worüber sie augenblicklich gern Bescheid haben möchten. Sie haben keine Furcht, so schreiben sie die echtesten Aufsätze und machen sogar die wenigsten orthographischen Fehler, ihre Handschrift ist so sicher, als spräche daraus die heitere Zuversicht: Fräulein Klara hat gesagt, wir können es, so können wir es auch."[1]

Man mag sagen, hier handle es sich um das Bild einer Naturbegabung, einer geborenen Lehrerin. Dieser literarischen Darstellung kann man - wie Paolo FREIRE, der berühmte brasilianische Pädagoge und Erziehungsphilosoph - eine Definition des Lehrens und damit der notwendigen Qualifikationen von Lehrern hinzufügen.

---

[1] *Herdan-Zuckmayer* (1979) 19f.

FREIRE grenzt sich ab von jenem Lehrertyp, von dem er sagt: "Der Lehrer zeigt sich seinen Schülern als notwendiger Gegensatz. Indem er ihre Unwissenheit für absolut hält, rechtfertigt er sein eigenes Dasein".[2] Er schildert diesen Lehrer so: "Der Lehrer redet von der Wirklichkeit, als wäre sie bewegungslos, statisch, abgezirkelt und voraussagbar. Oder aber er läßt sich über einen Gegenstand aus, der der existenziellen Erfahrung der Schüler völlig fremd ist. Seine Aufgabe besteht darin, sie mit den Inhalten seiner Übermittlung 'zu füllen' - mit Inhalten, die von der Wirklichkeit losgelöst sind, ohne Verbindung zu jenem größeren Ganzen, das sie ins Leben rief, und ihnen Bedeutung verleihen könnte. ... Übermittlung, bei der der Lehrer als Übermittler fungiert, führt die Schüler dazu, den mitgeteilten Inhalt mechanisch auswendig zu lernen. Noch schlimmer aber ist es, dass sie dadurch zu 'Containern' gemacht werden, zu 'Behältern', die vom Lehrer 'gefüllt' werden müssen. Je vollständiger er die Behälter füllt, ein desto besserer Lehrer ist er. Je williger die Behälter es zulassen, dass sie gefüllt werden, umso bessere Schüler sind sie."[3]

FREIRE, von Haus aus ein katholischer Priester, kommt aus der Auseinandersetzung mit dem Unterdrückungssystem der südamerikanischen Staaten und mit dem aufgeklärten Sozialismus zu dem pädagogischen Schluss, dass Pädagogik befreien müsse, dass der Pädagoge jemand sein müsse, der den Schülern bei ihrer Befreiung behilflich ist. Und der Pädagoge, den FREIRE beschreibt, ist dem eingangs zitierten Fräulein Klara sehr ähnlich: "Der Lehrer ist nicht länger bloß der, der lehrt, sondern einer, der selbst im Dialog mit den Schülern belehrt wird, die ihrerseits, während sie belehrt werden, auch lehren. So werden sie miteinander für einen Prozess verantwortlich, in dem alle wachsen. ... und: ... [der Lehrer] .. betrachtet Erkenntnis-Objekte nicht als sein Privateigentum, sondern als Gegenstand der Reflexion durch ihn und seine Schüler. .... Die Schüler - nicht länger brave Zuhörer - sind nunmehr die kritischen Mitforscher im Dialog mit dem Lehrer."[4]

Diesen Ansatz nennt Paolo FREIRE "Dialogpädagogik". Sie ist im wesentlichen auch Grundlage meiner Überlegungen.

1. Anforderungen an die Ausbildung von Deutschlehrern

Meine Vorstellungen gehen von einem Lehrerbild aus, nach dem Lehrer sich im Dialog mit den Schülern als Subjekte dynamisch den Gegenständen der Welt zuwenden.

Die Ausbildung müsste also Qualifikationen anstreben, mittels derer die Lehrer fähig sind, sich auf einen solchen Prozess einzulassen.

---

[2] *Freire* (1973) 58.
[3] *Freire* (1973) 58f.
[4] *Freire* (1973) 65.

1.1 Erwerb von Sachkompetenz

Es gilt, Sachkompetenz in der Weise zu vermitteln, dass der Studierende Sprache und Literatur als etwas Lebendiges, ihn selbst, die Gesellschaft, in der er lebt und den Schüler Betreffendes kennenlernt.

Sprache kann nicht als festgefügtes System von semantischen, syntaktischen und pragmatischen Regeln verstanden und gelehrt werden. Diese sind vielmehr in ihrer Funktion zur Verständigung zwischen den Menschen, zur Ausbildung eigener Denkfähigkeiten, als Instrumente des Begreifens von sich selbst, der anderen und der Welt zu verstehen.

Nur in der ständigen Fragehaltung danach, was dieses Wissen über Sprachstrukturen für die Bildung der konkreten Menschen in dieser Gesellschaft und Zeit bedeutet, wird Sprache lebendig und kann dynamisch erfahren werden.

Ebenso kann Literatur weder als historische Abfolge von Literaten noch als literaturtheoretische Systematik vermittelt werden, wenn sie für den werdenden Lehrer lebendig sein soll. Es geht vielmehr darum, Literatur in ihren Begegnungszusammenhängen, in ihrer Bedeutsamkeit für den Menschen, für mich auch zu begreifen. Das ist kein Widerspruch dazu, dass nicht auch Literaturgeschichte und Literaturtheorie in den Ausbildungskanon der Deutschlehrer gehörten, es geht vielmehr darum, dass dieses Wissen, diese Kompetenz zur Textanalyse in seiner Funktion im Zusammenhang der Bedeutung von Literatur für den jeweils konkreten Leser vermittelt und verstanden wird. Nur so kann Literatur und der Umgang mit ihr von künftigen Lehrern lebendig erfahren werden, nur so können sie sich auch auf den dialogischen Prozess mit den Schülern der Literatur gegenüber einlassen, die ja wieder ihren eigenen Zugang finden müssen.

Fachkompetenz des Deutschlehrers ist nicht die reine Kenntnis sprachwissenschaftlicher und literaturwissenschaftlicher Fakten und Methoden. Diese wird vielmehr aus bedeutsamen Fragestellungen heraus gewonnen und auf diese bezogen.

1.2 Erwerb der pädagogisch-didaktischen Kompetenzen

Diese sind in der Weise zu vermitteln, dass es dem künftigen Lehrer möglich ist, die Bedeutsamkeit der Unterrichtsgegenstände für die Persönlichkeitsentwicklung der Schüler zu erkennen, deren Lebensfragen auf die Gegenstände des Deutschunterrichts zu beziehen und umgekehrt.

Er müsste erlernen, Situationen des Lehrens und Lernens so zu planen und einzurichten, dass das dialogische Lehren und Lernen in der lebendigen Gegenstandsbeziehung möglich ist. Fragen der Entwicklungspsychologie und -soziologie, der Lernpsychologie, der Schulpädagogik und Fachdidaktik werden wieder aus solchen Zusammenhängen her gesehen und auf diese bezogen. Einfache Systematiken zur Geschichte der Pädagogik, zu den verschiedenen Ansätzen der Lernpsychologie und Fachdidaktik können zwar ein sinnvolles und notwendiges Hintergrundwissen abgeben. Für das Handeln der künftigen Lehrer werden sie erst wirksam, wenn deren Bedeutsamkeit in konkreten Situationen erfahren und erkannt ist.

Hier ist auch auf den eklatanten Widerspruch hinzuweisen, der häufig zwischen den Inhalten und Formen unserer Lehrveranstaltungen in der Lehrerbildung besteht. Wir lehren Schülerorientierung, Projektmethode, Kreativität praktisch frontal von der Kanzel herab. Der Studierende kann daraus für sein Handeln keine Kompetenzen entwickeln. Deshalb müssen unsere Lehrveranstaltungen bereits der Raum für die Praxiserfahrungen unserer Studierenden sein:

- In Projektseminaren arbeiten wir mit den Methoden der Projektdidaktik,
- in Kreativitätsseminaren gehen wir selbst kreativ vor,
- in Seminaren zur Kommunikation kümmern wir uns auch um die kommunikative Durchführung des Seminars.

Die besten Erfahrungen konnte ich machen, wenn es mir gelungen ist, den Inhalt des Seminars zur didaktischen Form zu machen. Die Studierenden bereiten keine Referate vor, die sie dann verlesen, sondern bereiten mit meiner Beratung die Seminarsitzungen wie Unterrichtseinheiten nach den Vorgaben der jeweils zu behandelnden Theorie vor. Kreatives Schreiben wird deshalb im Seminar selbst durchgeführt, daraus werden Fragen zur Theorie formuliert, diese wird in Kurzreferaten eingebracht, daraus werden mit Methoden der Kreativitätspädagogik Konzepte für Unterrichtseinheiten entwickelt. Interessebezogenes Lesen heißt zunächst, die eigenen Leseinteressen kennenzulernen, darüber zu kommunizieren, daraus Methoden der Feststellung von Leseinteressen auch bei Schülern zu entwickeln, sich für die Leseinteressen der Schüler zu interessieren, Konzepte zu entwickeln, wie interessegeleiteter Literaturunterricht im Dialog mit den Schülern gestaltet werden könnte.

Wichtig ist m.E., dass sowohl die Inhalte als auch die Pädagogik im Studium des Deutschlehrers handlungsbezogen verstanden und an der Hochschule handlungsbezogen vermittelt werden. Das erfordert seinerseits wieder den Dialog der Hochschullehrer mit seinen Studierenden und den gemeinsamen lebendigen Zugang zu diesen Fragen. Weitergedacht würde es jedoch auch eine Umstrukturierung der Lehramtsstudiengänge erfordern.

1.3 Erwerb der praktischen Handlungskompetenz

Die Qualifikationen für das praktische Handeln sollen die künftigen Lehrer vor allem über die Schulpraktika während des Studiums erwerben. Dazu eine kurze, für mich aber entscheidende Anmerkung: Ich habe 1961, also vor 35 Jahren, mein Lehramtsstudium begonnen. Als ich damals mein erstes Praktikum an der Schule begann, erklärte die Praktikumslehrerin:

> Vergessen Sie erst mal die ganze Theorie von der Hochschule. In der Praxis sieht alles ganz anders aus. Und recht hatte sie. Die Praxis sah wirklich anders aus, als ich es erwartet, erhofft, erträumt hatte.

Auch was damals an pädagogisch-didaktischer Theorie schon überzeugend vertreten wurde, hatte kaum Eingang in die Praxis gefunden. Heute höre ich von den Studierenden und den Praktikumslehrern denselben Spruch wie vor 35 Jahren!

Dabei gibt es reformpädagogische Theorien und Schulversuche seit über 80 Jahren!

Mich beunruhigt dieser Zustand, weil ich ein Versagen, auch ein persönliches Versagen daraus ablese. Was aber schlimmer ist: An der Hochschule lernen die Studierenden etwas, was sie für die Praxis vergessen sollen.

Wie werden sie dann handlungsfähig?

Weitgehend, indem sie die Methoden der sie unterrichtenden Praktikums- und Betreuungslehrer übernehmen. Das heißt aber: Die Theorie hat wenig Einfluss auf die Entwicklung der Schulpraxis.

Ich weiß, die Diskrepanz zwischen Hochschule und Schule ist nicht der einzige und wichtigste Grund dafür, dass die wirkliche Innovation in der Schule auch über junge Lehrer nur sehr schwer vorangeht. Aber sie ist ein Grund dafür.

Einerseits haben wir ein akademisches Lehrerstudium, andererseits werden die jungen Lehrer nach dem Prinzip der Meisterlehre handlungsfähig gemacht. Das ist die Diskrepanz. Wir dürfen nun nicht den Fehler machen und die Bedeutung der Praktika falsch einschätzen. Wir haben uns vielmehr darauf zu konzentrieren, wie wir das Zusammenspiel unserer theoretischen Vorstellungen mit der Erprobung des pädagogischen Handelns verbessern könnten.

Ich kann hier von Versuchen berichten, die m.E. durchaus die Tendenz zum Erfolg hin haben: Wichtig ist die Zusammenarbeit mit den Praktikumslehrern. Zusammenarbeit meint: Dialog. Praktikumslehrer und Hochschullehrer haben zumindest zwei gemeinsame Bezugspunkte, die sie mit verschiedenen Kompetenzen angehen: Optimierung des Unterrichts und Optimierung der Lehrerausbildung.

Ich trete mit Praktikumslehrern auf verschiedenen Wegen in diesen Dialog ein: Ich besuche gemeinsam mit den Studierenden die Schulen, wir formulieren dort gemeinsame Probleme, Interessen, mögliche Vorhaben. Ich lade Praktikumslehrer dazu ein, mir ihre Probleme mitzuteilen und ihre Fragen, zu denen ich mit meinen Kompetenzen Auskunft geben könnte. Einmal pro Semester lade ich dann die Lehrer zu ein- oder mehrtägigen Konferenzen zu bestimmten Themen ein. Jetzt ist z.B. eine Konferenz geplant mit dem Thema: Leseprojekte. Bei diesen Konferenzen gehen wir ganz im Sinne FREIREs vor: Wir setzen uns dialogisch und forschend mit dem Thema auseinander: Jeder ist Lehrer, jeder ist Lernender. Ziel sind Schulversuche gemeinsam mit Studierenden, die in den jeweiligen Klassen praktizieren.

Mein Gewinn bei diesem Vorgehen ist, dass die Praktikumslehrer nun nicht mehr nur den Standpunkt der Praxis vertreten, ich nicht mehr nur den der Theorie. Wir sind gemeinsam für die Projekte verantwortlich.

Die Praktika werden grundsätzlich durch ein Seminar begleitet. Auch hierzu lade ich die Praktikumslehrer ein, ich lasse mich im Gegenzug in die Schulen einladen.

Damit diese Doppelveranstaltung "Praktikum-Seminar" den gewünschten Effekt hat, nämlich die innovative Handlungsfähigkeit aus der theoretischen Auseinandersetzung zu fördern, aus der Handlungserfahrung neue theoretische Fragen und Lernprozesse zu gewinnen, ist Anstrengung auf vier (gleich wichtigen!) Ebenen nötig:

Die Schülerebene: Die Schüler müssen bereit sein, sich auf immer wieder neue Personen und Unterrichtsstile einzulassen und mit diesen Personen auf neue Lerngegenstände.

Die Studierenden: Sie haben eine schwierige Doppelrolle auszufüllen: die der Lernenden als "Schüler" von Praktikumslehrer und Hochschullehrer einerseits und die als Lehrende, als Lehrer der Schüler. In der Zusammenarbeit mit Praktikumslehrer und Hochschullehrer müsste es jedoch klar werden, dass den Studierenden bei ihren Schulversuchen voll die Kompetenz und Verantwortung für die Arbeit mit den Schülern übertragen wird. Da die gemeinsamen Unterrichtsvorhaben jedoch auch von Lehrern und Hochschullehrern mitgeplant sind, verteilt sich die Verantwortung doch in entlastender Weise.

Die Praktikumslehrer bringen ihre Kompetenz der Schulerfahrung, der Schülerkenntnis, der bereits entwickelten Kommunikationsstrukturen mit der Klasse ein, sind jedoch mit dem Hochschullehrer und den Studierenden insofern im Dialog, als diese oft festgefügten Strukturen neu befragt, überprüft, eventuell revidiert werden.

Der Hochschullehrer bringt seine Theoriekompetenz ein, überprüft diese jedoch im Dialog mit Lehrern, Studierenden und Schülern, revidiert, formuliert nach Notwendigkeit neu.

Dieses Zusammenspiel von Praxis und Theorie erfordert natürlich einen organisatorischen Rahmen, der leider in der jetzigen Situation nur schwer einhaltbar ist. So bin ich auf den guten Willen und die Bereitschaft aller Beteiligten angewiesen, denn diese Art von Arbeit kostet auch Zeit und Kraft. Es zeigt sich jedoch immer mehr, dass es gelingt, auch ältere Lehrer im innovativen Sinne anzuregen. Diese machen die Erfahrung mit sich selbst und ihren Klassen, dass Unterrichten wieder Spaß machen kann, wenn es im lebendigen Dialog passiert. Die Studierenden machen die Erfahrung, dass auch noch Lehrer mit fünfzig und mehr Jahren lebendig im Unterricht stehen können. Dies ist m.E. eine wichtige Voraussetzung dafür, dass sich die werdenden Lehrer von Anfang an darauf einlassen, im Sinne Paolo FREIRES pädagogisch zu handeln: mit innovativen Vorstellungen sich auf den Dialog mit den Schülern einlassen wollen und können.

Literaturverzeichnis:

Freire, Paulo: (1973) Die Pädagogik der Unterdrückten. Frankfurt: Rowolth. 1973.
Herdan-Zuckmayer, Alice: (1979) Genies sind im Lehrplan nicht vorgesehen. Frankfurt/M.: S. Fischer Verlag 1979.
v. Scheidt, Jürgen: (1989) Kreatives Schreiben. Frankfurt: Fischer Verlag 1989.

Volker Frederking

Handlungs- und Produktionsorientierung im Deutschstudium?

Zur Koinzidenz von Lehrinhalt, Lehrform und zu vermittelnder Lehrkompetenz

1. Hochschuldidaktik, Fachdidaktik und Fachwissenschaft - Überlegungen zu einem schwierigen Verhältnis

1. Hochschullehre hat nicht nur einen schweren Stand, sondern auch einen schlechten Ruf. Ersterer ist Folge der Überlast, die den Hochschulen nun schon seit fast zwei Jahrzehnten zugemutet wird, letzterer hat ein fundamentum in re. Tatsächlich durchzieht die Klage über die mangelnde Qualität der universitären Lehre die Stellungnahmen zum aktuellen Problem der Hochschulen wie ein roter Faden. Stellvertretend für viele sei das Urteil einer Studentin wiedergegeben, die ebenso lapidar wie pointiert feststellt: „Eine gute Lehre an den staatlichen Universitäten ist leider die Ausnahme."[1] Diese Diagnose ist nicht nur unmißverständlich, sondern leider wohl auch zutreffend. Daß das Fach Deutsch hier bedauerlicherweise keine Ausnahme darstellt, zeigt die disziplinäre Selbstkritik von Harald FRICKE und Rüdiger ZYMNER: „Die Studierenden gehen in unsystematisch zusammengestellte Vorlesungen (jedenfalls hin und wieder mal) und schreiben dort hektisch mit (ohne diese Notizen in der Regel jemals wieder anzusehen); sie besuchen Pro- und später Hauptseminare, schaffen sich zähneknirschend die per Leseliste dafür angegebene Pflichtlektüre an (lesen aber oft nicht mehr als ein paar Kapitelanfänge) und analysieren in zähen, nur von wenigen aktiv bestrittenen Seminargesprächen Texte von Wahlanzeige bis zu Goethes 'Faust' nach verschiedenartigsten, selten aber miteinander zusammenhängenden Gesichtspunkten (und fragen sich deshalb am Ende jedes Semesters erneut, was sie hier nun eigentlich hätten gelernt haben sollen)".[2]

2. Nun wäre es allerdings zu einfach, die gesamte Misere mit typischen Wesensmerkmalen des 'homo academicus' erklären zu wollen, wie Pierre BOURDIEU sie in überzeugender Weise beschrieben hat.[3] Vielmehr tritt hier das Dilemma einer Hochschule in Erscheinung, die einerseits Forschung (und ihren tatsächlichen bzw. vermeintlichen Niederschlag in Publikationen) über Lehre stellt[4] - besonders deutlich ablesbar in Berufungsverfahren -, und sich andererseits wundert, daß immer weniger

---

[1] *Paulekat* (1998) 65.
[2] *Fricke/Zymner* (1992) 212f.
[3] *Bourdieu* (1992) 72.
[4] Vgl. dazu auch *Bauer* (1998).

oder doch zumindest immer noch wenige Hochschullehrer(innen) bereit sind, sich mit ganzer Kraft der Hochschullehre zu widmen. Dieser Sachverhalt ist aber leider nicht nur paradox, sondern in seinen Konsequenzen auch fatal. Allerdings gibt es Hoffnungszeichen. Denn das Problem der Hochschullehre wird mittlerweile als solches erkannt und diskutiert. Eine hochschuldidaktische Bestandsaufnahme hat eingesetzt. Metareflexion ersetzt Lethargie. Die Anerkenntnis des Problems aber ist der erste Schritt zu seiner Lösung.[5]

3. Über die Wege allerdings gehen die Meinungen auseinander. Zum Zauberwort im öffentlichen Diskurs ist in den letzten Jahren die 'Evaluation' der Lehrveranstaltungen avanciert. Politiker und Ministeriale scheinen darin geradezu ein Allheilmittel zur Behebung des Problems zu erblicken. Doch die Gleichung 'Evaluation gleich Verbesserung der Hochschullehre' geht meines Erachtens nicht auf. Dafür ist weniger die Zahl der Unbekannten verantwortlich als die miteinander in Beziehung gesetzten Variablen selbst. Evaluation ist nach meiner Einschätzung ein nur sehr bedingt taugliches Mittel, um die Qualität der Lehre zu verbessern. Vielleicht vermag die 'Androhung' der Evaluation manchem bzw. mancher Lehrmüden oder Lustlosen als externer Stimulus zu dienen. Doch schon aus der Schule weiß man, daß Kontrolle und Druck in den seltensten Fällen intrinsische Motivation entstehen lassen, allenfalls Anbiederei und willfährige Anpassung an Erwartungshaltungen. Evaluation ist ein Kontrollinstrument mit obrigkeitsstaatlicher Tiefenwirkung. Sie zeugt von einem beachtlichen Mißtrauen in die Lehrenden. Ein didaktisches Mittel aber ist sie nicht. Die Verbesserung der Lehre wird sie deshalb nur sehr eingeschränkt erreichen - wenn überhaupt. Eine Evaluation der Evaluation ist deshalb dringend geboten.[6]

4. Dabei stellt sich die Frage, ob die, die lauthals nach Evaluation rufen, nicht von unzutreffenden Prämissen ausgehen. Möglicherweise ist der von vielen beklagte Qualitätsmangel der universitären Lehre primär nämlich gar nicht das Ergebnis von Unlust, sondern von einem strukturell bedingten Kompetenzdefizit. Dieses aber hat wissenschaftsgeschichtliche bzw. wissenschaftspolitische Implikationen. Denn während den Aspirant(inn)en für die Lehrtätigkeit im Hochschulbereich mit der Promotion und der Habilitation ein sehr hürdenreicher und langjähriger Parkur an fachwissenschaftlichen Qualifikationsleistungen abverlangt wird, herrscht bei allen Arrangeuren dieses akademischen Hürdenlaufs offenbar die Vorstellung, daß die Kunst des Lehrens, wenn sie den Aspirant(inn)en nicht bereits in die Wiege gelegt ist, diesen doch qua akademischer Weihe automatisch zuwächst. So kommt an deutschen Hochschulen und Universitäten nicht selten vor, was eigentlich nicht sein kann und für andere pädagogische Handlungsfelder schlicht undenkbar wäre: Zum Lehren berufen zu werden, ohne die Kunst des Lehrens in irgendeiner Form erlernt zu haben. Denn ein frisch Habilitierter erhält nach dem langjährigen, nicht selten sozial isolierenden Kraftakt einer fachwissenschaftlichen Forschungsarbeit die Ve-

---

[5] Der Sammelband von Bodo LECKE ist dazu ein sehr gutes Beispiel (vgl. *Lecke* (1996); vgl. ebenfalls *Hopster* (1979a)).

[6] Vgl. *Deutscher Hochschulverband* (1998) 237.

nia legendi, die Lehrbefugnis im akademischen Bereich, ohne auch nur eine einzige qualifizierte Einführung in Didaktik und Methodik des Faches besucht haben zu müssen. Autodidaktisches Experimentieren tritt folgerichtig an die Stelle von professioneller Kompetenz.[7]

5. Dieses hochschulpolitische Kuriosum aber besitzt spezifische, allzu gern übersehene wissenschaftsgeschichtliche Fundamente - die irrige Vorstellung von der Prävalenz der Fachwissenschaft gegenüber der Fachdidaktik. Wie schwankend die Fundamente einer solchen Auffassung sind, zeigt schon eine differenziertere Betrachtung der jeweiligen Anforderungsprofile. Denn jede(r) Fachdidaktiker(in) muß zugleich auch eine profunde fachwissenschaftliche Ausbildung besitzen, d.h. jede(r) Fachdidaktiker(in) ist zugleich auch Fachwissenschaftler(in) - nicht selten sogar durch eine entsprechende fachwissenschaftliche Promotion oder Habilitation ausgewiesen. Kaum ein(e) Fachwissenschaftler(in) aber ist zugleich auch Fachdidaktiker(in) bzw. verfügt über entsprechende fachdidaktische Kenntnisse. Hier liegen verdeckte Wurzeln der hochschuldidaktischen Misere der Gegenwart. Dabei scheint die Einsichtsfähigkeit respektive -bereitschaft bei Teilen der Hochschullehrer(innen) durchaus begrenzt. Exemplarisch sei auf einen jüngst in der Zeitschrift 'Forschung& Lehre' interviewten Hochschullehrer verwiesen, der in bezug auf die Frage „Wie kann ein Hochschullehrer lernen zu lehren?" zunächst etwas gönnerhaft konzediert, daß es sicher „nicht schaden" könne, „ein wenig in die Didaktik des Fachs hineinzuschmecken", um dann einige Sätze später die ganze Thematik zum „Pseudoproblem" herabzustufen mit der Begründung: „Ein ganz erheblicher Teil unserer Studierenden ist zu einem ernsthaften Studium gar nicht fähig - und protestiert dann, um sich nicht dem eigenen Versagen stellen zu müssen".[8] Daß es auch andere Positionen gibt, ist nicht nur auf derselben Seite der Zeitschrift nachzulesen, sondern zeigt sich vor allem in der wachsenden Intensität, mit der mittlerweile an vielen Hochschulen über hochschuldidaktische Fragestellungen diskutiert und nachgedacht wird.

6. Bei präziser und vor allem vorurteilsfreier Analyse können diese Diskussionen in meinem Verständnis allerdings nur zu einem Ergebnis führen: der Forderung nach einer Stärkung der Fachdidaktiken in Hochschulen und Universitäten. Denn wer anderes als die Fachdidaktiken - verstanden als wissenschaftliche Teildisziplinen der jeweiligen Fächer - sollte in der Lage sein, der Vermittlung der Fachwissenschaften in der Hochschullehre den Boden zu bereiten? Die berechtigte Kritik an der Qualität der akademischen Lehre muß deshalb konkrete hochschulpolitische Konsequenzen haben. Statt den wissenschaftlichen Status der Fachdidaktiken zu diskreditieren bzw. in Frage zu stellen und über eine sukzessive Verdrängung der Fachdidaktiken aus dem universitären Betrieb nachzudenken, wie dies auf ministerieller Ebene und in Teilen des universitären Bereichs selbst zu geschehen scheint, ist der umgekehrte Weg einzuschlagen, geht es vice versa um eine Stärkung der Fachdidaktiken und

---

[7] Vgl. dazu auch *Abraham* (1996) 135.
[8] *Forschung&Lehre* (1998) 68.

eine hochschuldidaktische Anwendung ihrer Erkenntnisse als Basis für eine Professionalisierung der Hochschullehre.

7. Das setzt natürlich ein spezifisches Fachverständnis voraus und ein ebenso spezifisches Selbstverständnis der Fachdidaktiken innerhalb der jeweiligen Fächer. Bezogen auf den Studiengang Germanistik bzw. Literaturwissenschaft hat es hierzu in letzter Zeit interessante Vorschläge gegeben. Zu denken ist in diesem Zusammenhang beispielsweise an Harro MÜLLER-MICHAELS Definition der Literaturdidaktik als „angewandter Germanistik",[9] mit der das Verhältnis von Fachwissenschaft und Fachdidaktik unter dem Aspekt der literarischen Bildung neu bestimmt wird. Ebenfalls aufschlußreich ist der Ansatz von Dieter BURDORF, der in Analogie zu der Abgrenzung von theoretischer und praktischer Philosophie die Unterscheidung zwischen 'theoretischer' und 'praktischer' Literaturwissenschaft inauguriert und damit einem disziplinären Selbstverständnis den Weg bereitet hat, das die Einheit des Faches wahrt bzw. wiederherstellt, indem Literaturdidaktik als praktische Seite der Literaturwissenschaft begriffen wird.[10] Auf dieser Grundlage kann nun tatsächlich der Forderung Hubert IVOs entsprochen werden, „als Germanisten über den Lehramtsstudiengang Deutsch"[11] zu sprechen. Möglicherweise bietet BURDORFs Unterscheidung aber auch das Fundament für eine hochschuldidaktische Applikation der Literatur- bzw. Deutschdidaktik. Ob dies im Sinne einer eigenen Hochschulfachdidaktik[12] erfolgen sollte, sei dahingestellt. In jedem Falle aber ließe sich als Germanist bzw. praktischer Literatur- respektive Sprachwissenschaftler über die Möglichkeiten und Probleme einer Anwendung alternativer literatur- bzw. sprachdidaktischer Verfahren und Konzeptionen in der Hochschullehre nachdenken.

8. Die Notwendigkeit dazu jedenfalls ist offenkundig. Zurecht hat Kaspar H. SPINNER schon vor einigen Jahren zu einer 'hochschuldidaktischen Neubesinnung' aufgerufen und damit zum Einsatz alternativer Verfahren in der germanistischen Hochschullehre, als er feststellte: „Wenn die Universität nicht auf den Anspruch, ein Ort für Bildungserfahrungen zu sein, verzichten will und wenn sie die Befähigung zur Vermittlung von Bildungserlebnissen als ein Ziel in der geisteswissenschaftlichen Ausbildung sieht, dann wird sie zu anderen und vielfältigeren Lehrformen finden müssen."[13] Diesem Plädoyer ist uneingeschränkt zuzustimmen. In besonderer Weise verpflichtet sind hier natürlich zunächst die Lehramtsstudiengänge des Faches Deutsch. Für diese ist es sogar eine Frage der wissenschaftlichen und didaktischen Glaubwürdigkeit. Denn „gerade in der Ausbildung von Lehrerinnen und Lehrern ist Hochschuldidaktik mehr als nur Beiwerk oder eine Strategie zur Steigerung der Effizienz. Zu einer wirksamen Lehrveranstaltung gehört eine Didaktik, die ver-

---

[9] *Müller-Michaels* (1990); vgl. auch (1987); (1996).

[10] Vgl. *Burdorf* (1996) 31ff.; vgl. dazu den Begriff der 'Handlungswissenschaft' bei Norbert HOPSTER (*Hopster* (1979b).

[11] *Ivo* (1991) 32.

[12] Hier bin ich anderer Auffassung als Ulf ABRAHAM (*Abraham* (1996) 138), dessen Ausführungen ich ansonsten viele interessante Anregungen entnehmen konnte.

[13] *Spinner* (1991) 186.

wirklicht, worüber gesprochen wird".[14] In concreto - wir können als Lehrende nicht von Schülerorientierung sprechen und Lehrerzentrierung ablehnen, selbst aber Dozentenzentrierung betreiben und unsere Studentinnen und Studenten nur zum Mitschrieb unserer Ausführungen anhalten bzw. der von Kommiliton(inn)en in Form von Referaten vorgetragenen. Hier bedarf es tatsächlich eines hochschuldidaktischen Paradigmenwechsels. Auch in der Hochschule muß endlich realisiert werden, was für die Schule gerade von Hochschullehrer(inne)n zurecht gefordert wird - die Strukturierung von Lehr- und Lernprozessen aus der Perspektive und unter Einbeziehung der Lernenden, d.h. in concreto der Studierenden. Dabei geht es keinesfalls um die Liquidierung von Wissenspotentialen, sondern um die Bedingung der Möglichkeit ihrer Vermittlung. Schüler- bzw. Studentenzentrierung bedeutet eben nicht, das Niveau des Lernstoffes an das vermeintlich gesunkene Niveau der Lernenden anzupassen, sondern die Erkenntnisse der Lernpsychologie ernstzunehmen und die Verwirklichung eines alten aufklärerischen Zieles anzustreben - die Demokratisierung von Lehr- und Lernprozessen durch die paritätische Einbeziehung der Lernenden. Nur auf diese Weise läßt sich jener Circulus vitiosus durchbrechen, der sich in der Ausbildung von Lehrer(inne)n in besonders eklatanter und paradoxer Weise zeigt. Denn in bezug auf die von der Schule an die Hochschule kommenden Studierenden beklagen viele Hochschullehrer immer häufiger deren Unfähigkeit zum eigenständigen Arbeiten. Dabei vergessen sie, so Kersten REICHs berechtigter Hinweis, „wie die Lehrerstudenten ausgebildet werden, sie vergessen den Zirkel einer Ausbildung, die sich ihr Dilemma selbst produziert".[15]

9. Wie aber sollte eine hochschuldidaktische Neubesinnung aussehen, wie Kaspar H. SPINNER sie zurecht fordert? Dazu möchte ich nachfolgend einige Vorschläge machen. Diese konzentrieren sich exemplarisch auf hochschuldidaktische Möglichkeiten und Probleme einer handlungs- und produktionsorientiert fundierten Hochschullehre im Bereich der Literaturwissenschaft und Literaturdidaktik. Damit ist kein modischer Rekurs auf fachdidaktische 'Hochwert-Begriffe' intendiert.[16] Vice versa geht es mir um das erfahrungsgeleitete Plädoyer für didaktische Lehrprinzipien, mit denen ich als Lehrer wie als Hochschullehrer gute Erfahrungen gemacht habe. Auch wenn handelnd-produktive Formen von Lehr-Lern-Prozessen kein Allheilmittel darstellen - ebensowenig wie die hier aus Platzgründen nicht mehr thematisierten identitätsorientierten bzw. kreativen Verfahrenstypen -, eröffnen sie in meinem Verständnis mögliche Wege aus dem oben skizzierten hochschuldidaktischen Dilemma, wie ich nachfolgend verdeutlichen möchte. Dabei werden die Lehr-

---

[14] *Gemeinsame Kommission für die Studienreform im Land Nordrhein-Westfalen* (1996) 72.
[15] *Reich* (1996) 75f.
[16] Zur Erklärung: Von Hochwert-Worten bzw. -Begriffen ist zumeist die Rede - übrigens nicht selten mit deutlicher Ironie und im sprachlichen Gestus vermeintlicher intellektueller Überlegenheit -, wenn neuere Entwicklungen im Bereich der eigenen Disziplin als modische Trends desavouiert werden sollen, um damit letztendlich nichts anderes zu erreichen als eine Verteidigung des Status quo. Die Rede vom Hochwert-Begriff hat in diesem Sinne - zumindest verdeckt - immer einen restaurativen Kern.

amtsstudiengänge des Faches Deutsch im Mittelpunkt der Aufmerksamkeit stehen, weil eine hochschuldidaktische Neuorientierung hier als erstes ihre Potentiale und Leistungsfähigkeit unter Beweis stellen muß. Prinzipiell haben jedoch alle gemachten Vorschläge - zumindest im Grundansatz - Gültigkeit auch für den Bereich der nicht auf die Lehramtsstudiengänge bezogenen Lehrveranstaltungen - zumal diese im fachwissenschaftlichen Bereich an den Universitäten ohnehin de facto nicht selten mit denen für die Lehrämter identisch sind.

2. Handlungs- und Produktionsorientierung als hochschuldidaktisches Prinzip - Begründungszusammenhänge

Die Konzeption des handlungs- und produktionsorientierten Literaturunterrichts, wie sie von Günter WALDMANN, Gerhard HAAS, Gerhard RUPP, Kaspar H. SPINNER, Wolfgang MENZEL u.a. maßgeblich geprägt wurde,[17] hat sich seit Mitte der achtziger, Anfang der neunziger Jahre zu dem bestimmenden literaturdidaktischen Paradigma der Gegenwart entwickelt. Wirft man einen Blick in die einschlägigen, praxisorientierten Zeitschriften, stellt man fest: Kaum ein literaturdidaktisches Unterrichtskonzept, das nicht in irgendeiner Form auf handelnd-produktive Formen des Umgangs mit literarischen Texten rekurriert. Gleiches gilt für literaturdidaktische Prüfungsthemen und die didaktisch-methodischen Schwerpunkte in der Referendariatsausbildung. Auch hier hat die handlungs- und produktionsorientierte Konzeption einen fast schon kanonischen Rang erreicht. Ein solcher Siegeszug aber hat durchaus auch seine Schattenseiten. Diese zeigen sich zuallererst bei den Fachvertreter(inn)en selbst. Denn diese stehen vor einem Dilemma, das alle Merkmale eines Double-Bind im Sinne Gregory BATESONs[18] besitzt: Wie ich mich auch entscheide, es gibt ein Problem. Denn einerseits gilt: Wer heute fachdidaktisch etwas auf sich hält, vertritt literaturdidaktisch natürlich einen handlungs- und produktionsorientiert ausgerichteten Ansatz. Andererseits gilt: Wer sich anschickt, ein Plädoyer für produktive Verfahren zu halten, steht im Verdacht, sich aus durchsichtigen Motiven einem modischen Trend anzupassen, indem er sich eines fachdidaktisch reüssierenden Hochwert-Begriffes bedient. Allerdings greifen derartige Unterstellungen zumeist ebenso zu kurz wie die von KÜGLER und anderen vorgebrachte Fundamentalkritik.[19] Denn wer in der Praxis einmal erlebt hat, was handelnd-produktive Verfahren im Unterricht bewirken, wie sehr sie Verstehensprozesse vertiefen, welche Motivation und welchen schöpferischen Reichtum sie bei Schüler(inne)n freisetzen können, der weiß, daß ein dergestalt gewandelter Literaturunterricht keine kurzlebige Modeerscheinung ist, sondern tatsächlich alle Merkmale eines grundlegenden Wandels besitzt. In meinem Urteil jedenfalls sprechen viele Anzeichen dafür, daß die von HAAS, WALDMANN u.a. entwickelte Konzeption tatsächlich einen fachspezi-

---

[17] Vgl. *Waldmann* (1984); (1992); (1996); *Haas* (1984); (1989a); (1989b); (1997); *Rupp* (1987); *Spinner* (1987); (1987/88); (1993a); *Haas/ Menzel/ Spinner* (1994).

[18] *Bateson* (1972) 353ff.

[19] Vgl. *Kügler* (1988); (1989); (1996).

fischen Paradigmenwechsel im KUHNschen Sinne[20] eingeleitet hat, einen Paradigmenwechsel, der den Literaturunterricht dauerhaft verändern wird. Ob und inwieweit dies auch für universitäre Lehr-Lern-Prozesse gilt bzw. gelten kann, soll nachfolgend reflektiert werden.

Dabei steht außer Frage: Die Einbeziehung handlungs- und produktionsorientierter
Elemente in die Hochschullehre setzt spezifische Begründungszusammenhänge
voraus. Mancher Kollege bzw. manche Kollegin mag bei dem Gedanken tatsächlich
sogar zusammenzucken. Was sollen produktiv-handelnde Formen des Umgangs mit
Literatur mit Hochschullehre zu tun haben? Wie lassen sich dergestalte Formen mit
dem wissenschaftlichen Anspruch eines universitären Studiums verbinden? Ich
möchte nachfolgend vier mögliche Argumentationslinien in Grundzügen skizzieren.
Dabei beziehen sich die ersten beiden auf lehramtsspezifische Aspekte des Deutschstudiums, während die beiden letzten auch für die literaturwissenschaftlichen Magisterstudiengänge Bedeutung haben könnten.

**2.1 Die Koinzidenz von curricularer Forderung und zu erwerbender Lehrkom-
petenz**

1. Der erste Begründungszusammenhang für einen Einsatz handelnd-produktiver
Formen und Prinzipien im Rahmen von Lehr-Lern-Prozessen im Lehramtsstudium
des Faches Deutsch ergibt sich aus curriculumtheoretischen Überlegungen. Wirft
man einen Blick in die Richtlinien des Faches Deutsch, so wird erkennbar, daß
praktisch in allen Bundesländern und in allen Schulstufen bzw. -typen der Einfluß
der handlungs- und produktionsorientierten Literaturdidaktik zentral ist. So findet
sich in den Richtlinien für die Realschulen des Landes Baden-Württemberg von der
Klasse 5 bis zur Klasse 10 die explizite Forderung nach einem 'produktiven Umgang mit Texten'.[21] In den Richtlinien des Landes Nordrhein-Westfalen für den
Deutschunterricht der Sekundarstufe I ist ein ganzes Kapitel 'Produktions- und
rezeptionsorientierten Arbeitsweisen'[22] gewidmet. Auch in den Richtlinien für die
Primarstufe taucht die Forderung nach handelnd-produktiven Verfahren wiederholt
auf - so in der Forderung, daß die Schüler(innen) „mit den Texten in der Weise
produktiv umgehen [sollen], daß sie Neues schaffen: durch Vortragen, Inszenieren,
Umgestalten und durch Zusammenstellen von Texten und Textsammlungen".[23] Die
Auflistung von Beispielen aus den Curricula ließe sich beliebig fortsetzen. Doch
schon die angeführten Exempel machen evident: Handelnd-produktive Verfahren
gehören zum Standard-Repertoire modernen schulischen Deutschunterrichts, wie
ihn die Richtlinien in Übereinstimmung zur fachdidaktischen Theoriebildung fordern.

---

[20] Vgl. *Kuhn* (1962).
[21] *Ministerium für Kultus und Sport Baden-Württemberg* (1994) 60 und 373.
[22] *Ministerium für Wissenschaft und Forschung des Landes Nordrhein-Westfalen* (1993) 50ff.
[23] *Ministerium für Wissenschaft und Forschung des Landes Nordrhein-Westfalen* (1985) 27.

2. Dieser Sachverhalt ist für die Ausbildung zukünftiger Deutschlehrer(innen) in Studium und Referendariat von zentraler Bedeutung. Denn natürlich gehört es zum Anforderungsprofil von Lehrer(inne)n des Faches Deutsch, daß sie als Erfahrung gemacht und als Kompetenz entwickelt haben, was sie später in ihrem Unterricht bei ihren Schüler(inne)n fördern sollen.

Diese Notwendigkeit haben schon andere Fachvertreter in aller Deutlichkeit festgestellt. Zu nennen ist hier beispielsweise Jürgen KREFT, der in einem 1979 erschienenen Aufsatz über 'Möglichkeiten und Grenzen einer curriculumtheoretischen Begründung des Faches Deutsch' gleich zu Beginn seiner Ausführungen die These formulierte, daß die Inhalte des Lehramtsstudienganges Deutsch „von den Aufgaben des Berufsfeldes, also vom Deutschunterricht her"[24] zu bestimmen sind. Als heuristisches Prinzip fungiert dabei die Annahme, daß eine Koinzidenz von Lehr-Prinzip und zu initiierendem Lern-Prozeß auf der einen und von Lehr-Kompetenz auf der anderen Seite notwendig ist. In diesem Sinne heißt es bei KREFT: „In Übereinstimmung zu anderen Autoren […] unterstelle ich, daß der Lehrer über die Kompetenzen, die er vermitteln oder deren Entwicklung er fördern soll, selbst verfügen muß, [und] daß er darüber hinaus noch die Kompetenz der Kompetenz-Vermittlung oder -förderung [sic] besitzen soll".[25] Bei Eduard HAUEIS findet sich eine analoge Position. Ausgehend von der Prämisse, daß im Deutschstudium „die Theoriebildung wesentlich gefördert wird, wenn sie nicht abgelöst von den Alltagserfahrungen in Lehre und Studium erfolgt", formuliert HAUEIS die Überzeugung, „daß die Lehr- und Lernformen, die für den Sprach- und Literaturunterricht in der Schule konzipiert werden, für die Lehre an der Hochschule in gleicher Weise konstitutiv sind".[26] Zurecht verweist HAUEIS in diesem Zusammenhang auf die Paradoxie, von Studierenden des Lehramtes Deutsch Methodenwechsel, Anleitung zu selbständigem Problemlösen oder entdeckendes Lernen zu fordern, diese an der Hochschule aber gleichzeitig Lernsituationen auszusetzen, die die genannten Prinzipien nicht im geringsten umsetzen und „mit einer auch nur einigermaßen erfolgreichen Prüfungslehrprobe kaum eine Ähnlichkeit haben".[27]

Auch wenn HAUEIS bei seiner Argumentation wahrscheinlich weniger handelnde Prinzipien im Blick hatte,[28] läßt sich seine Argumentation doch auf diese übertragen: Denn wenn wir als Lehrende unseren zukünftigen Deutschlehrer(inne)n z.B. zu vermitteln versuchen, welche didaktisch-methodischen Chancen die von Günter WALDMANN, Gerhard HAAS, Gerhard RUPP, Kaspar H. SPINNER, Wolfgang MENZEL und vielen anderen seit Anfang der achtziger Jahre entwickelte und auf vielfältige Weise beschriebene Konzeption der handlungs- und produktionsorientierten Literaturdidaktik bietet, dann muß das nach meiner Überzeugung für uns selbst und die

---

[24] *Kreft* (1979) 24.
[25] *Kreft* (1979) 44.
[26] *Haueis* (1979) 128.
[27] *Haueis* (1979) 127.
[28] Vgl. seine Kritik an der enthusiastischen und in Teilen unreflektierten Verwendung des Handlungsbegriffs: *Haueis* (1987).

von uns angebotenen Veranstaltungen in analoger Weise gelten. Auch wir sollten in unseren fachdidaktischen und fachwissenschaftlichen Seminaren immer wieder handelnd-produktive Verfahren in modifizierter, d.h. den hochschulspezifischen Lehr- und Lernbedingungen angepaßter Form zum Einsatz bringen, um für die Studierenden unmittelbar in ihrer Wirkung erfahrbar zu machen, was sie selbst später als Lehrende mit ihren Schülerinnen und Schülern im Unterricht initiieren sollen. Eigenaktivität tritt auf diese Weise an die Stelle von bloßer Rezeptivität und Passivität. Darüber hinaus ist ein beträchtlicher Glaubwürdigkeitsgewinn bei den Studierenden zu erwarten. Denn nichts diskreditiert Lehrende mehr als die Unfähigkeit, das in der Praxis vorzuleben, was sie in der Theorie fordern.

2.2 Der zweite Professionalisierungsschub - Die Reintegration der künstlerisch-ästhetischen Dimension des Faches

Doch nicht nur fachdidaktische bzw. curriculumtheoretische Argumente sprechen für den Einsatz produktiv-handelnder Prinzipien und Verfahren in der Hochschullehre der Lehramtsstudiengänge des Faches Deutsch. Fachspezifische hochschulpolitische Überlegungen kommen hinzu und lassen komplementäre Begründungszusammenhänge ins Blickfeld treten. In deren Mittelpunkt stehen die praktischen ästhetischen Facetten der Ausbildung von Deutschlehrer(inne)n an den staatlichen Hochschulen und Universitäten. Diese erscheinen vor dem Hintergrund des in den achtziger Jahren mit der Konzeption des handlungs- und produktionsorientierten Literaturunterrichts eingeleiteten fachdidaktischen Paradigmenwechsels in einem neuen Licht. Denn in gewisser Hinsicht läßt sich die Applikation handelnd-produktiver Didaktik und Methodik im Bereich der Hochschullehre als Reintegration eines lange Zeit ausgeblendeten disziplinären Handlungsfeldes verstehen - der künstlerisch-ästhetischen Dimension des Faches Deutsch.

1. Unter Bezugnahme auf Überlegungen Jürgen KREFTs erschließen sich frühe theoretische Begründungszusammenhänge dieser These. Denn bereits in dem an anderer Stelle angeführten Aufsatz zur curriculumtheoretischen Begründung des Faches Deutsch[29] aus dem Jahre 1979 hat sich KREFT mit der Möglichkeit und Notwendigkeit der stärkeren Einbeziehung ästhetisch-praktischer Formen in den Bereich der universitären Deutschlehrer(innen)-Ausbildung auseinandergesetzt. Ihren Ausgang nehmen diese Überlegungen von einem Blick in die Historie des eigenen Faches. Dieser macht im Urteil KREFTs deutlich: Es entsprach einerseits eher einem historischen bzw. wissenschaftsgeschichtlichen Zufall, daß die Ausbildung von Deutschlehrer(innen) nicht, wie in den Fächern Musik und Kunst, an künstlerischen Akademien, sondern an wissenschaftlichen Hochschulen erfolgte. Andererseits waren die Konsequenzen dieser Entwicklung grundlegend, weil sich die Ausbildung fortan ausschließlich auf rezeptiv-analytische Kompetenzen beschränkte: „Wurde die Lehrerausbildung an den Universitäten an die der Wissenschaftler angeglichen, so an

---

[29] *Kreft* (1979) 44ff.

den genannten Akademien an die der Künstler, und das Fach Deutsch wurde auf diese Weise als eines der wissenschaftlichen bestimmt, obwohl eine unvoreingenommene Analyse seiner Lernziele das als inadäquat erwiesen hätte."[30] Nun geht es KREFT keinesfalls um eine Negation des wissenschaftlichen Status des Faches Deutsch - zumal Kunst und Musik mittlerweile zumeist ebenfalls mit einem gewissen Sonderstatus der universitären Ausbildung integriert wurden. Zu deutlich ist, daß der durch die 'Szientisierung' des Faches bedingte 'Rationalitätsschub' eben auch eine sehr wünschenswerte Verwissenschaftlichung und Professionalisierung mit sich gebracht hat und damit einhergehend eine bewußte fachliche Orientierung an aufklärerisch-demokratischen Traditionen und emanzipatorisch-ideologiekritischen Zielsetzungen. Dennoch steht für KREFT außer Frage, daß eine „Korrektur der universitären Deutschlehrerausbildung gegen die institutionell verankerte Szientisierung"[31] notwendig ist, um dem originären Spektrum des Faches gerecht zu werden. Diese Zielsetzung aber hat die Reintegration der 'ästhetisch-praktischen Dimension' literarischer Bildung zur Voraussetzung.[32]

2. Diese Argumentation ist von erstaunlicher Aktualität. Denn vor dem Hintergrund der von KREFT bereits 1979 und damit lange vor dem sich in den achtziger Jahren vollziehenden deutschdidaktischen Paradigmenwechsel formulierten Überlegungen wird erkennbar, daß mit der Applikation des Prinzips der Handlungs- und Produktionsorientierung im Kontext der Hochschuldidaktik Deutsch die im universitären Bereich ausgeklammerten künstlerischen Schreibkompetenzen der Student(inn)en eine zumindest partielle Reintegration erfahren. Denn auf diese Weise werden die künstlerisch-ästhetischen Profile der Ausbildung zukünftiger Deutschlehrer(innen) geschärft - ohne daß dies allerdings auf Kosten ihrer fachwissenschaftlichen Kenntnisse gehen darf. Notwendig ist vielmehr ein zweiter Professionalisierungsschub - nach der Integration der Lehrerausbildung in die Hochschulen Anfang der sechziger Jahre und der damit eingeleiteten ersten Professionalisierung. Hatte diese eine Verwissenschaftlichung der Ausbildung zum Ziel, muß es nun um die Erhöhung der pädagogisch-künstlerischen und personalen Kompetenzen zukünftiger Deutschlehrer(innen) gehen. Daß die damit geforderte stärkere Integration der fachlichen Praxisseite, d.h. der künstlerisch orientierten schriftlichen Eigenproduktionen und entsprechender mündlicher Begleitdiskurse sogar zu einer Vertiefung der kognitiv-analytischen, genuin wissenschaftlichen Fähigkeiten führt, hat vor dem Hintergrund analoger Beobachtungen beim Einsatz produktiv-kreativer Verfahren im schulischen Bereich ein hohes Maß an Wahrscheinlichkeit. Vermutet wurde diese Wirkung allerdings schon von Jürgen KREFT, der feststellte: „Die Fähigkeiten zur handwerklichen Analyse und Interpretation wären vermutlich bei einer auf Text-Produktion abgestellten Ausbildung sogar wesentlich besser entwickelt, als sie es heute bei der szientistisch-universitären sind".[33]

---

[30] *Kreft* (1979) 47.
[31] *Kreft* (1979) 48.
[32] Vgl. *Kreft* (1979) 49.
[33] *Kreft* (1979) 47.

3. Doch selbst wenn damit keine Vertiefung analytischer Verstehensprozesse verbunden wäre, entspricht die Integration von Formen künstlerischer Textproduktion, wie dies mit handelnd-produktiven Verfahren möglich ist, einer ausbildungsspezifischen Notwendigkeit. Denn kein(e) Kunstlehrer(in) darf Kunst unterrichten, ohne nicht zumindest im Grundansatz über praktische künstlerische Kompetenzen bzw. Erfahrungen zu verfügen. Kein(e) Musiklehrer(in) erhält die Fakultas seines bzw. ihres Faches ohne den Nachweis praktischer Fähigkeiten im Umgang mit einem oder zwei Instrumenten. Nur im Fach Deutsch ist es möglich, daß jemand über Literatur spricht und Schüler(innen) zur Produktion literarischer Kleinformen anhält, ohne selbst in seiner Ausbildung auch nur einen einzigen literarischen Satz erzeugt haben zu müssen. In diesem Sinne könnte WALDMANNs und HAAS' Plädoyer für eine neue Konzeption literarischer Bildung, bei der Bildung nicht als Wissensbestand verstanden wird, sondern als Verstehenskompetenz, die aus einer praktischen produktiven Handlungserfahrung erwächst,[34] nicht nur für eine bildungstheoretische Fundierung produktiver Formen des Umgangs mit Literatur in der Schule wegweisend sein, sondern auch für den Bereich universitärer Lehr-Lern-Prozesse im Lehramtsstudium des Faches Deutsch.

2.3 Literaturwissenschaft ohne Literatur? Vom disziplinären Verlust des fachlichen Gegenstandes

1. Allerdings könnte die hochschuldidaktische Applikation produktiv-handelnder Formen und Prinzipen sogar Perspektiven über die Lehramtsstudiengänge des Faches Deutsch hinaus eröffnen. Denn wenn Frank GRIESHEIMER im aktuellen disziplinären Selbstverständnis der meisten Literaturwissenschaftler(innen) „das Fehlen einer emphatischen Literaturauffassung"[35] beklagt oder Ulrich GREINER und Roger WILLEMSEN provokativ eine sich fachlich ausbreitende Schizophrenie diagnostizieren, nämlich eine Literaturwissenschaft, der ihr Gegenstand abhanden zu kommen droht, eine „Literaturwissenschaft ohne Literatur"[36], dann sind damit tatsächlich nicht unproblematische Entwicklungen im Bereich der Germanistik benannt, die sich vor dem oben skizzierten Hintergrund in ihren umfassenderen Implikationen erschließen könnten. Denn tatsächlich läßt sich vermuten, daß die ausschließlich analytisch-rezeptive Umgangsweise mit Literatur im germanistischen Studium bei gleichzeitiger Ausklammerung jedweder Form ästhetischer Praxis die jedem fiktionalen literarischen Text zugrundeliegende schöpferisch-künstlerische Potenz schwerlich wird zugänglich machen können. Ob auf diese Weise einem wirklichen Verständnis von Literatur und literarischem Schaffen der Weg bereitet wird, kann deshalb in meinem Urteil ernstlich bezweifelt werden. In der Musikwissenschaft oder der Kunst jedenfalls wäre eine derartige disziplinäre Selbstverstümmelung

---

[34] Vgl. *Waldmann* (1990) 80ff.; *Haas* (1997) 21f.
[35] *Griesheimer* (1992) 365.
[36] *Willemsen* (1992) 47.

undenkbar. Der Vergleich muß nicht nur erlaubt sein, es ist eher äußerst erstaunlich, daß bislang kaum je diese Parallelen gesehen wurden - schließlich handelt es sich bei fiktionaler Literatur nicht um einen rationalen philosophischen Text, sondern um ein künstlerisches Produkt. Vielleicht sollte eine Diskussion über die Krise im Selbstverständnis des Faches diesen Aspekt in stärkerer Weise mitbedenken, als dies bislang der Fall gewesen ist.

2. Ansätze dazu gibt es bereits auf breiterer Front innerhalb der kontemporären Germanistik bzw. Literaturwissenschaft, wie der 1992 erschienene Sammelband 'Wozu Literaturwissenschaft?' von Frank GRIESHEIMER und Alois PRINZ beweist.[37] Denn hier wird eine (selbst)kritische Bestandsaufnahme des disziplinären Status quo versucht, bei der Unmut endlich nicht länger nur von Student(inn)en des Faches geäußert wird, sondern auch von den literaturwissenschaftlichen Fachvertreter(inne)n selbst. Zwar kann sich auch studentische Kritik bisweilen im wissenschaftlichen Establishment Gehör verschaffen, vorausgesetzt, der Kritiker erlangt Weltruhm wie Max FRISCH. Dieser hat, wie der Literaturwissenschaftler und Autor Adolf MUSCHG nicht ohne Süffisanz bemerkt, „den Abbruch seines Germanistikstudiums zu den Glücksfällen seines Lebens gerechnet", weil es ihm „nur Scheinnähe zur Literatur vermittelt"[38] habe. MUSCHGs eigener Versuch, in Personalunion das mittlerweile künstlich getrennte - Literatur und Literaturwissenschaft, künstlerische Produktion und akademische Analyse - in sich zu vereinen, erweist sich nach dessen eigenem Verständnis als keinesfalls unproblematisch. Ein künstlerisch tätiger Wissenschaftler, ein akademischer Autor also, diskreditiert sich nach kontemporärem Sensus communis wissenschaftlich wie künstlerisch, wie MUSCHG erläutert.[39] Um so erstaunlicher ist MUSCHGs Bekenntnis wider die herrschende wissenschaftliche 'correctness': „Je weniger ich in mir selbst Schriftsteller und Germanist auseinanderhalte, desto eher glaube ich meinen Lohn wert zu sein. So sollte ich reden, es ist nur die Wahrheit. Nicht immer habe ich den Mut dazu. Wenn Sie ihn auch in diesem Vortrag bemerken: seien Sie froh, daß Sie drei frühere Fassungen nicht gehört haben. Der Komplex lebt - leider".[40] Dabei ist die Trennung von Autor und Germanist, Künstler und Wissenschaftler, Primär- und Sekundärliterat nach MUSCHG obsolet, sie besitzt zwar Gründe, aber kein wirkliches sachliches Fundament.[41]

3. Vor diesem Hintergrund wird erkennbar: Produktiv-handelndes Umgehen mit Literatur könnte nicht nur im Lehramtsstudium des Faches Deutsch, sondern auch in seinen anderen Studiengängen die verlorene, verdrängte bzw. ausgegrenzte künstlerisch-literarische Seite der Literaturwissenschaft wieder zugänglich respektive erfahrbar machen und auf diese Weise jenes fachliche Kuriosum überwinden helfen, das Roger WILLEMSEN mit ironischer Präzision aufzuzeigen versucht hat. Denn die Abspaltung der Literaturwissenschaft von der Literatur, die bei einigen Fachvertre-

---

[37] Vgl. *Griesheimer/Prinz* (1992)
[38] *Muschg* (1992) 161.
[39] Vgl. *Muschg* (1992) 162.
[40] *Muschg* (1992) 173.
[41] *Muschg* (1992) 175.

ter(inne)n mittlerweile bereits Formen einer Liquidierung erreicht, hat nicht nur zu
einem disziplinären Verlust der schöpferischen Potenz geführt, sondern auch zu
einem skurrilen, weil triumphal zelebrierten Wirklichkeitsverlust. Dazu WILLEM-
SEN: „Wo Literatur Wirklichkeit ist, antwortet Literaturwissenschaft mit der Überwindung der Wirklichkeit. [...] So wird Literaturwissenschaft im Verhältnis zur
Wirklichkeit, zur Literatur und im Verkehr der Menschen untereinander zum Hin-
dernis".[42] In diesem Sinne wird eine Literaturwissenschaft ohne Literatur ebenso
denkbar wie eine Wirklichkeit ohne Wirklichkeit. Nur vor sich selbst macht die Dekonstruktion halt. Denn heute, so WILLEMSEN, hat der Literaturwissenschaftler „den
eigentlichen Triumph dieser seiner Selbsterhaltung im eskapistischen Realismus
erreicht: Er kann sich inzwischen eine Welt selbst ohne Wirklichkeit vorstellen, aber
natürlich nicht ohne Literaturwissenschaft".[43] Dieser wissenschaftlichen Paradoxie
steht ein ästhetisches Vakuum zur Seite. Zutreffend konstatiert Gert MATTENKLOTT:
„Die ästhetische Kompetenz der Geisteswissenschaften ist derzeit so gering wie ihre
moralische Autorität."[44] Daß produktiv-handelnde Formen der Literaturerschließung
zumindest im Hinblick auf die ästhetische Dimension Wege aus der Sackgasse weisen können, ist eine Hypothese, die ein gewisses Maß an Wahrscheinlichkeit besitzt,
auch wenn sie sicherlich noch einer sehr viel differenzierteren Überprüfung in Theorie und Praxis bedarf, als dies an dieser Stelle möglich ist.[45]

2.4 Verbesserung der Lehre

1. Doch selbst wenn man die zuletzt geäußerten Überlegungen in bezug auf die
Lehramtsstudiengänge bzw. die germanistischen Magisterstudiengänge nicht teilt
und eine (Re-)Integration der ästhetisch-künstlerischen Bereiche des eigenen Faches
hochschulpolitisch für nicht realisierbar hält, gibt es gute Gründe für eine zumindest
partielle hochschuldidaktische Applikation produktiv-handelnder Literaturdidaktik
auch im Bereich der nicht auf das Lehramt bezogenen Studiengänge: die Verbesserung der Lehre. Denn kennt man die Wirkmächtigkeit der genannten Konzeption
und ihrer unzähligen Verfahrensvarianten, kann es eigentlich nur erstaunen, daß die
paradigmatische Wende, die sich in der Deutschdidaktik seit Mitte der achtziger
Jahre mit dem handlungs- und produktionsorientierten Literaturunterricht vollzogen
hat, in der Hochschullehre bislang erst in rudimentärer Form als Chance zur Erweiterung des eigenen didaktischen und methodischen Spektrums erkannt worden ist.

2. Befragen wir die Ansätze auf ihre Eignung für eine hochschuldidaktische Applikation. Welche Begründungszusammenhänge und Zielsetzungen sind den hochschulspezifischen Rahmenbedingungen kompatibel, welche nicht? Zunächst läßt
sich sicherlich feststellen: Die von WALDMANN und HAAS vorgetragene Kritik am

---

[42] *Willemsen* (1992) 56f.
[43] *Willemsen* (1992) 64.
[44] *Mattenklott* (1992) 360.
[45] Interessante Ansätze finden sich dazu bereits bei *Fricke/Zymner* (1993).

traditionellen schulischen Deutschunterricht gilt in modifizierter Form auch für universitäre Lehr-Lern-Prozesse im Bereich von Literaturwissenschaft bzw. Germanistik. Zwar ist unstrittig, daß Textanalysen und Textinterpretationen unterschiedlichster Art und divergierendster literaturtheoretischer Referenzsysteme von der Hermeneutik bis zum Dekonstruktivismus zu den genuinen Aufgabenfeldern germanistischer Lehre gehören - und zwar in sehr viel stärkerem Maße als für den schulischen Deutschunterricht. Ihre vereinseitigte Propagierung und Realisierung, die in ihrer partiell zu beobachtenden Verabsolutierung rational-analytischer Momente selbst Ausdruck eines subliminalen Irrationalismus sein könnte, hat allerdings keine tatsächliche Grundlage. Wenn es den Vertreter(inne)n des handlungs- und produktionsorientierten Literaturunterrichts mit ihrer Konzeption um ein Durchbrechen der einseitigen Fixierung auf textanalytische Verfahren im Deutschunterricht geht und damit um eine Aufhebung der gängigen Reduktion des Schülers zum passiven Rezipienten, Konsumenten und Interpreten von Texten, so gilt dies für den Hochschulbereich in analoger Weise. Dieses schließt Textanalyse natürlich nicht aus, aber Textproduktion mit ein. Um mit WALDMANN zu sprechen: Gemeint sind Lehr-Lern-Prozesse, in denen „die sprachlichen, stilistischen, rhetorischen, literarischen Kunstmittel, Strategien und Techniken aller Texte nicht nur reflektiert und analysiert, sondern [...] [auch] angewendet, spielhaft erprobt, experimentell modifiziert werden".[46] Ähnlich heißt es bei Gerhard HAAS zum methodischen Repertoire handlungs- und produktionsorientierter Literaturdidaktik: „Texte in andere Medien, Aussageformen und Situationen hinein übersetzen, sie variieren, modifizieren, ergänzen, verändern, ihnen widersprechen, sie spielen, sie aktualisieren, verfremden - alles in allem sie ohne falsche Ehrfurcht, aber mit wachsender Sensibilität als etwas Gemachtes und damit auch zumindest versuchs- und probeweise Veränderbares verstehen, produktiv und aktiv mit ihnen umgehen, ihnen nicht nur mit Gedanken, sondern auch mit Gefühlen begegnen, auf sie in jeder realisierbaren Form reagieren".[47]

3. Die Legitimation handelnd-produktiver Ziele und Formen in der germanistischen Lehre ergibt sich dabei wie beim schulischen Pendant aus literatur- und lesetheoretischen Überlegungen. Auch in diesem Zusammenhang lassen sich die von WALDMANN und HAAS skizzierten Begründungszusammenhänge hochschuldidaktisch in modifizierter Form übertragen. Grundlage ist in diesem Sinne eine spezifische Theorie des Lesens, die das traditionelle, analog zum Sender/Empfänger-Modell vertretene Bild überwindet und Lesen nicht als passiven Prozeß der Sinnentnahme begreift, sondern als aktiven Prozeß der Sinnkonstruktion: "Lesen 'übernimmt' oder 'entnimmt' nicht nur etwas aus einem Text, sondern tut auch selbst etwas zu dem, was es aus dem Text nimmt, hinzu: es ist selbst aktiv und produktiv. Und dieses Lesen ist insbesondere im Falle des literarischen Lesens nicht nur ein kognitiver,

---

[46] *Waldmann* (1980) 31.
[47] *Haas* (1997) 40.

sondern ebensosehr ein imaginativer Vorgang: ein Vorgang produktiver Phantasie."[48]

4. Gedankliche Wurzeln dieser Konzeption lassen sich mit Gerhard HAAS bis zu den literarisch Schaffenden selbst zurückverfolgen, d.h. zu den Autoren, wie der zuletzt in Heidelberg lehrende Literaturdidaktiker an Hans Magnus ENZENSBERGERs 'Bescheidenen Vorschlägen zum Schutz der Jugend vor den Erzeugnissen der Poesie' ebenso verdeutlicht wie an NOVALIS' Definition des Lesens als 'freier Operation' oder an GOETHEs Plädoyer für einen 'produktiven Leser'.[49] Mit WALDMANN lassen sich theorieimmanente Fundamente insbesondere in Niklas LUHMANNs Definition von Kommunikation als 'gemeinsamer Aktualisierung von Sinn' finden,[50] in Jürgen HABERMAS' Theorie des kommunikativen Handelns,[51] in der durch Hans Robert JAUß[52] mit dem Topos 'produktive Rezeption' bzw. durch Wolfgang ISER[53] mit seiner Leerstellentheorie vollzogenen radikalen Aufwertung des Rezipienten[54] oder in Norbert GROEBENs konstruktivistisch beeinflußter These vom "Textverständnis als Sinnkonstruktion".[55]

Beide, sowohl die von HAAS angeführten literarischen als auch die von WALDMANN favorisierten literaturtheoretischen Ansätze, liefern fundierte Begründungszusammenhänge für ein produktiv-handelndes Eingreifen des Rezipienten in den Text. Dabei wird erkennbar: Mit dem Einsatz handelnd-produktiver Verfahren wird nur literaturdidaktisch angewendet und weitergedacht, was durch Autoren selbst auf literarischer Ebene bzw. durch Rezeptionsästhetik, Konstruktivismus, empirische Literaturwissenschaft oder Dekonstruktivismus auf literaturtheoretischer Ebene entwickelt und gefordert worden ist bzw. wird.[56] Daß diese literaturdidaktische Applikation literarischer bzw. literaturtheoretischer Erkenntnisse sich bislang primär auf den schulischen Bereich beschränkt hat, während sie im Hochschulbereich eher noch die Ausnahme darstellt, erweist sich vor diesem Hintergrund nicht als Ergebnis literaturwissenschaftlicher Notwendigkeit, sondern struktureller Bedingtheit. Denn natürlich haben die rezeptionsästhetisch oder konstruktivistisch begründete Aufwertung des Rezipienten zum sinnkonstruierenden Subjekt und die damit literaturdidaktisch eröffneten Handlungsräume nicht nur im Kontext schulischen Deutschunterrichts Gültigkeit, sondern auch im Bereich germanistischer Lehrveranstaltungen. Warum sollten Leerstellen im Kontext universitärer Lehre nur analytisch-reflexiv

---

[48] *Waldmann* (1984) 100.

[49] Vgl. *Haas* (1984); (1997) 39; *Enzensberger* (1976) 380ff.; *Novalis* (1798) 90; *Goethe* (1796) 245.

[50] *Luhmann* (1971) 42; vgl. *Waldmann* (1984) 101.

[51] Vgl. *Habermas* (1981) 182-228; *Waldmann* (1984) 102.

[52] Vgl. *Jauß* (1970) 144ff.; (1975) 343ff.

[53] Vgl. *Iser* (1976); *Waldmann* (1984) 107ff.

[54] Vgl. *Jauß* (1970) 189ff.

[55] *Groeben* (1982) 16; *Schmidt* (1987); *Waldmann* (1984) 102.

[56] Vgl. *Waldmann* (1984) 98ff.; (1989) 11ff.; *Haas* (1997) 40f.; *Haas/Menzel/Spinner* (1994) 18.

ausgefüllt werden und nicht auch produktiv-handelnd? Warum sollten sich Sinn-Konstruktionen oder Text-Dekonstruktionen lediglich auf der Ebene distanzierter intellektueller Diskursivität abspielen und nicht auch einmal im Bereich schöpferischer Produktivität? Schließlich ist in den allermeisten Fällen der Gegenstand der Beschäftigung selbst ein künstlerischer und damit ein produktiv-schöpferisch entstandener. Wer also nicht mit KÜGLER und anderen unter Rekurs auf die vermeintliche „Autonomie, d.h. [...] Selbstbezüglichkeit, Abgeschlossenheit und Sinnhaftigkeit der Textwelt, die zunächst nur auf sich selbst und nicht auf anderes verweist",[57] ein produktiv-handelndes Eingreifen in die Textwelt prinzipiell ablehnt, kann gegen die dosierte Applikation handelnd-produktiver Formen des Umgangs mit Literatur im Rahmen der germanistischen Lehre literaturtheoretisch schwerlich etwas einwenden.

5. Doch selbst wer diese literaturtheoretischen Begründungszusammenhänge für den universitären Bereich - aus welchen Gründen auch immer - nicht recht gelten lassen mag, sollte doch einmal ganz pragmatisch die Leistungsfähigkeit didaktisch und methodisch sinnvoll angewandter handelnd-produktiver Sequenzen im Hochschulbereich erproben. Denn analog zu den schulischen Erfahrungen lassen sich auch bei hochschuldidaktischen Formen der Handlungs- und Produktionsorientierung in Seminaren bzw. Vorlesungen eine größere methodische Varianz, ein fruchtbareres Arbeitsklima, eine erhöhte Motivation, eine stärkere Selbstbeteiligung und vertiefte Lernergebnisse beobachten. Das belegen nicht nur eigene Erfahrungen und die von Kolleg(inn)en, sondern auch und vor allem Rückmeldungen von Studierenden. Diese können eine Fülle von Kompetenzen erwerben, deren Vermittlung Aufgabe ihrer späteren eigenen Lehrtätigkeit ist - sofern sich die Einstellungssituation endlich zum Besseren verändert hat. Unter Bezugnahme auf zentrale Kategorien in der Theorie von Gerhard HAAS[58] läßt sich in diesem Sinne feststellen, daß sich durch handelnd-produktive Lernarrangements im Hochschulbereich bei den Studierenden personale Voraussetzungen für die Vermittlung 'emotiver', 'poetisch-ästhetischer', 'kommunikativer', 'kreativer', 'kritischer' und 'emanzipatorischer' Kompetenz entwickeln und fördern lassen. Die sich in ersten Umrissen formierende Lehrer(in)persönlichkeit der Studierenden erhält somit erste Orientierungspunkte für eine berufsspezifische Selbstkonstruktion. Gleiches gilt für die von Kaspar H. SPINNER hervorgehobenen Kategorien 'Identität', 'Fremdverstehen', 'Imagination' und 'Gestaltungskraft'.[59] Auch für diese durch den Einsatz produktiver Verfahren im schulischen Deutschunterricht zu fördernden Kompetenzen können Studierende Erfahrungs-, Einstellungs- und Handlungsräume erkunden und entsprechende personale Kompetenzen in sich entwickeln bzw. vertiefen, wenn sie während ihres Deutschstudiums Gelegenheit erhalten, Formen produktiver Texterschließung kennenzulernen und praktisch zu erproben.

---

[57] *Kügler* (1989) 4.
[58] Vgl. *Haas* (1997) 35ff.
[59] Vgl. *Spinner* (1993a) 1ff.

3. Praktische Konsequenzen - Handelnd-produktive Formen in der Hochschullehre

Wie aber könnte nun ein sinnvoller Einsatz handelnd-produktiver Verfahren in der Hochschullehre aussehen? Dazu sollen nachfolgend Vorschläge auf der Grundlage eigener Erfahrungen gemacht werden. Die Analyse der hochschulspezifischen Voraussetzungen bildet dabei den Ausgangspunkt.

3.1 Das hochschulspezifische Bedingungsgeflecht

1. Um handelnd-produktive Verfahren im Rahmen literaturwissenschaftlicher und literaturdidaktischer Lehrveranstaltungen im Hochschulbereich sinnvoll einzusetzen, sind zunächst die hochschulspezifischen Rahmenbedingungen sorgsam zu berücksichtigen. Denn diese unterscheiden sich vom schulischen Bereich teilweise grundlegend. Besonders hervorzuheben sind hier:

- die Seminargröße, die den Einsatz mancher handelnd-produktiver Verfahren von vornherein ausschließt;
- der geringere Grad der persönlichen Bekanntheit der Studierenden untereinander, der verstärkt zu Hemmungen führen kann;
- die gegenüber schulischem Deutschunterricht signifikant erhöhte Zeitknappheit und Themendichte, durch die dem oftmals recht zeitintensiven Einsatz alternativer, eigenaktiver Verfahren deutliche Grenzen gesetzt sind;
- die - entwicklungspsychologisch bedingt - stärkere kognitive Interessenlage der Studierenden, die einen dosierteren und selektiveren Einsatz handelnd-produktiver Elemente notwendig macht;
- der erweiterte Kenntnisstand vieler Student(inn)en, durch den gewisse methodische Zugriffsformen wie das Weiterschreiben einer Geschichte oder das Antizipieren wahrscheinlicher Fortsetzungen im mündlichen Diskurs zumindest bei bekannteren Autoren kaum möglich sind.

2. Zu bedenken ist außerdem das richtige Mischungsverhältnis analytisch-rezeptiver und handelnd-produktiver Verfahren. Denn was schon für den schulischen Bereich gilt und von den Vertretern des Ansatzes verschiedentlich, teilweise leider allerdings vergeblich betont wurde, hat im Kontext der Hochschullehre in noch weitaus stärkerem Maße Gültigkeit: Der hochschuldidaktische Einsatz handelnd-produktiver Varianten steht nicht konträr zu den analytisch-rezeptiven Formen, sondern komplementär. Sie ergänzen das traditionelle methodische Repertoire der Hochschullehre wie den Vortrag, die Diskussion, das Gespräch, die Präsentation individueller oder gemeinschaftlich gewonnener Arbeitsergebnisse usw. Ich selbst würde den quantitativen Anteil eines sinnvollen Einsatzes handelnd-produktiver Formen im Rahmen normaler literaturwissenschaftlicher bzw. literaturdidaktischer Veranstaltungen auf maximal fünfzehn bis zwanzig Prozent schätzen.[60] Weniger ist nämlich auch hier

---

[60] Gerhard HAAS hat für das 13. Schuljahr der gymnasialen Oberstufe einen ähnlichen quantitativen Anteil vorgeschlagen (vgl. *Haas* (1997) 47).

gelegentlich mehr, um Abnutzungseffekte zu vermeiden und der stärker analytisch-kognitiv geprägten Bedürfnislage von Student(inn)en zu entsprechen. Innerhalb dieses quantitativen Rahmens allerdings können produktiv-handelnde Verfahren sehr fruchtbar rationale Verarbeitungs- und Verstehensprozesse einleiten, begleiten oder vertiefen.

3.2 Die hochschuldidaktische Applikation klassischer handelnd-produktiver Lernarrangements

Fragt man nach den konkreten hochschuldidaktischen Möglichkeiten zur Applikation klassischer handelnd-produktiver Lernarrangements, so läßt sich feststellen, daß die didaktisch-methodischen Optionen ähnlich vielfältig sind wie für den schulischen Unterricht. Das von WALDMANN, HAAS u.a. entwickelte Repertoire methodischer Varianten kann dabei als Orientierungsgrundlage dienen.

3.2.1 Lehrinhalt, Lehrform und Lehrkompetenz - Literaturdidaktische Seminare in handelnd-produktiver Absicht

1. Für literaturdidaktische Seminare gilt generell, daß sie eine Koinzidenz von Lehrinhalt, Lehrform und zu vermittelnder Lehrkompetenz anstreben sollten. Damit ist natürlich das gesamte Spektrum der Deutsch- bzw. Literaturdidaktik und ihrer methodischen Realisierungsformen gemeint. Eine Beschränkung auf handelnd-produktive Verfahren verbietet sich aus diesem Grunde ebenso wie deren Ausklammerung. Da klassische, analytisch-rezeptive Formen universitärer Lehr-Lern-Prozesse aber dominieren, soll das Augenmerk nachfolgend vor allem auf ihre handelnd-produktiven Komplemente gerichtet werden. In Anlehnung an die von MANDL, FRIEDRICH und HRON beschriebene 'Psychologie des Wissenserwerbs'[61] läßt sich dabei zeigen, daß produktiv-handelnde Formen des Umgangs mit Literatur im Rahmen der Hochschuldidaktik des Faches Deutsch Studierenden sowohl Lernprozesse auf der Ebene prozeduralen und metakognitiven als auch im Bereich deklarativen bzw. problemlösenden Wissens ermöglichen.

2. Folgt man der von KREFT u.a. formulierten These, „daß der Lehrer über die Kompetenzen, die er vermitteln oder deren Entwicklung er fördern soll, selbst verfügen muß",[62] so ist evident, daß sowohl im Rahmen einer Einführung in die Literatur- bzw. Deutschdidaktik als auch im Kontext einer didaktisch ausgerichteten Behandlung eines literarischen Gegenstandes Lehrinhalt und Lehrform einander in der Form entsprechen sollten, daß nicht nur analytisch-rezeptive, sondern auch produktiv-handelnde Formen zum Einsatz gelangen. Das bedeutet beispielsweise, daß es eben nicht ausreicht, die Theorie handlungs- und produktionsorientierter Literaturdidaktik im Rahmen eines Seminars oder einer Vorlesung zur Literatur- bzw.

---

[61] *Mandl/Friedrich/Hron* (1993) 143ff.
[62] *Kreft* (1979) 44.

Deutschdidaktik im Sinne deklarativen Wissens vorzustellen respektive theoretisch auf der Grundlage einschlägiger Textdokumente zu erarbeiten. Vielmehr sind auch Phasen bzw. Sitzungen notwendig, in denen die Studierenden einige Verfahren selbst erproben, um didaktische Potentiale und methodische Realisierungen auf der Grundlage eigener Erfahrungen besser einschätzen zu können. Bewährt haben sich nach meinen Erfahrungen beispielsweise Lückentexte, Fortsetzungsvarianten zu Textanfängen oder Zeilencollagen, um für die Studierenden nicht nur die Wirkpotentiale handelnd-produktiver Didaktik und Methodik im Eigenversuch erfahrbar zu machen, sondern - im Rahmen anschließender metareflexiver Phasen - auch die besonderen Bedingungen und Möglichkeiten der Planung, Durchführung und Auswertung derartiger Lehr- und Lernarrangements. Auf diese Weise wird nicht nur der alten Maxime KANTs entsprochen, nach der Begriffe ohne Anschauung leer sind. Zugleich werden den Studierenden im Rahmen solcher didaktischer Werkstatt-Phasen Formen prozeduralen und metakognitiven Wissenserwerbs ermöglicht, insofern sie praktische ästhetische und methodische Fertigkeiten ebenso entwickeln wie die Fähigkeit zur didaktisch-methodischen Metareflexion. Beides ist für den Aufbau einer fachspezifischen Handlungskompetenz angehender Deutschlehrer(innen) unverzichtbar.

3. Analog gilt für die Behandlung eines Autors und seines Werkes oder eines literarischen Motivs im Rahmen einer literaturdidaktischen Veranstaltung, daß sich die Textbegegnung und -erschließung keinesfalls auf rein analytisch-rezeptive Formen beschränken darf. Vielmehr sollte versucht werden, im Seminar teilweise zu erproben bzw. zu realisieren, was für den schulischen Deutschunterricht im Zusammenhang mit dem entsprechenden literarischen Gegenstand sinnvoll erscheint.

4. Ergänzend zu praktischen Eigenversuchen können natürlich auch - sofern vorhanden - Beispiele eigener unterrichtlicher Realisierungen spezifischer handelnd-produktiver didaktischer Zielsetzungen bzw. methodischer Verfahrenstypen im Seminar vorgestellt werden. Dies bietet sich vor allem bei zeitintensiven Lernarrangements an oder bei der exemplarischen Veranschaulichung einer ganzen Unterrichtsreihe zu einem Thema bzw. einer Ganzschrift und der dabei in besonderer Weise notwendigen Synopse rezeptiv-analytischer und handelnd-produktiver Formen der Textbegegnung und -aufarbeitung. In einem literaturdidaktischen Seminar über M. RHUEs Jugendbuch 'Die Welle' und N.H. KLEINBAUMs 'Der Club der toten Dichter' habe ich in diesem Sinne beispielsweise Studierenden nicht nur Raum zu Diskussionen und Analysen und unmittelbaren eigenen handelnd-produktiven Textbegegnungen eröffnet, sondern auch Ergebnisse und Dokumente eigener Unterrichtsreihen vorgestellt, um ihnen bestimmte didaktische Zielsetzungen und ihre methodischen Realisierungsmöglichkeiten zu verdeutlichen bzw. sie an konzeptionell ausgerichteten didaktischen Suchbewegungen teilhaben zu lassen.[63] Auf diese Weise findet auch der vierte Typ des Wissenserwerbs im Sinne von MANDL, FRIEDRICH und HRON, der Erwerb von Problemlösestrategien, eine zumindest ansatzweise Verwirk-

---

[63] Vgl. dazu *Frederking* (1994).

lichung. Dies gilt natürlich in besonderer Weise, wenn in diesem Zusammenhang nicht nur realisierte Unterrichtsbeispiele dokumentiert und diskutiert werden, sondern auch die Studierenden zur Entwicklung und anschließenden Präsentation und Diskussion eigenständiger didaktisch-methodischer Alternativkonzepte für die Unterrichtspraxis animiert werden.

3.2.2 Zur Komplementarität von Analyse und Produktion in literaturwissenschaftlichen Veranstaltungen - Beispiele

Doch selbst wenn man primär keine literaturdidaktischen Zielsetzungen im Sinne der vier Wissenserwerbs-Typen intendiert, sondern im Rahmen einer literaturwissenschaftlichen Veranstaltung Textbegegnungen bzw. ein vertieftes Textverstehen ermöglichen möchte, bieten sich produktiv-handelnde Formen an, wie nachfolgend an drei Verfahrenstypen verdeutlicht werden soll.

a) Antizipation und Konkretisation

1. Bewährt hat sich in kleinen wie in großen Seminaren beispielsweise die Antizipation bzw. Konkretisation von Leerstellen. Um es an einem Beispiel zu veranschaulichen: In einem Utopieseminar, das utopische Entwürfe der Literaturgeschichte von der Antike bis zur Gegenwart zum Gegenstand hatte, wurde der Anfang der von Louis-Sébastien MERCIER 1770/71 verfaßten Utopie 'Das Jahr 2440' bis zu der Stelle vorgelesen, wo die ersten Aussagen über die Zukunftswelt selbst gemacht werden. Daraufhin habe ich die Studierenden gebeten, in Stichworten oder zusammenhängenden Sätzen ihre Vorstellung von der Welt im Jahre 2440 - als Positiv- oder als Negativ-Utopie - zu skizzieren. Der anschließende Vergleich der im Seminar entstandenen Utopieentwürfe mit dem vor etwas mehr als zweihundert Jahren von MERCIER verfaßten Original war nicht nur aufgrund der erkennbar werdenden Multiperspektivität sehr interessant, sondern machte überdies eine Kernthese der Utopieforschung in ihren praktischen Implikationen bewußt, daß nämlich jede Utopie bzw. Zukunftsprojektion die jeweilige Gegenwart zum Maßstab hat bzw. deren Probleme widerspiegelt und aus diesem Grund in ihrem jeweiligen historischen und geistesgeschichtlichen Bedingungskontext betrachtet werden muß.

2. Solche Lernarrangements, die es im Seminar möglich machen, die persönliche Vorstellungswelt vermittels produktiv-handelnder Verfahren einzubringen und gleichzeitig das Verständnis analytischer Zusammenhänge zu vertiefen, werden von Studierenden nach meinen Erfahrungen sehr positiv aufgenommen. Ein persönlicher Zugang wird eröffnet, Distanz abgebaut und ein analytischer Forschungsbefund in seinen praktischen Implikationen zugänglich.

b) Literarische Geselligkeit

1. Doch die besondere hochschuldidaktische Funktion eines Einsatzes handlungs- und produktionsorientierter Literaturdidaktik und -methodik im Rahmen literatur-

wissenschaftlicher Seminare kann sich natürlich auch aus ganz anderen Zielsetzungen bzw. Rahmenbedingungen ergeben. So ist nach meinen Erfahrungen die Initiierung literarischer Schreibprozesse im Horizont handelnd-produktiver Didaktik gerade auch in literaturwissenschaftlichen Veranstaltungen des Grundstudiums gut geeignet, um Anonymität und Hemmungen abzubauen, intrinsische Motivation zu fördern und das Deutschstudium für die Studierenden als etwas auch ästhetisch bzw. persönlich Bedeutsames erfahrbar zu machen.

2. Mit Bezug auf die von Gundel MATTENKLOTT[64] aufgearbeiteten geistesgeschichtlichen Traditionslinien literarischer Bildung kann man in diesem Zusammenhang von hochschuldidaktischen Formen literarischer Geselligkeit sprechen. Denn den Studierenden werden nicht nur Räume für unmittelbare ästhetische Erfahrungen eröffnet, sondern auch Möglichkeiten zu einem anschließenden gedanklichen Austausch über die entstandenen Texte im gemeinsamen Gespräch. In diesem Sinne lasse ich beispielsweise in meinen Einführungsveranstaltungen in die Literaturwissenschaft eben nicht nur Gattungen theoretisch erarbeiten und an konkreten literarischen Beispielen veranschaulichen, sondern eröffne im Sinne von FRIkKE/ZYMNER[65] immer auch die Möglichkeit, selbst Texte zu verschiedenen Gattungen zu verfassen und auf diese Weise nicht nur Modi der Rezeption, sondern auch der Produktion kennenzulernen. Die unter dem Leitmotiv einer literarischen Werkstatt initiierten Vorstellungsrunden werden von den Studierenden dabei zumeist als äußerst lustvoll und ästhetisch bereichernd erlebt. Die Sammlung aller entstandenen Texte in eigenen Seminarbüchern, die jede(r) einzelne Student(in) am Ende des Seminars gegen einen geringen Unkostenbeitrag erhalten kann, eröffnet auch jenen eine Rezeption des eigenen Textes, die im Seminar zur Präsentation zu schüchtern waren oder aufgrund der Seminargröße nicht mehr zum Zuge gekommen sind.

c) Kommunikative Kompetenz und Fremdverstehen im Rollenspiel

1. Den gezielten Einsatz einer Pro- und Contra-Debatte möchte ich innerhalb des breiten Spektrums möglicher hochschuldidaktischer Anwendungen handelnd-produktiver Verfahren aus einem anderen Grunde hervorheben. Denn dieser Verfahrenstyp hat sich in besonderer Weise bewährt, um die Auseinandersetzung mit theoretischen Texten nicht nur interessanter zu gestalten, sondern sie gleichzeitig auch zu vertiefen. Wenn beispielsweise im Rahmen einer Einführung in die Literaturwissenschaft die Multiperspektivität im Umgang mit Literatur praktisch erfahrbar gemacht wird, indem das Seminar, eingeteilt in vier oder fünf Gruppen, nach einer gründlichen Erarbeitung exemplarisch mögliche literaturwissenschaftliche Interpretationsansätze zu einem Mustertext - z.B. aus literaturpsychologischer, sozialgeschichtlicher, strukturalistischer, dekonstruktivistischer und feministischer Sicht - in Form einer Debatte erprobt, werden für die Beteiligten Kernthesen, Analyseschwerpunkte, potentielle Interpretationsergebnisse und Argumentationsstrukturen

---

[64] Vgl. *Mattenklott* (1979); *Waldmann* (1990).
[65] Vgl. *Fricke/Zymner* (1992); (1993).

der jeweiligen Ansätze in sehr viel anschaulicherer Weise erkennbar als über eine distanzierte, ausschließlich rezeptiv-analytische Erschließung.

2. Gleiches gilt für eine Pro- und Contra-Debatte zur Konzeption des handlungs- und produktionsorientierten Literaturunterrichts, bei der überdies Lehrinhalt und Lehrform zu einer spezifischen Koinzidenz finden. Selbst im Zusammenhang mit literarischen Werken und den ihnen zugrundeliegenden Philosophemen bieten Diskussionen in Pro- und Contra-Rollenmustern Möglichkeiten zu gedanklichem Probehandeln. Als Beispiel sei eine Debatte im Rahmen eines Frisch-Seminars genannt, in der die antagonistischen Bildnistheorien von Frisch („Du sollst dir kein Bildnis machen") und Brecht („Solch ein Bildnis machen heißt lieben") von zwei Diskussionsgruppen vertreten und auf diese Weise in ihrer Plausibilität geprüft wurden. Daß sich an jede dieser erwähnten Debattentypen eine metareflexive Phase ebenso anschließen sollte wie eine kritische diskursive Auseinandersetzung mit den Positionen, versteht sich von selbst. Denn nur auf diese Weise ist für die Studierenden eine Überprüfung ihrer eigenen Vorstellungen vor dem Hintergrund der in der Debatte diskutierten Aspekte möglich.

3. Nach meinen Erfahrungen sind derartige Lernarrangements selbst in größeren Seminaren mit achtzig bis einhundert Teilnehmer(inne)n noch möglich und sinnvoll - auch wenn hier der individuelle Redeanteil natürlich nur noch sehr eingeschränkt ist und auch nur eine begrenzte Zahl von Studierenden aktiv diskutierend an der Debatte teilnehmen kann. Allerdings vermag eine Auswahl von beispielsweise fünf bis zehn Diskutanten pro Position aus diesem Dilemma ebenso herauszuhelfen wie eine Verlagerung in Kleingruppen, die schriftlich - beispielsweise auf einem Plakat - miteinander diskutieren. Zugleich machen diese Beispiele aber auch deutlich, daß Hochschuldidaktik und -methodik eben mehr ist als die deckungsgleiche Übernahme entsprechender Vorschläge aus dem schulischen Bereich. Die Anforderungen an die didaktischen und methodischen Variationsmöglichkeiten der Lehrenden sind hier aufgrund der zumeist signifikant erhöhten Teilnehmer(innen)zahl sogar erheblich größer als im schulischen Unterricht - ein Sachverhalt, der es umso unbegreiflicher erscheinen läßt, daß man im Kontext der Hochschule auf eine Qualifizierung respektive Professionalisierung der Lehrenden bislang verzichten zu können glaubte.

3.3 Personale Bezüge vermittels handelnd-produktiver Verfahren

1. Produktiv-handelnde Formen des Umgangs mit Literatur dienen aber nicht nur der Vertiefung ästhetischer Kompetenz oder analytischer Zugänge. Vielmehr können einige spezifische Verfahrenstypen auch eine identitätsfördernde Wirkung haben, wie bereits Kaspar H. Spinner im Grundansatz aufgezeigt hat.[66] Eine Applikation dieses didaktischen Prinzips und seiner methodischen Realisierung im Hochschulbereich ist nicht nur möglich, sondern auch überaus sinnvoll. Denn die Not-

---

[66] Vgl. *Spinner* (1993a) 1ff.

wendigkeit, den Studierenden der Germanistik bzw. des Faches Deutsch neben dem
reinen Wissenserwerb auch die Herstellung eines personalen Bezuges zu literarischen Gegenständen im Kontext universitärer Lehr-Lern-Prozesse zu ermöglichen,
ist ein Kernmoment literarisch-ästhetischer Bildung, wie sowohl von Literaturdi-
daktikern als auch von Literaturwissenschaftlern verschiedentlich betont wurde:
„Nicht auf die einzelnen Wissensinhalte soll es ankommen, sondern auf die innere
Prägung, die der Mensch durch die Auseinandersetzung mit den Bildungsinhalten
erfährt. Das erfordert eine Verstärkung des personalen Aspektes in den Bildungs-
prozessen und bedeutet bei der Beschäftigung mit Literatur, daß Entfaltung von
Kreativität, Förderung von Imaginationsfähigkeit, Herstellung von Bezügen zwischen eigener Erfahrungswelt und literarischem Text mindestens ebenso wichtig
sind wie textgerechtes Interpretationsergebnis und literaturhistorische Einordnung.
In der Schule sind entsprechende Umorientierungen bereits in vollem Gange, in den
Hochschulen finden sich erst Ansätze dazu."[67]

2. Was aber folgt daraus? Geht es jetzt im Literaturstudium etwa um den Austausch
von persönlichen Befindlichkeiten, um die Expression der eigenen Gemütslage mit
dem Text als Auslöser, gar um den Triumph einer irrationalen, gefühlsseligen Subjektivität, die sich artikuliert, ohne daß der Text eine Rolle spielt und im Nachhinein
das Gefühl zurückläßt: 'Schön, daß wir drüber geredet haben'? Natürlich nicht!
Weder ist ein gefühlsseliger Eskapismus noch ein antiaufklärerischer Irrationalismus
intendiert. Vice versa geht es um ein wirkliches, plural angelegtes und methodisch
differenziertes Textverstehen, bei dem auf der Grundlage einer multiperspektivisch
angelegten Textbegegnung personale und objektivierende Phasen miteinander verbunden werden. Dazu Kaspar H. SPINNER: „Intimisierungen sind m.E. in der Hochschule fehl am Platz. Hier ist eine Balance zwischen privatem Bezug und wissen-
schaftlich-öffentlichem Anspruch anzustreben; das widerspricht nicht dem Wesen
der Literatur, sondern greift ein Kennzeichen ihrer Wirkungsweise auf: Fiktion
handelt nicht von ihren Lesern, ermöglicht diesen aber, Eigenes in der Maske des
Fremden wiederzufinden".[68] Dazu aber ist es notwendig, daß wirklich jede(r) Studierende die Chance erhält, seinem eigenen Rezeptionseindruck, Textverständnis
und Interpretationsansatz Ausdruck zu verleihen - für sich allein oder/und - je nach
Seminargröße und Kontext - im Gedankenaustausch mit den anderen. Seminare dürfen kein Verkündungsrahmen für Expertenmeinungen sein, sondern müssen Raum
geben für herrschaftsfreien Gedankenaustausch, bei dem Positionen der Forschung
den Diskurs fundieren, ohne ihn zu dominieren und den Mut zur eigenen, möglicherweise ganz anderen Meinung zu eliminieren. 'Andersdenken' muß nicht nur
erlaubt, sondern erwünscht sein - ganz im Sinne des unverändert gültigen aufklärerischen Credos: „Sapere aude! Habe Mut, dich deines eigenen Verstandes zu bedienen!"[69]

---

[67] *Spinner* (1992) 184; - vgl. auch *Gamper* (1992).
[68] *Spinner* (1992) 192.
[69] *Kant* (1784) 53.

3. Wie aber könnte die hochschuldidaktische Einlösung dieser Maxime vonstatten gehen? Wie läßt sich ein personaler Bezug vermittels produktiv-handelnder Formen des Umgangs mit Literatur auf Hochschulebene realisieren und mit analytisch-objektivierenden Vorgehensweisen in Einklang bringen? Als didaktisches Rahmen-konzept bietet sich in meinem Urteil das leider im fachdidaktischen Diskurs kaum (noch) zur Kenntnis genommene 4-Phasen-Modell von Jürgen KREFT und die darin vorgesehene Stufenfolge von personaler Textbegegnung, objektivierender Interpre-tation, personaler Applikation und gesellschaftlicher bzw. kontextueller Aktualisie-rung an.[70]

4. In diesem Sinne könnten Textbegegnungen vom ersten Rezeptionseindruck der Studierenden oder vom subjektiven Vorverständnis zu einem zentralen Motiv oder Themenkomplex ihren Ausgang nehmen. Dazu bieten sich nach meinen Erfahrun-gen in Großveranstaltungen methodisch vor allem das Clustering oder das Schreib-gespräch an. Vermittels des ersten werden von den Studierenden spontane Assozia-tionen um einen themenspezifischen Zentralbegriff herum in freier Folge notiert, um auf diese Weise den subjektiven Konnotationsraum des Begriffes und seine viel-schichtigen Implikationen bewußt werden zu lassen.[71] Beim Schreibgespräch for-muliert zunächst jede(r) Studierende auf einem eigens verteilten Blatt Papier zu einem Text, einer Textpassage oder einem themen- bzw. textspezifischen Grund-problem eine Kernthese, eine Frage, einen Eindruck, ein Gefühl, eine Assoziation usw., ehe vier bis fünf in der Nachbarschaft sitzende Kommiliton(inn)en nacheinan-der diese schriftlich fixierten Positionen ihrerseits jeweils schriftlich kommentieren, reflektieren, diskutieren oder beantworten, während ihre eigenen Papiere zeitgleich von anderen Mitgliedern ihrer Kleingruppe 'bearbeitet' werden. Die exemplarische Vorstellung einiger dieser Schreibgespräche im Gesamtseminar macht im Grundan-satz die Multiperspektivität von Literaturrezeptionen und -interpretationen sichtbar und bereitet auf diese Weise sinnvoll die Auseinandersetzung mit den zumeist hete-rogenen Ansätzen und Kontroversen der Forschung vor.

In kleineren Seminaren kann dieser Effekt durch eine sogenannte Schreibmeditation noch vertieft werden, insofern hier Kleingruppen von vier bis fünf Studierenden zu einigen auf einem Plakat vorab formulierten themen- bzw. textspezifischen Kernbe-griffen schweigend-schreibend miteinander kommunizieren.[72] Auf dieser Grundlage werden bereits sehr differenzierte eigene Deutungsansätze formuliert und diskutiert, die ein Verständnis der vielschichtigen wissenschaftlichen Zugangsweisen erleich-tern bzw. bereichern.

5. Nachdem den Studierenden auf diese Weise Raum zur Artikulation, Reflexion und Diskussion ihres persönlichen Vorverständnisses im gedanklichen Austausch

---

[70] Vgl. *Kreft* (1977) 379ff.

[71] Auf die bei dem von Gabriele RICO beschriebenen Original-Cluster sich normalerweise anschließenden kreativen Schreibprozesse habe ich hingegen aus Zeitgründen oftmals ver-zichtet, wenn es mir um eine reine Bewußtmachung des Vorverständnisses zu einem The-ma ging.

[72] Eine ausführliche Beschreibung des Verfahrens findet sich in *Frederking* (1995) 173ff.

mit Kommiliton(inn)en eröffnet wurde, kann sich nun eine zweite, objektivierende Phase anschließen. In dieser geht es um eine zumeist sehr zeitintensive systematische Texterschließung nach wissenschaftlichen Kriterien und unter Einbeziehung relevanter Positionen der Forschung. Die in der ersten Phase formulierten Deutungshypothesen können dabei gezielt mit wissenschaftlichen Befunden in Beziehung gesetzt werden. Vor diesem Hintergrund können die Studierenden in einer dritten Phase die Möglichkeit erhalten, die Ergebnisse der im Seminar diskutierten Interpretationsansätze und ihrer rezeptions- und forschungsgeschichtlichen Implikationen im Horizont ihrer eigenen Überlegungen und Prämissen zu überprüfen und auszuwerten. Dazu könnten sich wiederum handelnd-produktive Verfahren wie das Cluster, das Schreibgespräch, die Schreibmeditation oder eine Pro- und Contra-Debatte anbieten, wenn diese Verfahren nicht bereits in der ersten Phase zum Einsatz gekommen sind und sich das Thema dazu eignet. Oftmals erweist sich aber auch ein offenes Gespräch im Plenum als geeignete Form, um einer personalen Applikation den Weg zu bereiten und gleichzeitig dem begrenzten Zeitrahmen Rechnung zu tragen. Eine abschließende vierte Phase eröffnet vor diesem Hintergrund Raum zur gedanklichen Vertiefung und zur Formulierung neuer Fragestellungen, Interessenschwerpunkte und Forschungsaufgaben sowie zur Abstimmung des weiteren gemeinsamen Vorgehens.

6. Daß mit der Ermöglichung eines personalen Bezuges weder einem theorieblinden Subjektivismus noch einem asozialen Eskapismus das Wort geredet wird, hat der skizzierte Phasenverlauf im Sinne des KREFTschen Modells im Grundansatz deutlich werden lassen. Ergänzend sei angemerkt, daß die Integration subjektiver Verständnishorizonte keinesfalls literaturwissenschaftlichen bzw. literaturtheoretischen Prinzipien widerspricht, sondern sich aus diesen vielmehr zwingend ergibt, wie sich am Beispiel der Rezeptionsästhetik oder des Konstruktivismus im Detail nachweisen ließe. Allerdings sollte dieser personale Bezug nicht erzwungen, sondern vielmehr den Kommunikationsbedingungen innerhalb des Seminars angepaßt werden. In einer Massenveranstaltung mit zweihundert oder dreihundert Teilnehmer(inne)n ist der Austausch persönlicher Zugangsweisen aufgrund der Anonymität und entfremdeten Kommunikationssituation nicht selten problematisch. Zuweilen ist hier allenfalls die Aufforderung zur persönlichen Notiz eines subjektiven Vorverständnisses zu einer Thematik ohne anschließende Präsentation realisierbar. Das spricht allerdings nicht gegen die vorgestellten Verfahren, sondern für die Verbesserung der Betreuungsrelationen an deutschen Hochschulen.

4. Schlußbemerkungen

Die im vorangegangenen Kapitel in bezug auf die Konzeption des handlungs- und produktionsorientierten Literaturunterrichts gemachten Vorschläge für eine fachspezifische Verbesserung von Lehr-Lern-Prozessen im Hochschulbereich sind Teil einer umfassenderen hochschuldidaktischen Selbstkritik. Diese zielt auf eine stärkere Eigenaktivität der Studierenden der Germanistik bzw. des Lehramtes Deutsch. In meinem Urteil muß der Schülerorientierung konsequenterweise eine Studentenorientierung als hochschuldidaktisches Prinzip entsprechen. Diese ist in meinem Verständnis die Bedingung der Möglichkeit für eine wirkliche Demokratisierung der Lehr-Lern-Prozesse im Hochschulbereich. Denn obgleich sich die Hochschulen und ihre Repräsentant(inn)en als Zentrum und Triebkraft emanzipatorisch-demokratischer Prozesse verstanden und verstehen, wird in den Lehrveranstaltungen nicht selten das genaue Gegenteil realisiert. Horst RUMPF hat bereits in den siebziger Jahren vollkommen zutreffend von „monarchischen Strukturen"[73] in den Lehrveranstaltungen und einer implizit oder explizit „monarchischen Definition von Wissenschaft und Wissenschaftsdidaktik"[74] gesprochen. Ergänzend kann man auf die innerfachlichen Hierarchien verweisen, in denen dieser Anachronismus seine teilweise ebenso bizarre strukturelle Entsprechung findet. Die geistesgeschichtlichen Wurzeln dieses Lehr- und Wissenschaftsverständnisses sind durchaus vormodern und lassen sich bis zur Scholastik zurückverfolgen. Nicht zufällig hat der 'Katheder', der Lehrstuhl des Hochschullehrers, dieselben etymologischen Wurzeln wie das 'ex cathedra'-Prinzip der katholischen Kirche. Diese nicht unbedingt rühmlichen Traditionslinien wirken bis in die Gegenwart fort. Unverändert ist die Hochschule ein Ort gestörter Kommunikation.[75] Denn weder bei der Frontal-Vorlesung noch beim Frontal-Seminar handelt es sich um herrschaftsfreie bzw. kommunikationsförderliche Interaktionsmuster zwischen Lehrenden und Studierenden. Vielmehr wird der Studierende zum passiven Rezipienten vermeintlicher Wissensbestände reduziert. Sein Status ist defizitär und inferior. Die frontalen akademisch-universitären Lehr-Rituale signalisieren Differenz und Abstand. Humane, emanzipatorisch-aufklärerische Prinzipien werden auf diese Weise nicht befördert.

Die oben im Horizont handlungs- und produktionsorientierter Literaturdidaktik gemachten Vorschläge könnten Wege aus diesem unverändert bestehenden hochschuldidaktischen Dilemma weisen. Ähnliche Anregungen für universitäre Lehr-Lern-Prozesse versprechen in meinem Urteil Ansätze wie das kreative Schreiben, das Prinzip der Identitätsorientierung oder konstruktivistische bzw. situierte Formen des Lehrens und Lernens.[76] Eigenaktivität und Studentenorientierung könnten auf diese Weise an die Stelle von Dozentenzentrierung und studentischer Passivität treten. Möglicherweise ließe sich auf der Grundlage einer dergestalt veränderten Hochschullehre auch im universitären Bereich zumindest im Grundansatz realisieren, was Kaspar H. SPINNER an anderer Stelle als Hauptleistung eigenaktiver Verfahren formuliert hat: „In einer Welt, in der die Entsinnlichung und Entpersönlichung immer weiter um sich greift, die Menschen in ihrer Eigeninitiative und Selbständigkeit zu stärken und ihre Sensibilität sich selbst und anderen gegenüber zu entfalten. Solche Menschen gewinnen Mut zur eigenen Verantwortung und nehmen

---

[73] *Rumpf* (1976) 117.
[74] *Rumpf* (1976) 124.
[75] Vgl. *Beck* (1975); *Rückert* (1998).
[76] Zu den beiden letztgenannten Aspekten vgl. die Beiträge von Kaspar H. SPINNER und Wolfgang STEINIG in diesem Band.

gegebene Verhältnisse nicht immer hin, sondern haben die Kraft zur Utopie."[77] Mehr kann man den Student(inn)en und zukünftigen Lehrer(inn)en unseres Faches neben Sachkompetenz nicht wünschen!

Literaturverzeichnis

Abraham, Ulf: (1996) Autoren und Studenten lernen voneinander. Überlegungen zur praktischen Hochschuldidaktik. In: Lecke, Bodo (Hrsg.): Literaturstudium und Deutschunterricht auf neuen Wegen. Frankfurt am Main/Berlin/Bern/New York/ Paris/Wien: Lang 1996. S. 131-149.

Bateson, Gregory: (1972) Ökologie des Geistes. Anthropologische, psychologische, biologische und epistemologische Perspektiven. Frankfurt am Main: Suhrkamp 1983.

Bauer, Gerhard: (1998) Druck-Druck. In: Die Zeit, 2.4 1998. S. 50

Beck, Peter: (1975) Zwischen Identität und Entfremdung. Die Hochschule als Ort gestörter Kommunikation. Frankfurt am Main: Aspekte Verlag 1975.

Bourdieu, Pierre: (1984) Homo academicus. Frankfurt am Main: Suhrkamp 1992.

Burdorf, Dieter: (1996) Literatur studieren, ohne sich zu verlieren. In: Lecke, Bodo (Hrsg.): Literaturstudium und Deutschunterricht auf neuen Wegen. Frankfurt am Main/ Berlin/ Bern/ New York/ Paris/ Wien: Lang 1996. S. 19-33.

Deutscher Hochschulverband: (1998) Leitsätze zur Evaluation. In: Forschung&Lehre 5 (1998), S. 237.

Enzensberger, Hans Magnus: (1976) Bescheidener Vorschlag zum Schutz der Jugend vor den Erzeugnissen der Poesie. In: Ebd.: Im Gegenteil. Gedichte, Szenen, Essays. Gütersloh 1981, S. 371-387.

Frederking, Volker: 'Die Welle' von Morton Rhue. Ein handlungs- und produktionsorientiertes Unterrichtsmodell. In: Praxis Deutsch. Zeitschrift für den Deutschunterricht. Heft 123. Januar 1994. S. 45-48.

- (1995)   'Umgang mit dem Fremden' - Assoziative, produktive und imaginative Verfahren zu einem aktuellen Problem. In: Kaspar H. Spinner (Hrsg.): Imaginative und emotionale Lernprozesse im Deutschunterricht. Frankfurt am Main/Berlin/Bern 1995. S. 165-193.

Fricke, Harald/ Zymner, Rüdiger: (1992) Parodieren geht über Studieren. Ein neues Konzept des literaturwissenschaftlichen Studiums als aktive Entmythologisierung. In: Griesheimer, Frank/ Prinz, Alois (Hrsg.): Wozu Literaturwissenschaft? Kritik und Perspektiven. Tübingen: Francke 1992. S. 212-232.

- (1993)   (Hrsg.): Einübung in die Literaturwissenschaft. Parodieren geht über Studieren. 2. Auflage Paderborn/München/Wien/Zürich: Schöningh 1993.

Gamper, Herbert: (1992) 'Keiner wagt mehr seine Person daran'. Zur Situation der Literaturwissenschaft nach vollendeter Marginalisierung der Literatur. In: Griesheimer, Frank/ Prinz, Alois (Hrsg.): Wozu Literaturwissenschaft? Kritik und Perspektiven. Tübingen: Francke 1992. S. 102-126.

Gemeinsame Kommission für die Studienreform im Land Nordrhein-Westfalen (Hrsg.): (1996) Perspektiven: Studium zwischen Schule und Hochschule: Analysen und Empfehlungen zum Übergang Schule - Hochschule, zur Lehrerbildung, zur Ingenieurausbildung. Neuwied/ Kriftel/ Berlin: Luchterhand 1996.

---

[77] *Spinner* (1993b) 23.

Goethe, Johann Wolfgang: (1796) An Schiller. In: Briefe 1786-1805. Hamburger Ausgabe. Bd.2. München: Beck 1988.

Griesheimer, Frank: (1992) Begreifen, was uns betrifft. Über personales und existentiales Verstehen in der Literaturwissenschaft. In: Griesheimer, Frank/ Prinz, Alois (Hrsg.): Wozu Literaturwissenschaft? Kritik und Perspektiven. Tübingen: Francke 1992. S. 365-382.

Griesheimer, Frank/ Prinz, Alois (Hrsg.): Wozu Literaturwissenschaft? Kritik und Perspektiven. Tübingen: Francke 1992.

Groeben, Norbert: (1982) Leserpsychologie: Textverständnis - Textverständlichkeit. Münster 1982

Haas, Gerhard: (1984) Handlungs- und produktionsorientierter Literaturunterricht in der Sekundarstufe I. Hannover: Schroedel 1984.

- (1989a) "Geschundene" Gedichte? Geschundene Schüler?. In: Praxis Deutsch 98 (1989), S. 6-8.

- (1989b) */Rupp, Gerhard/Waldmann, Günter:* Produktionsorientierter Umgang mit Literatur in der Schule. In: Praxis Deutsch 98 (1989), S. 6-13.

- (1994) */Menzel, Wolfgang/Spinner, Kaspar H.:* Handlungs- und produktionsorientierter Literaturunterricht. In: Praxis Deutsch 123 (1994), S. 17-25.

- (1997) Handlungs- und produktionsorientierter Literaturunterricht. Theorie und Praxis eines 'anderen' Literaturunterrichts für die Primar- und Sekundarstufe. Seelze: Kallmeyer 1997.

Habermas, Jürgen: (1981) Theorie des kommunikativen Handelns Bd.2. Zur Kritik der funktionalistischen Vernunft. Frankfurt am Main: Suhrkamp 1988.

Haueis, Eduard: (1979) Lehr- und Lernformen im Fach Deutsch als wissenschaftliche Disziplin. In: Hopster, Norbert: (1979) Hochschuldidaktik 'Deutsch'. Paderborn/ München/ Wien/ Zürich: Schöningh 1979. S. 112-128.

- (1987) Handlungsorientierung als Alibi für die Liquidation einer wissenschaftlichen Sprachdidaktik. In: Diskussion Deutsch 98 (1987), S. 551-561.

Hopster, Norbert: (1979a) Hochschuldidaktik 'Deutsch'. Paderborn/München/Wien/Zürich: Schöningh 1979.

- (1979b) Deutschdidaktik als Handlungswissenschaft? Zur Frage der möglichen Begründung einer fast unmöglich gewordenen Disziplin. In: Hopster, Norbert: (1979) Hochschuldidaktik 'Deutsch'. Paderborn/München/Wien/Zürich: Schöningh 1979. S. 51-65.

Iser, Wolfgang: (1976) Der Akt des Lesens. Theorie ästhetischer Wirkung. München 1976

Ivo, Hubert: (1975) Handlungsfeld: Deutschunterricht. Frankfurt am Main: Fischer 1975.

- (1991) Jetzt als Germanisten über den Lehramtsstudiengang Deutsch reden. In: Mitteilungen des deutschen Germanistenverbandes 38 (1991) 1, S. 32-39.

Jauß, Hans Robert: (1970) Literaturgeschichte als Provokation der Literaturwissenschaft. In: Jauß, Hans Robert: Literaturgeschichte als Provokation. Frankfurt am Main: Suhrkamp 1970, S. 144-207

- (1975) Zur Fortsetzung des Dialogs zwischen 'bürgerlicher' und 'materialistischer' Rezeptionsästhetik. In: Rainer Warning (Hrsg.): Rezeptionsästhetik. 3.Aufl. München: UTB 1988, S. 343-352

Kreft, Jürgen: (1977) Grundprobleme der Literaturdidaktik. Eine Fachdidaktik im Konzept sozialer und individueller Entwicklung und Geschichte. 2.Aufl. Heidelberg 1982.

- (1979) Möglichkeiten und Grenzen einer curriculumtheoretischen Begründung des Faches Deutsch. In: Hopster, Norbert: (1979) Hochschuldidaktik 'Deutsch'. Paderborn/ München/ Wien/ Zürich: Schöningh 1979. S. 24-50.

Kügler, Hans: (1988) Erkundung der Praxis. Literaturdidaktische Trends der 80er Jahre zwischen Handlungsorientierung und Empirie. In: Praxis Deutsch 90 (1988), S.4-9 und 91 (1988), S. 9-12.

- (1989)   Brief an zwei Leser. Zum produktions- und handlungsorientierten Literaturunterricht. In: Praxis Deutsch 1989. Heft 94, S. 2-4.

- (1996)   Die bevormundete Literatur. Zur Entwicklung und Kritik der Literaturdidaktik. In: Belgrad, Jürgen/Melenk, Hartmut (Hrsg.): Literarisches Verstehen - Literarisches. S. 10-24.

Kuhn, Thomas S.: (1962) Die Struktur wissenschaftlicher Revolutionen. Zweite revidierte und um das Postskriptum von 1969 ergänzte Auflage. Frankfurt am Main: Suhrkamp 1976.

Kuhn, Thomas S.: (1962) Die Struktur wissenschaftlicher Revolutionen. Zweite revidierte und um das Postskriptum von 1969 ergänzte Auflage. Frankfurt am Main: Suhrkamp 1976.

Lecke, Bodo (Hrsg.): (1996) Literaturstudium und Deutschunterricht auf neuen Wegen. Frankfurt am Main/Berlin/Bern/New York/ Paris/Wien: Lang 1996.

Luhmann, Niklas: (1971) Sinn als Grundbegriff der Soziologie. In: Habermas, Jürgen/Luhmann, Niklas: Theorie der Gesellschaft oder Sozialtechnologie - Was leistet die Systemforschung? Frankfurt am Main: Suhrkamp 1971, S. 25-100.

Mandl, Heinz/ Friedrich, Helmut Felix/ Hron, Aemilian: (1997) Psychologie des Wissenserwerbs. In: Bernd Weidemann/ Andrea Krapp et al.: (1993) Pädagogische Psychologie. Weinheim: Beltz Psychologie Verlags Union 1993. S. 143-218.

Mattenklott, Gert: (1992) Kanon und Neugier. In: Griesheimer, Frank/ Prinz, Alois (Hrsg.): Wozu Literaturwissenschaft? Kritik und Perspektiven. Tübingen: Francke 1992. S. 353-364.

Mattenklott, Gundel: (1979) Literarische Geselligkeit - Schreiben in der Schule. Mit Texten von Jugendlichen und Vorschlägen für den Unterricht. Stuttgart 1979.

Mercier, Louis-Sébastien: (1770/71) Das Jahr 2440. Ein Traum aller Träume. Deutsch von Christian Felix Weiße (1772). Hrsg. von Herbert Jaumann. Frankfurt a. M.: Suhrkamp 1982. S. 22-28.

Ministerium für Kultus und Sport Baden-Württemberg :(1994) Bildungsplan für die Realschule. Villingen-Schwenningen: Neckar-Verlag 1994.

Ministerium für Wissenschaft und Forschung des Landes Nordrhein-Westfalen: (1982) Richtlinien für die gymnasiale Oberstufe in Nordrhein-Westfalen: Deutsch. Frechen: Verlagsgesellschaft Ritterbach 1982.

- (1985)   Richtlinien und Lehrpläne für die Grundschule in Nordrhein-Westfalen: Sprache. Frechen: Verlagsgesellschaft Ritterbach 1985.

- (1993)   Richtlinien und Lehrpläne für das Gymnasium - Sekundarstufe I - in Nordrhein-Westfalen: Deutsch. Frechen: Verlagsgesellschaft Ritterbach 1993.

Müller-Michaels, Harro: (1987) Deutschkurse. Modell und Erprobung einer angewandten Germanistik in der gymnasialen Oberstufe. Frankfurt am Main 1987.

- (1990)   Literaturdidaktik als angewandte Germanistik. In: Rudolf W. Keck (Hg.): Fachdidaktik zwischen allgemeiner Didaktik und Fachwissenschaft. Bestandsaufnahme und Analyse. Bad Heilbrunn 1990. S. 75-87.

- (1996)   Literatur zum Zwecke der Bildung. Aspekte einer Literaturdidaktik als angewandter Germanistik. In: Lecke, Bodo (Hrsg.): Literaturstudium und Deutschunterricht auf neuen Wegen. Frankfurt am Main/ Berlin/ Bern/ New York/ Paris/ Wien: Lang 1996. S. 35-49.

Muschg, Adolf: (1992) Erlaubt ist, was gelingt. Der Literaturwissenschaftler als Autor. In: Griesheimer, Frank/ Prinz, Alois (Hrsg.): Wozu Literaturwissenschaft? Kritik und Perspektiven. Tübingen: Francke 1992. S. 161-179.

Novalis: (1798) Teplitzer Fragmente. In: Novalis Aphorismen. Hrsg. von Michael Brucker. Frankfurt am Main/Leipzig: Insel 1992.

Paulekat, Britta: Ist die Lehre an den Universitäten schlecht? In: Forschung&Lehre 2 (1998), S. 65.

Reich, Kersten: (1996) Systemisch-konstruktive Didaktik. Eine allgemeine Zielbestimmung. In: Voß, Reinhard: (Hrsg.) Die Schule neu erfinden. Systemisch-konstruktivistische Annäherungen an Schule und Pädagogik. Neuwied/Berlin: Luchterhand 1996. S. 70-91.

Rückert, Hans-Werner: (1998) Der Angstpegel steigt. In: Spiegel Spezial: Student '98. Auf der Suche nach Zukunft. 6 (1998), S. 129-130

Rumpf, Horst: (1976) Unterricht und Identität. Perspektiven für ein humanes Lernen. München: Juventa 1976.

Schmidt, Siegfried J.: (1987) Der radikale Konstruktivismus. Ein neues Paradigma im interdisziplinären Diskurs. In: Der Diskurs des radikalen Konstruktivismus. Frankfurt am Main: Suhrkamp 1987, S. 11-88.

Spinner, Kaspar H.: (1980) Identität und Deutschunterricht. Göttingen 1980.

- (1992) Bildung im Literaturstudium. Für eine hochschuldidaktische Neubesinnung. In: Griesheimer, Frank/ Prinz, Alois (Hrsg.): Wozu Literaturwissenschaft? Kritik und Perspektiven. Tübingen: Francke 1992. S. 180-197.

- (1993) Von der Notwendigkeit produktiver Verfahren im Literaturunterricht. In: Diskussion Deutsch 133 (1993), S. 1-6.

Waldmann, Günter: (1980) Literatur zur Unterhaltung 1. Unterrichtsmodelle zur Analyse und Eigenproduktion von Trivialliteratur. Reinbek bei Hamburg 1980.

- (1984) Grundzüge von Theorie und Praxis eines produktionsorientierten Literaturunterrichts. In: Hopster, Norbert (Hrsg.): Handbuch 'Deutsch' für Schule und Hochschule Sekundarstufe I. Paderborn/ München/ Wien/ Zürich: Schöningh 1984, S. 98-141.

- (1989) Produktiver Umgang mit Literatur und literarische Kriminalität. In: Praxis Deutsch 1989. Heft 98, S. 11-13.

- (1990) Literarische Bildung als produktive literarische Erfahrung - ein alternatives Konzept. In: Der Deutschunterricht 1990. Heft 5, S. 80-85.

- (1992) Produktiver Umgang mit Lyrik. Ein systematische Einführung in die Lyrik, ihre produktive Erfahrung und ihr Schreiben. 2. korrigierte Aufl. Baltmannsweiler: Schneider 1992.

- (1996) Produktiver Umgang mit dem Drama. Eine systematische Einführung in das produktive Verstehen traditioneller und moderner Dramenformen und das Schreiben in ihnen. Für Schule und Hochschule. Baltmannsweiler: Schneider 1996.

Willemsen, Roger: (1992) Tragödien der Forschung. Über eine Literaturwissenschaft ohne Literatur. In: In: Griesheimer, Frank/ Prinz, Alois (Hrsg.): Wozu Literaturwissenschaft? Kritik und Perspektiven. Tübingen: Francke 1992. S. 47-64.

Studieren heißt: sich auflösen.

Weiß nicht genau, wer hier schreibt. Nennen wir es XX. Es handelt sich um eine weibliche Person - soviel ist sicher. Der Einfachheit halber verkürzen wir auf X. Es geht nicht um X. Es geht um das, was X nicht ist. X ist nicht Ich. X hat Ich abgetrieben, das Ich ist abgetrieben, hat sich austreiben lassen. X übernimmt die volle Verantwortung. Sündenböcke suchen ist nur was für Unaufgeklärte. Und das System kritisieren nur seine Verlierer.

Anfangen ist schwer genug. Am Anfang anfangen unmöglich.

Ist so lange her, daß X über sich selbst schreiben sollte. Vielleicht fing es damit an. Das Ich wurde systematisch ausradiert. Man forderte X auf, das Ich aus ihren Aufsätzen zu streichen - im Namen der Wissenschaftlichkeit. X tat es, ohne zu begreifen und ohne sich zu widersetzen. Worum geht es denn in dieser Welt, wenn nicht um das erkennende Subjekt? Nichts außer ihm ist sicher. Das weiß man längstens seit Descartes. Für die objektive Erkenntnis hätte X ihr Ich im Elfenbeinturm eingekerkert, für objektive Wissenschaft hätte X ihr Ich den Schierlingsbecher leeren lassen. Das hätte X als Kind auch getan, um einmal den Weihnachtsmann zu sehen. Da X nicht mehr 'Ich' schrieb, gab es bald auch niemanden mehr, die etwas behauptete, begründete, prognostizierte. Das taten andere für X. Autoritäten - versteht sich von selbst. Diese sprachen für X. X sprach nicht mehr. Das nennt man 'wissenschaftliches Schreiben'. Wenn nicht von Interesse ist, ob X etwas zu sagen hat, hört X auf nachzudenken. Unerhörte Gedanken im Kopf ersticken das Ich. "Habe Mut dich deines eigenen Verstandes zu bedienen". Kann mal jemand für X diesen Satz erklären? Eine fremde Erklärung ist a priori besser als die eigene. Das ist die scholastische Methode, verpönt, aber weit verbreitet an Schulen und mehr noch an Universitäten.

Wenn X wiedergibt, was Bücher wissen, schwindet nicht nur der Mut und der Verstand, sondern notwendigerweise auch das Maß der Identifizierung mit den Textprodukten. Selbst die guten Erfolge, die diese Mosaike einbringen, schreibt das X nicht sich selber zu. Distanz bedeutet Flexibilität. Man kann es auch boshaft 'Marktcharakter' nennen. Ja, X hat Fromm gelesen. X hat überhaupt viel gelesen - auch Widersprüchliches. Y behauptet a. Z behauptet -a. X behauptet mal a, mal -a. Kommt darauf an, wen X zitiert. Kommt auch darauf an, für wen X schreibt. Es gibt Professoren, die stimmen mit Y in a überein und halten -a für völlig absurd. Und dann gibt es noch die anderen. Da sollte man schon wissen, wer was meint. Scheinheiligkeit. Der Schein ist heilig. Jemand hat X mal gefragt, was X selbst meint. Das war jemand, die noch nicht wußte, was Studieren heißt. Studieren heißt: sich auflösen. Sich am besten in Luft auflösen. X würde sich ja gerne in Luft auflösen, wenn sie eingezwängt zwischen zwei Stühlen auf dem Boden eines stickigen Seminarraums sitzt und an all den schönen Worthülsen knabbert, die eine unsichtbare Stimme ausspuckt.

Auch die anderen haben zu knabbern: an der Studiensituation, an den Fingernägeln, an Schokoriegeln. Sie zwirbeln ihre Haare in alle erdenklichen Richtungen, rutschen unruhig auf den Böden hin und her. Sie unterhalten sich unentwegt privat und schlurfen Kaffee. Letzteres wäre in der Cafete viel weniger deplaziert, noch dazu eine schöne Cafete - gerade renoviert. Aber scheinbar geht es nicht um das Demonstrieren von Unlustgefühlen. X dämmert es: Alles leise Protestaktionen, die nicht verstanden werden. Vielleicht nicht einmal von den Protestierenden selbst. X erinnert sich an Theatervorstellungen. Wenn die Leute sich nicht mit dem auseinandersetzen wollen oder können, was auf der Bühne geboten wird, weil es etwas mit ihnen selbst zu tun hat, fangen sie an, sich zu räuspern. Dabei sind die meisten gar nicht erkältet. Bloße Kompensationsversuche: Das Ich lenkt sich von sich selbst ab.

Das macht X furchtbar wütend, weil X die eigene Ohnmacht vorgespiegelt bekommt. X möchte um sich schlagen, nestelnde, kratzende, fummelnde, zwirbelnde Finger festhalten, schlurfende, knabbernde, quasselnde Fressen polieren, hin und her rutschenden Hintern einen Tritt versetzen, aufrütteln, wachmachen. Statt dessen ist X wohlerzogen und frißt den Stress, die Hitze, die fehlende Luft, das Spiegelbild in sich hinein - frißt ihr Ich auf. Nur keine Aggressionen. Die überläßt X anderen. Es gibt nämlich auch lauten Protest. Einige Studierende verlassen türknallend den Raum. Aber wer ist heute schon in der Lage, die Zeichen der Zeit zu deuten. Anstand und Schamgefühl verlieren sich in der Masse, Interesse und Fleiß gehen unter in der Anonymität. Keiner fühlt sich angesprochen. Keiner spricht an. Alle wollen angesprochen werden. Außer den Professoren. Anwesende As und Bs machen mehr Mühe und Arbeit als das abwesende Alphabet. Das ist verständlich. Immerhin hat das Alphabet 26 Buchstaben. Und letztlich wird das Engagement der Dozenten für ihre StudentInnen sowieso nicht honoriert. Das wird bloß von den Steuergeldern bezahlt. Honoriert wird lediglich die Zahl der Veröffentlichungen: "Publish or die." Irgendwas stinkt nach faulen Eiern im Staate D. Da gibt es doch tatsächlich ein paar Idealisten, die engagieren sich trotzdem. Denen ist es wohl zu verdanken, daß die Absolventenzahlen konstant bleiben. In Xs Fakultät liegen sie bei 5%. Die restlichen Studierenden sind blöd.

Apropos Fakultät. An Xs Fakultät bleibt seit Jahren eine C4-Stelle unbesetzt. Ebensolange amüsieren sich die Professoren in den zuständigen Gremien bei dem Spielchen: "Mein rechter, rechter Platz ist frei. Ich wünsche mir P1 (P2, P3, P4 ...) herbei." Aufschlußreicher noch: An Xs Fakultät werden LehramtskandidatInnen ausgebildet, aber es gibt keinen Lehrstuhl für Didaktik. Dafür sind LehramtskandidatInnen echte Exoten, die man nicht ganz so ernst nimmt. Das sind auch keine richtigen WissenschaftlerInnen. Damit sind sie außer Konkurrenz - die landen ja eh auf der Straße. Dafür dürfen sie bereits im Referendariat selbst sorgen. Indem sie nämlich acht Stunden zusätzlich unterrichten und zwar ohne Aufsicht, ohne Hilfestellung, ohne Korrektur durch den Fachleiter oder die Fachleiterin. Damit ermöglichen sie es dem Staat, auf Neueinstellungen zu verzichten. Ist schon komisch. Wieso ist die zweiphasige Lehrerausbildung notwendig, wenn Referendare scheinbar nach dem ersten Staatsexamen bereits das können und praktizieren dürfen, das sie während ihres Referendariats erst lernen sollen, nämlich das Unterrichten? Sorry. Fragen stellen ist unstudentisch. Antworten sind besser, selbst auf Fragen, die niemand gestellt hat. Fragen stellen ist Aufgabe der Professoren. Eine, die X gestellt bekam, als sie einen Professor aufsuchte, war diese:

"Muß ich Sie kennen?"

Abgesehen von der Voraussetzung, die hier getroffen wird (eine Studentin ist eine Person, die man kennen müssen kann), imponierte X die Fähigkeit des Professors, all das, was X versucht, mühevoll hier zum Ausdruck zu bringen, in vier Worte zu kleiden. Als X die Fassung wiedergefunden hatte, bemerkte sie, daß die Frage nicht richtig gestellt war. Sie hätte aus philosophischer Sicht heißen müssen: "Kann ich Sie kennen?" Darauf hätte X antworten können: "Oh nein. Das ist ausgeschlossen. X kennt sich selbst nicht mehr." Oder mit Julia Kristeva: "Nein, denn Fremde sind wir uns selbst". Aus sozialer und kommunikativer Sicht hätte die Frage lauten müssen: "Ich kenne Sie noch nicht ... ?" Oh, wie lieblich die Auslassungspünktchen klingen. Soviel Spielraum, so viele Handlungsalternativen, die sich auftun. X spielt nicht. X handelt nicht, schon gar nicht alternativ. X und die Unabänderlichkeit. Beispiel: In einem dunklen Flur zu stehen und darauf zu warten, daß man endlich in die Sprechstunde darf, für die man sich vor Wochen angemeldet hat und die schon mehrfach ausgefallen war, wegen Konferenzen, Tagungen, Prüfungen, wichtigeren Besprechungen. Unerreichbarkeit schafft auch Distanz. Wenn X im dunklen Flur steht, heftet sich ein Auge an das Tageslicht am Ende des Flurs. Prinzip Hoffnung. Da wo das Licht ist, geht es sechs Stockwerke in die Tiefe. Eine Handlungsalternative. X hört das Herz im Hals pochen. X könnte sich Licht machen. Etwas Licht für ein eingeschüchtertes X. Einfach einen

Schalter drücken. Noch eine Handlungsalternative. Einfach mal nicht mehr das Herz hinunterschlucken, sondern es auf der Zunge tragen.

Ausgerechnet jetzt darf X, jetzt soll X.

Eigene Erfahrungen thematisieren. Sie zum Gegenstand der Betrachtung machen. Jetzt hätte X aber eigentlich gar nicht mehr gewollt. X hat sich arrangiert. Fürs Examen kann man ein 'Ich' schlecht gebrauchen. Selbstverständlich kennt X die angeblichen Schlüsselqualifikationen wie Selbstbewußtsein, Kritikfähigkeit, intrinsische Motivation, Eloquenz bla bla. Was aber oft vergessen wird, ist, daß all das erlernt wird und Vorbilder braucht. Intrinsische Motivation entzündet sich nicht nur am Objekt, sondern zuallererst am Subjekt. Ein Subjekt, das versteht. Ein Subjekt, das versteht, zu begeistern. Ein Subjekt, das versteht zu begeistern, verstößt gegen die Hochschulinsignien. Wer viel lernt, muß viel leiden. Wer viel gelernt hat, muß zumindest leidend aussehen. Begeisterung wird nicht vermittelt, sie wird lediglich eingefordert.

An dieser Stelle ist schauspielerisches Talent gefragt. Plötzlich sollen alle X so tun, als wären sie intrinsisch motiviert, kritisch, selbstbewußt, als hätten sie ein Ich. Sie folgen den Notwendigkeiten. Das ist nur möglich, weil sie kein Ich mehr haben, vor dem sie sich schämen könnten.

Ein X, das einen solchen Text schreibt, tut auch so, als ob es etwas zu sagen hätte, als ob es sich ereifern könnte, als ob es Mut hätte, als ob es Verstand hätte, als ob es ein Ich hätte. Die Antinomie, daß das Ich nur durch ein Ich verneint werden kann, ist das ganze Drama. Das Ich, das verleugnet wird, setzt zwingend ein Ich voraus. Ein X, das vorgibt, ein Ich zu sein? Muß wohl, denn das Ich ist abgetrieben, ausgetrieben und treibt sich irgendwo herum. Vielleicht kommt es ja mal wieder. X weiß nicht, ob sie das will. Dafür weiß X sicher, daß sie nicht wissen will, wer hier schreibt.

Die Verfasserin des Textes studiert an der Universität Bielefeld die Fächer Deutsch und Philosophie auf Lehramt (Sek. I/II). Sie möchte anonym bleiben.

II. Neue Inhalte und Schwerpunkte

der Deutschlehrer(innen)-Ausbildung

Das 'ideale' Studium

Das ideale Studium, gibt es so etwas überhaupt? In vielfältigster Weise wurde seit jeher versucht, ein ideales Studienkonzept zu entwerfen und zu realisieren. Trotz aller Bemühungen sind jedoch auch heute noch unverändert Rufe nach Verbesserungen zu vernehmen. Also stellt sich zwangsläufig die Frage, ob dieses vielschichtige Geflecht von Studieninhalten überhaupt perfektioniert werden kann. Vielleicht sollte man sich das eigentliche Ziel des Studiums an einer Pädagogischen Hochschule vor Augen halten: die Ausbildung von Lehrer(inne)n, die den heutigen Ansprüchen gerecht werden können, und genau danach sollte der Studienablauf sich richten.

Da die Wissenschaft kein starres Gebilde ist und in einem kontinuierlichen Prozeß stetigen Veränderungen unterworfen ist, sollten auch traditionelle Studieninhalte erneuert bzw. durch zeitgemäße ersetzt werden. Zu denken ist hier beispielsweise an neue Lehrformen oder an den Umgang mit den neuen Medien.

Weshalb haben Pädagogen gerade heutzutage vermehrt Schwierigkeiten im Umgang mit Schülern? Die Ursache liegt möglicherweise in der herkömmlichen Denkweise. Einst vermittelte Prinzipien und Formen sind inzwischen längst veraltet und werden der heutigen Lebenswelt der Schüler nicht mehr gerecht. Deshalb sollte darauf geachtet werden, bereits im Studium einen Grundstein für zeitgemäßes Unterrichten zu legen. Orientieren wir uns an den Bedürfnissen und Erfahrungen der Schüler, so sind wir den Voraussetzungen für ein 'ideales' Studium im Lehramt schon sehr nah!

Im Studium 'Freude am Lernen' zu vermitteln erscheint den meisten utopisch. Doch liegt die Ursache nicht auch bei uns selbst als Studenten? Ist nicht unsere Einstellung maßgeblich für den Umgang mit den Lerngegenständen? Ein reines Aneignen von Wissen führt sicherlich selten zu Freude und Spaß. Anstelle zu resignieren, sollte gerade hier angesetzt werden. Doch auch die Lehrenden sind gefordert. Lernstoff kann doch auch auf anderem Weg unterrichtet werden, sowohl in der Schule, als auch im Studium. Flexible Unterrichtsmethoden lockern altbewährte Lerninhalte auf und fördern die Motivation von Schülern wie Studenten. Neue Lerninhalte kommen hinzu.

Ein 'ideales' Studium sollte demnach nicht nur Visionen entwickeln, sondern Ideen auch praktizieren und die Möglichkeiten neuer, zeitgemäßer Lerninhalte vorführen. Denn nur der Umgang mit ihnen kann langfristig etwas bewirken und das Studium verbessern.

Marc Waluja studiert Deutsch an der Pädagogischen Hochschule Heidelberg.

Jutta Wermke

„Curriculum Mediendidaktik (Hochschule)".

Bericht zu einem Arbeitskreis des Bonner Germanistentages 1997

1. „Was hat sich verändert? – Was müssen wir ändern?"

Integrierte Medienerziehung, wie sie der „Orientierungsrahmen" der Bund-Länder-Kommission für Bildungsplanung und Forschungsförderung (1995) fordert, soll im Rahmen der bestehenden Unterrichtsfächer aller Schultypen und -stufen und unter Einbeziehung der verschiedenen Medien sowie in Verbindung mit der Informationstechnischen Grundbildung stattfinden. Auf die komplexen zusätzlichen Anforderungen vorzubereiten ist Aufgabe der Lehrerausbildung: der Erziehungswissenschaft wie der Fachwissenschaften, wobei der Germanistik einschließlich der Didaktik des Deutschunterrichts besondere Bedeutung zukommt. Ein geregeltes Angebot zur Vermittlung medienerzieherischer Qualifikation im Studium fehlt jedoch bislang.[1] Innerhalb der Germanistik hätte die Erstellung eines solchen Curriculums nicht nur auf notwendige Zusatzveranstaltungen zu achten, sondern auch das reguläre Lehrangebot auf seine Öffnung zu medienwissenschaftlichen Fragestellungen hin zu prüfen und auf diese Weise zur Revision von Inhalten und Vermittlungsformen beizutragen.

Auf die Leitfragen: „Was hat sich verändert? – Was müssen wir ändern?", die ich als Organisatorin des Arbeitskreises „Curriculum Mediendidaktik (Hochschule)" des Bonner Germanistentages im September 1997 gestellt hatte, geben die Statements, die im folgenden abgedruckt werden, aus unterschiedlichen Perspektiven Antwort. Bezugspunkt ist die 'Stellungnahme der AG Medien im Symposion Deutschdidaktik' (SDD) zu „Medien in der Deutschlehrerausbildung".[2]

Petra JOSTING (Bielefeld) geht von den veränderten Rezeptionserfahrungen der SchülerInnen vor allem mit AV-Medien aus und von der Tatsache, daß die Medienrezeption zum Teil kognitive, emotionale, soziale Funktionen übernimmt, die bislang die Lektüre erfüllt hat. DeutschlehrerInnen müssen deshalb mit unterschiedlichen Medienästhetiken vertraut und über die Stellung des Buches in verschiedenen Medienverbünden informiert sein.

Hartmut JONAS (Greifswald) und Bodo LECKE (Hamburg) setzen bei der Literatur an. JONAS bei der Präsentation von Literatur auf CD-ROMs bzw. bei multimedialer

---

[1] Vgl. *Wermke* (1997) 145ff.
[2] Zuerst als *AG Medien* (1997) 435-436.

(künstlerischer) Literatur, LECKE dagegen bei der Buchliteratur im herkömmlichen Sinne, die Strukturen modernerer Medien (Filmmontage, Hypertext) antizipiert habe, und bei der Philologie, die bis heute zum Beispiel in der Stilanalyse auch für Medien taugliche Kriterien liefere. LECKE zielt damit einerseits auf den historischen Vergleich als Gegenstand der Deutschlehrerausbildung, andererseits darauf, daß die Anwendung des philologischen Instrumentariums auf neuere Medien vermittelt werden soll.

Während JOSTING, JONAS und LECKE nach Veränderung bzw. Kontinuität im Literatur- und Medienangebot samt seiner außerschulischen Nutzung suchen, ist für Elin-Birgit BERNDT (Bremen) die Verwendung neuer Medien im Unterricht zentral. Die Veränderung des Textes als Gegenstand eines Deutschunterrichts, der mit dem Computer arbeitet, ist ihr Thema. Sie spezifiziert daher, wie Studierumgebungen beschaffen sein müssen, in denen die DeutschlehrerInnen Informationstechnische Grundbildung (ITG) als Teil ihrer Ausbildung kennenlernen und in der sie sich mit dem Computer als Medium bzw. mit einer interaktiven Ästhetik auseinandersetzen können.

Der Deutschunterricht wird jedoch nur dann mit weiterführenden Veränderungen auf eine veränderte Umwelt reagieren, wenn Lehrerinnen und Lehrer sich dafür einsetzen. Während Ulrich SCHMITZ (Essen) dementsprechend hervorhebt, daß modifizierte Curricula noch nichts bewirken, es sei denn über Lehrer als Mittler, formuliert Almut HOPPE (Kronshagen) als Fachleiterin ihre Forderungen an eine universitäre Lehrerausbildung, die nicht nur von den Erziehungs-, sondern auch von den Fachwissenschaften und -didaktiken aus medienerzieherische Kompetenz vermittelt. Medienpraktische Veranstaltungen werden dabei ebenso angemahnt wie Grundlagenforschung zur Medienrezeption und -wirkung.

Die Bedeutung, die der Frage der Mediendidaktik in Rahmen des Germanistentages zugemessen wurde – auf den Arbeitskreis zur Hochschuldidaktik folgten Veranstaltungen zur Referendarausbildung und zum Deutschunterricht der Sekundarstufe – ist auch deshalb erfreulich, weil hier Veränderungen, die die Schulpraxis fordert, als Innovationspotential für universitäre Lehre verstanden werden.

Die Statements sind im Anschluß an die Stellungnahme zu Medien in der Deutschlehrerausbildung wörtlich wiedergegeben (mit Ausnahme des Beitrags von Hartmut Jonas, der nicht schriftlich ausformuliert vorliegt).

2. Stellungnahme der AG Medien im Symposion Deutschdidaktik (SDD) zu „Medien in der Deutschlehrerausbildung" vom 7. Juni 1997 in Berlin

Für den Deutschunterricht sind Medien – 'alte' und 'neue' – unter verschiedenen Aspekten relevant:

Die Rezeptionserfahrungen und -erwartungen, mit denen Kinder in die Schule kommen, sind zunehmend vom Umgang mit auditiven und audiovisuellen Medien, aber auch mit Computerspielen und Hypertexten bestimmt.

Lehrerinnen und Lehrer müssen also in der Lage sein, die traditionell auf Buchrezipienten zugeschnittenen Aufgabenstellungen des Deutschunterrichts neu zu fassen.

Literatur ist historisch und aktuell in vielfältiger Weise mit der Entstehung 'neuer' Medien (des Films, des Hörfunks z.B.) verbunden. Umgekehrt haben diese Medien die Entwicklung der Literatur (u.a. durch neue Schreibweisen, neue Textsorten) mitgeprägt.

Lehrerinnen und Lehrer müssen deshalb intermediale Zusammenhänge kennen und erkennen und den Stellenwert des Buches in unterschiedlichen ästhetischen Kontexten als Leit- oder Folgemedium einschätzen können.

Die Vermittlung von Literatur in computergestützten medialen Anwendungen schafft neue Möglichkeiten des Unterrichts, des Selbststudiums, der Lektüre usw.

Lehrerinnen und Lehrer brauchen deshalb Computerkenntnisse, Wissen über veränderte Rezeptionsformen von Texten und ein kritisches Instrumentarium zur Beurteilung neuer Software- und Netzangebote.

Außerdem ist Medienerziehung nach den Empfehlungen der Bund-Länder-Kommission für Bildungsplanung und Forschungsförderung (1995) und der Kultusministerkonferenz (1995) eine Aufgabe der Unterrichtsfächer, also auch des Deutschunterrichts.

Lehrerinnen und Lehrer brauchen demnach auch Kenntnisse über Medienanalyse und -produktion, Medienwirkung und -nutzung, Medienmärkte und -politik.

Für die Ausbildung der Deutschlehrerinnen und Deutschlehrer ist jedoch nicht nur die Germanistik einschließlich der Fachdidaktik zuständig; die Studierenden bilden sich generell in einem weiteren Fach und in der Erziehungswissenschaft aus, die für die Vermittlung von Medienkompetenz mitverantwortlich sind. Von der Germanistik wird also kein Programm für Mediengeneralisten erwartet, sondern primär ein Angebot zur medienspezifischen Ausweitung der Fachkompetenz.

Das Mindest-Mediencurriculum (2), das hier für den germanistischen Anteil der Deutschlehrerausbildung vorgeschlagen wird, setzt deshalb voraus, daß ergänzende Medienthemen in anderen Fächern und in der Erziehungswissenschaft eingeführt werden (3). Die Formulierung dieser Parallelcurricula orientiert sich an bestehenden pädagogischen Konzepten. Die Vorschläge zum Lehrangebot unter 2.1 bis 2.4 und 3.1 bis 3.4 sind aufeinander abgestimmt und aufgeteilt nach ihrer Nähe zur jeweiligen Fachtradition. Die Zuordnungen sind jedoch nicht exklusiv zu verstehen. In der Germanistik ist zum Beispiel zusätzlich auch eine Übung zur Medienproduktion zu plazieren, wie in der Erziehungswissenschaft eine zur Medienanalyse usw.

Die vier Veranstaltungen des Mindest-Mediencurriculums können allerdings nicht allein die Vermittlung medienerzieherischer Kompetenz in der Deutschlehrerausbildung abdecken. Diese erfordert darüber hinaus, daß die Position des Faches bzw. der Disziplin im Medienkontext reflektiert wird (1).

Die AG Medien im SDD geht davon aus, daß die folgenden drei Punkte für die Deutschlehrerausbildung relevant sind. Das Mindest-Mediencurriculum soll als Lehrangebot an den

Hochschulen sichergestellt werden und mittelfristig in Studien- und Prüfungsordnungen Eingang finden.

1. Medienbedingte Orientierungsprozesse im Fach Germanistik

Die folgenden Überlegungen gelten generell für ein germanistisches Lehrangebot, das sich im Medienkontext positioniert.

1.1. Der Medienbezug des Faches ist sowohl integrativ als auch reflexiv herzustellen, also durch Einbeziehung neuer Gegenstände und Vermittlungsformen wie durch Revision des traditionellen Bestandes.

Das schließt auch die Frage nach der Kernkompetenz bzw. nach Kernkompetenzen des Faches ein.

1.2. Die Buchkultur kann nicht (mehr) separat betrachtet und ausschließlich mit sich selbst verglichen werden, sondern ist als relationale Größe (nach Produktions-, Vermittlungs- und Rezeptionsformen) im intermedialen Bezugssystem zu bestimmen.

Das schließt die Frage nach neuen Qualitätskriterien auch für das Buch als Folgemedium in anderen Medienverbünden, für die Literaturvermittlung zum Beispiel per CD-ROM und für die Möglichkeiten aktiver Rezeption in neuen Medien ein.

1.3. Bildungspolitische Zusammenhänge sind zentrale Themen der Germanistik, die nicht nur historisch orientiert ist, sondern die gerade zu aktuellen Problemen und Entscheidungs- prozessen etwas zu sagen hat.

Das schließt auch Fragen des Deutschunterrichts und der Lehrerausbildung in einer Me- dienkultur ein.

2. Mindest-Mediencurriculum: Germanistik/Lehrerausbildung

Über die generellen Orientierungsprozesse im germanistischen Lehrangebot hinaus sind spezielle Veranstaltungen zu Medienthemen verbindlich zu machen.

2.1. Einführungsveranstaltung „Medienästhetik – Theorie und Geschichte" (Pflicht)

2.2. Übung zur Medienanalyse (Wahlpflicht)

2.3. Seminar zu einem sprach- bzw. literaturwissenschaftlich relevanten Medienthema (Wahlpflicht; mit Leistungsnachweis)

2.4. Seminar zu einem deutschdidaktisch relevanten Medienthema (Wahlpflicht; mit Lei- stungsnachweis)

Eine der drei Wahlpflichtveranstaltungen muß den Schwerpunkt bei traditionellen AV- Medien haben, eine bei computergestützten multimedialen Anwendungen.

3. Parallelcurricula zu Medien: Zweites Fach/Erziehungswissenschaft

Das Mindest-Mediencurriculum der Germanistik setzt weitere Lehrangebote anderer Lehr- amtsfächer und der Erziehungswissenschaft voraus.

3.1. Einführungsveranstaltung „Medien und Informationstechnologien in Bildung und Unter- richt" (Pflicht)

3.2. Übung zur Medienproduktion (Wahlpflicht)

3.3. Seminar zu einem Medienthema im zweiten Fach (Wahlpflicht)

3.4. Seminar zu einem zweiten fachdidaktischen bzw. pädagogischen Medienthema (Wahlpflicht)

3.5. Praktikum in einem Kultur- oder Medienbereich anstelle eines der drei Schulpraktika (Pflicht)

3.6. Ringvorlesung – interdisziplinär (Wahl)

3. Einzelpositionen

3.1 *Petra Josting*: Veränderte Rezeptionserfahrungen der SchülerInnen

1. Freizeit von Kindern und Jugendlichen ist zunehmend Medienzeit!

- Mehr als 50% ihrer Freizeit verbringen Jugendliche mit Medien; bei Kindern ist der Prozentsatz etwas geringer, doch ist die Tendenz steigend.

- Zwei für die Sozialisation von Kindern und Jugendlichen bedeutsame Entwicklungen sind dafür ausschlaggebend:

  a) die Veränderung der Medienumwelt: neue Techniken – wie Computer, CD-ROM und Internet – sowie die neuen institutionellen Formen des Privaten Hörfunks und des Privaten Fernsehens; das heißt, das Angebot hat sich vergrößert, und ist gleichzeitig vielfältiger geworden.

  b) der Wandel der Lebensformen von Familien, in denen Heranwachsende ihre ersten und grundlegenden Medienerfahrungen machen. Der Umgang mit dem Medium Fernsehen z.B. ist sehr stark abhängig von der Familienkonstellation, wie HURRELMANN gezeigt hat.[3]

2. Kinder und Jugendliche aus allen sozialen Schichten nehmen am Medienverbund teil!

- Sie 'nutzen' regelmäßig Bücher, Zeitungen, Fernsehen und Radio, Videos, Kassetten, CDs und zunehmend den Computer samt seinen vielfältigen Multimedia-Anwendungen auf CD-ROM und dem Zugang zum Internet.

- Die tägliche Nutzungsdauer bestimmter Medien ist sowohl schicht- als auch altersabhängig. Das Fernsehen und die audiovisuellen Medien zählen zweifellos zu den beliebtesten Medien. Unklar ist aufgrund der vorliegenden Studien zur Mediennutzung, ob tatsächlich das Fernsehen an erster Stelle steht, ob das Fernsehen das „Leitmedium" ist.[4] Nach TREUMANN stehen bei den 6-11jährigen Kassettenrecorder und Hörkassetten an erster Stelle,[5] und auch BONFADELLI/FRITZ kommen zu dem Ergebnis, daß bei den 13-18jährigen die auditiven Medien den ersten Platz einnehmen.[6] Demnach wären die auditiven Medien die Kinder- und Jugendmedien. Eine ganz aktuelle Studie zum Nutzungsgebrauch des in der Forschung bislang sehr vernachlässigten Mediums Radio bei den 14-19jährigen zeigt, daß diese Altersgruppe allein das Radio täglich etwas mehr nutzt als das Fernsehen,[7] was die Ergebnisse von TREUMANN und BONFADELLI/FRITZ bestätigt.

- Ungeachtet der Frage, ob das Fernsehen nun Platz eins oder zwei in der Mediennutzungsskala einnimmt, ist es in allen Familien ein „Familienmitglied", und selbst die Kinder, die zu den sogenannten Viellesern zählen und eher aus Familien mit höherem Bildungsniveau kommen, verbringen täglich etwa genau so viel Zeit vor dem Fernseher wie mit dem Buch.

---

[3] Vgl. *Hurrelmann* (1996).
[4] Vgl. z.B. *Groebel* (1994); *Klingler* (1994).
[5] Vgl. *Treumann* (1995).
[6] Vgl. *Bonfadelli/Fritz* (1993).
[7] Vgl. *Six/Roters* (1997).

3. Was oft übersehen wird: Über alle Textsorten und Präsentationsformen hinweg dienen Medien (auch) der Lebensbewältigung![8]

- In der Mehrzahl wählen Kinder und Jugendliche Medieninhalte, die in einem engen Zusammenhang mit ihrer derzeitigen Lebenssituation stehen.

- Die kognitiven Funktionen der Medienerfahrung beziehen sich auf Wissenserwerb, die gedankliche Erprobung von Handlungsalternativen und die Möglichkeit zur Selbstvergewisserung.

- Alle Medien haben soziale Funktionen. Sie können zwar Kommunikation verhindern, aber ebenso auch fördern: Medienthemen können Stichwortgeber für Gespräche sein; fiktive Geschichten aus dem Radio, Fernseher oder von der Hörkassette regen Kinder oft zum Nachspielen und damit zur Kommunikation an, wobei u.a. die Möglichkeit besteht, Probleme zu verarbeiten.

- Alle Medien haben emotionale Funktionen, denn sie können dazu benutzt werden, sich in eine bestimmte Stimmung zu versetzen.

4. Deutschunterricht und Deutschlehrerausbildung an Hochschulen müssen den veränderten Rezeptionserfahrungen von Kindern und Jugendlichen Rechnung tragen!

- Die Tatsache, daß Kinder und Jugendliche eine Vielzahl von Medien nutzen und literarische Texte über verschiedene Medien rezipieren, bedeutet u.a., daß sie mit unterschiedlichen Medienästhetiken Erfahrungen machen, die ihre Wahrnehmungsgewohnheiten prägen.

- Sowohl der Deutschunterricht an den Schulen als auch die Deutschlehrerausbildung an den Hochschulen sollten sich deshalb von der einseitigen Orientierung auf die Schrift- und Buchkultur verabschieden und allen Medien einen gleichberechtigten Platz einräumen. Bei der Suche nach neuen Konzepten wäre nicht von dem Medienverbund auszugehen, sondern von Medienverbünden, die unter jeweils einem Leitmedium ein ästhetisch identifizierbares Ensemble von Medienprodukten versammeln – womit ein Vorschlag Jutta WERMKES[9] aufgenommen wird.

Diese Aufgabe kann die Deutschdidaktik nur in Zusammenarbeit mit anderen Disziplinen erfüllen, insbesondere mit den Fächern Erziehungswissenschaft und Psychologie, aber auch mit der Kunstwissenschaft und Informatik.

3.2 *Bodo Lecke*: Literatur und Massenmedien – Wechselseitige Beeinflussung im Verbund

1. Kommunikationswissenschaftler und Medienpädagogen sind sich weitgehend einig, daß die Buchkultur, das gedruckte Wort, die Literalität, die Printmedien heute keine dominierende Rolle mehr spielen. Insbesondere das Fernsehen dürfte inzwischen das Buch als 'Leitmedium' abgelöst haben.

---

[8] Vgl. *Charlton* (1997).
[9] *Wermke* (1997).

2. Daher kann die Buchkultur nicht länger separat bzw. exklusiv betrachtet und mit sich selbst verglichen werden, sondern ist relational (nach Produktions-, Vermittlungs- und Rezeptionsweisen, Formen, Arten, Gattungen, Stilen etc.) im intermedialen Bezugssystem zu bestimmen sowie letztlich im – nach Christa BÜRGER – „trivialen" oder besser: „qualitativen" und „quantitativen" „Verbund" mit anderen („neuen", „neueren", und „neuesten") Medien.

3. Statt einer grundsätzlichen ideologisch-metaphysischen Entgegensetzung von „hochwertiger" Literatur einerseits und „minderwertigen" Massenmedien andererseits („Pictura litteratura laicorum") möchte ich für die Wiederaufnahme einer Genre-, Textsorten- oder Gattungstheorie plädieren, die zwar medienumgreifend bzw. medientranszendiert ist, aber eben nicht umfassende Großformen / Medien meint oder materiale Erscheinungsformen wie: das Buch, der Film, das Video, die Zeitung, das Fernsehen, sondern: Gattungen, Genres, genera dicendi im engeren Sinne des Begriffs, also inhaltlich wie formal: „Textsorten", die in Literatur und Film, Zeitschrift und Fernsehen vorkommen können.

Ein solcher Begriff von „Textsorte" bzw. „Gattung" ist buchstäblich „kleiner" und genauer zu bestimmen. Er bezeichnet zugleich deutlicher Konturen und Funktionen, Institutionsweisen und Konventionen, die sich freilich nicht nur perfekt erfüllen (wie in Trinklied, Elegie oder Limerick), sondern auch absichtsvoll transzendieren, durchbrechen, erneuern oder vermischen lassen (s. z.B. die – in Fernsehen wie Literatur und anderen Medien vorkommenden – Gattungen: Hörspiel, feature oder faction). So hat sich auch in letzter Zeit in den Programm-Zeitschriften die (Un-)Sitte eingebürgert, verschiedene Sendungstypen mit dem entsprechenden Gattungs-Etikett zu versehen, wie: Serie, (daily) soap, Comedy, Sitcom, Psychothriller, Roadmovie etc.

Die für meinen Vorschlag interessanteste „Einstellung" gerade für die modernen, die Literatur transzendierenden Medien scheint mir die Lehre von den „Stilhöhen" oder „genera dicendi" zu sein. (Stil-)"Höhe" ist dabei sowohl sozial (bzw. soziologisch) wie auch gemäß einem ästhetischen Werturteil (hohe vs. niedere Kunst/ Poesie) zu verstehen, das heißt „sozio-ästhetisch".

4. Bekanntlich lassen sich schon an den Erzähltechniken des englischen humoristisch-sentimentalen Romans (z.B. L. STERNE: „Tristram Shandy") oder den Verfahrensweisen der „romantischen Ironie" (z.B. C. v. BRENTANO: „Godwi") „hypertext"-förmige Strukturen erkennen. Mehr noch bemächtigen sich seit dem späteren 19. Jh. neue mediale (z.B. filmische oder pseudodokumentarische) Darbietungsformen der traditionellen oder „klassischen", epischen oder dramatischen Strukturen der Literatur.

Umgekehrt sind es gerade die klassischen, wenn nicht gar „antiquierten" literarischen Muster (wie aristotelische Dramaturgie, Trivialroman oder „bürgerliches Rührstück"), die so aktuelle Genres wie „soap opera", TV-Familienserien oder Hollywood-Filme beherrschen.

5. Seit langem erprobt und aufgrund ihrer Bedeutung als „exemplarisches" didaktisches Prinzip (W. KLAFKI) nach wie vor empfehlenswert ist die Literaturverfilmung.

Dabei sollte der „Vergleich" der Versionen natürlich nicht im Sinne einer kulturpessimistischen Auf- bzw. Abwertung mißverstanden werden („Defizithypothese"), sondern den Blick für die prinzipiellen Unterschiede der Literatur- und Filmsprache schärfen („Differenzhypothese").

6. Für die Lehrerausbildung folgt daraus: Es geht um die Interdependenz bzw. Koexistenz literarischer, filmischer und elektronischer „Texte". Diese Interdependenz bzw. Koexistenz der Medien einschließlich des Buches führt zu einer notwendigen Ausweitung und Veränderung des Studienangebotes in Richtung auf eine Literaturwissenschaft als Kulturwissenschaft.

3.3 *Elin-Birgit Bernd*: Informationstechnische Grundbildung und Deutschunterricht. Konsequenzen für die Deutsch-LehrerInnenausbildung

1. Deutschunterricht und Informationstechnische Grundbildung

Der Deutschunterricht ist in fast allen Bundesländern laut Rahmenrichtlinien und Lehrplänen zur Informationstechnischen Grundbildung (ITG) einer der Orte, an dem der Lernbereich ITG in allen Schularten unterrichtet werden kann. Viele Bundesländer haben speziell für das Unterrichtsfach Deutsch konzipierte Unterrichtseinheiten zu ITG und IIuK erarbeitet, die sich auch projektorientiert oder als Blockangebot realisieren lassen. Themen sind beispielsweise: „Zeitung", „Recherche in Datenbanken", „Texte neu gestalten und umformen".

2. Die Nutzung des Computers wird Teil des Fachunterrichts, d.h. auch des Deutschunterrichts.

Neben diesen Unterrichtsmodellen zur ITG nehmen zunehmend auch Schulbücher für das Fach Deutsch – zum Teil basierend auf überarbeiteten Rahmenrichtlinien für das Fach – den Computer nicht mehr nur als Gegenstand der Reflexion auf, sondern auch als Schreib(werk)zeug in der Hand der Schüler. Neben Texten zu den Folgen der Rationalisierung durch Informationstechniken oder zur literarischen Verarbeitung der Idee des „künstlichen" Menschen in der Literaturgeschichte enthalten die Schulbücher zunehmend Anregungen für den Gebrauch des Computers bei der Lösung von Schreib- und/oder Lese-Aufgaben.

Diese Aufgaben reichen von der Erstellung von Publikationen (Schülerzeitungen, CD-ROMs, Homepages der Schulen) bis zu multimedial unterstützten Schüler-Referaten und Datenbankrecherchen.

3. Der Text als Gegenstand des Deutschunterrichts verändert seine Qualität.

Bisher dem Deutschunterricht zugewiesene Medien wie Bücher, Zeitschriften, Zeitungen stehen Schülerinnen und Schülern auch als multimediale zur Verfügung. Zunehmend geben Verlage „elektronische" Bücher heraus, z.B. Reclam ergänzt seine „Lektüren" um CD-ROM-Editionen, und im Internet stehen im „Projekt Gutenberg" wesentliche Texte der Weltliteratur zur Verfügung. Wenn digitalisierte Texte Basis des Deutschunterrichts werden und nicht nur Druckvorlagen bleiben, dann müssen die Veränderungen, welche die Arbeit mit solchen Texten erfordert, zum Gegenstand der Deutschdidaktik werden.

Die wichtigsten Veränderungen betreffen:

3.1 Das Ausgabemedium – der Bildschirm:

Das Ausgabemedium der digitalisierten Texte bzw. der Hypertexte oder der Multimedia-Texte ist der Bildschirm. Er setzt für die Rezeption dieser Texte Grenzen. (Lesbarkeitsforschung)

Digitalisierte Texte sind dynamisierbar und „layer"fähig. Die geltenden Normen der Verschriftung, die sich für die Printmedien herausgebildet haben, werden verändert. Für die Präsentation von Texten auf dem Bildschirm werden neue Regeln zu entwickkeln sein. Sie stellen die geltenden Normen für die Printmedien in Frage, weniger die Orthographie und Zeichensetzung als die Formen der Auszeichnung, insbesondere die Reduzierung grammatischer Signale auf Wortzwischenraum, Groß- und Kleinschreibung und Interpunktion. An die Stelle der Buchmetapher tritt für die Bildschirmgestaltung die Raummetapher.

3.2 Das Modularisierungs- und Kohärenzproblem

Digitalisierte Texte, insbesondere Hypertexte erfordern eine neue Kompetenz des Lesens, die auch Innovationen in Typographie und Grammatik zur Folge hat.

Hypertexte sind keine eingescannten Printmedienseiten, die auf dem Bildschirm sichtbar werden, sondern Texte, in denen navigiert werden kann. Das Navigieren muß gelernt werden. Der Erwerb von Navigationsstrategien gehört zur „media literacy".

3.3 Piktorale Literalität

Hypertexte kompensieren einige der Defizite, zu denen die Verschriftlichung gegenüber dem situativen Sprechakt und der definierten kommunikativen Situation geführt hat. Die „Bilder" in multimedialen Texten müssen verstanden werden. Lesen, Schreiben und Rechnen werden in der Schule gelernt, nicht aber die Entschlüsselung der bildlichen Codes.

Neue ästhetische Visualisierungsformen von Texten auf dem Computerbildschirm bieten Möglichkeiten der Lese- und Interpretationshilfen. Sie können typographischer bzw. multimedialer Art sein, audiovisuelle Umsetzungen einbeziehen, z.B. als Hilfefunktion, die abgerufen werden kann, ähnlich modernen „Hilfe-Programmen" der Betriebssysteme.

3.4 Die Zugriffsmöglichkeiten

Der Computer stellt eine aktuelle Technik bereit, mit der Sprache und Schrift verarbeitet werden können. Schrift war, historisch gesehen, schon immer eine technologische Verarbeitung von Sprache. Die aktuelle Technik liefert dem Schüler den Text nicht als ein fertiges, gestaltetes Produkt, sondern als ein manipulierbares, das, wenn dem Schüler die geeigneten Tools zur Verfügung stehen, durch den Schüler geändert werden kann.

In einem Printmedium oder einem herkömmlichen audiovisuellen Medium kann man nichts zwischen die Wörter schreiben, Struktur und Abfolge nicht ändern, man kann allerdings vor- und zurückgehen, überfliegen u.ä.

3.5 Layout und Typografie stehen zur Disposition des Lernenden

Dadurch, daß der digitalisierte Text alles zur Disposition stellt, da er beliebig figurierbar ist, entsteht für den Schüler die Möglichkeit, den Text so lange neu zu figurieren, bis er die Gestalt erhält, die seiner Vorstellung von diesem Text entspricht, in der er diese (seine) Gestalt wiedererkennt.

Umgang mit Texten in der Schule ist dann zugleich ein schöpferisches Umgehen mit der Gestaltung von Texten. Die Bearbeitung digitalisierter Texte gestattet die Visualisierung der Gedanken des Schülers zum Text. Er muß nicht mehr nur über den Text reden, ihn beschreiben, sondern er kann ihn formen. Er kann zu Umgangsformen mit dem Text gelangen, wie sie bisher nur einem Verleger zur Verfügung standen, einem Typographen, einem Schriftsetzer oder vielleicht auch einem Theaterregisseur. Mit geeigneten multimedialen Tools, unter Zuhilfenahme von „Expertensystemen" für Layout und multimediale Präsentationen, kann er Texte „inszenieren" – Schrift, Typografie, insbesondere Bildschirmtypografie ist Pantomime der Sprache.

4. Informationstechnische Systeme übernehmen Teile der kognitiven Leistungen, für die der Deutschunterricht qualifiziert ist.

Immer mehr kognitive Leistungen von Menschen werden an informationstechnische Systeme delegiert. Der Prozeß berührt auch elementare kognitive Fähigkeiten, die im Deutschunterricht vermittelt werden, wie z.B.: Rechtschreibprüfungen der Textverarbeitungssysteme, Einsatz von „Sprechschreibern", Auffinden von Literatur mittels elektronischer Recherchesysteme.

Dies wirft die Frage nach einer Revision der Lernziele auf: Was bedeutet Rechtschreiblernen, wenn Rechtschreibprüfungen zur Verfügung stehen? Was muß geübt werden, was leistet die Software? Welchen Stellenwert hat das Schreibenkönnen, wenn man dem Rechner seinen Text diktieren kann? Kann man Lesen lernen, ohne daß man schreibt? Welche Kompetenz braucht man, um Lösungen der Computersysteme zu überprüfen?

5. Computerunterstütztes Lernen

Für den Erwerb von Kenntnissen und Fertigkeiten, die im Deutschunterricht erworben werden sollen, erscheinen immer mehr „Lernprogramme" auf dem Markt, auch von Schulbuchverlagen. Das Angebot des Lernens mittels computerunterstützter Lernumgebungen stellt sich dem Lernen im herkömmlichen Deutschunterricht als Alternative dar. Es gilt zu erforschen, unter welchen Bedingungen ein solches Lernen sinnvoll sein kann. Auch die Studierenden müssen daran beteiligt sein. Selbstgesteuertes Lernen und metakognitive Selbstbeobachtung und -bewertung sind erforderlich.

6. Welche Studienangebote sollen zukünftigen Deutschlehrern im Rahmen ihrer schulfachlichen Ausbildung geboten werden?

Wenn Studentinnen und Studenten des Lehramts Deutsch auf eine Informationstechnik, PCs und Software für den Unterricht nicht ignorierende Schule vorbereitet werden sollen, dann müssen geeignete Studierumgebungen angeboten werden,

- in denen sie sich mit den in ITG-Lehrplänen enthaltenen Unterrichtsbeispielen auseinandersetzen können – soweit sie das Fach Deutsch betreffen;

- in denen sie – je nach dem Stand der Rahmenrichtlinien – unter Heranziehung neuer Schulbücher und/oder in Modellversuchen die Möglichkeit des Computers als Schreibwerkzeug und als Präsentationsmedium, als Recherche-Instrument und als Kommunikationstechnologie (Internet) erkunden, und zwar von der Grundschule bis zum Abitur;

- in denen sie die neuen multimedialen Texte mit herkömmlichen Präsentationen von Texten vergleichen und die Differenzen untersuchen;

- in denen sie sich mit den Problemen des Lesens am Bildschirm beschäftigen, insbesondere auch im Hinblick auf die Gestaltung eigener multimedialer Produkte;

- in denen sie am Beispiel multimedialer Texte piktorale Literalität erwerben;

- in denen sie Lese- und Verarbeitungskompetenz auch von digitalisierten Texten (Hypertext auf CD-ROM oder Internet) erlangen;

- in denen sie die Möglichkeiten und Grenzen der Informationstechnik kennenlernen, die Schreib- und Leseprozesse des Menschen übernehmen;

- in denen sie sich mit lerntheoretischen Voraussetzungen für unterschiedliche Konzeptionen computerunterstützten Lernens im Fach Deutsch auseinandersetzen.

3.4 *Ulrich Schmitz*: Medien in der Ausbildung von Deutschlehrern. 16 Thesen und ein Diskussionsbeitrag

1. Es gibt keinen Unterricht ohne Medium.

2. Medien sind zweitrangig. Sie dienen Menschen und Zwecken.

3. Das wichtigste Medium im Unterricht ist der Körper des Lehrers (H. Meyer).

4. Medien entwickeln eine Eigendynamik, die – unkontrolliert – Herrschaft über Menschen gewinnen kann.

5. Das gilt für technische Medien umso mehr, je neuer sie sind.

6. Neue Medien laufen Gefahr, totemisiert und tabuisiert zu werden.

7. Je besser man Medien kennt, desto bessere Dienste können sie leisten.

8. Die Art des Medieneinsatzes berührt die Grundfesten pädagogischer Konzepte.

9. Die Ziele des Lernens sollen den Einsatz von Medien bestimmen.

10. Jedes Medium hat spezifische Eigenschaften, Vor- und Nachteile.

11. Unterschiedliche Lerngegenstände und -situationen brauchen unterschiedlichen Medienmix.

12. Mediendidaktik muß integraler Bestandteil sowohl der allgemeinen Didaktik als auch jeder Fachdidaktik sein.

13. Mediendidaktische Prinzipien einer einzelnen Fachdidaktik (z.B. Sprachdidaktik) lassen sich nicht in einer These zusammenfassen.

14. Als Unterrichtsmedien genießen Medien im Sprachunterricht gegenüber anderen Fächern keine Sonderstellung – wohl aber als Lerngegenstand, weil Medien die kommunikativen Verhältnisse in der Gesellschaft insgesamt berühren.

15. Die meisten Lehrer, Hochschullehrer und Studenten wissen zu wenig über Medien: zu wenig über ihre technischen Eigenschaften und Möglichkeiten, ihre sachlichen und didaktischen Potentiale und ihre kognitiven, psychologischen, wirtschaftlichen und gesellschaftlichen Folgen.

16. Durch formale Änderungen am Curriculum können Probleme nicht gelöst werden.

Was immer im Curriculum steht: es kommt auf die Haltung der Lehrenden und Lernenden an. Deutschunterricht ist von vornherein Medienunterricht. Integrierte Medienerziehung bedeutet hier, daß Formen und Inhalte des Unterrichts bei Reflexion der geschichtlichen Herkunft und der gesellschaftlichen Umstände auf ein zeitgemäßes Niveau gebracht werden.

Unsere gesellschaftliche Wirklichkeit bewegt sich schneller als die Institutionen der Bildung. Das gilt insbesondere für den Wandel der Medien. Unser Bildungswesen ist sehr stark schriftorientiert, während das alltägliche Leben zunehmend von Bildern und Tönen bestimmt wird. Schrift war nur für eine kurze Epoche das dominante Kommunikationsmittel. Sie wird ihre Bedeutung nicht verlieren, aber ihre Rolle und damit auch ihre Erscheinungsweisen und teilweise ihre Inhalte ändern. Immer mehr wandern Wort und Schrift in multimediale Zeichengemenge ein, die zwar alltäglich massenhaft erzeugt, aber noch kaum reflexiv begriffen werden. Wir stellen mehr her, als wir uns vorstellen können; "so bleibt das Vorstellen hinter dem Machen zurück".[10] Das gilt insbesondere für Bilder. Neue Medien sind stark audiovisuell orientiert; Aufklärung hat sich aber hauptsächlich am Wort erprobt; hinterrücks regieren dann Bilder.

Mündliche, schriftliche, massenmediale und computervermittelte Kommunikation funktionieren über Kulturtechniken, von denen derzeit meist nur die älteren im Sprachunterricht gezielt berücksichtigt werden. Wenn das Fach Deutsch in Schule und Hochschule nicht obsolet werden will, müssen die traditionellen Aufgaben des Sprachunterrichts und der Lehrerausbildung um neue erweitert werden. Neues macht leicht Angst oder hilflos; geistige Anstrengung unterwirft sich dann vermeintlichen technischen Bedingungen oder Sachzwängen. Auf diese Weise wird das Medium (in Theorie, Lebenshaltung und Schulpraxis) nicht selten zum Totem stilisiert, das "bedient" werden will und dem man sich ausliefert, anstatt es zu beherrschen.

Technische sollte freilich der geistigen Beherrschung neuer Medien untergeordnet sein, auch im Lernzielkatalog. Deutschunterricht soll lebendigen Geist, differenzierende Reflexion und souveräne Urteilskraft ausbilden helfen. Medien sind dabei Arbeitsmittel und Lerngegenstände, die es zu verstehen, benutzen und beherrschen gilt.

Deshalb plädiere ich für gründliche Erforschung der Eigenschaften, Inhalte und Konsequenzen aller alten und neuen Medien und für schnellen, unmittelbaren und permanenten Austausch zwischen Forschung, Lehrerausbildung und Schulpraxis. Aktive Medienerfahrung, innovative Lehrveranstaltungen, schnelle (gedruckte, audiovisuelle, multimediale bzw. elektronische) Publikationen zur Medienforschung, -analyse, -praxis und -didaktik, aktuelle Lehrerfortbildung, Hospitationen in Schulen und Einstellung junger Lehrerinnen und Lehrer halte ich für wichtiger als (meist ohnehin zu behäbige) Änderungen der Curricula auf dem Papier, auch wenn letztere träges Denken hier und da mit Verspätung beschleunigen könnten.

---

[10] *Anders* (1956).

3.5 *Almut Hoppe*: **Erwartungen an ein Curriculum Mediendidaktik aus der Sicht einer LehrerInnen-Ausbilderin oder konkreter: Forderungen der Schule an das Studium**

1. Im Bereich der Pädagogik: Vermittlung grundlegender Einsichten in die gesellschaftliche Funktion und Organisation der Medien (Presse und Fernsehen, privatwirtschaftliche und öffentlich-rechtliche Organisation und deren Folgen, gesetzliche Bestimmungen, Medien als Wirtschaftsfaktor etc.): aktuelle Zahlen, Daten, Fakten.

2. Im Bereich der Fachwissenschaften und Fachdidaktiken: exemplarische Erarbeitung der jeweiligen medialen Phänomene:

- Geschichte: Quellenkritik, Manipulationsmöglichkeiten, Berichterstattung (analytisch und konstruktiv, z.b. Schulradio)
- Deutsch und Sprachen: Film als Ausdrucksmittel - Formen der medialen Berichterstattung und Kommentierung - Form, Machart, Wirkung von Magazinbeiträgen - besondere mediale Formen (Talkshow, Diskussionssendungen, Serien) - Sprache in Zeitung, Funk, Fernsehen, PC (z.b. Sprachverwendung und Kommunikationsmuster in e-mails), - Geschlechtsrollen in den Medien (z.B. Werbung) - Kommunikationswege (theoretisch und praktisch): Brief, e-mail, Internet
- Kunst: Bildaufbau, Farben, Comics
- Musik: z.B. Filmmusik
- Erdkunde: Berichterstattung über Länder und geographische Phänomene - Möglichkeiten aktiver und kritischer Medienrezeption und -produktion
- Religion

3. Die exemplarische Aufarbeitung fachrelevanter Phänomene sollte interdisziplinär geplant und auch mit Studierenden verschiedener Fächer durchgeführt werden (1 Semester mit der Möglichkeit von Blockveranstaltungen): z.B. Film von Hitchcock (Englisch, Deutsch, Musik, Kunst) oder Berichterstattung aus Indien (WIPO, Geschichte, Erdkunde, Religion). Diese Methode, miteinander zu arbeiten, sollte dann auf den Schulbereich transferiert werden: Auch dort, in der Schule, könnten mit derart ausgebildeten, vorgebildeten Lehrern und Lehrerinnen Fachtage durchgeführt werden, an denen interdisziplinär (fächerübergreifend, fächerverbindend) thematisch gearbeitet würde. Das wäre vor allem in den neu verbindlichen Projektkursen erforderlich.

4. Dazu müssen auch medienpraktische Voraussetzungen gegeben sein: Jede und jeder Studierende sollte über medienpraktische Fähigkeiten verfügen und im Laufe des Studiums einen sogenannten Medienführerschein erwerben, wie er schon heute im Bereich der Offenen Kanäle (z.B. OKK, Kiel) in der Lehrerfortbildung erworben werden kann. Dort werden technische und grundlegende gestalterische, kreative Verfahren gelernt (Schnitt-Technik, Kameraführung, Vertonung, Licht u.v.a.m.).

5. Der aktive kompetente Umgang mit einem PC ist zunehmend als Basisqualifikation anzusehen, über die alle HochschulabgängerInnen verfügen sollen.

Dringend nötig ist daneben Grundlagenforschung in verschiedenen zentralen Bereichen der Rezeptions- und Wirkungsforschung (Sprechentwicklung, Bildverarbeitung, Reizwirkungen, Fernsehen und kognitive, emotionale u.a. Entwicklungen).

Literaturverzeichnis:

AG Medien: (1997) Stellungnahme der AG Medien im Symposium Deutschdidaktik (SDD) zu „Medien in der Deutschlehrerausbildung". In: Deutschunterricht Jg.50. H. 9 (1997), S. 435-436.

Anders, Günther: (1956) Die Antiquiertheit des Menschen. Über die Seele im Zeitalter der zweiten industriellen Revolution. Beck: München 1994.

Bonfadelli, Heinz / Angela Fritz: (1993) Leseerfahrungen und Lesekarrieren. Gütersloh 1993. (Lesesozialisation 2).

Charlton, Michael: (1997) Medienrezeption und Lebensbewältigung. In: Der Deutschunterricht Jg. 49, H. 3 (1997), S. 10-17.

Groebel, Jo: (1994) Kinder und Medien: Nutzung, Vorlieben, Wirkungen. In: Media Perspektiven, H. 1, (1994), S. 21-27.

Hurrelmann, Bettina u.a. : (1993) Leseklima in der Familie. Gütersloh 1993. (Lesesozialisation 1).

- (1996)   Familienmitglied Fernsehen: Fernsehgebrauch und Probleme der Fernseherziehung in verschiedenen Familienformen. Opladen 1996. (Schriftenreihe Medienforschung der Landesanstalt für Rundfunk Nordrhein-Westfalen; 20).

Klingler, Walter: (1994) Was Kinder hören: eine Analyse der Hörfunk- und Tonträgernutzung von 6-13jährigen. In: Media Perspektiven, H. 1 (1994), S. 14-20.

Lecke, Bodo: (1996) Literaturdidaktik vs. Medienpädagogik – kontrovers oder komplementär? In: Ders. (Hrsg.): Literaturstudium und Deutschunterricht auf neuen Wegen. Frankfurt/M., S. 151-167.

Six, Ulrike / Gunnar Roters: (1997) Hingehört: Das Radio als Informationsmedium für Jugendliche. Gütersloh.

Treumann, Klaus u.a.: (1995) Mit den Ohren sehen: die Tonkassette - ein verkanntes Medium. Bielefeld 1995.

Wermke, Jutta: (1997) Integrierte Medienerziehung im Fachunterricht: Schwerpunkt Deutsch. München 1997.

Frieder Schülein /Michael Zimmermann

Theater in der Deutschlehrerausbildung

Einleitung

Der vorliegende Beitrag geht im Prinzip von der Annahme aus, daß über die Bedeutung des Theaterspielens in der Schule und insbesondere im Deutschunterricht genügend gesichertes Wissen verfügbar ist.

In den letzten Jahren sind einige Monographien/ Sammelbände und Themenhefte deutschdidaktischer Zeitschriften erschienen, die sich mit dem Theater im Kontext des Deutschunterrichts beschäftigen. Die Diskussion dieses Themas hat gezeigt, daß Theater Konjunktur hat, wobei unterschiedliche Motive zu beobachten sind: einerseits eher interne Argumentationsfiguren im Kontext handlungs- und produktionsorientierten Literaturunterrichts bis hin zur postmodernen Neukonstruktion der Deutschdidaktik, andererseits spielpädagogische und interaktionspädagogische Weiterentwicklungen und schließlich theaterpädagogische Neuansätze, die das Thema grundlegend in Angriff nehmen und Theaterspiel als Ort der ästhetischen Bildung insgesamt verstehen. Gerade der letzte Ansatz wird die (u.a.) mit literarischer Bildung beschäftigte Deutschdidaktik in ihrer ureigensten ästhetischen Dimension mit dem Theater zusammenführen. Eine kurze Übersicht über Neuerscheinungen in den letzten Jahren kann das vielleicht zeigen.

In SPINNERs Sammelband über "Imaginative und emotionale Lernprozesse"[1] scheint die nach der identitätstheoretischen Grundlegung der Deutschdidaktik[2] dankenswerterweise unter dem Stichwort "Handlungs- und Produktionsorientierung" konkretisierende, doch manchmal etwas verkürzende methodische Perspektive neu interpretiert zu werden und (unter dem Einfluß der erziehungswissenschaftlichen Thematisierung des Ästhetischen in der Erziehung)[3] auch ein neuer Rahmen für die Deutschdidaktik in Richtung auf Konzeptionen "ästhetischer Bildung" angedeutet zu werden. Zwar ist dieser Bezug theoretisch noch nicht ausgeführt - so spricht SPINNER von Imagination und Emotion unter Berufung auf WINNICOTTs Kreativitätstheorie noch ohne ästhetische Begründungszusammenhänge -, in den einzelnen Beiträgen finden sich jedoch eine ganze Reihe von Argumentationen, die das ästhetische Lernen für den Deutschunterricht reklamieren und einen Bezug zum theatralischen Spiel herstellen. Immerhin wird ein Konzept ästhetischer Bildung im Deutschunterricht implizit deutlich: Imagination, Emotion, Wahrnehmung sind schließlich ästhetische Schlüsselbegriffe, die einerseits genau in die "postmodernen"

---

[1] *Spinner* (1994).
[2] Seit *Kreft* (1977).
[3] Vgl. z.B. *Zacharias* (1991); *Lenzen* (1990).

Ansätze der neuen Deutschdidaktik[4] passen und ihrerseits die Konjunktur
"ästhetischen Denkens"[5] aufgreifen, andererseits sind sie auch Schlüsselbegriffe
einer Theaterpädagogik seit STANISLAWSKI.

Den Zusammenhang von Handlungsorientierung und Theaterarbeit im Deutschun-
terricht/ Literaturunterricht zeigt SCHELLER im Basisartikel des Themenheftes der
Zeitschrift 'Praxis Deutsch' auf: "[Szenische Interpretation] versucht mit Mitteln des
szenischen Spiels einen Prozess in Gang zu bringen und zu intensivieren, in dem
Schüler und Schülerinnen bei der Auseinandersetzung mit den im Text gestalteten
fremden Lebensentwürfen, Handlungsmustern und Szenen eigene Erlebnisse, Empfindungen und Verhaltensmuster entdecken können".[6] Unter seinem Grundbegriff
der Entwicklung von "Haltungen" wird deutlich, welche Intensität des "Verstehens"
eines Textes durch die Findung von verbalen und körperlichen Ausdrucksmöglich-
keiten erreicht werden kann, die weit über traditionelle "Interpretation" hinausgeht.
In der szenischen Aktualisierung von Text(passag)en werden durch die sinnliche,
emotionale und körperliche Repräsentation subjektive und teilweise abgespaltene,
unbewußte Gedächtnisinhalte als Basis des Textverstehens erfahrbar gemacht und in
der Gemeinschaft der Spielenden sozial artikulierbar. So werden Texte in den Le-
benshorizont von Lesern vermittelt. Seine methodischen Anregungen greifen dabei
die große Breite der theatralen Erfahrungen mit der Arbeit an Stücken auf, die vor
allem durch STANISLAWSKI in die moderne Theaterarbeit eingeführt worden sind.
Aber auch hier ist der ästhetische Akzent der theatralischen Arbeit theoretisch noch
implizit.

In der Monographie von 1997 - "Szenisches Spiel" - zeigt SCHELLER die vielen
praktischen Verfahren und Möglichkeiten bei der Erarbeitung szenischer Darstellungen auf, wobei die theoretische Frage nach den Begründungen für diese Arbeit -
die Aufdeckung der vielfältigen Projektionsmechanismen in der Bewältigung des
individuellen und sozialen Alltags bewußt nur in einem kurzen Einleitungskapitel
thematisiert wird. Die dargestellten theatermethodischen Handlungsmöglichkeiten
konkretisieren szenische Arbeit in außerordentlich differenzierter Weise, zeigen
allerdings deswegen auch, daß Theaterspielen in der Schule nicht von unausgebil-
deten Lehrern gemacht werden kann.

1994 ist SCHUSTERs Buch zum dramatischen Spiel erschienen,[7] das trotz seiner
manchmal etwas kompendienhaften Darstellung viele inhaltlich sehr wichtige Zusammenhänge aufzeigen kann, insbesondere, was die Argumentationsstränge und
Richtungen innerhalb der deutschdidaktischen Rezeption und Verortung von Spiel-
und Theaterpädagogik angeht. Hier wird die Bedeutung von szenischem Spiel innerhalb der neueren Deutschdidaktik deutlich, obwohl seine Darstellungen zum
sprachdidaktischen und literarischen Rollenspiel die ästhetische Dimension der
Theaterarbeit innerhalb des Deutschunterrichts nicht thematisieren.

---

[4] Vgl. z.B. *Bogdal* (1993).
[5] *Welsch* (1988) 40 f.
[6] *Scheller* (1996) 136.
[7] Vgl. *Schuster* (1994).

WALDMANNs Monographie zum produktiven Umgang mit dem Drama[8] ist demgegenüber einerseits methodisch erheblich weiter ausdifferenziert, hat aber andererseits einen sehr viel engeren literaturdidaktischen Fokus, indem sie dramatische Literatur und den szenischen Umgang mit ihr behandelt. Über seinen produktions- und rezeptionsästhetischen Ansatz, den er in der Einleitung zu Kap. 5 kurz skizziert und vielleicht demnächst ausführlich darlegen wird, scheint ein Weg zu einem Konzept von Deutschunterricht als ästhetischer Bildung möglich, in dem dem Theaterspielen im Deutschunterricht eine bedeutende Rolle zukommen würde, obwohl WALDMANN vielleicht zu sehr auf die Ästhetizität des literarischen Textes schielt und dabei die Ästhetizität der theatralen Erfahrung im handlungsbezogenen Umgang mit Dramentexten - also der Ästhetik des Spiels - u.U. nicht gerecht wird.

Betrachtet man demgegenüber Veröffentlichungen jenseits der Deutschdidaktik, die sich mit Theaterspiel und Theaterästhetik in pädagogischen Kontexten beschäftigen - etwa BELGRADs Sammelband über das Schul- und Amateurtheater -,[9] wird deutlich, inwiefern die theaterpädagogischen und theaterästhetischen Perspektiven konsequenter theoretisch "hereingeholt" werden müssen, wenn der Bezug des Theaterspielens zu einer zukünftig zu entwickelnden ästhetisch orientierten Deutschdidaktik ausgearbeitet werden soll. Denn in den allgemeinen theaterpädagogischen Zusammenhängen in den Beiträgen dieses Sammelbandes - insbesondere dem von F. VAßEN - ist ein deutliches Plädoyer für das Ästhetische beim Theaterspielen im nichtprofessionellen Bereich artikuliert. Gleiches gilt für die Argumentation in HENTSCHELs gründlicher Untersuchung über das Theaterspielen als ästhetische Bildung,[10] so daß man zu der Auffassung gelangen kann, die Brücke zwischen Theaterspiel und Ästhetischer Bildung einerseits und Theaterspielen im Deutschunterricht sei zwar theoretisch konstruiert, aber noch nicht praktisch betretbar. Jedoch könnte hier ein ausgezeichneter Begründungszusammenhang entstehen, wenn es um die ästhetische Dimension von Deutschunterricht geht, um Imagination, Körpererfahrung, Emotionen, um Subjektivität und Identität in postmodernen Lebenswelten, ein Zusammenhang der auch in dem Sammelband von RUPP angedeutet wird (aber auch nicht mehr).[11]

In den angeführten Veröffentlichungen wird also einerseits deutlich, daß die gegenwärtige Deutschdidaktik, vor allem die Literaturdidaktik, dem Theatralischen eine verstärkte Aufmerksamkeit widmet, die in ihrer eigenen Theorieentwicklung gut begründet ist und auch auf gesellschaftliche Entwicklungen Bezug nimmt, die unter dem Begriff der Ästhetisierung des Alltags abgehandelt werden - postmoderne Argumentationen allüberall, die zeigen, daß die Wiedergewinnung des Ästhetischen in Kulturfächern nicht zufällig ist, sondern auf gesellschaftliche Erfahrung reagiert, etwa im Sinn von WELSCH: "Meine These ist, daß ästhetisches Denken gegenwärtig das einzig realistische ist [Hervorhebung d. Autors]. Denn es allein vermag einer

---

[8] Vgl. *Waldmann* (1996).
[9] Vgl. *Belgrad* (1997).
[10] Vgl. *Hentschel* (1996).
[11] *Rupp* (1998).

Wirklichkeit, die - wie die unsrige - wesentlich ästhetisch konstituiert ist, noch einigermaßen beizukommen."[12] Wir können jedoch bemerken, daß trotz dieser ästhetischen Wendung der Deutschdidaktik das Theatralische noch nicht als eine Säule ästhetischer Bildung im Deutschunterricht in seinem vollen Sinn erkannt wird.

Wir möchten hier allerdings nicht diese Diskussion in der vielleicht nötigen Breite analysieren, sondern im Gegenteil versuchen, die praktischen Erfordernisse einer Lehrerausbildung zu thematisieren, die sicherlich eine der Voraussetzungen dafür ist, daß sich Unterricht den didaktischen Phantasien öffnen kann. Dabei ist es zwar nicht unwichtig, aber zunächst zweitrangig, ob Theater als ein Schulfach existiert oder im Rahmen von Deutschunterricht ein dann vielleicht eingeschränkteres Leben in der Schule entwickeln kann, die Ausbildungsformen müssen sich nach den Bedingungen richten, aber die grundlegenden methodischen Ansätze sind nicht so verschieden, je nachdem, ob Theaterpädagogik grundständig oder im Kontext eines anderen Faches entwickelt wird, wie wir weiter unten noch erörtern werden.

Wir wollen nur den bescheidenen Anspruch vertreten und zeigen, wie in der Deutschlehrerausbildung ein theaterpädagogisches Curriculum aussehen könnte, das die Fähigkeit von DeutschlehrerInnen zur Theatralisierung des Deutschunterrichts entwickeln helfen könnte.

Daß natürlich in einigen Vorbemerkungen demonstriert werden muß, wie wir die gegenwärtige Diskussion für uns auswerten, mögen die LeserInnen uns verzeihen. Wir werden daher in der größtmöglichen Kürze den Begründungsrahmen skizzieren, um auf die hochschuldidaktischen Fragestellungen einzugehen und unsere eigenen Erfahrungen darzustellen und zu kommentieren.

I. Theatralität

Während die Kultureinrichtung öffentliches Theater im Zeitalter der privaten Kapitalmaximierung und der öffentlichen Armut sich anstrengen muß, seinen gesellschaftlichen Nutzen unter Beweis zu stellen, und sich auch die sogenannten 'Freien Theater' über Existenznöte hinwegspielen, scheint sich das informelle Theaterspiel in zahllosen freien Gruppen und in allen möglichen sozialen Kontexten (bis in die Managementausbildung hinein) einer steigenden Beliebtheit zu erfreuen. Gründe dafür gibt es genug: Existiert überhaupt noch ein Bereich des öffentlichen Lebens, in dem Theatralität nicht nachgefragt wäre - die Inszenierung jedweden öffentlichen Ereignisses ist geradezu eine Bedingung seiner Wahrnehmbarkeit. Gibt es irgend jemand, der den Gebrauchswert des Theatralischen in der Präsentation solchen öffentlichen Handelns bestreiten würde? Die Bühne, das ist das Leben und das Leben ist eine Bühne - ach die uralte Metapher, sie scheint in Zeiten, in denen auch die individuelle Biographie als eine Kette von erfolgreichen Selbst-Inszenierungen verstanden wird, zu einem Leitfaden für die Lebensgestaltung zu avancieren.

---

[12] *Welsch* (1993) 57.

Je stärker das individuelle Leben fragmentarisiert, fluktuierend, virtuell, gedacht wird, umso stärker bietet sich Theater als Modell modernen Lebens an. Postmoderne Existenzen sind theatrale Existenzen, für die die Güte ihrer lebensweltlichen 'performance' zählt. Es ist wie in der Werbung: Die Präsentation einer Sache gerät zum theatralen Ereignis, in dessen Mitte die Frage nach dem Gebrauchswert von x oder y zur Nebensächlichkeit degeneriert.

Das Gebräuchliche reicht nie! Ohne Inszenierung ist es nicht sichtbar - nicht existent. Ohne eine Flut von exzentrischen Konfigurationen kein 'Event'. Das Gebräuchliche ist daher auch langweilig, weil es nicht reizt. Du spürst es nicht. Deswegen die unaufhörliche Suche nach dem 'Spüren-Machen'. Inszeniere es, sonst wird es nicht gesehen, inszeniere dich, sonst merkt niemand was von dir! Das ist das alltägliche Theater. Theatralität ist 'in'! F. VAßEN oder J. BELGRAD haben das unlängst schon so ähnlich gesagt, wenn sie sich mit dem neuen "Theatralitätskonzept" in den Kulturwissenschaften beschäftigen:[13]

> "Es geht um die Untersuchung von Prozessen der Theatralisierung von Leben, d.h. neben der Sonderform des Kunst-Theaters um Rituale, Feste, Zeremonien, Spiele, Sport- und Politikveranstaltungen, Cultural Performances bis zu täglichen Rollenspielen, Haltungen und Gesten, kommunikative Inszenierungen in Alltags-Szenen; diese Theaterbegriffe werden dabei weniger metaphorisch denn als ein "heuristisches" Prinzip verwendet."[14] Und: "An der Theaterpädagogik wird die Entwicklung der Nachbardisziplin Theaterwissenschaft nicht spurlos vorübergehen, die pädagogisch theatrale Auseinandersetzung mit gesellschaftlicher Theatralität wird zunehmen [...]. Dabei werden zum einen [...] Show-Elemente in die theaterpädagogische Arbeit [...] eingehen, der gesellschaftliche Theatralisierungstrend, die Fernsehwelt und die Vorbilder aus Sport, Musik und Politik werden also auch hier ihre Wirkung nicht verfehlen."[15]

Wie könnte es anders sein, wenn Identitätsbildung unter postmodernen Gesichtspunkten als eine konstruktive Leistung des Individuums verstanden wird und in der kulturwissenschaftlichen Reflexion moderner Zeiten Ästhetisierung ein Signum der Zeit ist - ein locus communis: Dazu HENTSCHEL:

> "Die Aktualität des Ästhetischen, der vielbeschworene Ästhetik-Boom, der seit Mitte der 80er Jahre im Gefolge postmodernen Philosophierens kultur- und sozialwissenschaftliche Fragestellungen beeinflußt, scheint nun mit einer gewissen Verzögerung auch die Theaterwissenschaft erreicht zu haben."[16] Und: "Seine Aktualität gewinnt das kulturwissenschaftliche Theatralitätskonzept auf der Grundlage einer Diagnose der Gegenwart, für die das Konzept der Inszenierung kultureller Ereignisse charakteristisch ist. Soziale Wirklichkeit begegnet uns in zunehmendem Maße als inszenierte Wirklichkeit."[17]

---

[13] Vgl. *Vaßen* (1996); *Belgrad* (1996).

[14] *Vaßen* (1996) 58.

[15] *Vaßen* (1996) 60.

[16] *Hentschel* (1997) 43.

[17] *Hentschel* (1997) 43; vgl. auch *Schulze* (1992).

Es scheint unter diesem Gesichtspunkt, daß die postmoderne Diskussion Theatralität fundamentaler thematisiert - mit "Riskanten Freiheiten"[18] ist das moderne Individuum gezwungen, sich in Konstruktionen seiner Identität zu beweisen - sie in verschiedenster Weise zu erproben, Rollen auszuprobieren, die als Versuche aufgefaßt werden, einen Ort wenigstens für eine gewisse Zeit, nicht auf Dauer, auszumachen. Das heißt aber eben auch, Identitätsprozesse theatral aufzufassen.[19]

Ästhetisierung des Alltags einerseits, die nach WELSCH eine "Signatur der Postmoderne" ist,[20] und der soziale Zwang zur Konstruktion von "Bastler-Existenzen" auf dem Weg zu "Patchworkidentitäten"[21] andererseits führen notwendig dazu, Inszenierungen des Selbst in pluralen Situationskontexten zu produzieren und dabei ästhetische Ausdrucksformen aus dem Theater in Anspruch zu nehmen - alltagsästhetische und soziale Ereignis- bzw. Situationsproduktionen, theatrales soziales Handeln in vielfältigen Rollen als Bewältigungsstrategie in der neuen Unübersichtlichkeit.

All das begründet wahrscheinlich hinreichend das Interesse am Theater in den postmodernen kulturwissenschaftlichen Diskussionen und auch - u.U. noch komplizierter vermittelt - das Interesse am Theater-Spielen in allen möglichen sozialen Kontexten.

Andererseits: ist nicht schon immer Theater dazu da gewesen, das Gebräuchliche in der Lebenswelt zu überschreiten, beschränkte Lebenswelten zu transzendieren, das was in ihnen betäubt, wieder spürbar zu machen - im Sinne von MOLLENHAUERs Konzept der ästhetischen Bildung?[22] Das Schauen auf Geschehnisse, die gezeigt werden, damit du etwas spürst - das dein gebräuchliches Leben überschreitet. Theaterspiel als spürbare Lebenspraxis in einer unsicheren, riskanten Welt? Damit könnten wir dann etwas anfangen, denn das wäre Theaterspiel als ästhetische Praxis.

Das gleiche gilt ja auch für alle anderen Künste - auch wenn sie nicht in der Weise auf das Lebensgeschehen direkt bezogen sind wie theatrale Ereignisse, da sie nicht mit konkreten, sich mit anderen konkreten Individuen austauschenden, handelnden Individuen arbeiten, die als Schauspieler gebräuchliches Leben überschreiten, spürbar machen. In dieser Perspektive ist ein eingeschränktes Theatralitätskonzept für die gegenwärtige Argumentation bedeutsam, das von HENTSCHEL kritisch gegen einen kulturwissenschaftlichen Theaterbegriff präzisiert wird: "Auch und gerade angesichts der von verschiedenen Vertretern des Theatralitätskonzeptes diagnostizierten Wirklichkeitserfahrungen, die sich gegenwärtig durch (mediale) Inszenierungen aller Lebensbereiche und einen damit verbundenen Verlust von Wirklichkeit auszeichnet, ist theaterpädagogisch die Besinnung auf die ästhetische Praxis des Theaterspielens einer Thematisierung theatralen Handelns im kulturwissenschaftlichen Sinn vorzuziehen [...]. Indem die szenische Aktion den Prozeß der Konstituti-

---

[18] Vgl. *Beck/ Beck-Gernsheim* (1994); *Keupp* (1988); *Baumann* (1995).
[19] Vgl. hierzu auch *Koch (*1995) 50ff., der seine Überlegungen ansatzweise auf dem BECK-schen Begriff der Risikogesellschaft begründet.
[20] *Welsch* (1988) 40.
[21] *Keupp* (1988) 141ff.
[22] Vgl. *Mollenhauer* (1990).

on einer eigenen Wirklichkeit im Spiel erlebbar macht [...], vermag sie möglicherweise der Erfahrung des "Wirklichkeitsverlustes" entgegenzuwirken."[23] In diesem Sinne sagt VAßEN über das Theaterspielen:

> "Gegen die virtuelle Theatralisierung in den neuen audiovisuellen Medien stehen im Amateurtheater vor allem die gesprochene Sprache und der lebendige Körper. Mit diesem in jeder Hinsicht "einmaligen" Material, das anthropologisch im besten Sinn konservativ ist, jedenfalls nicht virtuell und beliebig reproduzierbar, kann in besonderer Weise gearbeitet werden. Es steht im Zentrum des theatralen Ausdrucks, [...] ergänzt durch die technischen Mittel von Bühne, Licht und Ton, die Momente der Mediatisierung durchaus beinhalten können [...]. Theaterspielen ist die ästhetisch-kreative Tätigkeit, die dem Menschen am unmittelbarsten ist und zugleich seine komplexeste Ausdrucksform."[24]

Damit hätten wir es also zu tun: Mit Theaterspielen als ästhetischer Praxis. An solchen Schnittstellen zwischen Alltagsästhetik und sozialer Praxis, zwischen Theaterkunst und alltäglicher sozialer Praxis, die sich weiter ästhetisiert, wird Theater im Sinne von Amateurtheater bedeutsam für Menschen aller Altersstufen und aus allen Lebenskontexten.

Das läßt sich natürlich immer auch kritisch wenden: Ästhetisierung des Alltags als Mittel der fiktiven Transzendierung, wo die realen Bedürfnisse nicht mehr real erfüllt werden, muß die Phantasie her, die allemal leichter und flüchtiger ist als er selber. Von phantasieerfüllten Gegenwelten schreibt BELGRAD - im Kontext einer spieltheoretischen Begründung des Theaterspiels, die Theatralität im kulturwissenschaftlichen Sinn tangiert.[25]

Eine Gratwanderung, bei der man leicht abstürzen kann zwischen utopischen Ausgriffen und psychischer Inokulation. "Subversiv" werde die Phantasie im Spiel,[26] es scheint aber, daß sie es nur dort ist, während die "objektive" Realität immer das bleibt, was sie ist: eine Einschränkung. (Das ist allerdings postmodern noch zu präzisieren, weil das voraussetzt, daß Realität eben objektiv sei.) Allerdings geht nach VAßEN das Theaterspielen "über einen unspezifizierten Spielbegriff hinaus, der ja schon ästhetische Implikationen hat, und konzentriert sich auf ästhetische Wahrnehmung und Produktion im Sinne des Theaters in seiner engeren, vor allem schauspielkünstlerischen Form [...]. Es geht um ästhetische Erfahrungen".[27]

Wir müssen es bei dieser Skizze belassen, die lediglich das neue Interesse am Theater andeutungsweise mit gesellschaftlichen Bedingungen in Beziehung setzt, die ihrerseits den Diskurs der Deutschdidaktik nicht unberührt gelassen haben. Wir werden uns aber unten dem engeren Theaterbegriff als Kunstform verschreiben, um von daher eine Konkretisierung der Beziehung zum Deutschunterricht als ästhetischer Bildung anzudenken.

---

[23] *Hentschel* (1996) 48.
[24] *Vaßen* (1996) 63.
[25] Vgl. *Belgrad* (1996) 36.
[26] *Belgrad* (1996) 41.
[27] *Vaßen* (1996) 64.

II. Theaterspiel im Deutschunterricht

Wie paßt in einen solchen Rahmen die Fachdidaktik Deutsch? Deutschdidaktik hat diese Diskussion seit einigen Jahren aufgenommen - einer der frühesten Ansätze stammt schließlich von KREFT[28] - und insbesondere von poststrukturalistischer Literaturtheorie her argumentierend neuen Aufschwung erhalten,[29] die die fluktuierenden, fragmentarischen, subjektiven Konstruktionen von Sinn im Prozess der Lektüre einerseits und die dekonstruktivistische Annahme des Fragmentarischen im Text andererseits zum hauptsächlichen Gegenstand macht. Und wenn es nun auch um Lernen von Lektüre-Praxis geht - um literarische als ästhetische Bildung in ansprüchlichen Zeiten, und die produktive, handelnde Konstruktion und Aushandlung von Sinn im Austausch subjektorientierter Lektüren in der Schule als einzige wirklich angemessene methodische Form herausgestellt wird, Theaterspiel schließlich in seiner Grundstruktur als ästhetisches Handeln zu begreifen ist, dann dürfte dem Theaterspielen im Deutschunterricht eine weitere Konjunktur vorausgesagt werden können. Allerdings darf nicht vergessen werden, daß dem Theaterspielen neben dem Bezug zur literarischen Bildung auch eine Bedeutung im Kontext der sprachlichen sozialen Bildung zuwächst. Wir werden daher versuchen, unsere Anknüpfungspunkte in drei Aspekte aufzugliedern, wobei wir einerseits Theater als Methode und Theater als Gegenstand unterrichtlichen Handelns, andererseits inhaltliche Handlungsbereiche des Deutschunterrichts unterscheiden, um die Breite der Verknüpfungsmöglichkeiten theatralischen Spiels mit dem Deutschunterricht anzudeuten.

II.1Theater als Methode

II.1.1 Szenisches Spiel als Methode der kommunikativen Bildung (Theater und Sprachdidaktik)

Das Rollenspiel als Methode des sprachlichen und sozialen Lernens ist seit den 70er Jahren ein Standardthema der Deutschdidaktik. Seine intentionalen Begründungen und methodischen Aspekte können als gut durchleuchtet angesehen werden. SCHUSTER hat die neueren Ansätze zusammengefaßt und dabei gezeigt, daß das fortdauernde Interesse am "szenischen Spiel" im Bereich der Sprachdidaktik gut begründet ist.[30] Der Zusammenhang von sprachlicher (und nonverbaler) Kommunikation und sozialer Situation, die in kommunikativen Akten konstituiert wird, ist in verschiedenen Erklärungsansätzen grundlegend und kann trotz unterschiedlicher theoretischer Ausgangspunkte und Hintergründe durchaus zu einer Konzeption sprachlicher und sozialer Bildung zusammengefaßt werden. "Miteinander reden"-Lernen, d.h. der Aufbau von interaktiver und kommunikativer Kompetenz, kann im Prinzip vollständig auf die ganzheitliche, handelnde Auseinandersetzung mit kon-

---

[28] Vgl. *Kreft* (1977).
[29] Vgl. *Förster* (1991).
[30] Vgl. *Schuster* (1994).

kreten - wenn auch häufig simulierten - sozialen Situationen gestützt werden. Gesprächsfähigkeit entwickelt sich bei Schülerinnen und Schülern nur in der handelnden Bewältigung unterschiedlichster Gesprächssituationen. Die enge Beziehung von Gefühlen, Kognitionen und Verhaltensweisen, die für das "Rollenspielen" konstitutiv ist, die psychodynamischen und gruppendynamischen Prozesse, die dabei durchlaufen und schließlich auch beobachtbar und analysierbar werden, zeigen, daß das "Szenische Spiel" im Bereich der Sprachdidaktik eine reichhaltige und aktivierende Lernform darstellt, die Schüler in einer ganz anderen Weise mit sich selbst und mit den anderen konfrontiert, als dies gesprächsanalytische Vorgehensweisen je leisten können. In der sozialen Interaktivität des "Spiels" wird der Lernende kommunikativ gebildet, lernt, sich selbst mit anderen gesprächsweise effektiv auszutauschen und zu Formen gelingender Verständigung zu gelangen. Allerdings ist es von großer Bedeutung, geeignete Voraussetzungen im Sinne des Interaktionsspiels mit Kindern und Jugendlichen zu schaffen und Techniken der Intervention zu verwenden, die z.T. aus dem Kontext des Psychodramas, aber auch aus der Gesprächspsychotherapie und der Gestaltpsychologie adaptiert werden.

SCHUSTER zeigt auch den Zusammenhang des szenischen Spiels in der Sprachdidaktik zu Formen des Improvisationstheaters, was die Rollenspieldidaktik insgesamt auf eine neue interessante Basis stellen kann. Theater als Lernform wird dadurch für kommunikative Lernprozesse in der Schule von außerordentlicher Bedeutung. Das zeigt sich im übrigen auch in dramapädagogischen Ansätzen in der Fremdsprachendidaktik[31] und solchen Ansätzen wie der "simulation globale", die kürzlich für den Deutschunterricht in Anspruch genommen worden ist.[32]

II.1.2 Theater als Methode der literarischen Bildung: Literarisches Rollenspiel - Szenische Interpretation

Spätestens seit der Arbeit von SCHELLER ist die Bedeutung des szenischen Spiels für den Literaturunterricht deutlich geworden.[33] Dabei geht SCHELLER von der Annahme aus, daß im Prozeß der Lektüre die Leserinnen und Leser "Inszenierungen" in ihrem Kopf vornehmen, die von den Texten her entworfen, aber erst im subjektiven Rezeptionsvorgang konkretisiert und dadurch virtuell sinnlich konstruiert werden: "Der Text bietet Lebensentwürfe, Handlungsmuster und Bilder an, die in uns Erlebnisse, Wünsche und Empfindungen wachrufen. Vergessenes, Abgespaltenes, Ungelebtes und Geträumtes können in der Phantasie durchgespielt und damit bewußt werden."[34]

Die "szenische Interpretation" macht solche inneren Vorstellungen von Textszenen äußerlich erfahrbar: "Sie versucht, mit Mitteln des szenischen Spiels einen Prozeß in Gang zu bringen und zu intensivieren, in dem Schüler und Schülerinnen bei der

---

[31] Vgl. *Schewe* (1993).
[32] Vgl. hierzu das Themenheft 1995 der Zeitschrift *ide*.
[33] Vgl. *Scheller* (1996).
[34] *Scheller* (1996) 22.

Auseinandersetzung mit den im Text gestalteten fremden Lebensentwürfen, Handlungsmustern und Szenen eigene Erlebnisse, Empfindungen und Verhaltensmuster entdecken können."[35] Die szenische Interpretation ist somit ein Verfahren, in dem "sinnen- und körperbezogene Erlebnisse, Phantasien, Empfindungen und Verhaltensweisen der Schüler und Schülerinnen"[36] in den Prozess der Bedeutungskonstruktion des Textes einbezogen werden.

Textbezug, Erfahrungsbezug, Handlungsbezug, Subjektbezug und der Bezug zum anderen in der Gruppe sind die unterrichtlichen Eckpunkte, die SCHELLER in einer Reihe von Aspekten konkretisiert und so methodisch handhabbar macht. Darin wird sichtbar, wie theaterpädagogische Verfahren wie z.B. von Augusto BOAL (Statuen-Theater) oder auch Elemente des STANISLAWSKI-Systems angewendet werden, um die Szene zu "verkörpern", das heißt sinnlich erfahrbar, anschaubar und erlebbar zu machen.

Einen ähnlichen Ansatz vertritt auch SCHUSTER in der Darstellung des "Literarischen Rollenspiels", wobei er die älteren Arbeiten aus den 80er Jahren mit einbezieht. "Entscheidend bei literarischen Rollenspielen ist, daß nicht nur textuelles Handlungsgeschehen visualisiert wird, sondern daß im Spielakt der Text neuartig, über die Vorlage hinausgehend geschaffen wird. Dies bedeutet, daß man handelnd multiperspektivisch den literarischen Text aneignet mithilfe des eigenen Sinnsystems, das durch die Beschäftigung bzw. Begegnung mit dem literarischen Werk wiederum eine Veränderung erfahren kann."[37] Diese von SCHUSTER als "ganzheitlich" bezeichnete Lernform, die die psychomotorischen und affektiven Aspekte unterrichtlichen Handelns betont, verhindert nicht die kognitive Auseinandersetzung, sondern fördert sie im Gegenteil, da im Prozess der szenischen Konstruktion die Bedeutungsdimensionen des Textes u.U. bei weitem "tiefer" erfaßt werden müssen, um sie verkörpern zu können, wobei auch intertextuelle historische Aspekte eine Rolle spielen. Die theaterpädagogischen methodischen Verfahren, die in der szenischen Gestaltung notwendig sind, werden bei SCHUSTER allerdings weit weniger entfaltet als bei SCHELLER und eher implizit in praktischen Anregungen zu Unterrichtsbeispielen genannt: Figurenmonologe, Stegreifimprovisationen und einige Anregungen aus psychodramatischen Verfahren, wie die alter-ego-Technik. Die Bedeutung des Theaterspiels als Methode der literarischen Bildung wird insgesamt konsequent herausgearbeitet.

Möglichkeiten einer szenische Erarbeitung von Dramentexten - als einer speziellen theaternahen Literaturgattung - zeigt WALDMANN: "Das eigentliche Lesen von Dramentexten [...] ist ein Lesen, das sie liest, um sie aufzuführen."[38] Die theatrale Erarbeitung ist dabei jedoch vorrangig nicht auf eine "theatergerechte" Inszenierung

---

[35] *Scheller* (1996) 92.
[36] *Scheller* (1996) 92.
[37] *Schuster* (1996) 132.
[38] *Waldmann* (1996) 117.

gerichtet, sondern auf eine Leseweise, die an der Praxis des Schauspielers beim Studium des Textes/ der Rolle nur angelehnt ist."[39]

Daneben werden theaterpädagogische Verfahren in Anlehnung an SCHELLER[40] genannt, die es im Prozess der Lektüre erlauben, eine Konkretisierung des Textes zu leisten, die die Innenwelten der Figuren, ihre sozialen Situationen und ihre körperlich-räumlichen Verhaltensweisen betrifft. Anhand einiger Beispiele werden solch grundlegende theaterpädagogische Verfahren wie Rollenbiographien, Sprechhaltungen, Körperhaltungen, Standbilder, räumliche Figurenanordnungen, privater Untertext, bestimmte Improvisationstechniken, Kreuzverhör usw. so weit erläutert, daß eine Vorstellung von diesem theaterpädagogischen Ansatz entsteht. Es darf allerdings nicht vergessen werden, daß neben dem szenischen Spiel von WALDMANN eine große Zahl anderer produktiver Verarbeitungsformen benannt werden, die hier außer Betracht bleiben, aber teilweise auch als Anregungen für die Erarbeitung eines Theaterstückes genutzt werden könnten.

Wir müssen es bei dieser Skizze zum „Theaterspielen als Methode des Literaturunterrichtes' belassen. Sie soll lediglich zeigen, welche Bedeutung theaterpädagogische Verfahren in der gegenwärtigen literaturdidaktischen Diskussion haben. In einem nächsten Schritt müssen wir diese Argumentation noch ein Stück weiterführen.

II.2 Theaterspiel als ästhetische Bildung

Wir haben oben behauptet, daß in einem ästhetisch orientierten Deutschunterricht dem Theaterspielen ein besonderer Stellenwert zukommen wird, wenn dieser sich selbst als ästhetische Praxis versteht und andererseits Theaterspiel auch im Amateurbereich als eine solche verstanden werden muß. Diese Argumentation läßt sich dadurch stützen, daß neuere theaterpädagogische Veröffentlichungen genau diesen ästhetischen Aspekt des Theaterspielens betonen: "Amateur- und Schultheater sollten sich innerhalb ihres primär nicht ästhetischen Kontextes demnach an ästhetisch-theatralen Prozessen orientieren. Zwischen der Kunstform Theater [...] und dem kulturellen Modell Theatralität [...] müßte das Amateur- und Schultheater seinen Ort als theatrales Ereignis finden. Es geht um theatrale Prozesse [...], es geht um ästhetische Erfahrungen".[41]

Zu fragen ist, ob Deutschunterricht an diesem Konzept der ästhetischen Bildung durch Theaterspielen weitergehend partizipieren kann und soll, wie es unter dem Gesichtspunkt des Theaterspielens als Methode artikuliert worden ist, oder ob das "Darstellende Spiel" in der Schule eher ein Fach werden soll, an dem der Deutschunterricht nur partiell mitwirkt? Wir sind der Auffassung, daß eher die erste Lösung angestrebt werden sollte, und wollen das aus einer näheren Sichtung der Konzeption von HENTSCHEL begründen.

---

[39] *Waldmann* (1996) 118.
[40] *Scheller* (1993).
[41] *Vaßen* (1996) 64.

HENTSCHEL entwickelt im Zentrum ihrer umfangreichen Erörterung die These, daß die Spielenden im Prozess der theatralen Gestaltung "ästhetische Erfahrungen" machen, die aus dem Kunstcharakter des theatralen Ereignisses abgeleitet werden. "Ästhetische Bildung [vollzieht] sich im Medium der Kunst, im gestalterischen Vorgang selbst [...]. Damit erübrigen sich auch Zielsetzungen, die vorab bestimmt sind und, aus einer außerästhetischen Praxis abgeleitet, an die ästhetische Bildung herangetragen werden."[42] Die inhaltliche Interpretation dessen, was den ästhetischen Bildungsprozess im Theaterspiel ermöglicht, nimmt sie in Bezug auf "praktische" Theatertheorien vor, die das künstlerische Schaffen von Schauspielern erläutern: STANISLAWSKI, M. TSCHECHOW, STRASBERG, BRECHT. Das kann hier nur in einigen Punkten angedeutet werden. Die Psychotechnik von STANISLAWSKI zur Erzeugung des "Erlebens" der Rolle, des Erarbeitens einer "inneren Handlung" und der daraus ermöglichten glaubhaften Verkörperung in einer folgerichtigen äußeren Handlung, der Rekurs auf das "emotionale Gedächtnis" des Schauspielers, ohne das er die emotionalen Strukturen einer Situation nicht erarbeiten kann und die genaue Erarbeitung von physischen Handlungen sind dabei wichtige Grundlagen. Die Betonung der "Emotion" bei der Arbeit an der Rolle findet HENTSCHEL auch bei STRASBERG, während sie bei BRECHT den gestischen Ausdruck hervorhebt.

Die Spannung zwischen " Erleben" und "Verkörpern", die einerseits auf die emotionale Bildung in der empathischen Tätigkeit und andererseits auf die Ausbildung des Körperausdrucks in Stimme, Sprache, Rhythmus etc. zielt, ist eine zentrale Argumentationslinie für die Bestimmung des Künstlerischen in der theatralen Gestaltung.

Der Anspruch, das Ästhetische im Theaterspielen als Beschreibung seines ästhetischen Bildungsgehaltes zu verstehen, ist hierdurch allerdings noch nicht vollständig eingelöst. Erst in der Auseinandersetzung mit der modernen Theaterästhetik, den Bedingungen der Produktion und Rezeption ästhetischer theatraler Zeichen, kann dies geschehen.[43] Klar wird allerdings auch schon hier, daß dabei eine Fülle von Variablen der ästhetischen Gestaltung eine Rolle spielen - visuelle, akustische, verbale, körperliche etc. Sie zeigen, daß Theaterspielen in der Schule bzw. im Deutschunterricht ein anspruchsvolles Programm ästhetischer Bildung ermöglicht, die sich beziehen wird auf

- die Erfahrung des ästhetischen Systems des Theaters: seine Sinnlichkeit und Gestaltetheit;
- die Selbsterfahrung des Schauspielers: seine Wahrnehmung, seine Emotionalität, seine Phantasien, seine Körperlichkeit etc.;
- die Erfahrung der Interaktion mit dem Anderen sowohl im Spiel als auch in der Vorbereitung;
- die literarische Erfahrung: literarisches Verstehen als ganzheitliche, sinnliche Verarbeitung des literarischen Textes jenseits von gesprächiger Interpretation;

---

[42] *Hentschel* (1996) 156.
[43] Vgl. hierzu *Fischer-Lichte* (1990).

- die kommunitäre Erfahrung der Aufführung: Der Bezug zu einem Publikum, das teilnimmt an dem theatralen Ereignis in der Gemeinsamkeit des Erlebens.

Wir fassen zusammen: Wir haben drei Aspekte des Theaterspiels im Deutschunterricht zu skizzieren versucht: von der Tradition des "Rollenspiels" im Zusammenhang des kommunikativen Deutschunterrichts, von der Handlungsorientierung des Literaturunterrichts und von einer Konzeption der ästhetischen Bildung her, um deutlich zu machen, daß Theaterspielen im Deutschunterricht wichtig ist. Daraus läßt sich aber nun auch ableiten: So oder so - Theaterspielen ist ein dringendes Desiderat in der Deutschlehrerausbildung. Diesem Gesichtspunkt soll jetzt die Aufmerksamkeit gewidmet werden.

III. Theater in der Deutschlehrerausbildung?

Wenn denn - wie hinreichend gezeigt - theaterpädagogisches Arbeiten im Deutschunterricht wichtig ist, dann muß dafür eine verantwortbare Ausbildung erfolgen. Dies ist auch dann wahr, wenn es sich "nur" um Theater als Methode des Unterrichts handelt, das war in den obigen Ausführungen schon deutlich genug. Im Prinzip müssen dafür Elemente eines theaterpädagogischen Curriculums definiert werden, die den Möglichkeiten der Lehrerausbildung angepaßt werden. Um den notwendigen Rahmen hierfür zu skizzieren, ist es vielleicht hilfreich, sich an dem Modell eines Kerncurriculums zu orientieren, wie es von HENTSCHEL und KOCH vorgelegt worden ist.[44] Auch wenn es nicht im Kontext der Lehrerausbildung formuliert ist, können daraus Essentials einer theaterpädagogischen Ausbildung unter unterschiedlichen Organisationsbedingungen sichtbar werden. Für die Skizzierung dieses Rahmens muß die Auflistung einiger Prinzipien ausreichen.

III.1. Kerncurriculum Theaterpädagogik

Das Modell von HENTSCHEL und KOCH enthält im wesentlichen folgende didaktisch-methodischen Grundannahmen:

a) Theaterpädagogische Ausbildung muß praktische ästhetische Arbeit, didaktisch-methodische Konstruktion und theoretische Grundlegung in einer Theaterästhetik enthalten.

b) Der Ausbildungsgang kann nur erfahrungsorientiert geschehen, damit theaterpädagogische Qualifikationen tatsächlich auch praktisch werden können: "[…] sein Fundament, sein Kern oder seine Struktur [ist] Theater".[45]

c) Die Qualifikationen beziehen sich auf

- personale Kompetenzen im Sinne der Ausbildung einer sensiblen Identität im Umgang mit sich selbst und anderen;

---

[44] Vgl. *Hentschel/ Koch* (1995).
[45] *Hentschel/Koch* (1995) 116.

- künstlerische Kompetenzen im Sinn der Entwicklung einer Ausdrucksfähigkeit im System der theatralen Zeichen;

- theoretische Kompetenzen der Reflexion der eigenen Erfahrungen im Kontext des Diskurses über Theater als Kunstform (unter Einschluß historischer, soziologischer und psychologischer Fragestellungen);

- didaktisch-methodische Kompetenzen im Sinne einer Fähigkeit zur Vermittlung von theatralen Fähigkeiten in "Lern"situationen unter Einschluß gruppendynamischer Fähigkeiten bei der Leitung von Theatergruppen;

- organisatorische Kompetenzen im Zusammenhang der theatralen Produktion unter Einschluß auch der technischen Probleme und der institutionellen Aufgaben (Management).

Die Ausdifferenzierung dieser Qualifikationen wird in vier Lernfeldern - Theaterpraxis, Theatertheorie, Medialität und Subjektivität, Technik und Organisation - sichtbar, so daß die inhaltliche Struktur eines theaterpädagogischen Curriculums als gut definiert gelten kann. Die Studienstruktur wird im Sinn der Projektmethode definiert und ist gekennzeichnet durch eine Pluralität von Lernorten und Lernsituationen auch außerhalb der Hochschule.

Mit einer solchen Konzeption eines Kerncurriculums haben HENTSCHEL und KOCH unserer Auffassung nach einen großen Schritt auf eine fundierte theaterpädagogische Ausbildung hin gemacht. Sie ist gewissermaßen ein Maßstab, an dem theaterpädagogische Arbeit in Studiengängen orientiert und auch evaluiert werden kann - wie gesagt auch dann, wenn die Ausbildungsbedingungen nur partiell in Studiengängen gegeben sind.

III.2. Organisationsformen der Theaterpädagogik

In einer Übersicht über die Formen, in denen Theaterpädagogik an Hochschulen und Akademien vermittelt wird, haben BARZ, HADRICH und HENTSCHEL die vielfältigen Ansatzpunkte und Gestaltungsmöglichkeiten in unterschiedlichen Studien- bzw. Ausbildungsgängen aufzuzeigen versucht.[46] Eine Systematisierung dieser Ansätze müßte allerdings noch geleistet werden, da sowohl von den Abschlüssen her wie auch in der Einbettung in Studiengänge erhebliche Differenzen zu beobachten sind: Handelt es sich beispielsweise um Zusatzstudiengänge oder um Fachstudiengänge? Sind theaterpädagogische Studien in Lehramts-, Magister- oder Diplomstudiengänge eingebettet? In welchen Disziplinen bzw. Fakultäten erscheinen sie: allgemeine Pädagogik, Germanistik, Literaturwissenschaft, Kulturwissenschaften, Theaterwissenschaft? Bei einem solchen Vergleich könnten folgende Kriterien verwendet werden:

- Theaterpädagogischer Abschluß oder theaterpädagogisches Studienelement
- Studiengänge/ Teilfächer
- Umfang
- Inhalte

---

[46] *Barz/ Hadrich/ Hentschel* (1994).

Ein kurzer Blick in verschiedene Organisationsformen an verschiedenen Hochschulen muß hier genügen.

1. Hochschule der Künste / Berlin
a) Zusatzstudiengang 'Spiel- und Theaterpädagogik' (4 Semester, 8O SWS)
b) Zusatzqualifikation 'Schulspiel' für die Lehrämter (nach dem 2. Examen)
c) grundständiger Studiengang (8 Semester für alle Lehrämter)

2. Universität Hannover
Im Fachbereich Germanistik kann 'Theaterpädagogik' als Schwerpunkt im Magister- und im Lehramtsstudiengang gewählt und im Rahmen der Prüfungsordnungen studiert werden. Der SWS-Umfang ist nicht angegeben, wird aber als "gering" bezeichnet.

3. Universität Hamburg
Im Fachbereich 'Erziehungswissenschaft' werden Studienelemente für Lehramtsstudierende angeboten, die auch für Diplom- und Magisterabschluß gelten. Der Umfang ist mit 8 SWS als ebenfalls gering anzusehen.

4. Pädagogische Hochschule Ludwigsburg
'Theaterpädagogik' kann als Studienelement in den Lehrämtern 'Deutsch', 'Kunst' und 'Musik' und als Studienfach studiert werden, daneben als Wahlpflichtfach für 'Diplompädagogik'.[47]

Aus dieser exemplarischen Skizze wird sofort ersichtlich, daß Organisationsformen der Theaterarbeit sehr unterschiedlich sind und örtlichen Bedingungen angepaßt werden müssen. Daß sich dabei häufig auch unbefriedigende Situationen ergeben, liegt auf der Hand. Insbesondere die Integration der Theaterpädagogik in Lehramtsstudiengänge und in spezielle Schulfachstudiengänge erscheint noch sehr undurchsichtig. Das gilt auch für die Verankerung theaterpädagogischer Studien in der Deutschlehrerausbildung, die konzeptionell noch nicht dargestellt ist. Vielleicht läßt sich derzeit folgende Einschätzung vertreten:

Theaterpädagogik in der Lehrerausbildung hat organisatorisch eine Reihe unterschiedlicher Realisierungsmöglichkeiten, die in unterschiedlicher Weise die Möglichkeiten und Notwendigkeiten der Studiengänge berücksichtigt. Gemeinsam ist ihnen, daß Theaterpädagogik einen wichtigen Teil der ästhetischen Bildung für Lehrer anstrebt, die es ihnen ermöglicht, innerhalb des Handlungsfeldes Schule theatrale Ereignisse zu generieren. Gleichzeitig ist sichtbar, daß theaterpädagogische Qualifikationen auch in anderen sozialen Handlungsfeldern benötigt werden, die auch für Lehramtsabschlüsse interessant sind und andererseits auch in anderen Abschlüssen (Diplom, Magister) berufsqualifizierend sein können.

---

[47] Vgl. auch *Belgrad* (1997) 111f.

Was ist also anzustreben? Eine theaterpädagogische Ausbildung, zu der Pädagogen und Lehrer, Diplomer und Magister Zugang haben und die ihnen Theaterqualifikationen vermittelt, die sie in unterschiedlichen Berufsfeldern verwenden können, und die im Sinne des oben angeführten Kerncurriculums Theaterpädagogik strukturiert wird. Sie kann einerseits in eigenen Studiengängen oder als Teilstudiengang/ Studienelement mit entsprechenden Modifikationen verankert sein. Wir versuchen auf diesem Hintergrund, unseren eigenen Zugang an der Uni Bielefeld zu erläutern.

IV. Theaterarbeit an der Universität Bielefeld

IV.1 Voraussetzungen:

Theaterpädagogische Arbeit hat an der Universität so gut wie keinen Ort. Lediglich im Bereich der Anglistik existiert in Bielefeld seit längerem eine Drama-Gruppe, die einmal im Jahr eine Produktion erarbeitet, dabei aber keine expliziten theaterpädagogischen Intentionen verfolgt. Auch im Bereich der Erziehungswissenschaften gab es bislang keine Theaterpädagogik. Erst in den letzten Jahren erlebt dieser Aspekt eine gewisse Aufmerksamkeit, die wir auf unsere eigenen Anstrengungen zurückführen dürfen. Wir versuchen, Theaterarbeit in der Pädagogik und in der Literaturwissenschaft/Germanistik in die Diplom- Lehramts- und Magisterstudiengänge als Studienschwerpunkte zu implementieren und mit einer außerhochschulischen Weiterbildung zu verknüpfen.

IV.2 Struktur der theaterpädagogischen Arbeit

Unsere Konzeption beruht auf vier Säulen, die kontinuierlich in den Fakultäten Pädagogik und Linguistik/Literaturwissenschaft für Lehramt, Diplom und Magister angeboten werden.

IV.2.1 Theaterwerkstatt

Die Theaterwerkstatt ist eine 1-semestrige Einführung in das theatralische Spiel mit dem Standardrepertoire zu Übungen in Wahrnehmung, Konzentration, Körpersprache, Stimme/ Sprache, Bewegung etc. Da in der Regel mindestens 50 Studierende an der Werkstatt teilnehmen, erfolgt die Arbeit in wechselnden Gruppengrößen. Durch Improvisationen zu spezifischen Situationen - auch unter Bezug auf Texte - werden im Laufe des Semesters Szenische Collagen entwickelt, die in einer Werkstattaufführung präsentiert werden. Im Vordergrund der Arbeit stehen die Entwicklung von Spielfreude, Improvisationsfähigkeit und theatraler Ausdrucksfähigkeit auf der einen und Selbsterfahrung und soziale Prozesse in der Gruppe auf der anderen Seite. Theaterpädagogischer Hintergrund sind Improvisationsverfahren nach K. JOHNSTONE und Teile der BOALschen Theaterkonzeption.

IV.2.2 Theaterstudio

Das Theaterstudio ist ein Jahreskurs, in dem mit einer Gruppe von bis zu 20 Studierenden eine Theaterproduktion erarbeitet wird, mit der das Ensemble in den Semesterferien auf eine regionale Tournee geht. Hier geht es um Dramen der Weltliteratur, die in teilweise aufwendiger Arbeit inszeniert werden und von den Studierenden ein erhebliches Maß an Engagement - weit über das anerkennbare Studienvolumen hinaus - erfordern (Blockveranstaltungen außerhalb der Universität). Das Schauspieltraining ist anspruchsvoll und vielfältig, insbesondere die Körperarbeit durch Aikido und Akrobatik. Ausgangspunkt der Arbeit an Text und Rolle sind Improvisationen zu den textuell "vorgeschlagenen Situationen", die dann mehr und mehr in die Figuren des Dramentextes integriert werden. Für die schauspielpädagogische Arbeit ist vor allem STANISLAWSKIs "System" neben K. JONSTONES Improvisationstechniken leitend. Ein Schwerpunkt ist auch die Arbeit mit Masken aus der Tradition der Commedia dell'arte. Neuerdings werden auch Verfahren von LECOQ herangezogen.

IV.2.3 Kolloqium zur Theatertheorie und Theaterpädagogik

Hier handelt es sich um eine 2-stündige Seminarveranstaltung, in der theoretische Grundlagen der Theaterarbeit behandelt werden. Einerseits geht es um theaterhistorische Entwicklungen und Theaterästhetik, andererseits auch um schauspielpädagogische Entwicklungen anhand der "Künstlertheorien" von CRAIG bis in die Gegenwart. Unterstützt durch Video-Material wird versucht, Theaterarbeit in ihrer Genese und Aktualität kennenzulernen und dabei auch die eigene Erfahrung zu reflektieren, die an unterschiedlichen Punkten ansetzt, aber im Austausch unter Umständen verallgemeinert werden kann.

IV.2.4 Theaterpädagogische Aus- und Weiterbildung

Die beschränkten Möglichkeiten innerhalb der jeweiligen Studiengänge machen im Prinzip eine Ausweitung theaterpädagogischer Ausbildung nötig. Durch eine personelle Kooperation mit der LAG Spiel und Theater (NRW) eröffnen wir einen Weg für Studierende, im Sinne eines theaterpädagogischen Ausbildungsprogrammes, parallel zu und in Ergänzung ihrer universitären Studien, unzureichende Kompetenzen zu vervollständigen. Das Ausbildungsprogramm der LAG orientiert sich dabei an dem oben angeführten Kerncurriculum.

IV.3 Erfahrungen

IV.3.1 Theaterwerkstatt

Wir haben bisher 9 Theaterwerkstätten mit etwa 600 Teilnehmerinnen und Teilnehmern hinter uns. Ein solcher Zulauf ist natürlich in gewisser Weise trivial, wenn Theatererfahrungen an einer Hochschule angeboten werden, die keine einschlägige

Tradition hat. Insofern verwundert es nicht, daß unsere Studierenden die Werkstatt als eine Art "Insel" in der hochschulischen Ödnis wahrnehmen. Dabei ist es vor allem die Begegnung mit sich selbst in Situationen, für die es keine Routinen, keine Fassaden und keine der übliche Fluchtmöglichkeiten gibt, die Studierende z.T. mehrfach in die Theaterwerkstatt lockt. Die Erfahrung, daß man hier und jetzt öffentlich sichtbar körperlich, emotional und kognitiv präsent sein muß und kann, ist für fast alle Studierenden ein zunächst überraschendes und dann zunehmend euphorisierendes Erlebnis.

Andererseits ist es die Begegnung mit den anderen in wechselnden Gruppenzusammenhängen, die in ihrer Intensität weit über den üblichen Studierbetrieb hinausgeht. Schließlich ist es auch die Erfahrung, daß man in gemeinsamer Arbeit eine künstlerisch mehr oder weniger gestaltete Szene auf die Bühne bringt, die sich sehen lassen kann, die in den Berichten der Studierenden erscheint.

Inhaltlich ergeben sich in den Spielgruppen häufig verblüffend gelungene Improvisationen und szenische Gestaltungen, deren Einfallsreichtum häufig unseren eigenen Horizont übersteigt, und denen eine spielerisch-komödiantische Distanzierung von alltäglichen Wahrnehmungsmustern sichtbar wird.

IV.3.2 Theaterstudio

Aus dem Theaterstudio sind seit 1995 zwei Produktionen hervorgegangen, die sich regionaler Aufmerksamkeit erfreuen konnten: Im Sommer 1996 eine Inszenierung von "Peer Gynt" (IBSEN) und im Sommer 1997 eine Inszenierung des "Wintermärchens" (SHAKESPEARE). Die Erfahrungen mit der Textarbeit und der Rollenarbeit sowie dem Spiel mit der Maske (deren Herstellung natürlich durch das Ensemble erfolgt), die Erfindung von Kostüm und Bühne (an der die Mitglieder mitwirkten), das manchmal harte Akrobatiktraining und die übrige Körperarbeit und vieles andere mehr machen aus einer Spielgruppe ein Ensemble, das mit Selbstvertrauen auf öffentlichen Plätzen spielen kann und dafür z.T. hervorragende Kritiken bekommt. Ein weiteres Ensemble erarbeitet gerade den "Diener zweier Herren" (GOLDONI) und wird in der Region auftreten.

IV.3.3 Kolloqium

Die Beschäftigung mit STANISLAWSKI, MEYERHOLD, WACHTANGOW, BRECHT, ARTAUD, GROTOWSKI, BROOK, mit der französischen Tradition des 'mime-Theaters' bis zum "Théâtre du soleil" kann hier nicht im einzelnen dargestellt werden. Sie hat bei allen Beteiligten - d.h. auch bei den "Lehrenden" - intensive Reflexionsprozesse über Bedingungen des modernen Theatermachens und der Schauspielerei ausgelöst, die z.T. noch gar nicht aufgearbeitet sind.

IV.3.4 Theaterpädagogische Aus- und Weiterbildung durch die LAG

Theaterwerkstatt und Theaterstudio sind für eine Reihe von Studierenden der Ausgangspunkt für eine Weiterbildung geworden, in der sie an einer Reihe von Workshops teilnehmen konnten - etwa zur Arbeit mit Masken oder zu TSCHECHOW. Andere absolvieren eine Weiterbildung an anderen Bildungseinrichtungen. Diese Weiterqualifikation führt in der Regel dazu, daß die Studierenden selbst theaterpädagogische Projekte leiten, z.B. mit Heimatvereinen, mit Schulen aller Typen, mit ErzieherInnen, aber auch mit freien Gruppen in sozialen Einrichtungen. Es zeigt sich dabei, daß in dieser Ausbildungsstruktur Kompetenzen erworben werden, die über das Studium weit hinausreichen.

Wenn wir versuchen, eine zusammenfassende Einschätzung dieser theaterpädagogischen Arbeit an der Universität zu formulieren, können wir feststellen, daß es im Prinzip möglich ist, innerhalb der Lehrerausbildung in den existierenden Studiengängen Theaterarbeit sinnvoll zu implementieren, daß es unter den begrenzenden Bedingungen aber auch nötig ist, über das Studienvolumen hinauszugehen. Dies kann nicht von allen teilnehmenden Studierenden wahrgenommen werden, die das gerne wollten. Doch auch bei denen, die schließlich keine ausgewiesenen Theaterpädagogen werden, sind wir sicher, daß sie ihre Theaterarbeit in ihren Schulämtern oder anderen Institutionen weiterführen und so zu einer ästhetischen Bildung von Kindern und Jugendlichen beitragen werden.

V. Schluß

Wir haben versucht, auf dem Hintergrund der aktuellen Diskussion des Theaterspielens als ästhetischer Bildung die Bedeutung des Theaterspielens für den Deutschunterricht zu akzentuieren und die Konsequenzen für die Lehrerausbildung anzudeuten. Es ist uns nicht möglich gewesen, die Relevanz der theatralen Projekte für die Ausbildung der theaterpädagogischen Kompetenzen empirisch sichtbar zu machen - etwa zu zeigen, wie die Vorbereitung auf eine Rolle die Lektüreprozesse verändert und intensiviert, oder wie die Arbeit an einer Szene Veränderungen im Selbstkonzept herbeiführt, oder wie das spielende Individuum sich im Prozess der szenischen Gestaltung "befreit" und seine Identität entwickelt. Wir haben nur einige Argumente vorgebracht dafür, daß das mit Sicherheit in solchen Situationen passieren wird. Erst in einer ausführlichen Dokumentation von Tagebüchern und Berichten, die die Studierenden - leider nicht immer - schreiben und in einer genauen Prozess-Analyse durch uns selbst wäre dann nachweisbar, wie Theaterspielen in der (Deutsch-)Lehrerausbildung die ästhetische Bildung der Studierenden ermöglicht, was notwendig ist, damit sie sich auch in der Schule ereignen kann. Aber natürlich wissen wir aus unseren eigenen Erfahrungen, daß das so ist. Es gibt allerdings Gott sei Dank, wie wir gesehen haben, doch einige in der Zunft, die das auch glauben. Warum fordern wir nicht, daß jede/r Studierende des Lehramts, mindestens im Fach Deutsch, Theaterstudien in einem Mindestumfang von 6 SWS absolviert haben muß?

Literaturverzeichnis

Barz, André/ Hadrich, Ulrike/ Hentschel, Ulrike: (1994) Aus-, Fort- und Weiterbildung für Spiel und Theaterpädagogen in der Bundesrepublik Deutschland. Schriftenreihe der Bundesarbeitsgemeinschaft Spiel und Theater e.V. Berlin 1994.

Baumann, Zygmund: (1995) Identität bedeutet "immer noch nicht". In: Psychologie heute 22 (1995), S. 54-58.

Beck, Ulrich/Beck-Gernsheim, Elisabeth (Hrsg.): (1994) Riskante Freiheiten. Frankfurt: Edition Suhrkamp 1994.

Belgrad, Jürgen (Hrsg.): (1997) Theaterspiel: Ästhetik des Schul- und Amateurtheaters. Baltmannsweiler: Schneider 1997.

- (1996)　　Theatralität im Alltag. Spielerische Subjektentfaltung als ästhetische Inszenierung der Lebenswelt. In: Korrespondenzen 27 (1996), S. 34-43.

Fischer-Lichte, Erika: (1990) Die Zeichensprache des Theaters. In: Möhrmann, Renate (Hrsg.): Theaterwissenschaft heute. Berlin: Reimer 1990, S. 233-259.

Förster, Jürgen: (1991) Subjekt- Geschichte - Sinn. In: Der Deutschunterricht 4 (1991), S. 58-79.

Hentschel, Ulrike: (1996a) Theaterspielen als ästhetische Bildung. Weinheim: Beltz 1996.

- (1996b)　　Alles Theater? In: Korrespondenzen 27 (1996), S. 43-49.

Hentschel, Ulrike/ Koch, Gerd: (1995) Kerncurriculum Theaterpädagogik. In: Korresponden-zen 23/24/25 (1995), S. 115-120.

Keupp, Heiner: (1988) Riskante Chancen. Heidelberg: Asanger 1988.

Koch, Gerd u.a.: (1995) Theatralisierung von Lehr-Lernprozessen. Berlin: Schibri 1995.

Kreft, Jürgen: (1977) Natur - Gesellschaft - Ästhetik. In: Baumgärtner, Alfred C./ Dahren-dorf, Malte (Hrsg.): Zurück zum Literaturunterricht? Braunschweig 1977, S. 89-102.

Lenzen, Dieter (Hrsg.): (1990) Kunst und Pädagogik. Darmstadt 1990.

Mollenhauer, Klaus: (1990) Ästhetische Bildung zwischen Kritik und Selbstgewissheit. In: Zeitschrift für Pädagogik 36 (1990), S. 465-494.

Rupp, Gerhard (Hrsg.): (1998) Ästhetik im Prozess. Wiesbaden: Westdeutscher Verlag 1998.

Scheller, Ingo: (1996) Szenische Interpretation. In: Praxis Deutsch 136 (1996), S. 22-32.

- (1997)　　Szenisches Spiel. Berlin: Cornelsen/Scriptor 1997.

Schewe, Manfred: (1993) Fremdsprache inszenieren. Oldenburg: Universitätsdruck 1993.

Schulze, Gerhard: (1992) Die Erlebnisgesellschaft. 6. Auflage Frankfurt: Campus 1996.

Schuster, Karl: (1994) Das Spiel und die dramatischen Formen im Deutschunterricht. 2.Auflage Baltmannsweiler: Schneider 1996

Waldmann, Günther: (1996) Produktiver Umgang mit dem Drama. Baltmannsweiler: Schnei-der 1996.

Vaßen, Florian: (1996) Verkehrte Welt? Der Stellenwert von Ästhetik in Theaterwissenschaft und Theaterpädagogik. In: Belgrad, Jürgen (Hrsg.) Theaterspiel. Baltmannswei-ler: Schneider 1996, S. 57-65.

Welsch, Wolfgang (Hrsg.): (1988) Wege aus der Moderne. Weinheim: Beltz 1988.

- (1993)　　Ästhetisches Denken. Stuttgart: Reclam 1993.

Zacharias, Wolfgang (Hrsg.): (1991) Schöne Aussichten? Ästhetische Bildung in einer tech-nischen Welt. Essen: Klartext 1991

Regina Wieland / Hans-Werner Huneke

Warum Deutschlehrer/innen nicht nur Deutsch können sollten. Eine Rückbesinnung auf die polyglotten Wurzeln des eigensprachlichen Unterrichts

1. Vorbemerkung

Jedes Kind lernt sprechen – dies läßt sich, wenn man von extremen Umständen einmal absieht, sogar überhaupt nicht verhindern. Wozu braucht es da überhaupt Unterricht in der eigenen Sprache?

Seit sich in der beginnenden Neuzeit ein eigensprachlicher[1] Unterricht vom elitären mittelalterlichen Lateinunterricht ablöste und als selbständiges, schließlich sogar als zentrales schulisches Unterrichtsfach für Kinder aus allen Ständen, Schichten und Klassen der Bevölkerung etablierte, haben Deutschdidaktiker unterschiedliche, dem historischen Wandel unterworfene Antworten auf diese Fragen gegeben. In einer sich literarisierenden Gesellschaft sahen sich immer mehr Menschen darauf angewiesen, nun auch über die geschriebene Sprache zu verfügen; in sprachlicher Bildung wurde aber auch – neben allen Nützlichkeitserwägungen – ein allgemeinbildender Wert gesehen. Der Deutschunterricht bekam in der sich ausdifferenzierenden Gesellschaft weiter die Aufgabe zugeschrieben, die Sozialisation und die persönliche Entwicklung von Kindern und Jugendlichen zu unterstützen. Vor allem wurde er aber ein wichtiges Hilfsinstrument bei der Formung des Nationalstaates seit dem 19. Jahrhundert, als es – auch politisch – darum ging, die sich auflösenden Bindungen an die Religion bzw. Konfession und an die Dynastie in neue, modernere Loyalitätsstrukturen zu überführen. Hier entstand in den meisten Nationalstaaten die Vorstellung einer Staatsnation, zu deren Kennzeichen unter anderem die großräumige kulturelle, zum Teil sogar soziale und eben die sprachliche Einheitlichkeit gehörte, ein Zustand, den es im dialektal reichen und politisch polyzentrischen deutschen Sprachgebiet erst einmal herzustellen galt.

Für den Deutschunterricht bedeutete diese Aufgabenverschiebung eine Abkehr von seinen polyglotten Wurzeln und eine Hinwendung zur einsprachigen, vereinheitlichenden, nationalen und schließlich sogar nationalistischen Orientierung. Diese Tendenz mag man für die erste Hälfte des 19. Jahrhunderts in Teilen noch positiv bewerten, in den Nationalismen des 20. Jahrhunderts hat sie sich als politisch verhängnisvoll und auch sprachdidaktisch als falsch erwiesen, und es galt und gilt, sie zu revidieren.

---

[1] Mit dem Begriff 'Muttersprache' sind historisch unterschiedlichste Konzepte und Programme verbunden, vgl. *Ahlzweig* (1994). Um Mißverständnissen auszuweichen, verwenden wir hier den Begriff des eigensprachlichen Unterrichts oder des Deutschunterrichts.

Der eigensprachliche Unterricht muß deshalb, das ist die zentrale These dieses Bei-
trages, seine verschütteten polyglotten Wurzeln wieder reflektieren. Er darf nicht in
monolingualer und kulturell eindimensionaler Perspektive verharren. Diese Forderung hat nachhaltige Folgen auch für die Ausbildung von Deutschlehrern.[2] Es reicht
nicht, wenn sie 'nur Deutsch können', selbst wenn dieses Können schon den Zugriff
auf unterschiedliche Varietäten der Sprache umfaßt. Der Blick auf andere Sprachen,
auf andere Literaturen und auf andere Kulturen muß vielmehr integraler Bestandteil
ihrer Ausbildung sein.

Dies gilt um so mehr in einer Gegenwart, die sich zu Europa öffnet, und in einer
Gesellschaft, die von Migrationsprozessen und ihren Ergebnissen mitgeprägt ist –
dies übrigens nicht erst seit ein paar Jahrzehnten, sondern als ein durchgehendes
Merkmal der mitteleuropäischen Geschichte.[3] Es wäre ein verkürztes und falsches
Bild, würde man, wie dies gelegentlich geschieht, annehmen, der eigensprachliche
Unterricht habe sich historisch stets auf eine national einheitliche, sprachlich und
kulturell homogene gesellschaftliche Wirklichkeit beziehen können, und erst aufgrund von Migrationsprozessen in der jüngsten Vergangenheit habe sich dies geändert. Vielmehr ist ein solches Bild seinerseits bereits ein Produkt eben jener Natio-
nalisierungstendenz, die auch den Deutschunterricht seit eineinhalb Jahrhunderten
beeinflußt und geprägt hat. Auch aus diesem Grund reicht es nicht aus, in der
Deutschlehrerausbildung lediglich zusätzliches methodisch-didaktisches Handwerkszeug zum Unterricht in Deutsch als Zweitsprache oder zur interkulturellen
Erziehung zu vermitteln. Vielmehr ist die Aufgabenstellung des eigensprachlichen
Unterrichts insgesamt involviert und damit auch das berufliche Selbstverständnis
von angehenden Deutschlehrern, die einen archimedischen Punkt gewinnen müssen,
von dem aus sie zu einer eigenen Definition dieser Aufgabenstellung gelangen können.

Um die genannte These zu belegen, sollen im folgenden zentrale Aufgabenbestim-
mungen des Faches aus seiner Geschichte zusammengestellt und anschließend auf
die aktuelle Situation bezogen werden. Es wird sich zeigen, daß die Phase der nationalen Engführung beendet ist und daß es gilt, die sprachliche und kulturelle Perspektive des eigensprachlichen Unterrichts wieder zu erweitern. Dann kann der
Deutschunterricht auch seinen spezifischen Beitrag zur „Internationalisierung der
Bildung"[4] leisten, wie sie etwa die Kommission 'Zukunft der Bildung – Schule der
Zukunft' als eine der zentralen Aufgaben einer zukünftigen Schule ansieht. Sie
formuliert: „Es ist notwendig, sich des eigenen Fremdseins für andere bewußt zu
werden und zu erkennen, daß das eigene Denken, Werten und Handeln von Denk-
gewohnheiten, Wertüberzeugungen und Handlungsorientierungen geprägt wird."[5]
Dazu kann das literarische und sprachliche Lernen und Reflektieren im eigen-

---

[2] Um die Formulierungen zu entlasten, verzichten wir darauf, konsequent beide Genera zu
    verwenden. Wir bitten die Leserinnen und Leser um Verständnis.
[3] Vgl. *Bade* (1992).
[4] *Bildungskommission NRW* (1995) 117-126.
[5] *Bildungskommission NRW* (1995) 117.

sprachlichen Unterricht vor allem dann einen substantiellen Beitrag leisten, wenn es den Blick auf die eigene sprachliche Umgebung auch auf andere Sprachen erweitert. Es kann dann in besonderem Maße an seinen fachspezifischen Gegenständen und mit seinen fachspezifischen Möglichkeiten auch drei übergreifende Schlüsselqualifikationen interkultureller Kompetenz fördern, nämlich Empathie, die Fähigkeit zur Rollendistanz und Ambiguitätstoleranz.

2. Aufgaben und Ziele des Deutschunterrichts und ihre Begründungen

Ein Unterricht im Deutschen kann zeitlich erst um das 15. Jahrhundert herum angesetzt werden. Zuvor fand die (Aus)bildung der angehenden weltlichen und kirchlichen Gelehrten in Lateinschulen statt. Das Deutsche war in den Lateinschulen lediglich ein Mittel, um die lateinische Sprache zu verstehen. Es diente der Gegenüberstellung von sprachlichen Mitteln und Strukturen und war Ausgangs- und Zielsprache für Übersetzungsübungen.

2.1 Der Erwerb nützlicher Fertigkeiten und Kenntnisse

Expandierende Handelsbeziehungen und die Ausdehnung der städtischen Verwaltung hatten dazu geführt, daß sich im Laufe des Mittelalters in vielen Bereichen des öffentlichen Lebens feste Formen eines Schriftverkehrs herausbildeten, der zunehmend auch in deutscher Sprache geführt wurde. So hatte der erste Deutschunterricht im 15. Jahrhundert, der zunächst in kommerziellen Schreibschulen erteilt wurde, die Aufgabe, die Grundfertigkeiten des Lesens und Schreibens zu vermitteln. Hinzu kam der „Unterricht im Dichten", auch „Formularunterricht" genannt, denn hier lernten die Schüler die Kunst des Formulierens oder „Aufsetzens" aller wichtigen Formen beruflichen und privaten Schriftverkehrs. Solche Fertigkeiten wurden für eine wachsende Zahl von Menschen zu einer Voraussetzung für das, was man heute eine berufliche Karriere nennen würde.

Die Pläne des Pädagogen Wolfgang RATKE aus dem Jahr 1612 bildeten den ersten umfassenden Versuch, das Deutsche als Unterrichtssprache zu etablieren, und zwar als Grundlage für den Erwerb zunächst des Hebräischen, dann des Griechischen und Lateinischen sowie ergänzend des Chaldäischen und Syrischen. In seinen Reformvorschlägen sprach RATKE von der Hoffnung und Notwendigkeit einer „einträchtige[n] Sprache im Reiche",[6] also einer einheitlichen, überregional verständlichen Varietät des Deutschen, in der in den Schulen unterrichtet werden sollte. Hierzu bot sich das Meißnische an, in dem Luther seine Bibelübersetzung verfaßt hatte. Die Übernahme dieser Idee RATKES in die „Weimarer Schulordnung von 1619" bedeutete die Einführung einer deutschen Sprachschule, die vor der Einschreibung in die Lateinschulen absolviert werden sollte. Hiermit war der Grundstein für eine Elementarschule und somit für eine allgemeine Volksbildung gelegt.

---

[6] *Ratke* (1612) 53.

Das Prinzip der Natürlichkeit war es, das RATKE veranlaßt hatte, dem Erlernen der Fremdsprache eine muttersprachliche Unterweisung der Schüler voranzustellen: „Nun ist der rechte Gebrauch und der Lauf der Natur, daß die liebe Jugend, zum ersten, ihre angeborne Muttersprache, welche bei uns die deutsche, recht und fertig lesen, schreiben und sprechen lerne, damit sie ihre Lehrer in andern Sprachen künftig desto besser verstehen und begreifen können [...]."[7] Im Grunde war es der Gedanke eines fächerübergreifenden und -verbindenden Unterrichts, niedergelegt in einem Spiralcurriculum, den RATKE mit seiner Idee der „Allunterweisung" darlegte. „Der Reformer machte sich zunächst an eine tabellarische Zusammenstellung aller Lehrgebiete des menschlichen Wissens. [...] Nun war jene 'Allunterweisung' freilich nicht allein für den Unterricht in den ersten drei Klassen gedacht. Sie gab vielmehr das System ab, nach dem der Unterricht in der deutschen, der lateinischen und der griechischen Sprache koordiniert werden sollte. [...] So sollten parallele Unterrichtswerke ausgearbeitet werden. Denn was die Schüler zunächst in der Muttersprache gelernt hätten, würden sie hernach in der lateinischen und griechischen Sprache, wo es ihnen wieder begegnen sollte, um so leichter verstehen."[8] Im Sprachunterricht sollten also nicht nur die nützlichen Fertigkeiten des Lesens und Schreibens erworben werden, sondern auch Kenntnisse der Sachen – eine Verbindung, deren Realisierung erst RATKES jüngerem Zeitgenossen COMENIUS gelingen sollte.

1658 erschien der zweisprachig lateinisch-deutsche „Orbis pictus" des COMENIUS, der später in fast alle anderen europäischen Sprachen übersetzt wurde – das erste Sprach(en)- und Sachbuch. Dem Sprachunterricht kam hier die erwähnte universellere Bildungsaufgabe zu, denn die Kenntnis der Wörter und die Kenntnis der Sachen sollten nicht losgelöst voneinander gelehrt werden. Aufgrund seiner pansophischen Überzeugung verstand COMENIUS Bildung zugleich als Bildung für alle, ungeachtet des Standes oder des Geschlechts.

Die Vermittlung von Fertigkeiten als primäre Begründung des Deutschunterrichts gewann erst im 18. Jahrhundert erneut an Bedeutung. Nachdem 1687 an der Hallenser Universität die erste Vorlesung in deutscher Sprache gehalten worden war, folgten im Laufe des nächsten Jahrhunderts andere Hochschulen diesem Beispiel, und das Lateinische wurde als Vermittlungssprache in der universitären Lehre allmählich zurückgedrängt. Beklagt wurden jedoch allerorts die mangelnden Kenntnisse der Studenten im geschriebenen Deutsch. Um dem abzuhelfen, wurde Deutschunterricht in Form der Fächer Orthographie, Kalligraphie und Epistolographie jetzt ebenfalls an Höheren Schulen eingeführt und war nun auch nützlich als Vorbereitung auf ein Universitätsstudium.

Die unmittelbare praktische Verwertbarkeit trat in der Folge oft hinter anderen Zielbestimmungen des Deutschunterrichts zurück. Der Erwerb von Fertigkeiten, die Förderung der Kompetenz in der Standardsprache und die Möglichkeit eines inte-

---

[7] *Ratke* (1612) 50.
[8] *Frank* (1973) 57.

grierten Sprachunterrichts blieben jedoch Fragestellungen, die bis heute – auch unter dem Gesichtspunkt der Nützlichkeit – in der Diskussion um die Theorie und Praxis des Deutschunterrichts eine Rolle spielen. Ende der 60er/Anfang der 70er Jahre unseres Jahrhunderts belebte die Frage nach der Nützlichkeit der Geisteswissenschaften die gesellschafts- und bildungspolitische Diskussion. In der Sprachwissenschaft trat die „pragmatische Wende" ein, die unmittelbar auch für den Deutschunterricht nutzbar gemacht werden sollte. Mit dem Lernziel „kommunikative Kompetenz" stand die Sprachverwendung, vorrangig im mündlichen Bereich, im Mittelpunkt didaktischer Überlegungen. Die Schülerinnen und Schüler sollten kompetent werden, in kommunikativen Situationen sprachlich angemessen zu handeln, d.h. ihre Intentionen adressatenspezifisch und unter Berücksichtigung weiterer Faktoren realisieren zu können. Als unterrichtlicher Rahmen diente hierzu die Simulation geeigneter Situationen[9] oder auch der Ernstfall.[10]

Ende der 70er/Anfang der 80er Jahre wurde der kommunikativ-pragmatische Ansatz ebenfalls zur bedeutendsten Methodenkonzeption für den fremdsprachlichen Deutschunterricht. Auch hier ist jetzt zunächst „nach den frequentesten Sprechhandlungen zu fragen, die den Lernern möglichst schnell in erwartbaren Situationen eine größtmögliche Handlungsfähigkeit in der Fremdsprache eröffnen."[11]

Die Diskussion um das Verhältnis von Dialekt und Standardsprache begann in den 70er Jahren unter bildungspolitischen Gesichtspunkten. Sprachbarrieren wurden als Bildungsbarrieren erkannt, und Dialekt und Soziolekt als Defizit gewertet.[12] Dies lief dem gerne abgelegten Bekenntnis zur Chancengleichheit zuwider. Propagiert wurde ein kompensatorischer Sprachunterricht, der den Gebrauch des Dialekts durch die Verwendung der Standardsprache ersetzen sollte. Der gewünschte Erfolg blieb weitgehend aus, nicht zuletzt deshalb, weil die identitätsstiftende Funktion des Dialekts unberücksichtigt blieb. Wenn heute in den neunziger Jahren von einer „Dialektdidaktik" die Rede ist, geschieht dies vor dem Hintergrund sprachlicher Vielfalt und innerer Mehrsprachigkeit.[13] Kinder und Jugendliche zu einem „Sprachdifferenzbewußtsein"[14] zu führen, sollte ein Anliegen des Deutschunterrichts sein.

Weitgehend kompensatorischen Charakter hatten und haben auch viele der Maßnahmen, die seit Beginn der 80er Jahre zur Förderung von Kindern und Jugendlichen nicht-deutscher Erstsprache in der Zweitsprache Deutsch angeboten werden. „In schulischen Zusammenhängen wurde der Zweitspracherwerb lange Zeit ohne Beachtung der Bilingualität der Kinder gefördert, eine Förderung, die explizit einer raschen Integration von Kindern nicht-deutscher Muttersprache in auf Deutsch ge-

---

[9] Vgl. *Bünting/Kochan* (1973) 168ff.

[10] Vgl. *Behr u.a.* (1975) 336ff.

[11] *Huneke/Steinig* (1997) 149.

[12] Vgl. hierzu u.a. *Schlieben-Lange* (1973) 54ff.

[13] Vgl. *Klotz/Sieber* (1993).

[14] Vgl. *Neuland* (1993) 173ff.

führte Regelklassen dienen sollte."[15] Bis heute bleibt die zweisprachige Erziehung und Bildung meist auf Modellversuche beschränkt, und das, obwohl eine Interdependenz in der Entwicklung von Erst- und Zweitsprache heute in der Forschung vielfach belegt ist.

Die Diskussion um einen Deutschunterricht, der in unterschiedlicher Weise verschiedene Arbeits- und Lernbereiche integriert, wurde in der jüngeren Vergangenheit auf vielfältige Weise geführt. Zu erwähnen ist beispielsweise die Herausgabe integrierter Sprach- und Lesebücher, zu nennen ist auch das Bemühen um einen fächerverbindenden Sprachunterricht vor allem in der Grundschule.[16] Auch hinter der Adaption und Entwicklung von „Language Awareness"-Ansätzen steht der Gedanke, fächerübergreifende sprachliche Bildung zu ermöglichen. „Die Konzeption von *Language Awareness* umfaßt die Berücksichtigung von Sprache und sprachlicher Vielfalt in allen Fächern und im Schulalltag, was eine umfassende Sensibilisierung für sprachliche Aspekte verschiedener Themen beinhaltet."[17] Nicht zuletzt wurde vor dem Hintergrund eines integrierten Sprachunterrichts die Frage nach der Sinnhaftigkeit des Grammatikunterrichts wieder neu gestellt.

„Der Sinn grammatischen Wissens ist umstritten.

Der Sinn grammatischen Wissens ist unbestritten."[18]

Diese beiden Thesen stellt KLOTZ seiner Einführung in ein Themenheft „Sprachliches Handeln und grammatisches Wissen" voran und führt aus, daß sich beide Sätze anhand einer langen Literaturliste aus didaktischer, pädagogischer und schulpraktischer Sicht belegen ließen.

Als Zwischenergebnis läßt sich festhalten: Wer seine Intentionen und Interessen in den unterschiedlichsten sozialen Kontexten seiner Lebensbezüge verwirklichen möchte, der muß erfolgreich kommunizieren können. Daß der eigensprachliche Unterricht hierzu zentrale Beiträge zu leisten hat, dürfte nach wie vor weithin unbestritten sein. Seit wichtige Lebenszusammenhänge für immer mehr Menschen von Literalität gekennzeichnet sind, ist es Aufgabe des Deutschunterrichts, in das Lesen und Schreiben, in das Verstehen und rezipientengerechte Verfassen von Texten einzuführen und die Veränderungen in der sprachlichen Kompetenz und im sprachlichen Wissen, die damit verbunden sind, zu begleiten und zu fördern. Zu dieser traditionellen Aufgabe schon aus der Zeit der frühneuzeitlichen Schreibschule ist in den modernen Gesellschaften aber noch eine weitere hinzugetreten. Der Rahmen für erfolgreiches mündliches Kommunizieren ist nämlich immer komplexer geworden, weil die Sprecher – anders als in den statischeren Gesellschaften früherer Zeiten – verstärkt in wechselnden Situationen und Konstellationen, in wechselnden Rollen und unter sich beständig wandelnden Bedingungen interagieren und sozial handeln müssen. Für kaum jemanden läßt sich noch statisch im Blick auf einen langdauern-

---

[15] *Barkowski* (1989) 364.

[16] Vgl. u.a. *Bartnitzky/Christiani* (1987) 85ff.

[17] *Luchtenberg* (1998) 142.

[18] *Klotz* (1995) 3.

den Zeitraum formulieren, worin die Lösungsstrategien zu denjenigen Sprachver-
wendungsaufgaben lägen, die sich ihm etwa immer wieder stellten. Vielmehr sind
die Sprecher wechselnden Erwartungen, wechselnden Normen für das Verstehen
und für das sich Verständigen ausgesetzt, also unterschiedlichen, nicht harmoni-
sierten (sub)kulturellen Kontexten, die sie wahrnehmen müssen und denen sie mit
Ambiguitätstoleranz gegenübertreten müssen, wenn sie flexibel und im Sinne der
eigenen Intentionen erfolgreich interagieren und handeln wollen. Wie ließe sich dies
besser im eigensprachlichen Unterricht zum Gegenstand machen als dadurch, daß
man immer wieder auch in eine anderssprachige und anderskulturelle Perspektive
wechselt, hier Erfahrungen ermöglicht und diese auch thematisiert und zum Gegenstand gemeinsamer sprachbezogener Reflexion macht? Und dies gilt um so mehr,
wenn zur inneren und äußeren Mehrsprachigkeit[19] die Zukunft in einem sprachlich
und kulturell diversifizierten, polyzentrischen Europa der Freizügigkeit tritt.

2.2 Leitbilder der Erziehung und Bildung

Ob er deutschsprachiger Unterricht, Unterricht im Deutschen oder Unterricht in der
Muttersprache genannt wurde, immer wieder verstand sich Deutschunterricht auch
als Teil eines übergeordneten Erziehungs- und Bildungsauftrags, als Beitrag zum
jeweiligen Ideal der Menschenbildung.

2.2.1 Vom tugendhaften Menschen zum mündigen Bürger

Im Zuge der Reformation wurde der Katechismusunterricht in den ehemals privaten
Schreibschulen eingeführt. Der Unterricht in deutscher Sprache diente nun auch der
religiös-sittlichen Erziehung der Schüler, und ins Zentrum des Leseunterrichts trat
die Textarbeit. Ausgewählte Abschnitte des Alten und des Neuen Testaments sowie
biblische Geschichten wurden erarbeitet, memoriert und interpretiert.

Im 17. Jahrhundert erhielt die Erziehung zur Frömmigkeit und Tüchtigkeit noch
einmal einen beachtlichen Aufschwung durch die pietistische Pädagogik August
Hermann FRANCKES. „Die hohe Einschätzung der Muttersprache in der pietistischen
Pädagogik gründete sich in der Bedeutung, die der persönlichen Glaubensäußerung
beigemessen wurde. Schon die Kinder sollten dazu erzogen werden, ihre eigene Not
mit eigenen Worten dem lieben Gott vorzutragen. Zum freien Gebet kam im reiferen
Alter das selbst formulierte Bekenntnis des eigenen Glaubensweges und Bekeh-
rungserlebnisses."[20]

Parallel zu den Bemühungen FRANCKES entwickelte sich ein ganz anderes Ideal, das
sprachliche Bildung erforderlich machte: das Bild des galanten Menschen. Dem
Juristen und Philosophen Christian THOMASIUS aus Halle schwebte vor, das moderne französische Bildungsideal auf deutsche Hochschulen zu übertragen. Für das

---

[19] Vgl. *Klotz/Sieber* (1993).
[20] *Frank* (1973) 78.

„Galante" und für die Verfeinerung der Sitten und des Geschmacks spielten Sprachen eine besondere Rolle: Französisch, Italienisch und Deutsch sollten zu obligatorischen Studieninhalten werden. Hier galt es, in Orientierung am französischen Vorbild ein feineres und gehobeneres Deutsch zu entwickeln. „Stilbildung", die immer auch mit einer Einführung in die „Denk-Kunst" verbunden war und über das reine Nachahmen hinaus auf den selbständigen Umgang mit Sprache setzte, wurde zum Leitbegriff sprachlicher Erziehung im 18. Jahrhundert. In den folgenden Jahrzehnten erschienen eine ganze Reihe von Rhetoriken, die auch schon die Besucher Höherer Schulen auf das gesellschaftliche Leben eines politischen, öffentlich redenden „galant homme" vorbereiteten.

Im Verlauf des 18. Jahrhunderts revolutionierte die Aufklärung mit ihrer Abkehr von den Traditionen auch die Versuche einer Begründung des Deutschunterrichts. „Das neue Ideal der Bildung beruht auf der Erfindung des Menschen als allgemeiner Norm eines überständischen, übergeschlechtlichen, überkonfessionellen, übernationalen und überhistorischen Wesens. Bildung wird in der Aufklärung korreliert mit einem normativen Humanismus, zu dessen Grundwerten der freie und volle Gebrauch der Vernunft gehört [...]."[21] So konnte sich auch der Deutschunterricht nicht mehr in der Vermittlung nützlicher Fertigkeiten erschöpfen, sondern mußte sich an etwas Grundsätzlichem und Universellem orientieren: an der Erziehung zum vernünftigen Menschen.

„Nein; sie wird kommen, sie wird gewiß kommen, die Zeit der Vollendung, da der Mensch, je überzeugter sein Verstand einer immer bessern Zukunft sich fühlet, von dieser Zukunft gleichwohl Bewegungsgründe zu seinen Handlungen zu erborgen nicht nötig haben wird; da er das Gute tun wird, weil es das Gute ist [...]."[22] Der vernünftige Mensch tut das Gute, und der vernünftige Mensch ist der moralische Mensch. Gegen Ende des 18. Jahrhunderts erschienen folgerichtig zahlreiche moralische Texte und Textsammlungen für Kinder. Am bekanntesten geworden sind Christian WEIßES „Neues ABC-Buch, nebst einigen kleinen Übungen sowie Unterhaltungen für Kinder" (1772), seine Zeitschrift „Kinderfreund" (1775/82) sowie von ROCHOWS „Der Kinderfreund. Ein Lesebuch zum Gebrauch in den Landschulen" (1776), das zunächst vor allem in Preußen auf erbitterten Widerstand stieß, da man eine Moralerziehung ohne biblische Texte für unmöglich hielt. Der Forderung nach einer Erziehung zum moralischen, selbstverantwortlichen Menschen, wie ihn die Aufklärung postulierte, hielten diese Texte allerdings nicht stand. Moralische Erziehung wurde auf die Vermittlung einzelner Tugenden reduziert: „Der Moralunterricht findet [...] sein Ziel in der Herausstellung eines allgemeinen Satzes in Form einer Sentenz oder Maxime, die zur Richtschnur werden soll für das eigene Handeln. Sie ist die 'Moral' der moralischen Geschichte. Als solche war sie im „Kinderfreund" zumeist am Schluß jedes Lesestücks ausdrücklich formuliert [...]."[23]

---

[21] *Assmann* (1993) 29.
[22] *Lessing* (1780) 508.
[23] *Frank* (1973) 147.

Für den moralischen und vernünftigen Menschen galt der Wahlspruch der Aufklärung: „Habe Mut, dich deines Verstandes zu bedienen!"[24] Wie konnte Verstandesbildung am besten betrieben werden? Seit der Antike bemühten sich Gelehrte, den Zusammenhang von Sprache und Logik zu bestimmen – ein Unterfangen, dem in der Aufklärung neue Beachtung geschenkt wurde. So bot es sich an, in der Betrachtung der Sprache (= Grammatik) das Denken zu schulen.

1762 erschien Jean-Jaques ROUSSEAUS „Emile" – der Erziehungsroman, in dem Bildung zum reinen Menschsein durch freie Entfaltung aller natürlichen Anlagen des Kindes postuliert wurde. Die Ideen ROUSSEAUS wurden in Deutschland begeistert diskutiert und rezipiert. „Humanität" wurde zum weiteren Leitbegriff des 18. und frühen 19. Jahrhunderts.

„Ich wünschte, daß ich in das Wort *Humanität* alles fassen könnte, was ich bisher über des Menschen edle Bildung zur Vernunft und Freiheit, zu feinern Sinnen und Trieben, zur zartesten und stärksten Gesundheit, zur Erfüllung und Beherrschung der Erde gesagt habe [...]."[25]

Die Erziehung zur Humanität sollte im Unterricht durch die Lektüre der Klassiker – der antiken und der deutschen – erreicht werden. Welche deutsche Dichtung war aber klassisch zu nennen und welche Maßstäbe waren hierbei zu berücksichtigen? Diese Frage erörterten deutsche Dichter in ihren Abhandlungen und auch in ihren Briefwechseln untereinander. Der Begriff der „Deutschen Klassik" war dann ein Produkt der nationalpolitischen Literaturgeschichtsschreibung im 19. Jahrhundert. Im Verlauf dieses Jahrhunderts wurde immer stärker das Besondere der deutschen Literatur betont; Beschäftigung mit Literatur wurde zur Beschäftigung mit Nationalliteratur. Auf Konzeptionen und Ideen, die den Deutschunterricht als Ort nationaler Bildung verstanden, wird weiter unten näher eingegangen.

Die „Stunde Null" des Jahres 1945 ging einher mit dem Bekenntnis zur Ablehnung nationalsozialistischer Erziehung. Welches waren die neuen oder alten Leitbegriffe zur Erziehung und Bildung – auch im Deutschunterricht?[26]

In den 50er Jahren formulierte Robert ULSHÖFER in seiner „Methodik des Deutschunterrichts" für die gymnasiale Mittelstufe, die er auch als Erziehungslehre verstanden wissen wollte, das sattsam zitierte und kritisierte Leitbild des ritterlichen Menschen.[27] Angeregt durch das Gentleman-Ideal des englischen Schulwesens und das Vorbild des Rittertums legte er dar, daß der fromme Mensch, der seinen sozialen, gesellschaftlichen und sittlichen Pflichten nachkommt, ein Leitbild sei, das sich in seinen wesentlichen Zügen durch die Jahrhunderte hindurch erhalten habe. 1966 nahm ULSHÖFER das genannte Erziehungsideal zurück, vielleicht weniger aus Überzeugung denn um Mißverständnissen vorzubeugen.

---

[24] *Kant* (1784) 53.
[25] *Herder* (1784/85) 165.
[26] Im folgenden wird nicht auf die Zielvorstellungen in der DDR eingegangen, sondern nur die Entwicklung in der alten Bundesrepublik betrachtet.
[27] Vgl. hierzu z.B. *Müller-Michaels* (1980) 8ff.

Das (vorerst) letzte große Ideal der Erziehung und Bildung entstand in der politisierten Atmosphäre Anfang bis Mitte der 70er Jahre: das Leitbild des kritischen,
mündigen Bürgers. Radikaldemokratisch forderte dies das BREMER KOLLEKTIV
auch für den Deutschunterricht. „Die kapitalistischen Herrschaftsverhältnisse in
Wirtschaft und Gesellschaft und die korrespondierenden autoritär-hierarchischen
Machtstrukturen in Staat, Verwaltung, Schule, Militär, Massenmedien etc. müssen
auf dem Weg über Mitbestimmung demokratisiert und schließlich durch Autonomie
der unmittelbar Beteiligten ersetzt werden. Diesem obersten Ziel hat sich jeder Unterricht unterzuordnen. Damit scheiden eo ipso alle Inhalte und Methoden für den
Deutschunterricht aus, die ihm zuwiderlaufen."[28] Daß auch ULSHÖFER inzwischen in
der Neubearbeitung seiner „Methodik" für einen demokratisch-kooperativen Unterrichtsstil[29] eintrat, bedeutete für das BREMER KOLLEKTIV vor allem den Versuch,
„im alten Geist neue Kurse bestimmen zu wollen".[30]

2.2.2 Statt eines Leitbildes: Schülerorientierung

Die inhaltlich konkret gefüllte Formulierung eines Leitbildes, zu dem der eigensprachliche Unterricht erzieht, ist in der gegenwärtigen deutschdidaktischen Diskussion nicht mehr auszumachen, dafür kann (oder will?) die Fachdidaktik eine Verantwortung nicht mehr übernehmen. An ihre Stelle ist eine konsequente Orientierung an den realen Schülern, an ihren Lernwegen entlang spezifischer Erwerbsprozesse, an ihrer Entwicklung und individuellen Persönlichkeitsfindung getreten.
Auch diese Orientierung hat durchaus historische Wurzeln, etwa in der reformpädagogischen Konzeption des Freien Aufsatzes um die Jahrhundertwende.[31] Doch
anders als dies in der Tradition der Reformpädagogik möglich war, werden heute
mit einem entwickelten methodischen Instrumentarium zunächst die sprachspezifischen Erwerbs- und Aneignungsprozesse empirisch erforscht, um sie exakter modellieren zu können und so eine verläßlichere Basis für konkrete unterrichtliche
Konzeptionen zu gewinnen. Dies gilt neben der empirischen Unterrichtsforschung
und dem Spracherwerb überhaupt vor allem für den Schriftspracherwerb,[32] für die
Schreibentwicklung,[33] für die Sprachbewußtheit[34], für den Erzählerwerb,[35] für den
Literaturerwerb und die literarische Sozialisation.[36] Auf solche Grundlagen stützen
sich Konzeptionen für den eigensprachlichen Unterricht, die „Hilfe beim Aufwach

---

[28] *Bremer Kollektiv* (1974) 21.
[29] *Ulshöfer* (1970) 9.
[30] *Ide* (1970) 8.
[31] Vgl. *Ludwig* (1988) 301-339.
[32] Für einen Überblick vgl. *Valtin* (1997).
[33] Vgl. *Feilke* (1993).
[34] Vgl. *Andresen* (1985) und *Haueis* (1989).
[35] Vgl. *Ehlich/Wagner* (1989); *Ewers* (1991) und *Boueke/Schülein* (1991) sowie den Überblick in *Hausendorf/Wolf* (1998).
[36] Vgl. *Conrady* (1989), *Rosebrock* (1995).

sen"[37] leisten wollen, also etwa das Personale Schreiben[38] und ein identitätsorientierter Literaturunterricht.[39] Ihnen geht es nicht mehr darum, Kinder und Jugendliche zu einer bestimmten „Zielpersönlichkeit" zu formen, sondern den Aufbau der eigenen, individuell ausgestalteten Persönlichkeit und das flexible Identitätsmanagement in einer kulturellen Umgebung pluraler Werte zu unterstützen.

Wenn ein Leitbild, das sich wie das des tugendhaften Menschen, des ritterlichen Gentleman oder des mündigen Bürgers inhaltlich bestimmen ließe, zur Zeit weder von der Sprachdidaktik noch von der Literaturdidaktik formuliert wird und es auch jenseits ihrer Grenzen nicht auszumachen ist, dann scheint dies darin begründet, daß heute der flexible Mensch gefragt ist, der auch in einer Welt nicht harmonisierter, sich beständig wandelnder Normen in den verschiedenen Segmenten seines Lebens handlungsfähig bleibt und der in beständiger Identitätsarbeit eine Persönlichkeitsstruktur aufbaut und aufrecht erhält, die ihn zu dieser Balanceleistung in die Lage versetzt. Dazu braucht er die Kompetenz zum sprachlichen Handeln in unterschiedlichen normativen Kontexten, und zu ihrer Erlangung bedarf es eines polykulturellen Trainings als Element kategorialer Bildung.

2.3 Allgemeine sprachliche und literarische Bildung

2.3.1 Sprachbetrachtung und reflexive Fähigkeiten

Von der Aufklärung bis zum frühen 19. Jahrhundert wurde der Frage nach dem Verhältnis von Sprache und Logik verstärkt Beachtung geschenkt. „Eben weil die menschliche Vernunft nicht ohne Abstraktion sein kann und jede Abstraktion nicht ohne Sprache sein wird: so muß die Sprache auch in jedem Volk Abstraktionen enthalten, das ist, ein Abdruck der Vernunft sein, von der sie ein Werkzeug gewesen."[40] Die Überlegungen zum Verhältnis von Sprache und Denken wurden unter universellen Gesichtspunkten angestellt und gingen auch einher mit Spekulationen über eine allen Menschen gemeinsame Ursprache. Gedanken zu einer universalen Grammatik auf philosophischer Grundlage, von der aus dann auch jede einzelsprachliche Grammatik betrachtet werden konnte, wurden vorgetragen. Im Deutschunterricht konnte man bei der Verbindung von Sprache und Denken an die Tradition der Stilbildung, die schon mit dem Anspruch einer allgemeinen Denkschulung verbunden gewesen war, anknüpfen. Jetzt stand jedoch die formal-logische

---

[37] Vgl. *Fritzsche* (1994) 28-37. Bezeichnenderweise heißt es hier: „Die 'Hilfe beim Aufwachsen' besteht also primär in der Förderung der Entwicklung jener (Erkenntnis-)Strukturen, die das Kind von selbst ausbildet." (37). Allerdings ist dann im Einzelfall – auch bei Fritzsche – stets zu prüfen, inwiefern ein so weitreichendes Versprechen auch tatsächlich eingelöst wird.

[38] Vgl. *Boueke/Schülein* (1985).

[39] Vgl. *Kreft* (1977); *Spinner* (1980) und (1995).

[40] *Herder* (1772) 51.

Betrachtung der Sprache im Vordergrund. 1799 erschien die „Systematische deutsche Sprachlehre" des Frankfurter Gymnasiallehrers Georg Michael ROTH, die auf der Basis seiner zuvor erstellten allgemeinen Sprachlehre entwickelt worden war. „[...] dahinter stand die Überzeugung, daß jede besondere Grammatik und also auch die deutsche nach den Grundsätzen der allgemeinen, philosophischen Grammatik ausgerichtet sein müsse, weil doch in dieser die allgemeingültigen Gesetze des Denkens formuliert seien. Demzufolge könne und müsse jede Sprachlehre und also auch die deutsche zugleich eine Denklehre sein."[41]

Eine Abkehr vom Gedanken einer gemeinsamen Ursprache bedeutete die über mehrere Jahre verfaßte Schrift HUMBOLDTS „Über die Verschiedenheit des menschlichen Sprachbaus und ihren Einfluß auf die geistige Entwicklung des Menschengeschlechts". HUMBOLDT machte hier auf einen Zusammenhang aufmerksam, den man – modern formuliert – als das Verhältnis von Sprache und Kultur bezeichnen könnte. „Die Geisteseigentümlichkeit und die Sprachgestaltung eines Volkes stehen in solcher Innigkeit der Verschmelzung ineinander, daß, wenn die eine gegeben wäre, die andere müßte vollständig aus ihr abgeleitet werden können. Denn die Intellektualität und die Sprache gestatten und befördern nur einander gegenseitig zusagende Formen. Die Sprache ist gleichsam die äußerliche Erscheinung des Geistes der Völker; ihre Sprache ist ihr Geist, und ihr Geist ist ihre Sprache; man kann sich beide nie identisch genug denken."[42] Die Sprache repräsentiert die Denkweise und die Weltsicht; das kann sie nur, wenn sie als Tätigkeit begriffen wird. HUMBOLDT definiert Sprache nicht als Ergon (Werk), sondern als Energeia (Tätigkeit). Sprache ist die Tätigkeit des Geistes, das Gesprochene zur Repräsentation eines Gedankens zu machen. Das Denken seinerseits ist bis zu einem gewissen Grad auch von der Sprache abhängig. Wenn auch die Sprache vorrangig die Weltsicht einer Sprachgemeinschaft zeigt, so wohnt ihr doch zugleich etwas Universelles inne, „denn jede ist ein Anklang der allgemeinen Natur des Menschen, und wenn zwar auch der Inbegriff aller zu keiner Zeit ein vollständiger Abdruck der Subjectivität der Menschheit werden kann, nähern sich die Sprachen doch immerfort diesem Ziele."[43] Die Lautform ist das eigentliche Prinzip, das die Sprachverschiedenheiten konstituiert, von der Lautform unterschieden werden muß „der von ihr zur Bezeichnung der Gegenstände und Verknüpfung der Gedanken gemachte Gebrauch. Der letzte gründet sich auf die Forderungen, welche das Denken an die Sprache bildet, woraus die allgemeinen Gesetze dieser entspringen; und dieser Teil ist daher in seiner ursprünglichen Richtung [...] in allen Menschen, als solchen, gleich."[44]

Auf HUMBOLDT berief sich Karl Ferdinand BECKER, als er seine „Deutsche Sprachlehre" (1827), seine „Deutsche Grammatik" (1829), seine „Schulgrammatik der deutschen Sprache" (1831) und seine „Ausführliche deutsche Grammatik als Kommentar zur Schulgrammatik" (1836/37/39) in drei Bänden veröffentlichte. In viel-

---

[41] *Frank* (1973) 158.
[42] *Humboldt* (1830-1835) 414/415.
[43] *Humboldt* (1820) 20.
[44] *Humboldt* (1830-1835) 425.

leicht eigenwilliger Anlehnung an HUMBOLDT entwickelte er den Begriff einer „logischen Seite"[45] der Sprache, die Seite, die eine Sprache mit allen anderen gemeinsam habe. BECKER erarbeitete in seinen Lehrbüchern ein Begriffssystem, das zum Teil heute noch in Schulgrammatiken Gültigkeit besitzt. Ziel seiner Sprachlehre war es, zugleich eine Denklehre zu sein.

Die Ideen BECKERS wurden von dem Schweizer Pädagogen Reinhard Jakob WURST für den Unterricht in Volksschulen aufgegriffen und modifiziert. Sein Lehrbuch für den Elementarunterricht nannte er „Sprachdenklehre" (1836).

1842 veröffentlichte der Gymnasiallehrer Robert Heinrich HIECKE sein Buch „Der deutsche Unterricht auf deutschen Gymnasien". Auch er begründete die Notwendigkeit eines Grammatikunterrichts in deutscher Sprache, zur Denkschulung schien ihm jedoch vor allem vergleichender Grammatikunterricht geeignet. „Denken ist Unterscheiden; Unterschiede auffassen und fixieren lernen also eine Übung im Denken [...] eine Einsicht, welche für Jeden zunächst natürlich nur an der bestimmten Form, in welcher gerade für ihn die allgemeine Idee der Sprache sich verwirklicht, möglich ist, durch die Hinzuziehung fremder Sprachen freilich noch bedeutend erleichtert und bereichert, auch berichtigt wird."[46] HIECKE berief sich ebenfalls auf HUMBOLDT, als er einen komparativen Grammatikunterricht vor allem für die unteren Klassen des Gymnasiums vorschlug. 1856 wurde die unterrichtliche Verbindung des Deutschen und des Lateinischen in den preußischen Lehrplanrichtlinien erlassen.

„Der Sprachunterricht soll nicht bloß zu Denkübungen benutzt werden, er soll überall selbst eigentliche Denkübung sein."[47] Diese These formulierte DIESTERWEG 1836 in seinen methodischen Überlegungen zum muttersprachlichen und zum fremdsprachlichen Unterricht. Während Kinder bis etwa zum 12. Lebensjahr zum Nachdenken über die Muttersprache nur insoweit angeregt werden sollten, wie dies zur angemessenen rezeptiven und produktiven Sprachbeherrschung erforderlich war, so sollten die Schüler der Höheren Schulen auch darüber hinaus über die eigene Sprache nachdenken und dabei „ihr Verhältnis zu den Denkformen und zu den Geistestätigkeiten überhaupt einsehen lernen."[48] Das Erlernen einer fremden Sprache konnte nach DIESTERWEG frühestens am Ende des 12. Lebensjahres einsetzen, da das „Unbekannte nur durch das Bekannte" verstanden werden könne – eine sicher problematische spracherwerbstheoretische Position, die jedoch mit Modifikationen noch allzulange Gültigkeit behalten hat. Man denke nur an die Diskussion um den früh beginnenden Fremdsprachenunterricht in den 60er und 70er Jahren des 20. Jahrhunderts.

Eine Koordinierung von mutter- und fremdsprachlichem Unterricht hielt jedoch auch DIESTERWEG für sinnvoll. Am Ende des Elementarunterrichts sollte man sich

---

[45] *Becker* (1837), zit. nach *Frank* (1973) 166.
[46] *Hiecke* (1842), zit. nach *Frank* (1973) 194.
[47] *Diesterweg* (1836) 15.
[48] *Diesterweg* (1836) 11.

darum bemühen, „die Grundlegung für den Unterricht in fremden Sprachen zu gewinnen",[49] der Fremdsprachenunterricht seinerseits konnte auch zu einem erweiterten Verständnis der eigenen Sprache führen. „Aus dieser Darstellung erhellet indes
sogleich der hohe Wert der Erlernung einer fremden Sprache für das rechte Verständnis der Muttersprache, [...] wodurch der Lernende notwendig zu allgemeineren
Ansichten über die Muttersprache selbst gelangt [...]."[50]

Doch schon früh wurde sozial differenziert,[51] wenn es um die Chancen einer solchen
formalen Bildung ging. Sie sollten, so wurde vor allem von staatlicher Seite argu-
mentiert, vorrangig für die höhere Bildung gelten. Für die Volksschule wurde die
Unterweisung im praktisch Verwendbaren als ausreichend angesehen. So enthielten
die STIEHLschen Regulative von 1854 für Preußen sogar ein Verbot formaler
Sprachbildung an Elementarschulen. Verstandesbildung wurde wieder zu dem Pri-
vileg nur einer Schicht. Im folgenden Jahrhundert trat jedoch auch in den Höheren
Schulen die Denkschulung immer stärker in den Hintergrund. Die deutsche Sprache
sollte nicht mehr reflektiert, sondern als Element nationaler Identität empfindend
erlebt werden.

1956 erschien Erika ESSENS „Methodik des Deutschunterrichts", deren Überlegungen nach Aussagen der Autorin aus der Unterrichtspraxis hervorgegangen waren,
zugleich aber auch den Versuch bildeten, eine „Gesamtanschauung des Faches" für
den gymnasialen Bereich vorzutragen. ESSEN begreift das Fach Deutsch als Einheit,
Unterrichtsziel ist die sprachlich gebildete Persönlichkeit. In jeder Klassenstufe
sollen die Schüler auf die Bewältigung des Daseins durch Sprache vorbereitet werden, wenngleich das Dasein „für den Sextaner ein anderes Gesicht als für den Ober-
primaner"[52] hat. Sprachliche Bildung erschöpft sich für ESSEN nicht in der Betrachtung der Muttersprache, „denn fremde Sprachen und fremde Schriftzeichen sollen
nicht vermieden, vielmehr nach Möglichkeit herangezogen werden."[53] Auch schlägt
sie eine Kooperation, eine Art Team-teaching mit den Fremdsprachenlehrern vor:
„Sehr fruchtbare Ergebnisse kommen zustande, wenn – etwa in der Untersekunda –
der Deutschlehrer und die Lehrer der Fremdsprachen, auch des Lateins, eine Folge
von Stunden gemeinsam durchführen, beispielsweise unter dem Thema: Der Satz im
Deutschen, Lateinischen, Englischen und Französischen."[54] Im Schlußwort ihrer
„Methodik" bedauert sie, die Beziehung zwischen mutter- und fremdsprachlichem
Unterricht vernachlässigt zu haben, und begründet dies: „Ehe wir Deutschlehrer ein
wirklich sinnvolles Gespräch mit den Lehrern der Fremdsprachen beginnen können,
müssen wir, unabhängig von ihnen, wissen, worauf es in unserem Fach ankommt."[55]

---

[49] *Diesterweg* (1836) 14.
[50] *Diesterweg* (1836) 16.
[51] Vgl. *Wille* (1988).
[52] *Essen* (1956) 10.
[53] *Essen* (1956) 120.
[54] *Essen* (1956) 123.
[55] *Essen* (1956) 210.

Sollte etwa der Dialog mit den Fremdsprachenlehrern und -didaktikern in den folgenden Jahren und Jahrzehnten in Vergessenheit geraten sein, weil der Deutschunterricht seine Bestimmung immer noch nicht gefunden hat? Kritisch diagnostiziert jedenfalls Ivo: „Schließlich kommt es dahin, daß für das etablierte Fach Deutsch eine Begründungsdiskussion überflüssig erscheint; die fachdidaktische Diskussion konzentriert sich auf Themen, die einen unmittelbaren Verwendungszusammenhang haben [...]."[56]

Angehenden Deutschlehrern empfahl Essen jedenfalls damals ein umfassendes Sprachstudium: „Und wer Deutsch als Hauptfach wählt, möge sich klar machen, daß er sich für seine künftige Arbeit die besten Voraussetzungen schafft, wenn er als zweites Fach eine der alten oder neueren Fremdsprachen studiert."[57]

Anfang der 90er Jahre konstatierten Eisenberg und Klotz als Trend der sprachdidaktischen Diskussion, daß „nun der Sprecher bzw. Schreiber und die kognitiven Prozesse in ihm auf spezifische Weise in den Vordergrund gestellt"[58] werden. Das Augenmerk ist also heute auf die Prozesse gerichtet, die dem Erwerb und der Entwicklung sprachlichen Wissens in der Erst-, Zweit- und/oder Fremdsprache zugrundeliegen. Für den Deutschunterricht ergibt sich daraus die Aufgabe, eigenaktive Lernprozesse zu begleiten und zu fördern – mit dem Ziel, Sprachbewußtsein als die „Fähigkeit, über seine eigenen Sprachkenntnisse bewußt zu verfügen und das Sprechen und Schreiben anderer bewußt und differenziert wahrzunehmen"[59], zu festigen und zu erweitern.

2.3.2 Die ästhetische Dimension des Deutschunterrichts

Bis zum Beginn des 19. Jahrhunderts war die Beschäftigung mit Literatur im Deutschunterricht ein Mittel zum Zweck. Die Zwecke variierten; je nach Zeitgeist galt die Lektüre als Muster der Stilbildung, als Mittel moralischer Erziehung oder als Medium zur Verstandesbildung. Als im frühen 19. Jahrhundert Humanität zu einem Leitbegriff der Erziehung wurde, führte dies zu einem völlig neuen Stellenwert der Literatur im Unterricht: Die Beschäftigung mit Literatur sollte als zweckfreie Bildung das Gefühl für Humanität wecken.

Dieser tiefgreifende Wandel in den didaktischen Überlegungen, der auch nachhaltige Auswirkungen auf die folgenden Jahrhunderte haben sollte, knüpfte vor allem an die Theorie Schillers über die ästhetische Erziehung an.[60] Daneben waren es Herder und Humboldt, die mit ihren Abhandlungen über die Wirkung der Dichtung und ihrer Hinwendung zur Antike auch die schul- und bildungspolitische Diskussion bestimmten. Humboldts Bildungsideal war die allseitig und harmonisch

---

[56] *Ivo* (1994) 50.
[57] *Essen* (1956) 209.
[58] *Eisenberg/Klotz* (1993) 5.
[59] *Haueis* (1989) 6.
[60] Vgl. *Schiller* (1795).

entwickelte Persönlichkeit. Sein Bildungsgedanke umfaßte neben der Beschäftigung mit der Welt der Kunst, in welcher der Literatur der höchste Stellenwert zukam, auch das Studium einer fremden Kultur: „Das Studium des Menschen gewönne am meisten durch Studium und Vergleichung aller Nationen aller Länder und Zeiten."[61] Da jedoch ein solches Studium eher extensiv denn intensiv zu betreiben wäre, wollte HUMBOLDT ein oder zwei Nationen ausgewählt wissen – vorausgesetzt, es würden diejenigen gewählt, „welche gleichsam mehrere andre repräsentiren".[62] Diese Bedingung sah HUMBOLDT in der Wahl der Griechen erfüllt, deren Charakter Vielseitigkeit und Einheit besaß und so dem des Menschen an sich nahekam. „Wer sich mit diesem Studium anhaltend beschäftigt, fasst [...] eine unendliche Mannigfaltigkeit der Formen auf, und so schleifen sich gleichsam die Ekken seiner eignen ab, und aus ihr, vereint mit den aufgenommenen, entstehen ewig wiederum neue."[63]

Die Idee der Erziehung zur Humanität durch das Studium der Antike fand ihren Niederschlag in der Gründung humanistischer Gymnasien, vor allem in Preußen. Die alten Lateinschulen verloren an Bedeutung, denn Voraussetzung zum Universitätsstudium wurden jetzt profunde Kenntnisse des Griechischen.

Hinwendung zur Antike bedeutete aber nicht die Nachahmung des Griechentums, sondern den Versuch, durch Bildung das Unvollkommene zu überwinden, um dem Ideal des reinen harmonischen Menschen nahezukommen. In den literarischen Kreisen des 19. Jahrhunderts wurde die Frage nach „echter", d.h. nach klassisch zu nennender deutscher Dichtung diskutiert. Diese Diskussion blieb nicht ohne Folgen für den Deutschunterricht. Es entstanden Literaturkanons; die genannten Werke hatten die Schüler sich zunächst in der Privatlektüre anzueignen, da man keinen Nutzen darin sah, Dichtung, die keine sprachlichen Probleme bereitete, der gemeinsamen Lektüre im Unterricht zu unterziehen. Diese didaktisch-methodische Position wandelte sich in den dreißiger und vierziger Jahren des 19. Jahrhunderts; sie führte zu einer Neuerung, die zugleich ein bis heute wichtiges Material als festes Medium des Deutschunterrichts etablierte: das literarische Lesebuch. Schon aus reinen Zeitgründen konnte im Deutschunterricht ja nur eine kleine Auswahl aus der wichtigen (klassischen) Literatur besprochen werden. In den folgenden Jahrzehnten entstand eine ganze Reihe von Lesebüchern, die unter unterschiedlichen Aspekten (thematisch, literaturgeschichtlich oder in Unterscheidung der Gattungen) Texte für die Behandlung im Deutschunterricht vorlegten.

Schon 1808 hatte der Zentral-Schulrat im Bayrischen Innenministerium, Friedrich NIETHAMMER, GOETHE gebeten, ihn bei dem Projekt eines verbindlichen Volksbuches, das der allgemeinen Bildung dienen sollte, zu unterstützen. GOETHE skizzierte in zwei Entwürfen ein solches Buch, das für eine „ungebildete, bildungsfähige Menge" konzipiert war und in dem nur „die Extreme: das Abstruse, das Flache, das Freche, das Lüsterne, das Trockne, das Sentimentale"[64] fehlen sollten. Die Samm-

---

[61] *Humboldt* (1793) 9.
[62] *Humboldt* (1793) 9.
[63] *Humboldt* (1792) 7.
[64] *Goethe* (1808) 462.

lung sollte das Populäre und Nützliche sowie das Hohe und Ideelle, das Alte und das Neue, das Sinnliche und das Sittliche, das Eigene und das Fremde umfassen: „Was denn vom Fremden wäre in unser Werk aufzunehmen? Alles Bedeutende ist übersetzt oder zu übersetzen."[65] GOETHE erachtete dies als besonders wichtig, „weil man das Buch ja auch für Kinder bestimmt, die man besonders jetzt früh genug auf die Verdienste fremder Nationen aufmerksam zu machen hat."[66] Das Vorhaben NIETHAMMERS und GOETHES wurde zwar nicht verwirklicht, belegt aber noch einmal eindrücklich die kosmopolitischen Überlegungen dieser Zeit.

Die oben erwähnten Lesebücher jedoch verstanden Beschäftigung mit Literatur als unterrichtliche Behandlung deutscher Literatur. Der Weg von der Vermittlung deutscher Literatur zur Unterweisung im deutschen Schrifttum, der Weg vom deutschen Literaturunterricht zum deutschkundlichen und dann sogar zur rassekundlichen Indoktrinierung dauerte nur etwa 100 Jahre.

Der Umgang mit literarischen Texten wurde auch nach 1945 zu einem festen Bestandteil des Deutschunterrichts, wenngleich sich schulformspezifische und damit auch soziale Besonderheiten ausmachen lassen, die wohl bis heute Geltung haben: „Der literarischen Bildung kann dort größerer Raum gewährt werden, wo im Unterricht die allgemein-sprachlichen Voraussetzungen vorliegen. Bei geringerem sprachlichen Können und bei schwacher sprachlicher Bildsamkeit beanspruchen naturgemäß die sonstigen Aufgaben der muttersprachlichen Bildung (insbesondere Rechtschreiben, Rechtsprechen und Rechtlesen) den größeren Teil der Unterrichtszeit. Dies bedeutet eine gewichtige Schwerpunktverlagerung des Literaturunterrichts von der Hauptschule zur Realschule und zum Gymnasium."[67] Die Methoden der schulischen literarischen Bildung blieben zunächst werkimmanent, in den 70er Jahren standen dann literatursoziologische Betrachtungen im Vordergrund. Die Literaturdidaktik der 80er Jahre hat (wieder) zusammengebracht, was zusammengehört: Literatur und Leser. Es ist ihr Verdienst, „daß sie Literaturunterricht nicht mehr einfach als Erschließung eines Textes, sondern als Auseinandersetzung zwischen Text und Leser modelliert hat."[68] Durch Handlungs- und Produktionsorientierung sowie durch neue Formen des literarischen Gesprächs kann im Deutschunterricht heute der Vielfalt möglicher Perspektiven Raum geboten werden.

Zusammenfassend läßt sich festhalten: Eine zentrale Argumentationskette zur Bestimmung der Aufgaben des eigensprachlichen Unterrichts nimmt von dem Gedanken einer allgemeinen Bildung ihren Ausgang. Sie führt damit über die Bestimmung von in einem konkreten Sinne 'Nützlichem', also von einer Zielstellung, die auf die Qualifizierung der einzelnen im Sinne gesellschaftlicher Erwartungen und kultureller Normen abzielt, weit hinaus. Vielmehr geht es ihr gerade darum, diese Erwartungen und Normen als Grenzen der eigenen Entfaltung erkennbar zu machen und sie damit als modifizierbar und erweiterbar, vielleicht sogar als überwindbar er-

---

[65] *Goethe* (1808) 466.
[66] *Goethe* (1808) 462.
[67] *Helmers* (1966) 263.
[68] *Spinner* (1993) 23.

scheinen zu lassen. Hier liegt der emanzipatorische Kern schon des HUMBOLDT-
schen Bildungsgedankens. Dieser Kern bestimmt in gewandelter Form und zusätzlich fundiert – sozialwissenschaftlich, kulturanthropologisch, psychologisch, kogni-
tionswissenschaftlich, rezeptionsästhetisch und vom Spracherwerb her – auch die
aktuelle deutschdidaktische Diskussion etwa um Sprachbewußtheit und metasprach-
liches Verhalten, um eine prozeßorientierte Didaktik z.B. des kreativen und personalen Schreibens und um einen handlungs- und produktionsorientierten Literaturunterricht, der sich als Hilfestellung und Beitrag zur Identitätsarbeit seiner Schüler
versteht.

Die Erkenntnis der eigenen kultur- und einzelsprachspezifischen Begrenzungen
setzt, auch diese Einsicht ist ein Erbe des klassischen Bildungsbegriffs, die Möglichkeit voraus, diese Begrenzungen auch einmal verlassen zu können und die Erfahrung zu machen, daß sie sich in anderen Sprachen und Kulturen in anderer Gestalt darstellen. Ohne diese Erfahrung muß kulturspezifisch Gegebenes (etwas Veränderbares) als naturwüchsig Gegebenes (etwas nicht Veränderbares) erscheinen.

Ein Recht auf diese Bildungschance haben *alle* Schülerinnen und Schüler; es etwa
auf gymnasiale Bildung zu beschränken, wie dies seit dem 19. Jahrhundert Tradition
hat und wie es noch Leo WEISGERBER 1966 in seiner kuriosen Vorlesung über *Vorteile und Gefahren der Zweisprachigkeit* nahelegte, läßt sich mit pädagogischem
Ethos nicht vereinbaren.

2.4 Deutschunterricht als nationale Bildung

LESSING kämpfte für ein Nationaltheater, SCHILLER legte die nationalerzieherische
Aufgabe der Schaubühne dar, HUMBOLDT untersuchte, wie sich der Charakter der
Nationen und der Charakter der Sprachen gegenseitig beeinflußten, HERDERS Gedanke war, durch die Lektüre deutscher Dichter den Nationalcharakter zu erwecken.
Die Beispiele ließen sich fortsetzen, denn seit dem ausgehenden 18. Jahrhundert
entstand eine neue Möglichkeit der kollektiven Identitätsstiftung: die Erschaffung
eines Nationalgefühls. „Nationale Identität wurde im frühen 19. Jahrhundert zu
einem revolutionären Projekt mit dem Ziel, aus einer *Bevölkerung* ein *Volk* und aus
diesem ein autonomes Kollektivsubjekt der Geschichte zu machen.“[69]

Das Nationalgefühl des frühen 19. Jahrhunderts kannte noch keine Trennung des
Partikularen vom Universellen. HERDERS Bemühungen um die Erweckung eines
Nationalcharakters beispielsweise verstanden sich als Teil einer allgemeinen Erziehung zur Humanität; nach HUMBOLDT repräsentierte die Nationalsprache eine bestimmte Weltsicht und damit einen Nationalcharakter, doch zugleich bedeutete die
Weiterentwicklung und Vervollkommnung aller Nationalsprachen eine Annäherung
an eine universelle, allgemein menschliche Weltsicht.

Der Gedanke des Nationalen war bis etwa in die 60er Jahre des 19. Jahrhunderts
unmittelbar verbunden mit dem Begriff des Bürgerlichen. Die Nation wurde zu

---

[69] *Assmann* (1993) 40.

einem zentralen identitätsstiftenden Moment des Bürgertums,[70] alle anderen gesellschaftlichen Gruppen fanden ihre Selbstbestimmung noch außerhalb des Nationalen.
Der Adel definierte sich über sein unmittelbares Herrschaftsgebiet und über seine
Verbindungen mit anderen Dynastien; die Bauern identifizierten sich unterhalb der
Nation mit ihrer Region; die entstehende Arbeiterbewegung organisierte sich in der
zweiten Hälfte des 19. Jahrhunderts international. Dem Begriff des Nationalen kam
in dieser Zeit somit vorrangig eine innergesellschaftliche[71] Bedeutung zu, es ging
noch nicht um die Abgrenzung gegenüber anderen Nationen. Gemeinsames Ideal
des deutschen Bürgertums war das Modell des gebildeten Bürgers, gemeinsame
Wertvorstellung die Unantastbarkeit der Privatsphäre. Der wahre Entfaltungsraum
der Persönlichkeit lag im privaten Bereich, ein bürgerliches Ideal, was wohl am
nachdrücklichsten durch die Zeit des Biedermeiers belegt ist. Deutsche Klassiker-
Ausgaben zierten die bürgerlichen Wohnstuben; die in der Schule begonnene nationale Bildung konnte in der häuslichen Atmosphäre fortgesetzt und vertieft werden.
Das Nationale war ein Konzept, das sich mit der Betonung des Privaten gut vereinbaren ließ – ganz im Gegensatz zum radikaldemokratischen Anteil der revolutionären Strömungen der Zeit.

Die politische Einheit Deutschlands wurde nicht in der Märzrevolution 1848 Wirklichkeit, sondern 1871: eine Einheit „von oben", eine Einheit ohne Liberalität und
soziale Freiheiten. Das Kaiserreich benutzte das Konzept der Nation, das sich ja
ursprünglich gegen die Fürstengewalt gewandt hatte, nun in seinem Sinn. Seine
Vorstellung der Nation war allerdings ethnisch-sprachlich fundiert; alles Übernatio-
nale wurde kategorisch ausgegrenzt. Zu den „vaterlandslosen Juden"[72] kamen die
„vaterlandslosen Gesellen", d.h. die sich international orientierenden Arbeiter. Die
gemeinsame Sprache war „der stärkste und dauerhafteste Kitt der Nationalität, das
festeste und wesentlichste Band des Volksthums".[73] Die krasse preußische Germani-
sierungspolitik etwa gegenüber den Dänen in Nordschleswig und gegenüber den
„Ruhrpolen", zu deren Instrument auch die Schulpolitik wurde, paßte konsequent in
dieses Bild. Für die Erziehung und Bildung hatte dieses Konzept fatale Folgen:
„*Bildung*, die am Ende des 18. Jahrhunderts als das Gegenteil von *Bindung* antrat,
ist am Ende des 19. Jahrhunderts mit ihr gleichzusetzen."[74]

Schon vor der Reichsgründung, nämlich 1867, hatte der Deutschlehrer und spätere
Professor für Deutsche Philologie Rudolf HILDEBRAND sein Buch „Vom deutschen

---

[70] Das Bürgertum selbst bildete in dieser Zeit keine homogene Schicht. *Assmann* (1993)
   unterscheidet zwischen dem neuen Mittelstand der Angestellten, dem Bildungsbürgertum
   und dem Wirtschaftsbürgertum.

[71] Ein solches Nationskonzept setzt die Gemeinsamkeit von Wertvorstellungen und politischen Überzeugungen, nicht von gemeinsamer Herkunft voraus. Nach *Heckmann* (1992)
   zeigt sich dieses demotisch-unitarische Nationskonzept beispielsweise in den Forderungen
   des „Dritten Standes" in der Französischen Revolution 1789.

[72] Vgl. hierzu *Assmann* (1993) 85ff.

[73] *Weber* (1872), zit. nach *Frank* (1973) 497.

[74] *Assmann* (1993) 75.

Sprachunterricht in der Schule und etlichem ganz Anderen, das noch damit zusamenhängt" verfaßt. Nach 1871 wurde es wegweisend in der Diskussion über die „deutsche Bildung" und die veränderte Rolle des Deutschunterrichts. HILDEBRANDS Ziel war die Erziehung der Schüler zu „guten Deutschen"; er forderte eine stärkere Wertschätzung des Deutschunterrichts und eine Bewußtmachung des Deutschtums in seiner historischen Dimension, was zugleich die Abkehr von einer humanistischen Bildung als einer fremden Bildung bedeutete. „Schon bei HILDEBRAND ist die Gefährdung bzw. Wiedergewinnung nationaler Identität das beherrschende Thema in der Programmatik „deutscher Bildung". Es wird in zweifacher Weise entfaltet: Zum einen als Frage nach dem Verhältnis von eigener und fremder Kultur, die sowohl zur Abgrenzung gegenüber „schädlichen" Einflüssen von außen als auch – und das war der neue Ton – zur Ausgrenzung 'undeutscher' Gesinnungen im Inneren aufforderte. Was erst später kenntlich werden sollte, deutete sich hier bereits an: Der auf das Deutsch- und Volkstum zentrierte Diskurs nationaler Einheit und Identität war schon im Ansatz ein Reinheitsdiskurs, in dem die Regeln für das zu Volk und Nation Gehörende und das von ihnen Auszuschließende formuliert wurden."[75]

Die Bewußtmachung des Deutschtums mußte dann auch mehr umfassen als die Unterweisung in deutscher Sprache und Literatur. Der HILDEBRAND-Schüler Otto LYON wollte „alle Mittel einer deutschen Bildung" einsetzen, eine deutsche Volkskunde.[76] Sein Nachfolger Walther HOFSTAETTER prägte 1912 dafür den Begriff der Deutschkunde.

Auch in der Weimarer Republik wurde das Nationale zur Integrationsklammer, soziale Gegensätze sollten durch gemeinsame Teilhabe an den nationalen Bildungsgütern überwunden werden. In den Grundschulen wurde ein neues Unterrichtsfach eingeführt: die Heimatkunde; zugleich wurde festgelegt, daß auf keinen Fall fremdsprachlicher Unterricht zu den elementaren Bildungsinhalten gehören sollte. Dem Deutschunterricht kam die Rolle des „Hauptbildungsfaches" zu; das einst literarische Lesebuch wurde um Themen und Textsorten aus vielen Lebensbereichen erweitert. Die Erziehung zum „guten Deutschen" fand ihren verhängnisvollen Höhepunkt im völkischen und rassekundlichen Unterricht des Nationalsozialismus.

Bei aller Abkehr vom Nationalsozialismus bildete die Zeit nach 1945 keinen Neubeginn für das Konzept der Nation. Das 1949 für den westdeutschen (Teil)staat in Kraft tretende Grundgesetz hieß deshalb nicht Verfassung, weil es den provisorischen Charakter dieser nicht-nationalstaatlichen Lösung betonen sollte. Am 3. Oktober 1990 wandte sich der Bundeskanzler anläßlich der „wiedergewonnene[n] nationale[n] Einheit" in einer Botschaft an alle Regierungen der Welt; der Bundespräsident betonte, daß „der Nationalstaat nicht am Ende sei", wenngleich auch heute keine Nation mehr die wichtigsten Aufgaben alleine lösen könne.[77] Vor diesem Hintergrund mag es nicht verwundern, daß – auch wenn der aggressive Nationalis-

[75] *Zimmer* (1996) 165.
[76] Vgl. *Frank* (1973) 527.
[77] *Presse- und Informationsamt der Bundesregierung* (1990) 106/7.

mus aus dem staatlichen Handeln verschwunden ist – „ein im Bildungswesen fest verankerter Ethnozentrismus mitverantwortlich dafür ist, daß die Lernchancen multikultureller Gesellschaften bisher kaum genutzt bzw. so niedrig oder falsch eingeschätzt wurden. Das Bestreben des Staates nach Homogenisierung des Staatsvolkes wurde und wird bislang von der Bildungsadministration exekutiert."[78]

Der Deutschunterricht hat in seiner Geschichte also bereitwillig und nachhaltig einen Beitrag zur auch politisch erwünschten Herausbildung einer Staatsnation geleistet, einer Nation, die sich in der zweiten Hälfte des 19. Jahrhunderts nicht republikanisch und liberal, sondern zunehmend sprachlich und ethnisch definierte und abgrenzte. Als Zielvorstellung einer in vielen Bereichen von Multikulturalität geprägten Gesellschaft auf dem Weg nach Europa dürfte sich dies erledigt haben, wenn auch in der Wirklichkeit des Unterrichts hier noch manche Kontinuitäten und Spuren sichtbar sein mögen, wie dies Ingrid GOGOLIN[79] für die Schule in Deutschland insgesamt diagnostiziert. Wenn sich der eigensprachliche Unterricht an einem politischen Programm 'Europa' beteiligen und darüber hinaus auch der weltweiten Globalisierungstendenz gerecht werden will, so gehört es auch aus dieser Sicht zu seinen Aufgaben, eine bloß einsprachige und monokulturelle Perspektive zu überwinden.

3. Mehrsprachige und mehrkulturelle Perspektive als integraler Bestandteil eigensprachlicher Bildung

Aus dem historischen Rückblick haben sich vier zentrale Argumentationsstränge herauskristallisiert, mit denen eigensprachlicher Unterricht begründet wurde. Sie ließen sich mit den Stichworten der 'Nützlichkeit', der Orientierung an einem 'Leitbild' bzw. der 'Hilfe beim Aufwachsen', der 'allgemeinen Bildung' und der nationalen Indienstnahme kennzeichnen. Der Blick auf diese vier Argumentationsstränge hat gezeigt, daß ein zeitgemäßer eigensprachlicher Unterricht es nicht bei der Beschränkung auf die eine Sprache und auf die eine spezifische Kultur, die sich in der Kommunikationsgemeinschaft ihrer Sprecher einstellt, belassen darf. Er hat hier vielmehr allen Schülerinnen und Schülern, unabhängig von der Klassenstufe oder der Schulform, die Chance zu einer mehrperspektivischen kulturellen Öffnung zu verschaffen. Damit kehrt er zu den Wurzeln sprachdidaktischer Reflexion zurück und beendet eine langdauernde Phase nationaler Engführung. Und seinen Adressaten erschließt er eine neue Dimension in der Wahrnehmung und Gestaltung sozialer, sprachlich vermittelter Wirklichkeiten – so wie es, um ein Bild zu benutzen, das Sehen mit zwei Augen tut: Die dritte Dimension erschließt sich beim räumlichen Sehen ja erst dadurch, daß zwei unterschiedliche Bilder wahrgenommen und verglichen werden.

---

[78] *Auernheimer/Gstettner* (1996) 13.
[79] Vgl. *Gogolin* (1994).

Eine Nachbemerkung: Hier ist nicht der Ort für eine systematische Zusammenschau von Konzeptionen, mit denen die formulierte Forderung unterrichtlich umgesetzt werden könnte. Es liegen jedoch etliche solcher Konzepte vor, etwa das der Fremdsprachenbegegnung in der Grundschule,[80] das eines interkulturellen[81] oder eines mehrsprachigen[82] Deutschunterrichts, das einer fächerübergreifenden interkulturellen sprachlichen Bildung,[83] das Konzept eines besonderen Lernbereiches Zweisprachigkeit in einer multikulturellen Schule,[84] Vorschläge zur Arbeit mit Migrantenliteratur,[85] die Überwindung des Desiderats der Weltliteratur im Deutschunterricht[86] und schließlich das Prinzip des fächerverbindenden Unterrichts, das eine Zusammenarbeit mit den fremdsprachlichen Fächern nahelegt.

Auch Überlegungen zum Curriculum der ersten Phase der Deutschlehrerausbildung können hier nicht entfaltet werden. Statt dessen seien nur Vorschläge aufgezählt, die schlaglichtartig andeuten mögen, was sich im Zusammenspiel von eigenem Handeln und fachwissenschaftlicher bzw. fachdidaktischer Reflexion darüber tun ließe:

- Sprachlernerfahrung im Studium durch das Erlernen einer weiteren Fremdsprache oder durch das Vertiefen einer bereits bekannten,

- Sammeln fremdkultureller Studien-, Arbeits- und Alltagserfahrungen durch ein verbindliches Auslandssemester oder -praktikum,

- Thematisierung und Auswertung beider Typen von Erfahrungen in den fachwissenschaftlichen und fachdidaktischen Lehrveranstaltungen zur Sprache und zur Literatur,

- kontrastive Ausrichtung sprachwissenschaftlicher Veranstaltungen,

- komparatistische Ausrichtung literaturwissenschaftlicher Veranstaltungen,

- Aufnahme von Themen und Werken der Weltliteratur in den Themenkatalog der literaturwissenschaftlichen Veranstaltungen,

- Kooperation mit den Fremdsprachenphilologien, z.B. in Veranstaltungen zum Übersetzen,

- Veranstaltungen zum Zweitspracherwerb, zu 'cultural studies' (etwa zu den Herkunftskulturen der Migrantenkinder, aber auch zur 'eigenen' Kultur), zur Didaktik des eigensprachlichen Unterrichts auch im historisch-politischen Kontext und in anderen Ländern[87].

---

[80] Vgl. *Hegele* (1994a und b).
[81] Vgl. *Oomen-Welke* (1991).
[82] Vgl. *Oomen-Welke* (1996).
[83] Vgl. *Luchtenberg* (1995).
[84] Vgl. *Gogolin* (1989).
[85] Vgl. *Zielke-Nadkarni* (1993).
[86] Vgl. *Kliewer* (1993).
[87] Vgl. dazu etwa *Haueis* (1994).

Literaturverzeichnis

Ahlzweig, Claus: (1994) Muttersprache-Vaterland. Die deutsche Nation und ihre Sprache. Opladen: Westdeutscher Verlag 1994.

Andresen, Helga: (1985) Schriftspracherwerb und die Entstehung von Sprachbewußtheit. Opladen: Westdeutscher Verlag 1985.

Assmann, Aleida: (1993) Arbeit am nationalen Gedächtnis. Eine kurze Geschichte der deutschen Bildungsidee. Frankfurt am Main: Campus Verlag 1993.

Auernheimer, Georg/Gstettner, Peter: (1996) Pädagogik in multikulturellen Gesellschaften. Editorial. In: Jahrbuch für Pädagogik 1996, S. 11-18.

Bade, Klaus: (1992) Deutsche im Ausland – Fremde in Deutschland. Migration in Geschichte und Gegenwart. München: Beck 1992.

Barkowski, Hans: (1989) Deutsch als Zweitsprache. In: Karl-Heinz Bausch/Herbert Christ/Hans-Jürgen Krumm: (1989) Handbuch Fremdsprachenunterricht. 3. überarbeitete und erweiterte Auflage. Tübingen und Basel: Francke Verlag 1995.

Bartnitzky, Horst/Christiani, Reinhold: (1987) Sprachunterricht heute. Standortbestimmungen des Deutschunterrichts. Ziele - Wege - Unterrichtsanregungen, Beispiele und Arbeitsanregungen. Frankfurt am Main: Cornelsen Scriptor 1987.

Behr, Klaus/Grönwoldt, Peter/Nündel, Ernst/Röseler, Richard/Schlotthaus, Werner: (1975) Folgekurs für deutschlehrer: Didaktik und methodik der sprachlichen kommunikation. Begründung und beschreibung des projektorientierten deutschunterrichts. Weinheim und Basel: Beltz Verlag 1975.

Bildungskommission NRW: (1995) Zukunft der Bildung - Schule der Zukunft. Denkschrift der Kommission »Zukunft der Bildung - Schule der Zukunft« beim Ministerpräsidenten des Landes Nordrhein-Westfalen. Berlin: Luchterhand 1995.

Boueke, Dietrich/Schülein, Frieder: (1985) „Personales Schreiben". Bemerkungen zur neueren Entwicklung der Aufsatzdidaktik. In: Dietrich Boueke/Norbert Hopster : (1985) Schreiben – schreiben lernen. Rolf Sanner zum 65. Geburtstag. Tübingen: Narr 1985, S. 227-301.

- (1991) Beobachtungen zum Verlauf der Entwicklung kindlicher Erzählfähigkeit. In: Eva Neuland/Helga Bleckwenn: (1991) Stil, Stilistik, Stilisierung. Linguistische, literaturwissenschaftliche und didaktische Beiträge zur Stilforschung. Frankfurt: Lang 1991, S. 71-86.

Bremer Kollektiv: (1974) Grundriß einer Didaktik und Methodik des Deutschunterrichts in der Sekundarstufe I und II. Stuttgart: Metzler 1974.

Bünting, Karl-Dieter/Kochan, Detlef C.: (1973) Linguistik und Deutschunterricht. Kronberg: Scriptor 1973.

Conrady, Peter (Hg.): (1989) Literaturerwerb. Kinder lesen Texte und Bilder. Frankfurt am Main: dipa Verlag 1989.

Diesterweg, Friedrich Adolph Wilhelm: (1836) Meinungen über Sprache und Sprachunterricht, besonders über den gegenwärtigen Standpunkt der Methodik desselben. In: Friedrich Adolph W. Diesterweg: Sämtliche Werke in zehn Bänden. Herausgegeben von Heinrich Deiters u.a. Band 4: Aus den „Rheinischen Blättern für Erziehung und Unterricht" von 1836 bis 1839. Berlin: Volk und Wissen 1961, S. 3-26.

Ehlich, Konrad/Wagner, Klaus R. (Hg.): (1989) Erzähl-Erwerb. Bern u.a.: Lang 1989. Arbeiten zur Sprachanalyse 8.

Eisenberg, Peter/Klotz, Peter: (1993) Zur Einführung. In: Peter Eisenberg/Peter Klotz: (1993) Sprache gebrauchen – Sprachwissen erwerben. Stuttgart: Ernst Klett Verlag 1993, S. 5-14.

Ewers, Hans-Heino (Hg.): (1991) Kindliches Erzählen – Erzählen für Kinder. Erzählerwerb, Erzählwirklichkeit und erzählende Kinderliteratur. Weinheim: Beltz 1991.

Feilke, Helmut: (1993) Schreibentwicklungsforschung. Ein kurzer Überblick unter besonderer Berücksichtigung der Entwicklung prozeßorientierter Schreibfähigkeiten. In: Diskussion Deutsch 24 (1993). Heft 129, S. 17-34.

Frank, Horst Joachim: (1973) Dichtung, Sprache, Menschenbildung. Geschichte des Deutschunterrichts von den Anfängen bis 1945. München: Carl Hanser Verlag 1973.

Fritzsche, Joachim: (1994) Zur Didaktik und Methodik des Deutschunterrichts. Band 1: Grundlagen. Stuttgart: Ernst Klett Verlag 1994.

Gogolin, Ingrid: (1994) Der monolinguale Habitus der multilingualen Schule. Münster: Waxmann 1994.

- (1988)   Erziehungsziel Zweisprachigkeit. Konturen eines sprachpädagogischen Konzepts für die multikulturelle Schule. Hamburg: Bergmann und Helbig 1988.

Goethe, Johann Wolfgang: (1808) Volksbuch. Antwort auf Niethammers Vorschlag eines deutschen „Nationalbuches", als Grundlage der allgemeinen Bildung der Nation. In: Sämtliche Werke in siebzehn Bänden. Herausgegeben von Ernst Beutler u.a. Band 14: Schriften zur Literatur. München: Deutscher Taschenbuch Verlag 1977, S. 460-473.

Haueis, Eduard: (1989) Editorial. In: Eduard Haueis: (1989) Sprachbewußtheit und Schulgrammatik. OBST. Osnabrücker Beiträge zur Sprachtheorie 40, S. 5-8.

- (1994)   (Hg.) Muttersprachlicher Unterricht an Europas Schulen. OBST. Osnabrücker Beiträge zur Sprachtheorie 48.

Hausendorf, Heiko/Wolf, Dagmar: (1998) Erzählentwicklung und -didaktik. Kognitions- und Interaktionstheoretische Perspektiven. In: Der Deutschunterricht 50 (1998). Heft 1, S. 38-52.

Heckmann, Friedrich: (1992) Ethnische Minderheiten, Volk und Nation. Soziologie interethnischer Beziehungen. Stuttgart: Ferdinand Enke Verlag 1992.

Hegele, Irmintraut (Hg.): (1994a) Fremdsprachenbegegnung in der Grundschule. Kronshagen: Körner 1994.

Hegele, Irmintraut u.a.: (1994b) Kinder begegnen Fremdsprachen. Braunschweig: Westermann 1994.

Helmers, Hermann: (1966) Didaktik der deutschen Sprache. Stuttgart: Ernst Klett Verlag 1966

Herder, Johann Gottfried: (1772) Abhandlung über den Ursprung der Sprache. In: Johann Gottfried Herder: Sprachphilosophische Schriften. Ausgewählt und eingeleitet von Erich Heintel. Hamburg: Felix Meiner 1960, S. 3-87.

- (1784/85) Ideen zur Geschichte der Philosophie der Menschheit. In: Johann Gottfried Herder: Sprachphilosophische Schriften. Ausgewählt und eingeleitet von Erich Heintel. Hamburg: Felix Meiner 1960, S. 161-179.

Humboldt, Wilhelm von: (1793) Über das Studium des Alterthums, und des griechischen insbesondre. In: Wilhelm von Humboldt: Werke in fünf Bänden. Herausgegeben von Andreas Flitner und Klaus Giel 1961. Band 2: Schriften zur Altertumskunde und Ästhetik/Die Vasken. 2., durchgesehene Auflage. Darmstadt: Wissenschaftliche Buchgesellschaft 1969, S. 1-24.

- (1820)   Über das vergleichende Sprachstudium in Beziehung auf die verschiedenen Epochen der Sprachentwicklung. In: Wilhelm von Humboldt: Werke in fünf Bänden. Herausgegeben von Andreas Flitner und Klaus Giel 1961. Band 3: Schriften zur

Sprachphilosophie. 2., durchgesehene Auflage. Darmstadt: Wissenschaftliche Buchgesellschaft 1969, S. 1-25.

- (1830-1835) Über die Verschiedenheit des menschlichen Sprachbaus und ihren Einfluß auf die geistige Entwicklung des Menschengeschlechts. In: Wilhelm von Humboldt: Werke in fünf Bänden. Herausgegeben von Andreas Flitner und Klaus Giel 1961. Band 3: Schriften zur Sprachphilosophie. 2., durchgesehene Auflage. Darmstadt: Wissenschaftliche Buchgesellschaft 1969, S. 368-756.

Huneke, Hans-Werner/Steinig, Wolfgang: (1997) Deutsch als Fremdsprache. Eine Einführung. Berlin: Erich Schmidt Verlag 1997.

Ide, Heinz u.a.: (1970) Bestandsaufnahme Deutschunterricht. Ein Fach in der Krise. 4., unveränderte Auflage. Stuttgart: Metzler 1973.

Ivo, Hubert: (1994) Für einen „liberalen Umgang mit Fremden". Vorbemerkungen zu einer allgemeinen Theorie muttersprachlicher Bildung. In: Ingelore Oomen-Welke: (1994) Brückenschlag. Von anderen lernen – miteinander handeln. Stuttgart: Ernst Klett Verlag 1994, S. 50-60.

Kant, Immanuel: (1784) Beantwortung der Frage: Was ist Aufklärung? In: Immanuel Kant: Werke in sechs Bänden. Herausgegeben von Wilhelm Weischedel. Band 6: Schriften zur Anthropologie, Geschichtsphilosophie, Politik und Pädagogik. Frankfurt am Main: Insel Verlag 1964, S. 53-61.

Kliewer, Heinz-Jürgen: (1993) Deutschunterricht – Unterricht für Deutsche? Die Interkulturalität literarischer Bildung. In: Hans H. Reich/Ulrike Pörnbacher: (1993) Interkulturelle Didaktiken. Fächerübergreifende und fächerspezifische Ansätze. Münster: Waxmann 1993, S. 52-60.

Klotz, Peter/Sieber, Peter (Hg.): (1993) Vielerlei Deutsch. Umgang mit Sprachvarietäten in der Schule. Stuttgart: Klett 1993.

Klotz, Peter: (1995) Sprachliches Handeln und grammatisches Wissen. Einführung in die Themenstellung. In: Der Deutschunterricht 47 (1995). Heft 4. 1995, S. 3-13.

Kreft, Jürgen: (1997) Grundprobleme der Literaturdidaktik. Eine Fachdidaktik im Konzept sozialer und individueller Entwicklung und Geschichte. 2. Auflage. Heidelberg: Quelle & Meyer 1982.

Lessing, Gotthold Ephraim: (1780) Die Erziehung des Menschengeschlechts. In: Gotthold Ephraim Lessing: Werke in acht Bänden. Herausgegeben von Herbert G. Göpfert. Band 8: Theologiekritische Schriften/Philosophische Schriften. Darmstadt: Wissenschaftliche Buchgesellschaft 1979, S. 489-510.

Luchtenberg, Sigrid: (1995) Interkulturelle sprachliche Bildung. Zur Bedeutung von Zwei- und Mehrsprachigkeit für Schule und Unterricht. Münster: Waxmann 1995.

- (1998)   Möglichkeiten und Grenzen von Language Awareness zur Berücksichtigung von Mehrsprachigkeit im (Deutsch-)Unterricht. In: Wolfgang Steinig/Katharina Kuhs: (1998) Pfade durch Babylon. Konzepte und Beispiele für den Umgang mit sprachlicher Vielfalt in Schule und Gesellschaft. Freiburg: Fillibach Verlag, S. 137-156.

Ludwig, Otto: (1988) Der Schulaufsatz. Seine Geschichte in Deutschland. Berlin, New York: de Gruyter 1988.

Müller-Michaels, Harro: (1980) Positionen der Deutschdidaktik seit 1949. Königstein: Scriptor 1980.

Neuland, Eva: (1993) Sprachbewußtsein und Sprachvariation. Zur Entwicklung und Förderung eines Sprachdifferenzbewußtseins. In: Peter Klotz/Peter Sieber: (1993) Vielerlei Deutsch. Umgang mit Sprachvarietäten in der Schule. Stuttgart: Ernst Klett Verlag 1993, S. 173-191.

Oomen-Welke, Ingelore: (1991) Umrisse einer interkulturellen Didaktik für den gegenwärtigen Deutschunterricht. In: Der Deutschunterricht 43 (1991). Heft 2, S. 6-27.

- (1996)   Von der Nützlichkeit der vielen Sprachen, auch im Deutschunterricht. In: Ann Peyer/Paul R. Portmann: (1996) Norm, Moral und Didaktik. Die Linguistik und ihre Schmuddelkinder. Eine Aufforderung zur Diskussion. Tübingen: Niemeyer 1996, S. 291-316.

Presse- und Informationsamt der Bundesregierung: (1990) Botschaft des Bundeskanzlers an alle Regierungen der Welt am 3. Oktober 1990/Ansprache des Bundespräsidenten Richard von Weizsäcker am 3. Oktober 1990. In: Karin Lau/Karlheinz Lau: (1991) Einheit in Frieden und Freiheit. Dokumente der Wiedervereinigung Deutschlands. Braunschweig: Westermann 1991, S. 106/107.

Ratke, Wolfgang: (1612) Memorial, welches zu Frankfurt auf dem Wahltag Ao. 1612 den 7. Mai dem deutschen Reich übergeben. In: Gerd Hohendorf: Die Neue Lehrart. Pädagogische Schriften Wolfgang Ratkes. Berlin: Volk und Wissen 1957. S. 49-56.

Rosebrock, Cornelia (Hg.): (1995) Lesen im Medienzeitalter. Biographische und historische Aspekte literarischer Sozialisation. Weinheim, München: Juventa 1995.

Schiller, Friedrich: (1795) Über die ästhetische Erziehung des Menschen in einer Reihe von Briefen. In: Friedrich Schiller: Sämtliche Werke in fünf Bänden. Herausgegeben von Gerhard Fricke und Herbert G. Göpfert. Band 5: Erzählungen/Theoretische Schriften. 6. Auflage. München: Carl Hanser Verlag 1980, S. 570-669.

Schlieben-Lange, Brigitte: (1973) Soziolinguistik. Eine Einführung. 2. überarbeitete und erweiterte Auflage. Stuttgart: Verlag W. Kohlhammer 1978.

Spinner, Kaspar H. (Hg.): (1980) Identität und Deutschunterricht. Göttingen: Vandenhoeck & Ruprecht 1980.

- (1993)   Literaturdidaktik der 90er Jahre. In: Albert Bremerich-Vos: (1993) Handlungsfeld Deutschunterricht im Kontext. Festschrift für Hubert Ivo. Frankfurt am Main: Diesterweg 1993, S. 23-36.

- (1995)   (Hg.): Imaginative und emotionale Lernprozesse im Deutschunterricht. Frankfurt am Main u.a.: Lang 1995.

Ulshöfer, Robert: (1964) Methodik des Deutschunterrichts. Unterstufe. 7. Auflage. Stuttgart: Ernst Klett Verlag 1976.

Ulshöfer, Robert: (1970) Methodik des Deutschunterrichts. Mittelstufe I. 9., neubearbeitete Auflage. Stuttgart: Ernst Klett Verlag 1972.

Valtin, Renate: (1993) Stufen des Lesen- und Schreibenlernens – Schriftspracherwerb als Entwicklungsprozeß. In: Dieter Haarmann (1993) Handbuch Grundschule. Band 2. Fachdidaktik: Inhalte und Bereiche grundlegender Bildung. Weinheim, Basel: Beltz. 3. Auflage 1997. S. 76-88.

Wille, Hartmut: (1988) Das Offenhalten der Schere. Deutschunterricht und soziale Differenzierung der Allgemeinbildung im 19. Jahrhundert. In: Diskussion Deutsch 19. Heft 99, S. 21-42.

Weisgerber, Leo: (1966) Vorteile und Gefahren der Zweisprachigkeit. In: Wirkendes Wort 16 (1966). Heft 2, S. 73-88.

Zielke-Nadkarni, Andrea: (1993) Migrantenliteratur im Unterricht. Der Beitrag der Migrantenliteratur zum Kulturdialog zwischen deutschen und ausländischen Schülern. Hamburg: Kovac 1993.

Zimmer, Hasko: (1996) Pädagogik, Kultur und nationale Identität. Das Projekt einer „deutschen Bildung" bei Rudolf Hildebrand und Hermann Nohl. In: Jahrbuch für Pädagogik 1996, S. 159-177.

Ärgernisse eines Studenten

Um es vorweg zu nehmen: Auch nach nun fast 8 Semestern an der Pädagogischen Hochschule in Heidelberg habe ich es immer noch nicht bereut, diese Entscheidung getroffen zu haben. Auch wenn uns Erstsemestern zu Beginn des Wintersemesters 1994/95 bei der Begrüßung durch den Rektor mitgeteilt wurde, wie viele das Studium abbrechen werden und wie wenige am Ende eine Aussicht auf eine Stelle in der Schule haben, sollte dies die Vorfreude auf das beginnende Studium nicht schmälern. Vorwürfe von Studenten, man wird zu Beginn nicht ausführlich über den Verlauf des Studiums informiert, kann ich nur bedingt bestätigen, sehe ich doch die Beschaffung solcher Informationen als eine Aufgabe der Studenten an. Problematisch gestaltete sich hierbei lediglich die Unwissenheit der Kommilitonen. So konnte man durchaus auch von höheren Semestern eine Unmenge verschiedener Antworten auf ein und dieselbe Frage erhalten, was nicht immer zur Klärung von Problemen beitrug. Doch auch diese Hürden wurden mit mehr oder minder großem Erfolg überwunden, denn trotz aller Schwierigkeiten ergaben besonders die Ratschläge und Informationen der Fachschaften einen Orientierungsplan für das Studium. Seminare wie das zum Pflichtprogramm gehörende RP1 sorgten dann aber schnell für Ernüchterung. Schon nach wenigen Wochen wurde mir schmerzlich klar, daß die Lektüre eines pädagogischen Fachbuches in dem heimatlichen Zimmer bei weitem effektiver ist als der Besuch solcher Veranstaltungen. Der zuständige Dozent versuchte sein ständiges Zuspätkommen durch einen frühen Abbruch der Sitzungen zu kompensieren. Die restliche Zeit wurde dafür allerdings mit der Betrachtung von Videos und wenigen Referaten, die trotz vieler Mängel kritiklos vorüberstrichen, ausgefüllt. Aus solchen Erfahrungen resultiert auch der für mich bis heute als beste Lösung gefundene Weg des Selbststudiums. Wenige, dafür mit Sorgfalt gewählte Seminare und eine ausführliche Begleitlektüre Zuhause ist meiner Meinung nach bei weitem sinnvoller, als der Besuch vieler Seminare, die nur oberflächlich abgehakt werden und nichts an Gewinn einbringen.

Doch trotz dieser sorgfältigen Wahl blieben natürlich trotzdem noch Pflichtseminare übrig. Bemerkenswert hierbei ist das Ausnützen ihrer Monopolstellung von Dozenten in meist kleineren Fakultäten. Reaktionäre Reden, bei denen selbst dem naivsten Studenten das Lächeln auf den Lippen gefrieren müßte oder der Verkauf von Literatur der Dozenten als Grundlage ihrer Seminare, teilweise mit Tricks verbunden, die wahrscheinlich selbst Vertretern zu dreist vorkämen, gehörten so schnell zu meinem Studienalltag. In einer Veranstaltung mußte ich zu meiner Verwirrung feststellen, daß es sich bei einem neu erworbenen, von dem Dozenten empfohlenen und von einem mir unbekannten Autor verfaßten Buch um ein von dem Dozenten unter einem Pseudonym veröffentlichtes Fachbuch handelt. In einem weiteren Seminar wurden kapitelweise Fragmente eines noch nicht veröffentlichten Werkes von dem Professor zum Durchlesen angeboten. Man hatte dann die ehrenvolle Aufgabe, diese Kapitel mit Kommentaren und Verbesserungsvorschlägen zu schmücken, um dann als Lohn ein weiteres Kapitel zu erhalten. Von soviel Teilnahme erschüttert sahen denn auch die meisten Kommilitonen gleich einen höheren Sinn in der Korrektur dieses Skriptes, das natürlich wesentlicher Bestandteil des Seminars werden sollte. Ich hielt es allerdings für günstiger, diese Arbeit einem professionellen (und damit bezahlten) Lektor zu überlassen und das Weite zu suchen.

Doch noch Erschütternder als die Erfahrung dieses Machtmißbrauchs, der leider allzu oft von schlecht strukturierten und durch langjährige Wiederholungen abgenutzte Sitzungen begleitet wird, wirkte die kritiklose Folgsamkeit der meisten Studenten. Diese, mehr an eine Schafherde als an Studenten erinnernde Haltung, sollte dann ja auch zu dem erwarteten schnellen Ende der Streiks 1997 führen. Das Bejahen der Aussagen von vermeintlich 'höheren' Positionen, die feh-

lende Solidarität untereinander und die Versuche, ständig den Weg des geringsten Widerstandes zu beschreiten, ist somit die bis heute immer noch bitterste Erfahrung meines Studiums.

Doch wie in jedem Bereich liegt auch an der PH Freud und Leid eng beieinander. So stellen die Pflichtpraktika und zusätzliche Schulbesuche immer noch wahre Höhepunkte meines Studiums dar. Die Möglichkeit, mit (meist) kompetenter Beratung über einen längeren Zeitraum unterrichten zu können, ist mit Sicherheit das größte Verdienst der Ausbildung an Pädagogischen Hochschulen. Das Gefühl, eine Unterrichtsstunde gut vorbereitet und durchgeführt zu haben, verbunden mit Bestätigung von Schülern und Mentoren, gleicht so viele negative Erfahrungen des Studiums wieder aus. Allerdings fällt es mir nach einem längeren freiwilligen Projekt an einer Schule nun nicht unbedingt leichter, wieder in den "alltäglichen" Studienbetrieb zurückzukehren. Man sollte jedoch nicht vergessen, daß guter Unterricht in den allermeisten Fällen nur mit fundiertem und umfassendem Wissen der Didaktik und der nötigen Sachkenntnis möglich ist. Eine wahre Erleichterung stellt hierbei die Tatsache dar, daß es tatsächlich noch hervorragend gestaltete Seminare gibt. Versteckt zwischen alljährlich wiederkehrenden Seminartiteln findet man im Vorlesungsverzeichnis immer noch die Sahnestücke, die das Studium interessant machen. Diese stellen neben der praktischen Schulausbildung die wertvolle Substanz dar, von der man sicher länger zehrt und die positive Erinnerung aufbaut. Dozenten, die sich für ihre Studenten Zeit lassen, die auch persönliche Worte und Stellungnahmen nicht scheuen und eben doch noch bereit sind, selbstkritisch das eigene Lehrvermögen zu überprüfen, sind zwar in der Massenabfertigung an den Hochschulen eine aussterbende Gattung, aber mehrere solcher Seminare tauchen zum Glück in jedem Semester wieder auf. Bei sorgfältiger Wahl der Veranstaltungen ist die Möglichkeit, sich Wissen anzueignen, das über den Inhalt der Fachliteratur hinausreicht, immer noch möglich. Auch tragen Kommilitonen, die nicht in theologischen Seminaren fragen, "wie das eigentlich mit Luther war", sondern über den Abiturstand hinausgehende Fachfragen stellen, neue Anregungen, Ideen und Bereicherungen in ihrer Lehrerrolle einbringen, dazu bei, daß ich immer noch eine positive Bilanz aus diesen Jahren ziehe.

Als Zusammenfassung ziehe ich aus diesem Studium die Erkenntnis, daß neben der Beibehaltung der grundlegend positiven Elemente der Lehrerausbildung wie zum Beispiel den Praktika in erster Linie über die Verantwortlichen der Seminargestaltung, also die Dozenten, nachgedacht werden muß. Ist es ersichtlich, warum Professoren, die sicherlich schon seit Jahren keinen Unterricht in der Schule gehalten haben und wohl auch nicht mehr dazu in der Lage wären und durch ihr Beamtentum auf Lebenszeit über jeder Kritik erhaben stehen, die Ausbildung neuer Lehrergenerationen leiten? Es ist schon bezeichnend, daß die besten Seminare meiner "Studentenlaufbahn" von Mitgliedern des Mittelbaus und von Lehrbeauftragten gehalten wurden, herrscht hier doch immer noch die größte Motivation (an dem Gehalt kann es kaum liegen). Doch leider scheint die von der Politik immer wieder geforderte Leistungsbereitschaft immer wieder dort auf unfruchtbaren Boden zu fallen, wo die Schäflein schon im Trockenen stehen. Ebenso sollte verstärkt in den Forschungsbereich investiert werden, und dies nicht nur mit finanziellen Mitteln, sondern auch mit neuer Tatkraft (mit leeren Kassen drohen zählt nicht, Deutschland hat nur die Bildung als Ressource für die Zukunft zur Verfügung). Es ist leicht über die Bürokraten in den Ministerien zu lästern, wenn aus den eigenen Reihen keine Verbesserungsvorschläge kommen, zum Beispiel zu solchen scheinbar klaren, aber völlig unzureichend gelösten Problemfeldern wie der Bewertung von Schülern. Es wird also Zeit, daß sich Dozenten, die Verwaltung und Studenten gemeinsam und gleichberechtigt über Verbesserungsvorschläge Gedanken machen und diese auch endlich umsetzen.

Matthias Fröhlich, Student der Fächer Deutsch, Geschichte und Gemeinschaftskunde an der Pädagogischen Hochschule Heidelberg.

III. Fachübergreifende Ansätze -

Fachexterne Impulse

„Wir müssen begreifen,
daß wir in einer nicht wiederholbaren Welt leben"

Ich möchte diesen Kalenderspruch von Robert Riedel als Leitmotiv meiner Gedanken über Wesensmerkmale des Studiums verstehen. Mir geht es vor allem um die Darstellung der Haltungen und Einstellungen von StudentInnen sowie DozentInnen und deren Veränderungsmöglichkeiten. Dozenten tragen eine große Verantwortung für den Ablauf des Seminars. Referate und Hausarbeiten sind von den Anforderungen seitens der Dozenten so zu gestalten, daß eine intensive Beschäftigung mit dem Thema notwendig wird. Vorbereitungen, die einen Zeitraum von nur ein bis zwei Tagen umfassen, bleiben Vorbereitungen. Die eigentliche Vertiefung fehlt. Das Studium bleibt reine Wissensvermittlung. Die Anzahl der Seminare der Studenten ist oft ein erster Hinweis auf die Studienweise. Wer 20 bis 30 Semesterwochenstunden hat, kann Seminare nicht mehr sinnvoll vor- und nachbereiten. Dies ist höchstens am Beginn eines Studiums zu rechtfertigen, um sich einen Überblick über gebotene Themen und Dozenten zu verschaffen.

Statt dessen ist das Studium meines Erachtens als Möglichkeit zu sehen, sowohl die sogenannten „soft skills" wie Kommunikationsfähigkeit, Teamfähigkeit, Umgang mit neuen Medien etc. als auch themenbezogene Fähigkeiten wie Möglichkeiten der Herangehensweise an ein Thema (Literaturrecherche, Gliederungsaufbau, usw.), Kennenlernen von Kategorien für wissenschaftliches Arbeiten und Sprachdifferenzierung zu erlernen. Es geht meiner Meinung nach weniger um reinen Wissenserwerb, als vielmehr um die Verbindung von Wissenskomplexen mit problemorientierter Arbeitskompetenz. Wissen wird mit Hilfe der neuen Medien immer mehr zu abrufbarem Wissen. Die Analyse dieser Informationen und die Möglichkeiten des Zugangs haben entscheidendere Bedeutung. Dennoch ist ein Wissensschatz notwendig, um grundsätzliche Unterscheidungsmerkmale von Informationen erkennen zu können. Wichtiger wird dabei aber zunehmend das Zusammenhangswissen. Das Internet wird immer mehr zum Lexikon. Wer aber stiftet die Verknüpfungen zu anderen Wissensgebieten, Generationen, Traditionen, Analogien? Wer glaubt, daß das Internet Wissen ersetzen könne, irrt. Es ist nur eine umfassendere und dynamischere Möglichkeit, an Wissen zu gelangen als das herkömmliche Buch. Bildung ist eben mehr als nur Wissen. Denken in Zusammenhängen, Assoziationen und logischen Schlüssen basiert auf einem reichen Wissensschatz, den es zu verknüpfen gilt.

Hans-Georg Gadamer hat am 22.01.1998 in einem Vortrag an der Pädagogischen Hochschule Heidelberg von den Risiken der neuen Medien gesprochen und von der "Ehre des Vergessens" bzw. der Selektionsfunktion des Erinnerns. Im Computerzeitalter ist es möglich, alles zu speichern, nichts muß zwangsläufig unwiderruflich in Vergessenheit geraten. Es ist aber eine Leistung und Anstrengung des Menschen, sein Wissen zu erweitern und zu erhalten. Die Aufrechterhaltung des Wichtigen sondert das Unwichtige notwendigerweise aus. Der Mensch "wählt" sich seine eigenen Sichtweise auf die Vergangenheit. Beides, die Notwendigkeit der Aufrechterhaltung eines reichen Wissensspektrums als beständig verfügbares Netz an Informationen und die damit verbundene Auswahl an Informationen, sind für Gadamer eine Lernnotwendigkeit, die immer mehr verloren zu gehen scheint.

Dozenten sind gehalten, sowohl Fähigkeiten problemorientierter Arbeitskompetenz als auch Wissenserwerb und Denken in Zusammenhängen einzufordern und selbst im Seminaralltag unter Beweis zu stellen. Der Anspruch an das Seminar sollte in einem Aushang mit Literaturangaben, Arbeitsweise, Scheinerwerb, Arbeitsaufwand ohne Scheinerwerb klar umrissen werden. Exkursionen, Lesezirkel, fiktive Debatten, Treffen außerhalb des Seminars sollten im Bereich des Möglichen liegen.

Studenten müssen lernen, ihr Studium als Beruf, vielleicht sogar als Berufung zu begreifen. Alte Traditionen des Studierens sind ein wenig in Vergessenheit geraten. Das Studium als Lebensgefühl, als Aufbruch, als Motor für neue Ideen ist keine abwegige Vorstellung. Semesterferien sollten fürs Reisen genutzt werden, zur Horizonterweiterung auch in anderen Berufsfeldern. Sich in alternativen Situationen erleben, eigene Grenzen erfahren, das Studium als lebenslangen Prozeß verinnerlichen, das sind nicht nur hochgesteckte Ideale. Buchwissen ist durch Erfahrungswissen zu erweitern, wie umgekehrt. Das Studium darf nicht länger Durchgangsstation bleiben, wobei vieles hingenommen und manches erduldet wird. Nur das Mitgestalten des Lebensumfeldes verändert das Lebensgefühl.

Dabei darf nie die Konzentration auf das Wesentliche aus den Augen verloren werden. Konzentration und Expansion sind zwei Prozesse, die aufeinander bezogen sind und voneinander abhängen. Konzentration und Expansion als Lebensprinzip und Unterrichtsprinzip, Konzentration im Austeilen und trennscharfen Abbilden von Tiefenschichten, Expansion im überblickshaften Vernetzen von Zusammenhängen. Auf der Ebene der Sozialformen sollten Einzelarbeit, Gruppenarbeit und Arbeit des Seminars als Ganzes in einen themenadäquaten Wechsel münden. Dozent und Seminar müssen dabei immer wieder überprüfen, inwiefern sie sich aufeinander zu- oder voneinander wegbewegen. Wichtig ist immer auch das Hinterfragen des gegenwärtigen Prozesses seitens der Studenten und der Dozenten. Dabei ist es wünschenswert, daß die Kommunikation zwischen Hierarchien symmetrisch verläuft. Dozenten und Studenten sollten sich nicht hinter Fremdwörtern oder Wissensvorsprung verstecken.

Mündliche Seminarteilnahme soll sich der Verantwortung bewußt sein, zu jeder Zeit das Geschehen für einen Moment in der Hand zu haben. Diese Führungsposition muß allen Teilnehmern bewußt gemacht werden. Jeder muß sich als Anwalt seiner Äußerungen verstehen. Die oft üblichen Kaschierungsversuche von Dozenten, die alle Äußerungen als geglückt darstellen, nehmen den Gesprächspartner in Wirklichkeit nicht ernst. Andere Seminarteilnehmer lächeln über Äußerungen oder regen sich über den Gesprächspartner auf, ohne die Gelegenheit zu nutzen, ihm zu widersprechen und in seiner Sichtweise zu hinterfragen. Aber der 'Belächelte' kann nur in der Widerständigkeit seinen Standpunkt überdenken und in Zukunft möglicherweise etwas vorsichtiger argumentieren. Das ist auch ein Stück "Streitkultur", die es zu erproben gilt. Allerdings bin ich nicht der Meinung, daß alles und jedes ausdiskutiert werden sollte. Im Gegenteil - der Dozent und die Studenten sind dazu gehalten sich als Gruppe über das erkenntnisleitende Thema zu verständigen. Weitschweifige Diskussionen sind nur dann sinnvoll, wenn ein Großteil der Beteiligten mit Eifer dabei ist. Ansonsten ist das Gespräch in aller notwendigen Schärfe und Klarheit in die gebotene Richtung zu lenken.

Ein wichtiger Sinn des Seminars ist der Austausch von Informationen und Zusammenhängen, von methodischem Vorgehen, von Argumentationslinien, von praktischen Erfahrungen. Im Dialog werden oft Sachverhalte klar, die mit einem Buch alleine nicht oder nur schwerlich gelöst werden können. Die unmittelbare Nachfrage auf Grund von Unklarheiten oder Zweideutigkeiten ermöglicht es sowohl dem Wortführer als auch dem Fragenden, sich neue Dimensionen zu erschließen. Die Frage ist meiner Meinung nach aber so genau zu gestalten, daß der Befragte ausnahmslos auf die Frage antworten kann. Die vorherrschende Meinung, es gebe keine dummen Fragen, nur dumme Antworten ist sicherlich sehr einseitig gesehen oder sogar falsch. Dennoch gibt es Qualitätsunterschiede von Fragestellungen. Je genauer ich den Kern meiner Frage herausarbeiten kann, desto genauer kann der Befragte antworten. Der Schwerpunkt einer Frage sollte möglichst klar formuliert sein.

Ein Beispiel: Thema eines Seminars ist Dostojewskis Werk "Der Spieler", genauer die biographischen Zusammenhänge von Werk und Leben. Man kann nun die Frage sehr allgemein stellen und fragen: Wie hängen Leben und Werk von Dostojewski zusammen? Man wird eine sehr allgemeine Antwort erhalten. Man kann den Bereich der Frage einschränken und fragen: Wie hängen die Spielleidenschaft von Dostojewski und sein Roman "Der Spieler" zusammen?. Oder man fragt spezifizierend: Hat sich Dostojewski im Vergleich von Leben und Werk eher als Opfer oder als Urheber der Spielleidenschaft gesehen und in welchen Passagen oder Überlieferungen wird dies deutlich? Mir ist da eine Passage aufgefallen! Und schon ist man mittendrin in der Diskussion. Selbstverständlich setzt sinnvolles und präzises Fragen Vorwissen voraus. Seminarteilnahme ohne Vorbereitung verhindert geradezu, sich am Seminar mit drängenden Fragen zu beteiligen. Motivation und Lernen werden ohne Fragen beeinträchtigt oder sogar verhindert.

Die Persönlichkeit des Dozenten ist und bleibt von entscheidender Bedeutung. Ein Dozent muß zur rechten Zeit Führungspersönlichkeit beweisen, er muß sich im nächsten Augenblick zurücknehmen können, auch wenn es ihm unter den Nägeln brennt. Die Rolle des Dozenten muß sich in einem Spannungsverhältnis von Mut zur Intervention und Gelassenheit in der Zurückhaltung gestalten. Manche Verhaltensweisen von Studenten sind dem Studienbetrieb nicht angemessen. Studenten, die in den Seminaren nur konsumieren wollen, ist nahezulegen, sich einen anderen Ort für diese Haltung auszusuchen. Dozenten können und müssen in solchen Fällen durchgreifen. Weniger ist oft mehr.

Dozenten sind Vertreter der Wissenschaften. Wissenschaft ist ein möglicher Versuch, Erkenntnisse zu gewinnen in der Berücksichtigung aller möglichen Positionen und deren Abwägung und Überprüfung. Dabei darf man nicht bei der rein deskriptiven Beschreibung der Positionen stehenbleiben. Ein Dozent sollte alle Positionen erst einmal möglichst objektiv vergleichend in den Raum stellen, ohne eigene Wertungen. Nur so können sich Studenten ihre eigene Meinung bilden. Dennoch ist es unerläßlich, daß der Dozent als Wissenschaftler im Anschluß auch Position bezieht. Damit ist keinesfalls Engstirnigkeit gemeint als Vergessen möglicher Alternativen, sondern Positionierung im Bewußtsein von Alternativen und mit ihnen ringend. Wissenschaft ohne Standpunkt ist undenkbar, würde in der Beliebigkeit verharren und ihren eigenen Ursprung vergessen. Es gibt keine wertfreie Wissenschaft, wie die kritische Theorie am kritischen Rationalismus bemängelt. Jede Wissenschaft basiert auf einer Axiomatik, die als Setzung auch Werte setzt. Gerade Dozenten müssen ihre Überzeugung darstellen, damit sie sich selbst zusammen mit den Studenten an ihren Positionen "reiben" können. Ohne emotionale Beteiligung, ohne persönliche Überzeugung, kann ein Standpunkt nicht sinnvoll in Frage gestellt werden, da er niemals vollständig vertreten wurde. Sich als Anwalt, Vertreter eines Standpunktes preisgeben, heißt internalisierte, gereifte Prozesse immer wieder zu hinterfragen und sich mit den dynamischen Standpunkten weiterzuentwickeln. Ein Schwalbe kann nur in der Widerständigkeit der Luft fliegen.

Ein Dozent sollte gleichsam ein Feuer der Überzeugungskraft ausstrahlen, eine Leitfigur zumindest in seinem Spezialgebiet darstellen. Bei aller Begeisterung darf aber nie das erkenntnisleitende Interesse aus den Augen verloren werden. Nur, ein Dozent ohne Begeisterung, ohne Visionen, ist meines Erachtens kein erfüllter Mensch, erfüllt von einer Sache, die mehr ist als Profilierungssucht oder Karriereleiterstreben. Er wäre eine Marionette, getrieben vom Vergessen seines eigenen Ursprungs, festgehalten in der Stagnation der Beliebigkeit. Auch politische Standpunkte können meiner Meinung nach in einem Seminar vertreten werden, wenn sie wohlbegründet sind und andere Meinungen zulassen. Das Studium ist nicht Vorbereitung auf das Leben, sondern Lebensvollzug. Man kann nicht darauf warten. daß es sich schon fügen wird. Jeder nicht ergriffene Augenblick ist unwiederbringlich vorüber. Bevor man gelebt wird, sollte man vielleicht selbst die Richtung steuern.

Thomas Berlinger studierte Sonderpädagogik an der Pädagogischen Hochschule Heidelberg. Im Herbst 1997 hat er sein Studium erfolgreich abgeschlossen.

Theodor Karst

Für einen fächerverbindenden Deutschunterricht interdisziplinär studieren -

Erfahrungen und Vorschläge

1. Didaktische Perspektiven

In der neueren didaktischen Diskussion spielt das Problemfeld eines fächerverbindenden, fächerübergreifenden, interdisziplinär angelegten Unterrichts eine wichtige, wenn nicht zentrale Rolle.[1] Diese dem Unterricht zuzuordnenden Qualitäten werden auch mit dem schon älteren Konzept des Projekts verbunden zu einem „fächerübergreifend-projektorientierten Unterricht".[2] Solche Überlegungen zur Umgestaltung des traditionellen fächergeprägten Unterrichts führen zu bildungspolitischen Zielvorstellungen. So verordnet das MINISTERIUM FÜR KULTUS UND SPORT DES LANDES BADEN-WÜRTTEMBERG 1991 den allgemeinbildenden Schulen „Fächerverbindendes Lehren und Lernen als Zukunftsaufgabe der Schule".[3]

Diese Aufgabe wird aus der veränderten Lebenswelt und aus den Zukunftsanforderungen begründet. Der Unterricht soll sich an drei Prinzipien orientieren: Ganzheitliche Betrachtung von Problemstellungen, Förderung der Selbständigkeit und Selbsttätigkeit sowie Förderung des Verantwortungsbewußtseins.

Als Formen der Verwirklichung dieses Unterrichts werden genannt: abgestimmter Unterricht, Projektunterricht, Projekttage, Facharbeit, Hausarbeit, Studientag.

In den novellierten Lehrplänen dieses Bundeslandes von 1994 wird das Prinzip des Fächerverbindenden verbindlich festgelegt.

Die Überlegungen und Bemühungen, schulisches Lehren und Lernen neu zu strukturieren, lassen die Unzufriedenheit mit dem nach Fächern gegliederten Unterricht erkennen, mit dem Fächerkanon, der die wissenschaftlichen Disziplinen abbildet, wie sie sich in der Neuzeit, besonders seit dem 19. Jahrhundert entwickelt haben. In der Forschung schreitet einerseits die Spezialisierung weiter fort, andererseits kommt es aber auch zu Kooperationen in der Bearbeitung gleicher Phänomene und Probleme, es entstehen sogenannte Bindestrich-Wissenschaften (z.B. Bio-Chemie).

Die Schulfächer, die ein additives Lernen vorprägen, können offenbar ein Gesamtverständnis einer komplexer werdenden Wirklichkeit immer weniger vermitteln, obwohl ihr ursprünglicher Bildungssinn war, durch Gliederung Überblick herzu-

---

[1] Vgl. *Duncker/Popp* (1997/98a).
[2] *Hintz/Pöppel/Rekus.* (1993) 97-102.
[3] *Kultus und Unterricht* (1991) 401-403.

stellen. Nun erscheint „fächerübergreifendes Lernen als eine groß angelegte Suche nach dem verlorengegangenen Bildungssinn der Schulfächer".⁴ Angesichts wachsender Unübersichtlichkeit, Krisenhaftigkeit und Gefährdungen bieten sich als Lösungsansätze zur Gewinnung einer neuen Übersichtlichkeit an vernetztes Denken, Orientierungswissen und Reflexivität. Dabei bleibt die Erfahrungs- und Erkenntnisfähigkeit grundsätzlich beschränkt auf aspekthafte und selektive Weise. Spezialisierung und Fachperspektiven bleiben sogar notwendig. Es kommt jedoch darauf an, daß sich eine jeweils spezielle Kompetenz mit einer umfassenderen allgemeinen Kompetenz verbindet. Auch sollen Rationalität und Emotionalität einander nicht fremd sein.⁵ In diesem Sinne Wissen und Erfahrung nicht additiv nebeneinanderzustellen, sondern integrativ, komplementär aufeinander zu beziehen, zielt auf eine Bildung, in der die Bereitschaft und Fähigkeit, Fachgrenzen zu überschreiten, ein wichtiges Merkmal der Fachkompetenz selbst wird. Einer Didaktik, die über diese Bildung nachzudenken hat, gilt „die Spezialisierung auf Zusammenhänge als regulatives Prinzip".⁶

Gemessen an solchen didaktischen Überlegungen für einen fächerübergreifenden/fächerverbindenden Unterricht an den Schulen scheint eine entsprechende Hochschuldidaktik noch weitgehend zu fehlen. Wie aber sollen Lehrerinnen und Lehrer mit Themen und Inhalten interdisziplinär umgehen, sich in geeigneten Formen des Lehrens und Lernens für den neu akzentuierten Unterricht bewegen, wenn sie im Studium nicht Adäquates kennengelernt und eingeübt haben?⁷

Die Lehrerausbildung an den Hochschulen verläuft noch weitgehend im System der traditionellen wissenschaftlichen Disziplinen. Insofern bleibt die Hochschuldidaktik auch hinter der Forschung zurück, die die interdisziplinäre Zusammenarbeit durchaus kennt.⁸

Hier hat die wissenschaftliche Lehre zu lernen. Im Blick auf die Lehrerausbildung ist dabei zu beachten, daß Interdisziplinarität im Studium nicht nur ein Arbeitsauftrag an die Fachdidaktiken ist. Auch übergreifende fachwissenschaftliche Zusammenhänge müssen im Studium erfahren werden. Dabei lohnte sich auch eine Überlegung, wie innerhalb eines Faches fachwissenschaftliche mit fachdidaktischen Aspekten besser miteinander verbunden werden können. Das Studium würde so den Blick schärfen für Zusammenhänge und für Spezifika und Gemeinsames, Unterschiede und Übergänge zwischen den Fächern. Wenn für die Forschung mit Recht gilt, „daß interdisziplinäre Forschungen den disziplinären Fortschritt fördern",⁹ darf auch für das Studium postuliert werden, daß fächerübergreifendes Lehren und Lernen fachspezifische Einsichten und Erkenntnisse fördern und vertiefen. Übergreifende philosophische und pädagogische Reflexionen, nicht zuletzt auch im Blick auf

---

⁴ *Duncker/Popp* (1997b) I,8.
⁵ *Duncker/Popp* (1997 b) I,9.
⁶ *Popp* (1997) 135.
⁷ Vgl. *Bachorski/Taulsen* (1995).
⁸ Vgl. *Kocka* (1987).
⁹ *Kocka* (1987) 9.

ethische Fragen, würden spezielle und generelle Kompetenzen gleichermaßen fundieren und in Bewegung halten.

Die allgemeinen Bemerkungen zum Problem fächerübergreifender Lehrerausbildung gelten selbstverständlich auch für das Studium der Deutschen Sprache und Literatur und ihrer Didaktik. Man kann in der Besonderheit dieses Faches mit seinen beiden Zentren Sprache und Literatur auch eine besondere Chance für fächerübergreifendes Arbeiten sehen, die in der Ausbildung einer je explizit kommunikativen und ästhetischen Kompetenz begründet ist. Beide Aspekte sind von einer sehr umfassenden Lebensmächtigkeit, so daß sich viele und vielfältige Verknüpfungsmöglichkeiten mit anderen Fächern anbieten. Interdisziplinarität als Chance des Dialogs.

2. Erfahrungen mit fächerübergreifenden literaturwissenschaftlichen und literaturdidaktischen Lehrveranstaltungen

Ein sehr wichtiger Effekt des Fächerverbindenden stellt sich schon ein durch die Absprache des Themas, die Planung, Vorbereitung und schließlich Durchführung eines gemeinsamen Seminars. Die Leiter/innen einer solchen Veranstaltung sind die ersten Nutznießer des Über-den-Tellerrand-Sehens, noch ehe die erste Seminarsitzung stattfindet. Der zusätzliche Zeit- und Kraftaufwand lohnt sich in mehrfacher Weise. Die Beteiligten stellen einander ihre Materialien, die Forschungssituationen und didaktischen Intentionen jeweils im Bereich ihres eigenen Faches vor. Man lernt dabei nicht nur das zur Kooperation bereite Fach (besser) kennen und selbstverständlich auch die es vertretende(n) Person(en); auch vertiefte, differenzierte Einsichten in das eigene Fach sind oft der Lohn des Blicks über die Fachgrenzen hinaus.

Diesem vertiefenden Blick auf Sachverhalte und Problemstellungen zweier Fächer zeigen sich nicht selten auch Forschungsdesiderate in dem einen oder anderen Bereich, vor allem aber in jenen Grenz- und Zwischenräumen, die sich für interdisziplinäres Arbeiten anbieten. In solchen zunächst auf die Lehre ausgerichteten Situationen können gemeinsame Forschungsprojekte initiiert werden, die dann ihrerseits wieder fächerübergreifende Lehraktivitäten stimulieren.

Das Interesse der Studierenden an interdisziplinär angelegten Lehrveranstaltungen und ihr Engagement, an deren Gestaltung mitzuwirken, ist erfahrungsgemäß sehr groß, oft größer als an „normalen" fachinternen Seminaren. Das mag auch darin begründet sein, daß fächerverbindende Seminare immer noch Seltenheitswert haben; diese erregen Neugier, einen Grundantrieb forschenden Verhaltens. Die Studierenden sind neugierig auf die Art, wie ein Thema aus unterschiedlichen Perspektiven erarbeitet werden kann, wie sich die Betrachtungsweisen zweier Fächer verbinden, die sie in der Regel als sich selbst genügsame, auch abgeschottete Einheiten in ihrem Mehr-Fächer-Studium erfahren. Dieses Interesse bezieht sich nicht nur auf die Fächer, ihre Inhalte und Methoden. Es ist doch auch interessant zu sehen, wie Dozenten, die die Studierenden in der Regel als „Einzelkämpfer" erleben, miteinander umgehen, wenn sie sich gemeinsam einem Thema widmen, dieses vor studentischem Publikum miteinander und, wo sachlich-fachlich geboten, auch gegeneinander entfalten. Es kommt ja gerade darauf an, im gemeinsamen Erarbeiten des Fächerverbindenden die Spezifika der fachlichen Sichtweisen, Materialbehandlung und Forschungsmethoden deutlich zu machen, um gerade auch die Begrenztheit der fachgebundenen Zugriffe auf Wirklichkeit zu erkennen.

Sicherheit im Fachspezifischen, komparatistische Relativierung und Gewinnung integrativer Verstehensweisen können als wichtige Ziele interdisziplinärer Seminare bezeichnet werden. Und weil es auf diesem Felde weniger sichere und gesicherte Ergebnisse gibt als in vielen Fach-Veranstaltungen, kommt den Studierenden auch als Mit-Forschenden eine wichtige, produktive Aufgabe zu. Wissenschaftliche Hausarbeiten, Diplom- und Magisterarbeiten, Dissertationen bieten sich für interdisziplinäre Fragestellungen an. Ihre gemeinsame Betreuung durch Fachvertreter/innen verschiedener Fächer könnte - durchaus auch mit Schwierigkeiten - fruchtbare Auswirkungen haben.

Fächerverbindende Lehrveranstaltungen sind also eine wichtige hochschuldidaktische Herausforderung, der sich die Hochschullehrer/innen mehr als bisher stellen sollten. Die Studierenden können durch eine entsprechende Nachfrage helfen, diese Aufgabe anzugehen. Fragen des Lehr-Deputats oder der Seminar-Schein-Vergabe lassen sich durch Absprachen regeln.

Im Folgenden werden einige Lehrveranstaltungen mit interdisziplinärer Ausrichtung, die der Verfasser seit den sechziger Jahren durchgeführt hat, genannt und erläutert. Die fachwissenschaftlich oder fachdidaktisch akzentuierten Hauptseminare gehörten zum Lehrangebot im Fach Deutsche Sprache und Literatur und ihre Didaktik. Sofern sie mit einem anderen Fach gemeinsam geplant und durchgeführt wurden, gehörten sie auch dort zum Lehrangebot. Aus personellen und organisatorischen Gründen war es jedoch nicht immer möglich, Veranstaltungen mit fächerverbindender Thematik und Zielsetzung aus zwei oder mehr Fächern heraus gemeinsam zu gestalten. In solchen Fällen wurde dennoch immer wieder versucht, den Aspekt der Interdisziplinarität zur Geltung zu bringen. Das erfordert eine realistische Einschätzung der eigenen Kompetenz, Erfahrung und Bereitschaft, sich in neue benachbarte Gebiete einzuarbeiten.

Gemeinsame Lehrveranstaltungen, die von literaturwissenschaftlichen oder literaturdidaktischen Themen ausgehen, können Partner in unterschiedlicher Reichweite zur Literatur einbeziehen.

Strukturell einander am nächsten stehen benachbarte Philologien (Deutsch/Fremdsprachen). Thematisch viele Gemeinsamkeiten bieten die Sozial- und Erziehungswissenschaften (Deutsch/Pädagogik, Psychologie, Soziologie, Philosophie, Theologie). Aufschlußreich sind Verbindungen verschiedener Künste (Literatur/Bildende Kunst, Musik). Am weitesten von Literatur entfernt scheinen die Naturwissenschaften zu stehen, doch zeigen sich durch thematische Nähe und gerade in der strukturellen Andersartigkeit des Zugriffs auf Wirklichkeit interessante Verbindungsmöglichkeiten (Deutsch/Biologie, Physik, Sachkunde). Zu Körperbewegung und -sprache bestehen vielfältige sprachliche und literarische Bezüge (Deutsch/Sport, auch in Verbindung mit Theater, Musik und Bildender Kunst).

Schließlich beschreiben und deuten die Künste - also auch Literatur - Wirklichkeitsphänomene und das Leben insgesamt. In einem weiten Sinne läßt sich so der Literatur eine Allzuständigkeit zuschreiben, so daß Literatur samt ihrer wissenschaftlichen und didaktischen Reflexion mit allen anderen Disziplinen in ein Gespräch eintreten kann.

2.1 Kindheit in der modernen Literatur (gemeinsam mit den Fächern Englisch und Französisch).

Durch vergleichende Analysen deutsch-, englisch- und französischsprachiger literarischer Texte des 20. Jahrhunderts in den Gattungen Kurzgeschichte, Roman, Autobiographie zeigen sich Gemeinsamkeiten und Unterschiede literarischer Kindheitsbilder. Diese Betrachtungsweise überwindet nationalliterarische Begrenzungen, verweist auf europäische und weltliterarische Dimensionen an einem psychologisch-pädagogisch besonders interessanten Thema.

2.2 Thomas Manns Roman „Doktor Faustus" - Literatur und Musik.

Das exemplarisch auf Thomas MANNs Spätwerk ausgerichtete Thema zeigt durch seine geschichtsdeutenden Implikationen nicht nur eine starke Affinität zur Geschichte, noch charakteristischer sind die musikologischen Inhalte und Versprachlichungen existierender und imaginierter musikalischer Werke. Zur Erläuterung musik-theoretischer Sachverhalte mit Vorführungen am Klavier hat ein Kollege vom Fach Musik zeitweise im Seminar mitgewirkt.

2.3 Märchen - literarisch und psychologisch betrachtet

In dem mit dem Fach Psychologie durchgeführten Seminar wurden erzählstrukturelle Merkmale des Volksmärchens erarbeitet und entstehungsgeschichtliche Fragen diskutiert. Diese Befunde wurden mit psychologischen Märchendeutungen, vor allem mit der von C.G. JUNG geprägten in Beziehung gesetzt und auf ihre didaktische Relevanz befragt.

2.4 Autobiographie - religiöse Sozialisation und literarische Gestaltung

In dem mit dem Fach Theologie/Religionspädagogik veranstalteten Seminar wurden literarische Autobiographien vom 18. Jahrhundert bis zur Gegenwart (K.Ph. MORITZ, F. KAFKA, H. HESSE, F. INNERHOFER, Th. BERNHARD u.a.) unter thematischen Aspekten und als Erzähltexte analysiert; Formen und Prozesse der religiösen Erziehung und Sozialisation fanden besondere Beachtung. Insgesamt erweisen sich Autobiographien über ihre individuelle Bedeutung hinaus auch als geschichtliche Dokumente in vielerlei Hinsicht. Nicht zuletzt bieten sie sich adoleszenten und älteren Lesern als literarische und didaktische Modelle für Lebens- und Lese-Erfahrungen.

2.5 Feuilleton, Reportage, Essay - journalistisch-literarische Textsorten

Das Thema ist als literaturwissenschaftliches Arbeitsfeld ausgewiesen, beschreibt aber gleichzeitig einen Teilbereich des Journalismus. Aus der Struktur- und Funktionsbeschreibung der genannten Textsorten ergeben sich textwissenschaftliche Einsichten mit weiterführenden didaktischen Implikationen, nicht zuletzt im Blick auf den Umgang mit Massenmedien.

2.6 Kinder- und Jugendlektüre im fächerübergreifenden Unterricht

Unter dieser Sammelbezeichnung sind literaturdidaktische Seminare einzuordnen, die kinder- und jugendliterarische Texte unterrichtlichen Themenbereichen der Primar- und Sekundarstufe zuordnen, z.B.

- Tiererzählung/Sachbuch (Deutsch, Sachkunde/Biologie),
- Minderheiten; Vorurteile (Deutsch, Gemeinschaftskunde, Religion),
- Jugendkriminalität (Deutsch, Gemeinschaftskunde),
- Indianer (Deutsch, Geschichte),
- Angst (Deutsch, Psychologie, Pädagogik),
- Berufsentscheidung, Lehrzeit (Deutsch, Gemeinschaftskunde).

Eine wichtige Intention von Seminaren dieser Art ist die Erarbeitung und Erfahrung von Sachverhalten durch erzählende Literatur (für bestimmte Zielgruppen) in Verbindung und im Vergleich mit Sachtexten.

2.7 Neuere deutschsprachige Dialektliteratur - mit sprach- und literaturgeschichtlichen Aspekten

Das Thema ist nicht eigentlich fächerübergreifend, verbindet aber in einem Sonderbereich der Literatur sprachgeschichtliche Voraussetzungen und literaturgeschichtliche Einblicke mit einem komplexen literarischen Feld der Gegenwart. Dabei sind sprachwissenschaftliche Fragen notwendigerweise durchgehend von hohem Interesse.

2.8 Volkssagen - geschichtlich und literarisch betrachtet

Das mit dem Fach Geschichte durchgeführte Seminar untersuchte Sagen, speziell historische Sagen auf ihren geschichtlichen Realitätsgehalt und in ihren Erzählweisen. Die Art der literarischen Gestaltung modelliert nicht nur den Unterschied zwischen geschichtlichem Wissen und Geschichtsbewußtsein, sie bestimmt auch die jeweils vorherrschende Tendenz als ein Element kollektiver Erinnerung.

2.9 Das geschichtliche Jugendbuch

In dem Seminar wandten sich die Fächer Deutsch und Geschichte einem Sonderbereich der Historiographie zu. Die Analyse geschichtlicher Jugendbücher bewertete die geschichtswissenschaftliche Zuverlässigkeit und die Darstellungsweise im Blick auf eine altersmäßig bestimmte Zielgruppe. Dazu sind Quellen und geschichtswissenschaftliche Darstellungen zu befragen, Erzähltextanalysen durchzuführen, die Befunde auf literatur- und geschichtsdidaktische Ziele zu beziehen.

2.10 Landschaft, Literatur, Geschichte - Aspekte einer literarischen Heimat- und Weltkunde

Das Seminar wurde gemeinsam mit einem Vertreter der Volkskunde/empirischen Kulturwissenschaft durchgeführt. Geographische und geschichtliche Charakteristika der engeren und weiteren Region wurden in literarischen Texten und in sprachlichen Benennungen aufgesucht und auf die Ausgangsphänomene bezogen, z.B. Beschreibungen, Erzählungen, Sagen, Gedichte zu Bergen, Burgen, Kirchen, topographischen Besonderheiten. Flurnamen und Straßennamen verweisen auf kultur- und sprachgeschichtliche Zusammenhänge, auch auf kulturpolitische Entscheidungen, sind gleichzeitig Zeugnis eines kollektiven Wissens und Gedächtnisses.

2.11 Der mobile Mensch: Reiseliteratur - didaktische Aspekte einer fächerübergreifenden Thematik

An Beispielen der Textsorte Reiseliteratur vom 18. Jahrhundert bis zur Gegenwart lassen sich Motive, Formen und Folgen des Reisens studieren. Der Blick auf die Entwicklung von der Aufklärung bis zum Massentourismus der Gegenwart vermittelt nicht nur geschichtliche Einblicke, er verweist auch auf ein akutes Problem, das auch eine pädagogische Herausforderung darstellt. Soziale, technische, psychische, ökonomische, ökologische Befunde anderer Disziplinen/Fächer liefern nicht nur Beiträge zur interdisziplinären Beschreibung des Phänomens Massentourismus, sie sind auch für eine fächerübergreifende Didaktik des Reisens von Bedeutung. Mit einem weitgefaßten Verständnis von Reiseliteratur kann der Deutschunterricht dazu einen wichtigen Beitrag leisten.

2.12 Rheinreise - Kunst und Literatur am Rhein von der Antike bis zur Gegenwart. Aspekte einer fächerverbindenden Literatur- und Reisedidaktik

Mit dem Rhein als Gegenstand der Bildenden Kunst und der Literatur über Jahrhunderte hinweg lassen sich individuelle bildhafte und literarische Darstellungen studieren, für die auch epochaltypische Gemeinsamkeiten gelten. Der interdisziplinäre Ansatz zielt auf eine fächerübergreifende Didaktik, die ein kontextuelles Verständnis von Literatur und anderen Kunstwerken fördern und damit gleichzeitig einen Beitrag zu einer Didaktik des Reisens liefern möchte. Das Beispiel will eine Landschaft in künstlerischen Gestaltungen im geschichtlichen Wandel erfahrbar machen. Bezugsfächer: Geographie, Geschichte, Bildende Kunst, Musik.

2.13 Landschaft und Natur in Malerei und Literatur

Das Seminar wurde gemeinsam mit dem Fach Kunst/Kunsterziehung durchgeführt. Das Thema lenkt den Blick auf die Darstellung der vorgegebenen Lebenswelt des Menschen durch unterschiedliche Künste. In den historischen Veränderungen von der sinnbildhaften Sehweise des Mittelalters über die Entdeckung von Landschaft und Natur in der Neuzeit mit den epochalen Ausprägungen bis zur ökologischen Krise wird die Geschichtlichkeit des Blicks auf Natur, aber auch deren tatsächlicher Wandel faßbar.

2.14 Natur und Literatur - fächerverbindender Unterricht

Das Seminar wurde gemeinsam mit dem Fach Biologie/Sachunterricht vor allem im Blick auf die Grundschule durchgeführt. An Beispielen aus dem Gesamtbereich biologischer Sachkunde (z.B. Bäume, Wasser, Kind und Tier) lassen sich naturwissenschaftliche und literarische Zugriffe auf Wirklichkeit studieren, didaktisch reflektieren und in Unterrichtskonzepte umsetzen. Entsprechende literarische Texte finden sich in der Kinder- und Jugendliteratur, in der literarischen Tradition insgesamt, nicht zuletzt auch in der Literatur anderer Kulturen. Ein Seminar dieser Art bietet viele Möglichkeiten, literarische Entdeckungen zum Thema Natur zu machen. Schließlich ergeben sich viele Ansatzpunkte, andere Fächer zur thematisch-didaktischen Zusammenarbeit einzuladen (Kunst, Musik, Religion).

2.15 Generationen - literarische Texte zum Verhältnis von Alt und Jung - didaktisch reflektiert

Mit dem Generationen-Thema im Spiegel literarischer Texte aus verschiedenen Epochen lassen sich gesellschaftliche, psychologische, politische und pädagogische Aspekte in entsprechenden Sachtexten verbinden. So kann ein brisantes aktuelles Thema fächerübergreifend beleuchtet, im historischen Wandel und in der Erscheinungsweise unterschiedlicher Textsorten beobachtet werden.

3. Weiterführende Hinweise

Im Folgenden werden - chronologisch - Veröffentlichungen des Verfassers aufgeführt, die explizit oder implizit Interdisziplinarität anstreben:

- „Die Graeber in Speier". Stefan Georges Gedicht über die Kaisergräber im Speyerer Dom und die Graböffnung im Jahre 1900. In: Pfälzer Heimat (Hrsg. von der Pfälzischen Gesellschaft zur Förderung der Wissenschaften) 1969, S. 100-105.
- (Hrsg.): Texte aus der Arbeitswelt seit 1961. Stuttgart: Reclam 1974.
- (Hrsg.): Reportagen. Stuttgart: Reclam 1976

- (zusammen mit Renate Overbeck und Reinbert Tabbert): Kindheit in der modernen Literatur. Interpretations- und Unterrichtsmodelle zur deutsch-, englisch- und französischsprachigen Prosa. 2 Bde. Kronberg/Ts.: Scriptor 1976/77.

- Pfalzgraf Johann Casimir und die Neustadter. Ein Verfassungskonflikt im Spiegel einer geschichtlichen Sage. In: Mitteilungen des Historischen Vereins der Pfalz 76 (1978), S. 120-146.

- (Hrsg.): Kinder- und Jugendlektüre im Unterricht. Bd.1: Primarstufe. Bd.2: Sekundarstufe. Bad Heilbrunn: Klinkhardt 1978/79. (Unterrichtsmodelle für die Fächer Deutsch, Biologie, Englisch, Französisch, Gemeinschaftskunde, Geographie, Geschichte, Religion, Verkehrserziehung).

- Buchlektüre in der Hauptschule. Auswahl, Ziele, Möglichkeiten im Unterricht verschiedener Fächer anhand eines Modellvorschlags - Angelika Kutsch: „Man kriegt nichts geschenkt". In: Blätter für Lehrerbildung. Zeitschrift für das Seminar. Jg. 32 (1980), S. 579-585.

- (Hrsg.): Lehrzeit. Erzählungen aus der Berufswelt. Stuttgart: Reclam 1980.

- Kindheit, Jugend, Schule - zum Beispiel Hermann Hesses „Unterm Rad". In: Gerhard Haas (Hrsg.): Literatur im Unterricht. Modelle zu erzählerischen und dramatischen Texten in den Sekundarstufen I und II. Stuttgart: Reclam 1982, S. 30-45.

- Reportagen. In: Gerhard Haas (Hrsg.): Literatur im Unterricht. Modelle zu erzählerischen und dramatischen Texten in den Sekundarstufen I und II. Stuttgart: Reclam 1982, S. 141-155.

- Mittelalterlich-neuzeitliche Herrschaft und Verwaltung im Spiegel volkstümlicher Überlieferungen und späterer Reisebeschreibungen. In: Alois Gerlich (Hrsg.): Regionale Amts- und Verwaltungsstrukturen im rheinhessisch-pfälzischen Raum (14. bis 18. Jahrhundert) (= Geschichtliche Landeskunde Bd. 25). Wiesbaden: Steiner 1984, S. 1-29.

- Tatsachen und Tendenzen. Zum Verständnis geschichtlicher Sagen. In: Praxis Deutsch 1985. Heft 72, S. 51-55.

- (Hrsg.): Geschichten vom Erwachsenwerden. Stuttgart: Reclam 1987.

- „reutlinger drucke" - Literatur im Zeichen eines graphischen Mottos. In: RT-ART-QUARTAL 3/1988, S. 5-11.

- „Menschen machen Maschinen". Poetische Reflexionen über Mensch und Technik. In: Praxis Deutsch 18 (1991), S. 26-28.

- „[...] und strömt und ruht." Vom Wasser in der Literatur. In: Norbert Scholl (Hrsg.) = Das alles ist Wasser. Weinheim: Deutscher Studienverlag 1991, S. 128-162.

- Autobiographien - Lektüre für die Jugend? Überlegungen zur didaktischen Bedeutung von literarischen Lebens- und Lesemodellen. In: Horst Heidtmann (Hrsg.): Jugendliteratur und Gesellschaft (= Beiträge Jugendliteratur und Medien, 4. Beiheft 1993) 1993, S. 144-152.

- „Sommerlied und Technik". Zur „Poesie der Fakten" von Arno Reinfrank. In: Nikolaus Hofen (Hrsg.): Und immer ist es die Sprache. Festschrift für Oswald Beck zum 65. Geburtstag. Beiträge zu Germanistik, Fachdidaktik Deutsch und Nachbarwissenschaften. Baltmannsweiler: Schneider Hohengehren 1993, S. 133-140.

- (Hrsg.): Außenseitergeschichten. Stuttgart: Reclam 1994.
- (zusammen mit Joachim Venter): Natur und Literatur. Fächerverbindender Unterricht in der Grundschule. Baltmannsweiler: Schneider Hohengehren 1994.
- Der Fall Gerat Lauter. Adoleszenz und Erwachsenwerden - literarische und didaktische Aspekte moderner Jugendromane für den Deutschunterricht der Sekundarstufe am Beispiel von Jurij Kochs „Schattenrisse" In: Günter Lange, Wilhelm Steffens (Hrsg.): Moderne Formen des Erzählens in der Kinder- und Jugendliteratur der Gegenwart unter literarischen und didaktischen Aspekten. Würzburg: Königshausen und Neumann 1995, S. 181-203.
- „Ohne Musik kann ich nicht sein." - Jugend, Kunst und Kritik im Roman „Freund Hein" von Emil Strauß. In: Roland Gäßler, Walter Riethmüller (Hrsg.): Künstlerisches Wirken. Kunst und Künstlertum in Gesellschaft, Kultur und Erziehung. Weinheim: Deutscher Studienverlag 1997, S. 226-240.
- „Vom Baum lernen." - ökopädagogische Aspekte einer Literatur für Kinder und Jugendliche. In: Karin Richter, Bettina Hurrelmann (Hrsg.): Kinderliteratur im Unterricht. Theorien und Modelle zur Kinder- und Jugendliteratur im pädagogisch-didaktischen Kontext. Weinheim, München: Juventa 1998, S. 215-227.

Literaturverzeichnis

Bachorski, Hans-Jürgen/ Traulsen, Christine: (1995) Interdisziplinarität und fächerübergreifender Unterricht. Einführung (zum Leitthema des Heftes). In: Mitteilungen des Deutschen Germanistenverbandes 42 (1995), Heft 4, S. 1-4.

Duncker, Ludwig/Popp, Walter (Hrsg.): (1997/98 a) Über Fachgrenzen hinaus. Chancen und Schwierigkeiten des fächerübergreifenden Lehrens und Lernens. 3 Bde. Heinsheim: Dieck 1997/98. Bd. I Grundlagen und Begründungen. Bd. II Anregungen und Beispiele für die Grundschule. Bd. III Anregungen und Beispiele für die Sekundarstufe.

Duncker, Ludwig; Popp, Walter: (1997 b) Die Suche nach dem Bildungssinn des Lernens - eine Einleitung. In: Duncker, Ludwig; Popp, Walter (Hrsg.): Über Fachgrenzen hinaus (s. dort). Bd. I (1997), S. 7-13.

Hintz, Dieter/ Pöppel, Karl Gerhard/ Rekus, Jürgen: (1993) Neues schulpädagogisches Wörterbuch, Weinheim, München: Juventa 1993.

Kocka, Jürgen (Hrsg.): (1987) Interdisziplinarität. Praxis, Herausforderung, Idelogie. Frankfurt am Main: Suhrkamp 1987 (= suhrkamp taschenbuch wissenschaft 671).

Kultus und Unterricht (1991). Amtsblatt des Ministeriums für Kultus und Sport Baden-Württemberg 1991.

Popp, Walter: (1997) Die Spezialisierung auf Zusammenhänge als regulatives Prinzip der Didaktik. In: Duncker, Ludwig; Popp, Walter (Hrsg.): Über Fachgrenzen hinaus (s. dort). Bd. I, S. 135-154.

Werner Jünger

Kreativitätsförderung.

Unterrichten nach dem Divergenten Prinzip

Besonders in Zeiten der Krise und Stagnation hat innovatives Denken Hochkonjunktur. Dies gilt für die Anfänge der Kreativitätsforschung, als Joy Paul GUILFORD Ende der 50er Jahre infolge des Sputnikschocks den Auftrag der US-Regierung bekam, kreative Personen ausfindig zu machen und deren Potential zu fördern, um wieder die 'Nummer Eins' in der (technischen) Welt zu werden. Und es gilt ebenso für unsere heutige Zeit, die geprägt ist von Arbeitslosigkeit, Umweltverschmutzung und sozialen Nöten. Daß kreatives Denken einen hohen pädagogischen Stellenwert besitzt, zeigt sich etwa in der hohen Nachfrage im Bereich der Erwachsenenbildung sowie in der zunehmenden Bereitschaft vieler Eltern, für ihre Kinder möglichst frühzeitig entsprechende Investitionen (z.B. Musikalische Früherziehung oder Ballettunterricht) vorzunehmen, um ja keine sensiblen Phasen der Entwicklung zu versäumen. Auch die Rede unseres Bundespräsidenten bezüglich der Zukunft unseres Bildungssystems vom November 1997 hat mehrfach darauf Bezug genommen. Auch er forderte eine Reform der Bildungsziele, die „Freiräume für Kreativität" bietet und eine „Persönlichkeitsbildung auf der Basis von (...) Kreativität" ermöglicht.

Wen mag er wohl gemeint haben, wer soll die Förderung durchführen? Und wie soll sie realisiert werden? Wahrscheinlich wollte er all diejenigen wachrütteln, die mit Erziehung zu tun haben: Eltern, Ausbilder, Lehrer und Erzieher- im Grunde uns alle.

Die entscheidende Frage nach dem Wie löst in der Regel Verwirrung aus. Sie wird begleitet von diffusen Verantwortlichkeitszuschreibungen und unklaren Ursache-Wirkungs-Vermutungen. Viele Menschen, auch Lehrer, sind der Meinung, allein die Beschäftigung mit kreativen Inhalten wie Musizieren, Malen, Zeichnen oder Werken sei eine hinreichende Bedingung zur Generierung von Kreativität. In diesem Sinne sollte sich die Förderung quasi automatisch ergeben und in einem sich selbst entfaltenden Prozeß des spielerischen und entdeckenden Lernens ablaufen. Dies mag teilweise richtig sein. Der Entwicklungstheorie von Jean PIAGET[1] zufolge gestaltet ein Individuum seine kognitive Entwicklung selbst auf aktive Weise. Durch die angeborenen Tendenzen der Adaptation und Organisation ist es bestrebt, seine geistigen Strukturen ständig umzubilden und in Systeme höherer Ordnung zu integrieren. In diesem Sinne leisten musisch-ästhetische Beschäftigungen ihren Beitrag allein dadurch, daß sie Gelegenheiten schaffen und Anregungen bieten. Aber reicht

---

[1] *Piaget* (1975).

dies aus? Und vor allem: kann damit eine Generalisierung stattfinden, die sich auf Ebenen wie Literatur, Technik oder Forschung übertragen läßt?

Auf die Schule bezogen spiegelt dieses musisch orientierte 'Konzept' eine gewachsene Einseitigkeit und Hilflosigkeit wider: im Grunde wird den Fächern Musik, HTW, Kunst oder allenfalls noch den Arbeitsgemeinschaften die Verantwortung für die gewünschte Kreativitätsförderung zugeschoben. Diese Orientierung ist einseitig und falsch. Meines Erachtens darf innovatives Denken nicht fachgebunden ausgerichtet sein. Sie muß auf die Entwicklung einer entsprechenden Geisteshaltung abzielen,[2] deren Realisierung bei der Person des Lehrenden beginnt.

Ich möchte nachfolgend eine Konzeption vorstellen, die unabhängig ist von Inhalten und Fächern, die man also grundsätzlich anwenden kann. Sie verlangt vom Lehrenden, eine bestimmte Form des Denkens zu fördern und in seinen Methoden zu berücksichtigen und sie bedarf einer bestimmten Atmosphäre, eines bestimmten Gruppenklimas, in der dieses Denken angenommen wird. Diese beiden Momente nenne ich das Divergente Prinzip.

1. Was bedeutet der Begriff 'divergent'?

GUILFORDs Intelligenz-Struktur-Modell[3] enthielt zwei bedeutsame konzeptuelle Neuerungen:

1. Intelligenz und Kreativität wurden als voneinander getrennte Konstrukte betrachtet;
2. Problemlösendes (auch: produktives) Denken wurde in zwei Denkoperationen aufgespalten (vgl. nachfolgendes Schema).

$$
\begin{array}{ccc}
 & & \text{konvergentes Denken} \\
 & \nearrow & \\
\text{Problemlösendes Denken} & & \\
 & \searrow & \\
 & & \text{divergentes Denken}
\end{array}
$$

Es handelt sich um zwei unterschiedliche, geradezu gegensätzliche Möglichkeiten der Informationsverarbeitung, die aber in einem kreativen Prozeß beide enthalten und für kreative Entscheidungen beide von Bedeutung sind; insbesondere für die Phase der Ideenfindung ist divergentes Denken entscheidend.

Zur Vorbereitung auf die theoretischen Erörterungen möchte ich zunächst zu einem Gedankenexperiment einladen; auf diese Weise lassen sich die beiden Denkoperationen quasi per Selbsterfahrung bewußt machen:

---

[2] Vgl. *Fromm* (1959).
[3] Vgl. *Guilford* (1967).

GEDANKENEXPERIMENT

Sie bekommen gleich drei Begriffe vorgegeben. Diese sollen Sie auf vielfältige Weise miteinander verknüpfen und gedanklich bearbeiten. Nehmen Sie sich soviel Zeit wie Sie wollen, aber versuchen Sie sich zu merken, welche Produkte bei Ihrer kognitiven Verarbeitung entstehen. Lesen Sie jetzt nachfolgende Begriffe und schließen Sie sodann die Augen:

HAMMER   NAGEL   BILD

Bei den meisten Menschen drängt sich unmittelbar folgendes Ergebnis auf: Sie stellen sich vor, wie sie mit einem Hammer einen Nagel in die Wand schlagen und dann das Bild aufhängen. Dann tun sie etwas sehr Zentrales, sie hören mit dem Denken auf. Diese konvergenten Abläufe haben kognitive und motivationale Implikationen. Zum einen besteht eine starke Orientierung, ja geradezu eine Fixierung auf die bestmögliche Lösung hin. Es ist die typische Denkungsart konventioneller Suchprozesse, bei denen strikt logische Strategien nach streng determinierten Bahnen ablaufen. Wegweisend sind dabei Richtig-/Falsch-Kategorien im Sinne digitaler Abläufe. Mit dem Ziel vor Augen, die Ideal-Lösung zu finden, gehen konvergente Denker traditionsorientiert und konservativ vor, indem sie möglichst auf bewährte Muster zurückgreifen. Der Begriff konvergent bedeutet so viel wie zusammenlaufend, demselben Ziel zustrebend, focussierend; ähnliche Begriffe sind eingleisiges bzw. konventionelles Denken.

Auch der motivationale Aspekt hat einen verengenden Charakter; sobald die bestmögliche Lösung ermittelt ist, stellt sich eine Art Selbstzufriedenheit ein, das Gefühl, fertig zu sein. Es besteht keinerlei Bedürfnis, nach weiteren Alternativen zu suchen. Konvergentes Denken ist in der Regel begleitet von der Furcht, einen Fehler zu machen, vom Bedürfnis, möglichst rasch eine (erfolgversprechende) Lösung zu finden sowie von einer Orientierung an gruppenspezifischen Zwängen.

Divergente Denker dagegen sind mit der schnell gefundenen Einheitslösung nicht zufrieden. Neue und ungewöhnliche Ideen sind ihnen willkommen und selbst abstruse Einfälle werden nicht im Vorfeld ausgeschlossen und auf Kosten von Konvention und Routine ausgeblendet. Der Begriff 'divergent' bedeutet auseinanderlaufend bzw. auseinanderstrebend und ist assoziiert mit mehrgleisigem, verzweigendem Denken.[4] Divergieren bedeutet damit Abweichen von der Ideallösung - auch in dem Sinne, daß man von der Normalität oder der sozialen Norm abweicht.

Wesentlich ist, daß die Suchstrategien der divergenten Denker nicht von Konventionen gebremst werden. Es macht ihnen nichts aus, die ausgetretenen Denkpfade zu verlassen und gewisse Risiken einzugehen. Wenn ihre Assoziationen dann ungehindert fließen und sich vielfältig verzweigen, entstehen beim obigen Gedankenexperiment derartige Produkte:

---

[4] Vgl. den Begriff 'laterales Denken' bei *De Bono* (1991) bzw. 'janusköpfiges Denken' bei *Rothenberg* (1988).

- Ein Bild, auf dem Hammer und Nagel abgebildet sind, hängt an der Wand
- ein Hammer ist an die Wand genagelt, auf dem Eisenteil ist ein Bild gemalt
- Auf einem Fingernagel ist das Bild von einem Hammer gemalt
- Im Zirkus jongliert ein Clown mit einem Hammer, einem Nagel und einem Bild
- Es ist ein 'Hammer', was über Herrn Nagel in der Bildzeitung steht

Gerade das letztgenannte Beispiel mag verdeutlichen, wie weit man sich von der Ideallösung (s.o.) entfernen kann, wenn man auf einen weiten Assoziationshorizont zurückgreift. Falls dies jedoch nur mit Mühe gelingt, sind mehrere Gründe denkbar:

Tatsache ist, daß wir die beiden Denkoperationen nicht gleichermaßen 'trainieren' und anwenden. Für viele Routinetätigkeiten des täglichen Lebens ist konvergentes Denken praktisch und sinnvoll, denn es normiert unsere Interaktionen und macht die Umwelt kalkulierbar. Für innovative Denkvorgänge dagegen wirkt es als kognitive Blockade.

Unsere Sozialisation ist konvergent dominiert. In der Regel werden diese Denkmuster als richtige Verhaltensweise belohnt, während divergierendes Denken und Verhalten oft im Keim erstickt und als unpassend oder gar aufsässig abqualifiziert wird.

Eine ungewöhnliche Äußerung impliziert ein soziales Risiko. Unkonventionelle Ideen werden oft vorschnell als 'Spinnerei' bezeichnet und ausgelacht. Um solche Bedrohungen des Selbstwertes zu vermeiden, schaltet sich ein innerer Zensor dazwischen. Die Angst vor einer Blamage oder Diskriminierung erzeugt Skepsis und Vorbehalte hinsichtlich der eigenen Ideen und erzeugt eine emotionale Blockierung.

2. Warum sind divergente Produktionen selten und schwierig?

2.1 Kognitive Blockierung

Unser Bedürfnis nach Neuem (Neugier) ist relativ geringer ausgeprägt als der Bedarf nach Gewohntem (Altgier?). Diese Orientierung am Konventionellen dominiert unser Denken wie unser Verhalten und erzeugt damit stabile Muster und Spuren. Die synaptischen Verschaltungen unserer Gehirnzellen verlaufen dabei nach dem 'Weg des geringsten Widerstandes', so daß Gedankenverbindungen, die bereits einmal vorgenommen wurden, mit größerer Wahrscheinlichkeit ablaufen als neue Assoziationen. Tony und Barry BUZAN beschreiben diese Vorgänge sehr anschaulich: „Jedesmal, wenn Sie einen Gedanken denken, wird der biochemische / elektromagnetische Widerstand entlang des Pfades, der diesen Gedanken trägt, verringert. Man kann es mit der Rodung eines Pfades durch den Wald vergleichen. Das erste Mal ist es ein Kampf, wenn man diesen Weg nimmt, weil man sich einen Weg durch das Unterholz schlagen muß. Das zweite Mal, wenn man diesen Weg nimmt, wird es dank der Rodungsarbeiten des ersten Mals schon einfacher. Je öfter man diesen Pfad begeht, auf um je weniger Widerstand stößt man, bis man nach vielen Wiederholungen einen breiten Weg vorfindet, der wenig oder gar keiner Rodung mehr bedarf. (...) Je öfter ein 'geistiges Ereignis' stattfindet, um so wahrscheinlicher findet es noch einmal statt."[5]

Damit wird deutlich, daß konvergente Denkoperationen nicht nur leichtfüßiger ablaufen, sondern darüber hinaus auch noch alternative Sichtweisen bzw. Problemlösungen blockieren können. Nachfolgende Graphik soll diesen Tatbestand veranschaulichen.

Abb. 1: Kognitive Bahnung[6]

Wenn man die Zahlen 12 und 14 abdeckt, wird die Zeichenfolge ABC gesehen und es fällt schwer, sich von B zu lösen und die Alternative 13 wahrzunehmen. Entsprechend wird 12, 13, 14 erkannt, wenn Sie A und C abdecken. Dann behindert die Fixierung auf die 13 die Assoziation 'B'.

Viele dieser kognitiven Blockierungen haben für uns einen ordnenden und sinnstiftenden Charakter; sie erleichtern die Orientierung und entlasten unsere Wahrnehmung. Gestalttheoretisch gesprochen sind sie der Ausdruck der 'guten Gestalt': wir sehen, was wir zu sehen gewohnt sind und handeln nach bewährten Mustern. Für kreative Prozesse sind solche Blockierungen extrem hinderlich, sie führen uns immer wieder auf normierte Wege und verstärken gleichzeitig Widerstände gegen mögliche Abweichungen.

Eines der schönsten Beispiele für die Befreiung aus einer derartigen Umklammerung liefert die Anekdote, die man über den großen Mathematiker Carl Friedrich GAUSS (1777 - 1855) erzählt: Als GAUSS in der dritten Klasse war, stellte der genervte Klassenlehrer folgende Strafaufgabe: Jeder Schüler sollte in Stillarbeit die Zahlen von 1 bis 100 addieren. Der Lehrer, der sich eine längere Ruhepause erhoffte, staunte nicht schlecht, als der kleine GAUSS bereits nach einer Minute fertig war und die Zahl 5050 präsentierte. Natürlich hatten seine Klassenkameraden den konvergenten Denkweg beschritten und systematisch aufaddiert. GAUSS dagegen wandelte die Additions- in eine Multiplikationsaufgabe um: Er kombinierte die erste (1) mit der letzten Zahl (100), die zweite (2) mit der vorletzten (99) usf. und erhielt so 50 mal die 101.

Das Vermögen, divergent zu denken, hängt somit von der Fähigkeit ab, sich von normativen Gedankenverbindungen und gewohnten Mustern zu lösen. Da weder die elterliche, noch die schulische Erziehung entsprechende Trainingsmöglichkeiten

---

[5] *Buzan/Buzan* (1997) 29.
[6] Aus: *Ornstein* (1976) 37.

bereitstellt, bleibt den Lernwilligen oft nur der Rückgriff auf entsprechende Literatur.[7]

2.2 Konvergente Sozialisationsbedingungen

Was Jean PIAGET[8] schon vor Jahren erkannt hat, findet auch heute noch nachhaltige Bestätigung: Die Kindheit ist die schöpferische Phase par excellence.[9] Gerade für die präoperationalen Denkmuster der Vorschulkinder sind fließende und wechselnde Vorstellungen von der Welt charakteristisch und man findet eine Vielzahl divergent geprägter Verhaltensweisen: Neugier, Spiel und Experimentierfreude. Kinder sind eben noch nicht auf bewährte Lebensprinzipien festgelegt, ihre Wahrnehmung und ihr Verhalten sind offen und ungebunden.

Die meisten Erwachsenen erziehen ihre Kinder nach dem konvergenten Prinzip, divergierendes Verhalten dagegen wird oft sanktioniert, indem es als falsch, unpassend oder gar aufsässig abqualifiziert wird. Hier einige 'aus dem Leben gegriffene' Beispiele:

Ein Kind experimentiert mit Worten. Manchmal haben die Neuschöpfungen eine ganz private Bedeutung, die für andere nicht zu erfassen ist und deshalb unlogisch erscheint. „Schau her, ich habe ein blaubuntes Bild gemalt." Wie reagieren die konvergenten Erwachsenen? „Sieh mal: blaubunt gibt es nicht. Du mußt Dich entscheiden. Es ist entweder blau oder bunt." (Möglicherweise ist das Motiv für die Zurechtweisung in der Angst zu finden, andere könnten an den sprachlichen Fähigkeiten des eigenen Kindes zweifeln. Durch Nachfragen hätte man erfahren, daß es sich um ein Bild handelt, „das zwar bunt ist, wo aber die Farbe blau am häufigsten vorkommt".)

Ein zweijähriges Kind hat einige Minuten lang Legosteine zusammengesteckt; nach einer Weile hat es dann genug und versucht, andere Spielsachen zusammenzustecken (PIAGET würde sagen, es assimiliert): Kugelschreiber und Radiergummis, Dosen und Schlüssel ... Und die konvergenten Erwachsenen: „Mach das nicht kaputt, das geht so nicht, schau das geht so!"

Kinder verwenden Spielzeuge auch mal zweckentfremdet. Sie fliegen mit einem Schiff, tauchen mit einem Auto oder reiten auf einem Klavier. Was sie aber sicherlich nicht wollen, sind (gutgemeinte) Tips wie: „Schau, ich zeig Dir wie das richtig geht!"

Natürlich ist es viel bequemer, wenn ein Kind stundenlang 'richtig' spielt und weitaus anstrengender, wenn es im Zimmer umherläuft, experimentiert und man ständig auf der Hut sein muß, falls es versuchen sollte, Legosteine in die Steckdose oder in

---

[7] Vgl. *Nimmergut* (1972); *Kirst/Diekmeyer* (1971); *Malorny* et al. (1997); *Preisser/Buchholz* (1997).

[8] Vgl. *Piaget* (1959).

[9] Vgl. z.B. *von Hentig* (1998) 52.

den Abfluß zu stecken. Aber eines ist unumstritten: wer diese natürlichen divergie-
renden Aktivitäten unterdrückt, der zerstört kreatives Potential.

Auch im Unterricht haben es die kreativen Kinder nicht leicht. Divergente Denker
werden oft als unbequem, vorlaut, schlecht angepaßt oder gar aufsässig erlebt.[10]
Lehrer empfinden sie als Störer oder Sonderlinge und sind der Ansicht, sie zerstören
ihr Unterrichtskonzept. Eine ältere Studie von J. GROTHE wies sogar nach, daß Lehrer Kreativität mit neurotischen Zügen assoziierten (Genie und Wahnsinn?) und
(damals) die Meinung vertraten, man müsse in der Grundschule das Spielinteresse
abbauen und das schweifende und phantasiereiche Denken des Kindes in feste Bahnen kanalisieren.[11]

Für viele Lehrende ist das konvergente Prinzip der einzig gültige Maßstab. Sobald
ein Schüler etwas Außergewöhnliches von sich gibt oder eine ungewöhnliche Frage
stellt, haben sie nicht selten das Gefühl, ihr Unterricht werde unterhöhlt. Sie helfen
sich dann mit Vertröstungen („Das kommt noch, das machen wir später!") oder mit
Sanktionen (Das paßt jetzt aber überhaupt nicht ... paß' besser auf ... antworte nur
auf meine Frage!").

In einer derart fremdbestimmten Atmosphäre konvergenten Verhaltens zielen alle
unterrichtlichen Bemühungen auf die Realisierung von Einheitslösungen, geprägt
von (lehrerseitigem) Vor-Denken und (schülerseitigem) Nach-Denken und Nach-
Vollziehen. Die Entscheidung über Richtig und Falsch fällen Lehrer, Schulbuch und
Lehrplan. In diesem Sinne untergräbt das konvergente Prinzip ein Erleben von
Selbstwirksamkeit, weil eigene (kreative) Ideen nicht nur nichts wert sind, sondern
darüber hinaus oft noch der Lächerlichkeit preisgegeben werden, wenn sie von der
gültigen (Denk-)Norm abweichen[12] bzw. sich vom Konzept des Lehrers weit entfernen. Bei Jochen und Monika GRELL wird dieses mangelhafte methodische Konzept
als 'Erarbeitungsunterricht' beschrieben. Hier eines ihrer Beispiele:

> „Im 3. Schuljahr hat die Lehrerin eine Geschichte an die Tafel geschrieben. Sie heißt
> „Ein mißglückter Streich". Der Unterricht beginnt: „So, ich hab euch eine Geschichte
> an die Tafel geschrieben, die sollt ihr euch jetzt mal durchlesen." Die Schüler lesen.
> Danach soll Thomas die Geschichte noch einmal laut vorlesen. Zwischen den Schü-
> lern entsteht eine Diskussion über die richtige Aussprache eines in der Geschichte
> vorkommenden Eigennamens. Die Lehrerin stellt in Aussicht: „Wir wollen uns die
> Geschichte gleich nochmal anhören. Und vielleicht fällt dem einen oder anderen et-
> was auf an der Geschichte." Nach der dritten Lesung: „Hat einer was gemerkt?" Pau-
> se. Einige Schüler heben ihre Finger. „Die anderen nicht?" Pause. „Gut, dann wollen
> wir uns das nochmal anhören." Die vierte Lesung nimmt ihren Lauf. „Wer hat was
> gemerkt? Ja, jetzt sind es schon viel mehr. - Frank, was meinst du denn?" Frank gibt
> eine ausführliche Nacherzählung zum Besten. Lehrerin: „Wer hat noch was anderes
> gemerkt?" Ein anderer Schüler hat etwas gemerkt, was ebenfalls den Inhalt der Ge-
> schichte betrifft. So geht es eine ganze Zeit weiter, bis „die Schüler endlich selbst
> herausgefunden haben", daß in der Geschichte die Eigennamen viel zu oft wiederholt

---

[10] Vgl. *Cropley* (1979).
[11] Vgl. *Grothe* (1969), nach *Heinelt* (1978).
[12] Vgl. *Cropley* (1979).

werden. Der Beobachter denkt: „Aha, darauf will sie hinaus! Die Schüler sollen lernen, daß sie beim Aufsatzschreiben nicht immer dieselben Wörter wiederholen sollen." Später stellt sich heraus, daß es der Lehrerin vor allem um das Problem der
Fürwörter geht. Das scheint den Schülern allerdings nicht aufgegangen zu sein, denn
sie versuchen während der ganzen Stunde immer wieder, den Inhalt der Geschichte zu
diskutieren, obwohl die Lehrerin ständig damit beschäftigt ist, die Schüler durch ge-
schickte Fragen (...) zu den Fürwörtern hinzulocken.[13]

Durch solche und ähnliche Erfahrungen lernt der Schüler etwas 'für's Leben':

> Wenn mir ein Problem gestellt wird, gibt es dafür eine Ideallösung. Die befindet sich
> im Kopf des Lehrers. Gut ist, wenn ich möglichst nahe an diese Lösung herankomme
> - alles andere ist ein Risiko und meistens falsch.

Wenn diese Lösungs-Fixierung zur Maxime wird, scheint sie geradezu den Verstand
zu vernebeln wie folgendes Beispiel aus der Mathematik zeigt:

Ausgangspunkt der Studie von Christoph SELTER[14] war folgende Textaufgabe in
Mathematik, die etwa 10 Jahren zuvor im Nachbarland Frankreich 97 Drittklässlern
vorgelegt wurde:

> 'Auf einem Schiff befinden sich 26 Schafe und 10 Ziegen. Wie alt ist der Kapitän?'

76 Schüler, also 80% bearbeiteten die unsinnige Aufgabe widerstandslos durch
Verknüpfung irrelevanter Daten und ermittelten ein Alter von 36 Jahren. Auch bei
deutschen Drittklässlern war es nicht anders, sie sollten zu folgenden sechs Aufgaben Stellung nehmen:

1. Michael ist 8 Jahre alt. Seine Mutter ist 26 Jahre älter als er. Wie alt ist sie?
2. Anke ist 12 Jahre alt. Ankes Mutter ist dreimal so alt. Wie alt ist die Mutter?
3. Ein Hirte hat 19 Schafe und 13 Ziegen. Wie alt ist der Hirte?
4. Ein 27 Jahre alter Hirte hat 25 Schafe und 10 Ziegen. Wie alt ist der Hirte?
5. In einer Klasse sind 13 Jungen und 15 Mädchen. Wie alt ist die Lehrerin?
6. Ein Bienenzüchter hat 5 Bienenkörbe mit jeweils 80 Bienen. Wie alt ist der Bienenzüchter?

Die Befunde waren sogar noch erschütternder als die in Frankreich. Nun hatten
sogar alle Schüler die sinnfreien Aufgaben 3 bis 6 'gelöst'. Selbst bei der vierten
Aufgabe, in der das Alter des Hirten doch ganz eindeutig vermerkt war, hatten die
Kinder addiert oder subtrahiert. Woran mag das liegen? Es war doch eine ganz nor-
male Klasse, von denen wohl einige SchülerInnen in der Zwischenzeit auf höheren
Schulen zu finden sind?

Ich gehe davon aus, daß einseitig konvergentes Denken unseren Verstand auf Dauer
chloroformiert und uns in eine Zwangsjacke steckt. Dann reagieren wir auf Probleme unkritisch und stereotyp. In diesem Zustand befinden wir uns am negativen Pol
der Kreativitätsdimension.

---

[13] *Grell/Grell* (1979) 89.
[14] *Selter* (1994).

2.3 Emotionale Blockierung

„Ein Mensch mit einer neuen Idee ist so lange ein Spinner, bis sich die Idee als erfolgreich erweist."[15] Diese Äußerung Mark TWAINs bringt es auf den Punkt: Wer von konventionellen Denk- und Verhaltensmustern deutlich abweicht, geht ein soziales Risiko ein. Abweichungen werden oft gleichgesetzt mit Abnormalität und entsprechend sanktioniert. Die Angst vor Blamage oder Diskriminierung erzeugt Skepsis und Vorbehalte hinsichtlich der eigenen Ideen. Bevor man sie äußert, schaltet sich ein innerer Zensor dazwischen und eine innere Stimme flüstert einem destruktive Ratschläge ins Ohr: „Andere könnten denken, du bist verrückt, sie könnten lachen und dich ausschließen." Das ist eine wichtige emotionale Komponente der Kreativität. Ein Bedürfnis nach Sicherheit und sozialer Akzeptanz blokkiert divergentes Denken, da es ein Risiko darstellt, gewohntes Terrain und die Grenzen der eigenen Identität zu verlassen. Daß dieses Problem bereits Friedrich SCHILLER erkannt hat, beweist ein Briefauszug an einen Freund, der sich über mangelnde Schöpferkraft beklagte:

> „Der Grund Deiner Klage liegt, wie mir scheint, in dem Zwange, den Dein Verstand Deiner Imagination auferlegt. Es scheint nicht gut und dem Schöpfungswerke der Seele nachteilig zu sein, wenn der Verstand die zuströmenden Ideen, gleichsam an den Toren schon, zu scharf mustert. Eine Idee kann, isoliert betrachtet, sehr unbeträchtlich und sehr abenteuerlich sein, aber vielleicht wird sie durch eine, die nach ihr kommt, wichtig, vielleicht kann sie in einer gewissen Verbindung mit anderen, die vielleicht ebenso abgeschmackt scheinen, ein sehr zweckmäßiges Glied geben: Alles das kann der Verstand nicht beurteilen, wenn er sie nicht so lange festhält, bis er sie in Verbindung mit diesen anderen angeschaut hat. Bei einem schöpferischen Kopfe hingegen, deucht mir, hat der Verstand seine Wache vor den Toren zurückgezogen, die Ideen stürzen pêle-mêle herein, und alsdann erst übersieht und mustert er den großen Haufen."[16]

Die Blockierungen mittels Selbstzensur können durch eine Reihe ungünstiger Einstellungen verstärkt werden. So etwa ergibt die Überzeugung, kein schöpferischer Mensch zu sein, ein Erwartungsprofil, das sich gewissermaßen selbst bestätigt. Eine solche 'Self-fulfilling prophecy' wird genährt durch eine fatalistische Suchhaltung: Ereignisse, welche die eigene Konzeption bestätigen, werden stark bewertet und als systematische Vorkommnisse interpretiert, dagegen werden Ereignisse, die dem eigenen Persönlichkeitsprofil zuwiderlaufen, als zufällig erachtet.

In der Regel ist dieses mangelnde Vertrauen in die eigene Schöpferkraft in der Vorstellung begründet, Kreativität sei nur einigen Auserwählten vorbehalten, also eine besondere Gnade. Ich glaube, daß viele Menschen kreative Fähigkeiten besitzen, nur erkennen sie ihre Befähigungen nicht, da sie durch vielerlei Barrieren lahmgelegt werden.

Ein weiterer blockierender Faktor stellt das Bedürfnis dar, möglich rasch und umgehend zu einem akzeptablen Ergebnis kommen zu müssen. Hier sind Streß und Zeit-

---

[15] *Goleman* et al. (1997).
[16] Zitiert nach *Sikora* (1976) 36f.

druck die Feinde des divergenten Denkens. Streßreaktionen entstammen einem genetisch festgelegten Programm, das ursprünglich einen reflexartigen Angriffs- oder Fluchtmechanismus auslösen sollte und damit der Lebenserhaltung diente. Unser Organismus reagiert bei tatsächlicher oder vermeintlicher Gefahr gleich: Er schüttet Hormone aus, setzt Energie frei und blockiert das Denken; der Rückgriff auf bewährte Verhaltensmuster ist in Streßsituationen letztlich sinnvoller als die Suche nach originellen Problemlösungen.

Gute Einfälle sind in einer spannungsfreien und unkonventionellen Atmosphäre weitaus wahrscheinlicher; optimal sind Positionen zwischen Spiel und Arbeit[17] oder gar der Zustand des Halbschlafs. Befunde der neurologischen Forschung zeigen, daß das Hirnstrombild eines präadoleszenten Kindes im Wachzustand einen hohen Anteil an Thetawellen aufweist. Bei Erwachsenen sind diese Wellen weitaus seltener und treten allenfalls in traumartigen Dämmerzuständen auf. Wenn es Erwachsenen gelingt, sich diese kindlichen Zustände zunutze zu machen, wird divergentes Denken erleichtert. Thomas EDISON soll auf diesen hypnagogen Zustand systematisch zurückgegriffen haben: „Er döste in einem Stuhl, die Arme und Hände auf den Seitenlehnen. In jeder Hand hielt er ein Kugellager. Auf dem Fußboden stand unter jeder Hand eine Tortenplatte. Wenn er nun in den Zustand zwischen Wachen und Schlafen abglitt, lockerte sich der Griff seiner Hände und die kleinen Kugeln fielen auf die Platten. Von dem Geräusch geweckt, schrieb Edison sofort alle Einfälle auf, die ihm in diesem Zustand durch den Kopf gegangen waren."[18]

Allerdings sind es nicht nur die *eigenen* Grundeinstellungen, die Kreativität verhindern. Ebenso bedeutsam sind die Reaktionen unserer Mitmenschen. „Die Stimme der Kritik ist der Tod aller Inspiration!"[19] Wie viele gute Einfälle mögen wohl durch die engstirnigen Einstellungen chronischer Neinsager verzögert oder gar zunichte gemacht worden sein? In der Geschichte gibt es genügend Beispiele; so wurden auch das Telephon, der Tonfilm, das Auto, das Radio und der PC zunächst als zukunfts- und chancenlos erachtet:

> „Was soll das Unternehmen mit einem elektrischen Spielzeug anfangen?" (Begründung der Western Union für die Ablehnung der Rechte am Telephon);

> „Das Pferd wird bleiben, das Auto ist nur ein Gag - eine Modeerscheinung!" (Ansicht des Präsidenten der Michigan Savings Bank, als es darum ging, in die Ford Motor Company zu investieren);

> „Wer zum Teufel will Schauspieler sprechen hören?" (Harry M. Warner - Präsident von Warner Brothers im Jahre 1927).[20]

Um mit Hartmut von HENTIG zu sprechen: „Kreatives Denken ist in erster Linie befreites Denken - nicht gehemmt von Furcht oder Routine oder perfektem Vorbild."[21]

---

[17] Vgl. *Preiser/Buchholz* (1997).
[18] *Goleman* et al. (1997) 65.
[19] *Goleman* et al. (1997) 154.
[20] Vgl. *Goleman* et al. (1997) 155.

Gerade für Gruppenprozesse (in Schulklassen) ist es für divergente Denkoperationen nicht nur wesentlich, die Vernunftkontrolle der Schüler zu lockern bzw. abzubauen, sondern auch dafür Sorge zu tragen, daß Kritik und Einwände von Seiten der Gruppenmitglieder unterbleiben. Eine unbelastete Gruppenatmosphäre ist nur dann zu erreichen, wenn sich die Teilnehmer von Konkurrenzdenken und ironische Bemerkungen freimachen können.

Um kreative Impulse nicht im Vorfeld zu ersticken, müssen die allzu verbreiteten 'Killerphrasen' und Formen der 'Killermimik' tabuisiert werden. Oft genügt ein abschätziger Blick, ein abfälliges Grinsen, Lachen oder Abwinken und dies kann noch nachhaltiger und destruktiver wirken als Bemerkungen wie: „Das geht ja doch nicht!", „So ähnlich hatten wir das doch schon!" oder „Das ist doch Quatsch!". Wenn es gelingt, ein konstruktives Klima in Schulklassen herzustellen, dann hat auch soziales Lernen stattgefunden. Was jeder Lehrplan vorschreibt, aber selten mit Leben füllt, ist hier eine notwendige Bedingung: Fremde Meinungen vorurteilsfrei aufnehmen zu können, sich gegenseitig anregen, die Einfälle von anderen aufgreifen und weiterentwickeln, auf Kritik (zunächst) verzichten können und sensible Gruppenmitglieder unterstützen.

3. Pädagogisch-psychologische Konsequenzen

„Das verschulte Malen und Zeichnen verdirbt das spontane Zeichnen und Malen, so wie die verordnete Lektüre das Lesen und veranstaltetes Spiel das Spielen untergräbt."[22]

Genau wie jeder kreative Akt beider Denkungsarten bedarf, so sollte auch Unterricht konvergente und divergente Orientierungen zulassen und auf sinnvolle Weise integrieren: „Erst die schöpferische Balance, die Kontrapunktik von Denkdisziplin und freiem Einfall, von konzentrierter Elaboration und produktiver Phantasie, von Logik und Assoziation, von Kritik und Kritik der Kritik, von Arbeitshaltung und Spielhaltung, von angespannter Aktivität und meditierender Reflexion kennzeichnet die kreative Persönlichkeit."[23] Auch ein kreativitätsfördernder Unterricht kann nicht auf konvergente Anteile verzichten, auch hier sind logisches Denken und strukturierte Abläufe sinn- und wertvolle Bestandteile. Aber sie sind nicht pädagogische Maxime um jeden Preis.

Das konvergente Prinzip in 'Reinform' impliziert eine Reihe von Nachteilen. Im Mittelpunkt pädagogischer Bemühungen steht ein rezeptives Lernen. Dabei ist ein recht starres Rollenverständnis festgelegt: der Lehrer agiert stets aktiv und direktiv, der Schüler dagegen reagiert und reproduziert. Er wartet quasi auf Informationen oder Fragen des Lehrenden und versucht bei seinen Antworten mit dessen Vorgaben möglichst identisch zu sein. Konformistische und stereotype Reaktionen werden in

---

[21] *von Hentig* (1998) 72.
[22] *von Hentig* (1998) 30.
[23] *Heinelt* (1978) 74.

der Regel belohnt, für Spontaneität und eigene Aktivität ist wenig Raum. Gestellte Fragen müssen unmittelbar mit dem Unterrichtsstoff zusammenhängen und selbst wenn sie zugelassen werden, bergen sie stets ein gewisses Risiko, wenn sie als Indikator für die Defizite des Fragenden erachtet werden. Auch heute werden, gerade im gymnasialen Bereich, oftmals Fragen zurückgehalten, weil sie primär als Ausdruck von Unfähigkeit bewertet werden und durch mißmutige Reaktionen der Lehrenden das Selbstkonzept des Fragenden nachhaltig beeinträchtigt werden kann. Eine gesunde Neugiermotivation wird dadurch zunichte gemacht.

In einem derart lehrerzentrierten Klima erlebt sich ein Schüler in starkem Maße fremdbestimmt. Diese Dimension der Selbstbestimmung bzw. Selbstwirksamkeit wurde in den letzten Jahrzehnten zu einer zentralen Variablen der Motivation[24] sowie der psychischen Stabilität.[25]

Das Bedürfnis persönlicher Einflußnahme auf die Umwelt wird in der Psychologie als elementares motivationales Prinzip anerkannt. Nicht nur R. W. WHITE postuliert ein Grundbedürfnis des Menschen, auf seine Umwelt handelnd Einfluß zu nehmen (effectance motivation), motiviert durch ein Gefühl der Wirksamkeit (feeling of efficacy),[26] auch C. B. WORTMAN spricht von Kontrollmotivation.[27] Damit bestätigen beide die von PIAGET bereits 1936 als Zirkulärreaktionen beschriebenen motivationalen Mechanismen, die schon beim Säugling ein Bedürfnis erkennen lassen, Reaktionen der Umwelt durch eigenes Tun zu erzielen. „Die Zirkulärreaktion impliziert die Entdeckung und Beibehaltung eines neuen Effektes (...). Sie besteht wesentlich in dem Bestreben, jedes interessante Handlungsergebnis, das aufgrund einer Einwirkung auf die Außenwelt erzielt worden ist, neu hervorzurufen."[28] Der Autor weist in seinen Beobachtungen auch immer wieder auf die Affektwirksamkeit der selbstbezogenen Aktionen hin.

Die Übertragung dieses als 'master motive' bezeichneten Leitprinzips auf die Schulsituation gelang Richard DE CHARMS.[29] Sein Konzept der persönlichen Verursachung stellt zwei prototypische Persönlichkeiten einander gegenüber, die sich maximal in der wahrgenommenen Ursächlichkeit des eigenen Handelns unterscheiden: Der 'Origin' (Ursprung, im Deutschen als Meister übersetzt) betrachtet sein Verhalten als frei und selbstbestimmt. Er ist positiv motiviert und strebt nach Autonomie und Selbstverantwortung. Demgegenüber sieht sich der 'Pawn' (Bauer im Schachspiel, im Deutschen als Marionette übersetzt) als Spielball externer Kräfte; aufgrund dieser Fremdbestimmtheit sieht er sich stets äußeren Zwängen unterworfen und viele Ergebnisse eigenen Handelns erscheinen ihm zufallsbedingt. Die Ursache für eine (gute oder schlechte) Leistung liegt also im Falle des 'Origin' in der Person selbst (Anstrengung, Fähigkeit) im Falle des 'Pawn' dagegen liegt sie in unkontrol-

---

[24] Vgl. *De Charms* (1979); *Heckhausen* (1980).
[25] Vgl. *Abramson/ Seligman/ Teasdale* (1979); *Seligman* (1993).
[26] Vgl. *White* (1959).
[27] Vgl. *Wortman* (1976).
[28] *Piaget* (1975) 161.
[29] Vgl. *De Charms* (1979).

lierbaren Umständen (Zufall, Glück, Pech, Aufgabenschwierigkeit) und ist begleitet vom Bewußtsein, dem Wohlwollen des Lehrers (hilflos) ausgeliefert zu sein.

Auf die motivationalen Chancen und Risiken, die verlorengegangene Freiheit und Kontrolle wieder zu gewinnen, haben Jack und Sharon BREHM hingewiesen.[30] Die Erfahrung, daß eigenes Handeln keinen Einfluß auf den Lauf der Dinge hat und die erwünschten Ergebnisse nicht herbeizuführen sind, hat zunächst Reaktanzreaktionen zur Folge. Dieses Gefühl des (tatsächlichen oder vermeintlichen) Kontrollverlusts impliziert zum einen ein Abwehrverhalten, indem wir gerade das nicht tun, was wir sollen; zum anderen es hat einen motivationalen Aspekt, weil wir nämlich alles daran setzen, um die verlorengegangene Freiheit bzw. Kontrolle wieder herzustellen. Je nach subjektiv eingeschätzter Wichtigkeit eines Zieles ist zunächst eine Zunahme an Anstrengungen zu erwarten. Ein längeres und fruchtloses Bemühen um Wiedergewinnung von Kontrolle und die Einsicht in die Unerreichbarkeit eines subjektiv bedeutsamen Zieles mündet allerdings in einen völlig neuen, resignativen Zustand, den Martin SELIGMAN als 'Erlernte Hilflosigkeit' beschrieben hat.[31] Sofern zu diesem Gefühl der Wirkungslosigkeit und Abhängigkeit ungünstige Attribuierungsmuster dispositional gegeben sind,[32] wird ein Syndrom verschiedener Defizite wahrscheinlich: Erlernte Hilflosigkeit geht dann einher mit einem motivationalen, kognitiven und emotionalen Defizit. In anderen Worten: Hilflose Personen befinden sich in einem Zustand verminderter Anstrengungsbereitschaft, verminderter Fähigkeiten und ihr Selbstwert ist bedroht.

Kreativität ist ohne Anstrengungsbereitschaft, Frustrationstoleranz und einem optimistischen Selbstkonzept nur schwerlich zu realisieren. Als förderliche Wesensmerkmale gelten Autonomie, Risikobereitschaft, positive Selbsteinschätzung,[33] Belastbarkeit, Aufgeschlossenheit, Motivation,[34] Offenheit, Ambiguitätstoleranz und Selbstbestimmung.[35]

Auch das nächste Kennzeichen des konvergenten Prinzips ist motivationaler Natur: Aufgrund einer hohen Fremdbestimmung dominiert die extrinsische Motivation. Lernaktivitäten werden nicht um der Sache selbst willen ausgeführt, sondern sind Mittel zu einem anderen Zweck („ ... sondern für das Leben lernen wir!"). Freude an einer Aktivität bis hin zu Zuständen der Selbstvergessenheit (bei Mihaly CSIKSZENTMIHALYI 'flow'),[36] diese charakteristischen Merkmale intrinsisch motivierter Handlungen sind eng an die eigenen Überzeugungen der Kontrolle und Selbstbestimmung gebunden. Externe Einflußnahmen jedweder Art, seien sie positiv wie Lob oder negativ wie Tadel, können intrinsische Motivation zerstören bzw. „korrumpieren".

---

[30] Vgl. *Brehm/Brehm* (1981).
[31] *Seligman* (1979).
[32] Vgl. *Abramson/ Seligman/ Teasdale* (1979).
[33] *Eysenck* (1983).
[34] *May* (1987).
[35] *Taylor* (1975).
[36] *Csikszentmihalyi (1992).*

Das Korrumpierungsmodell von Marc LEPPER und David GREENE[37] weist nach, daß intrinsisch motiviertes Verhalten dadurch geschwächt werden kann, daß es belohnt bzw. bekräftigt wird. Bekommt man also für etwas, das man ohnehin gerne tut und das von der Sache her attraktiv ist, auch noch ein Geschenk oder eine gute Note, bedeutet dies eine 'Über-Veranlassung' (overjustification) des eigenen Handelns. Die Lust an der betreffenden Tätigkeit nimmt folglich ab. Paradigmatisch mag folgendes Experiment den Korrumpierungseffekt veranschaulichen:

> Kindergartenkinder, bei denen ein besonderes Interesse am Malen beobachtet worden war, wurden ausgelesen und malten in Einzelsitzungen. Dafür wurde ihnen dann ein Preis (Urkunde) in Aussicht gestellt bzw. unvermittelt überreicht und sie wurden gelobt. Durch diese 'Maßnahme' sank in der Folgezeit die Dauer der Beschäftigung mit Malen deutlich ab. Bei einer Kontrollgruppe konnten keine Unterschiede festgestellt werden.[38]

Hier wird deutlich, daß selbst positive und allgemein erwünschte Sanktionen eine (milde) Form externer Einflußnahme darstellen und dadurch Abwehrreaktionen hervorrufen können. Sobald aus einem selbstbestimmten Wollen ein fremdbestimmtes Sollen wird oder zumindest zu werden droht, sind motivational ungünstige Konsequenzen zu erwarten.

Für kreatives Verhalten bedeutet dies: Wer (im Laufe seiner Sozialisation oder 'Beschulung') ein abhängiges Arbeitsverhalten verinnerlicht hat, das reaktiv orientiert und auf Fremdinitiative angewiesen ist, der wird die für kreative Prozesse notwendige Aufgeschlossenheit für Neues kaum entwickeln. So erziehen wir zwar Menschen, die willig mitarbeiten und möglichst kritiklos ihre Aufgaben erfüllen, die aber solchen Situationen des Lebens nicht gewachsen sind, die Flexibilität und Eigeninitiative erfordern: Situationen, die nicht eingeübt sind, die einen unvorbereitet treffen und Eigenverantwortung und Mut erfordern.[39] Aber sie werden nicht die wichtige Eigenschaft besitzen, Probleme sehen und aufspüren zu wollen[40] und sie werden Probleme kaum als Herausforderung erleben können. Bei CSIKSZENT-MIHALYI,[41] der kreative Menschen unterschiedlichster Disziplinen befragt hat, zeigt sich diese Haltung hoher Problemsensitivität im Interview mit dem Elektroingenieur Frank OFFNER:

> „Oh, ich löse leidenschaftlich gern Probleme. Ganz gleich was es ist. Ob ich austüftle, warum unsere Geschirrspülmaschine nicht läuft oder warum das Auto nicht anspringt oder wie das Nervensystem funktioniert. Im Moment versuche ich herauszufinden, wie die Haarzellen arbeiten und ... es ist ungeheuer interessant. Es ist mir egal, um was für ein Problem es sich handelt. Wenn ich es lösen kann, macht es Spaß. Ist es nicht überhaupt das, was das Leben interessant macht?"

---

[37] *Lepper/ Greene* (1975); (1976).
[38] *Lepper/Greene/Nisbett* (1973).
[39] *Heinelt* (1976) 88.
[40] *Guilford* (1967).
[41] *Csikszentmihalyi* (1997) 167.

Mangelnde Autonomie im Denken und Verhalten bedeutet aber auch, auf die Akzeptanz und Anerkennung wichtiger Bezugspersonen angewiesen zu sein. Der damit verbundene Konformitätsdruck läßt divergente Operationen als unabwägbares Risiko erscheinen. Infolge dessen werden eher sichere Rituale bevorzugt und man vermeidet, Spannungen und unübersichtliche Situationen über längere Zeiträume ertragen zu müssen. Ambiguitätstoleranz und Risikobereitschaft sind für divergente Situationen allerdings notwendige Vorbedingungen.

Aufgrund der Fixierung auf die Ideallösung begünstigt die konvergente Orientierung die Entstehung von Mißerfolgsängstlichkeit.[42] Dabei versuchen die Betroffenen, Anforderungssituationen mit einem mittleren, also für sie passenden Schwierigkeitsgrad aus dem Weg zu gehen. Statt dessen bevorzugen sie eher relativ leichte bzw. relativ schwierige Aufgaben. Wie kann man das erklären? Letztlich laufen die Bemühungen darauf hinaus, den eigenen Selbstwert zu schützen; dabei wird eher intendiert, einen erwarteten Selbstwert-Verlust zu umgehen als einen potentiellen Selbstwert-Gewinn zu erzielen. Im Grunde wird eine einfache Kosten-Nutzen-Analyse vorgenommen: Bei leichten Aufgaben ist die Erfolgschance recht hoch, also sind Selbstwert-Beeinträchtigungen eher nicht zu erwarten. Das gleiche gilt für schwierige Aufgaben. Selbst wenn hier Mißerfolge vorprogrammiert sind, verhindert doch die Höhe der Aufgabenschwierigkeit eine stärkere Belastung. Allein die mittelschweren Aufgaben, bei denen die Erfolgswahrscheinlichkeit bei etwa 50% liegt, bedrohen den Selbstwert maximal. Konvergent orientierter Unterricht leistet dieser ungünstigen Entwicklung nun nicht etwa Vorschub, weil er mittelschwere Aufgabenstellungen begünstigt, sondern deshalb, weil die Fixierung auf die Ideallösung Erfolge insgesamt unwahrscheinlicher macht.

Unterrichten nach dem divergenten Prinzip bedeutet, diesen Nachteilen entgegenzuwirken. Die Konzeption setzt auf eine Erhöhung schülerorientierter Unterrichtsformen[43] und entdeckungsorientierten Lernens,[44] was letztlich intrinsische Motivation begünstigt und Momente der Selbstbestimmung erhöht. Sie verwirklicht ein Klima, das erlaubt, Risiken einzugehen ohne destruktive Kritik befürchten zu müssen. Und es wirkt sich günstig aus für eine Stabilisierung des Selbstkonzepts und des Selbstwerts.

Offenheit bzw. die Öffnung des Unterrichts mag Befürchtungen hervorrufen, die assoziiert sind mit Orientierungs- und Disziplinlosigkeit. Phantasie (= Irrationalität) und Eigeninitiative (= Zügellosigkeit) scheinen Momenten der Planung, der Koordination und auch harter Arbeit entgegenzustehen. Das ist falsch verstandenes Überzeugungswissen. Kreativität setzt profunde Kenntnisse und Kompetenzen voraus und nur in der Mitte eines kreativen Prozesses - eben in der Phase der Ideenfindung - sind divergente Operationen ausschließlich gefordert. Am Anfang und Ende stehen analytisches Verstehen und kritische Elaboration. Deshalb ist Hartmut von HENTIG

---

[42] *Heckhausen* (1980).

[43] *Gudjons* (1996).

[44] *Bruner* (1966).

zuzustimmen, der all denen mißtraut, „die Ordnung, Disziplin (und) Tradition zu
Feinden der Kreativität erklären. Sie sind vielmehr deren Voraussetzung."[45] Man
kann es auch mit Thomas EDISON ausdrücken: „Das Genie besteht zu 1% Inspiration
und 99% Transpiration!".

4. Hochschuldidaktische Konsequenzen

> *„Viele Schulmethoden verhindern Kreativität: nachschreiben, nachzeichnen, nacher-*
> *zählen eines immer perfekten und scheinbar mühelosen Musters. Wer wird da noch*
> *das unvollkommene Eigene wagen?"*[46]

Was hier zweifelsohne der Schule zugeschrieben wird, läßt sich leicht auf den
Hochschulbereich übertragen. Wie sollte es auch (plötzlich) anders sein, wenn drei-
zehn Schuljahre lang die Prämisse galt, geduldig zu warten, bis der Lehrende ein
Problem formuliert hat und es dann darauf ankam, auf deren/dessen Fragestellung
reaktiv einzugehen! Das selbständige Entwickeln von Fragen oder das divergente
Umdeuten gestellter Fragen hat wohl eher Seltenheitswert. Dabei ist doch dies eines
der wesentlichsten Elemente des Studierens und wissenschaftlichen Arbeitens: Einen Vorstoß wagen ins Neuland, bei dem niemand die Hand führt oder vorangeht.
„Jede selbstgestellte, weiterführende Frage enthält ein kreatives Element",[47] meint
Hans AEBLI und dieser Entwicklungsprozeß ist sicherlich ein bedeutsamer Schritt
der ersten Hochschulsemester. Viel zu häufig und viel zu lange werden Erkenntnisse
anderer ohne Eigenanteile nachvollzogen, das gilt für Referate, Seminararbeiten bis
hin zu Diplomarbeiten. Viel zu selten werden neue Fragen entwickelt oder gestellt.
Fatalerweise stört sich niemand an diesem Zustand, keine Fragen (oder Probleme)
zu sehen, und da eigenständiges Suchen und Forschen keinerlei motivationale
Grundlage hat, gipfelt dieser 'fragenlose' Zustand möglicherweise im Unvermögen,
ein Thema für die abschließende Wissenschaftliche Arbeit zu finden.

Mangelnde Neugier und fehlende Suchlust hat letztlich auch mit mentaler Sättigung
zu tun. Der Verhaltensbiologe Felix von CUBE[48] führt diese Misere auf das Ausmaß
an Verwöhnung und Unterforderung unserer zivilisierten Gesellschaftsstruktur zurück. Demnach streben wir entgegen unserem genetisch determinierten Aktionspo-
tential und entgegen unserem stammesgeschichtlichen Programm eher nach „Lust
ohne Anstrengung".[49] Wir befinden uns quasi in einem mentalen Schlaraffenland,
das rasche und leichte Triebbefriedigung ohne Anstrengung ermöglicht. Der
menschlichste aller Triebe, der Neugiertrieb, scheint immer mehr verlorenzugehen;
das Abenteuer des Erkundens, Erforschens und Erfindens und die damit verbundene
intrinsische Motivationslage scheint der extrinsischen und damit belohnungsorien-
tierten Motivation zu unterliegen. Fragen wie „Wie viele Seiten muß ich schreiben,

---

[45] *von Hentig* (1998) 50.
[46] *von Hentig* (1998) 72.
[47] *Aebli* (1987) 307.
[48] *Cube* (1996).
[49] *Cube* (1996) 14.

um einen Schein zu bekommen?" oder allgemeiner: „Was bringt es mir?" verdeutlichen den fremdbestimmten Zustand. Besonders das Wort 'bringen' weist darauf hin, daß etwas ohne größeres Zutun von außen an die eigene Person herangetragen wird, quasi von selbst und ohne Eigeninitiative.

Der Weg aus diesem Dilemma, darin ist sich die Kreativitätsforschung einig, führt über zwei Brücken. Wer Neues und Eigenes schaffen will, benötigt fundamentales Wissen und ausgeprägte Kompetenzen. „Denn das Neue entsteht ja nie aus dem Nichts. Das Neue entsteht immer aus vorhandenen Elementen."[50] Insofern ist eine solide Ausbildung eine notwendige, wenn auch nicht hinreichende Bedingung für kreative Produktionen. Sie erhöht sicherlich die Chance, weiterführende Fragen zu finden und eröffnet die Möglichkeit, daß aus einer anfänglichen 'Anstrengung ohne Lust' letztlich doch noch eine 'Anstrengung mit Lust',[51] 'Funktionslust' oder 'flow'[52] werden kann. Zufälle oder oberflächliches Probieren führen dagegen höchst selten zum Ziel.

Die zweite Brücke zum Divergenten Prinzip betrifft die Ebene unserer Einstellungen und Haltungen. Mut und ein positives Selbstbild sind entscheidende Variablen. Sie wachsen in einer Atmosphäre der Wertschätzung und des Vertrauens. Wenn sie fehlt, drängen sich konvergente Muster vor verbunden mit Befürchtungen, sich vor der Gruppe zu blamieren, zu widersprechen, Unverstandenes zu hinterfragen, etwas Unkonventionelles zu äußern. Besonders in Referaten von Studierenden an Studierende pflegt das konvergente Prinzip sein Unwesen zu treiben: Ganz selten wird ein Vortrag als Herausforderung erlebt und entsprechend aufbereitet - eher wird er als Pflichtübung 'abgeliefert'. Anstelle eines freien und offenen Vortrages wird weitestgehend vorgelesen. Die zugrundegelegte Literatur bildet einen engen Orientierungsrahmen und zuweilen werden Informationen wiedergegeben, die nicht verstanden worden sind. Zwischenfragen und ergänzende Bemerkungen seitens der Zuhörerschaft sind wenig willkommen und werden meist lapidar abgewiegelt; die Standardformel dafür ist: 'Das kommt später noch!'. Darüber hinaus liegen bei den Referierenden implizite Annahmen vor, die samt und sonders dem konvergenten Prinzip entstammen. Beispiele dafür sind: (a) Es ist schlimm, nicht in der vorgegebenen Zeit fertig zu werden; deshalb ist (oberflächliche) Masse besser als (vertiefende) Klasse. (b) Auf alle Fragen muß ad hoc eine Antwort gegeben werden können. (c) Eigene Meinungen, Interpretationen oder Synthesen haben in wissenschaftlichen Aufbereitungen keinen Platz.

Hochschuldidaktisch gesehen ist es von hoher Bedeutung, solchen 'Konzepten' und den damit verbundenen Erwartungen und Einstellungen präventiv entgegenzuwirken, anstatt sie als gegeben hinzunehmen. Die Ansatzpunkte sehe ich in der intensiven Vorbereitung unter Anleitung des verantwortlichen Hochschullehrers, in der Schaffung einer förderlichen Seminar-Atmosphäre und in einer Vortragsgestaltung

---

[50] *Aebli* (1987) 308.
[51] *Cube* (1996).
[52] *Csikszentmihalyi* (1997).

in Form eines offenen Systems. Offenheit bezieht sich dabei auf die technische Seite der Darbietung ebenso wie auf die kognitiven Elemente der Problembearbeitung.

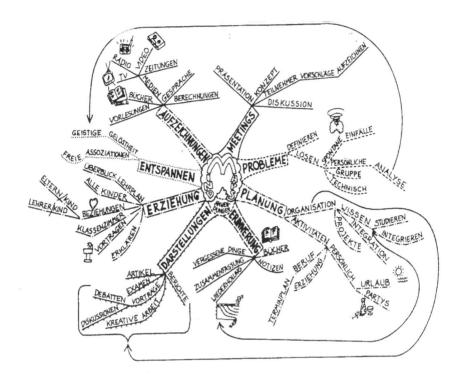

Abb. 2 Ein Mind Map über die Anwendungsmöglichkeiten von Mind Maps[53]

Als vorteilhafte Methode zur Realisierung offener Strukturen hat sich das *Mind Mapping* der Brüder Tony und Barry BUZAN[54] erwiesen: eine Arbeitstechnik zur graphischen Strukturierung von Informationen. Aufgrund des radial-vernetzten und offenen Aufbaus sind Mind Maps ein flexibles Werkzeug sowohl bei Ideenfindungsprozessen als auch in Analysephasen und bei der Evaluation. Und sie sind eine ideale Vorlage für freie Vorträge. Dem oft verwendeten linearen Listenstil sind sie klar überlegen und deshalb für Referate überaus empfehlenswert.

Im Grunde stellen sie ein Instrumentarium dar, das dazu verhelfen kann, die Mechanismen der Informationsvermittlung neu zu definieren, etwa im Sinne von W.B. YEATS These: 'Lehren ist nicht einen Eimer füllen, sondern eher ein Feuer entfachen'.[55]

---

[53] *Buzan/Buzan* (1993) 96.
[54] *Buzan/Buzan* (1993).
[55] In: *Hartmann* (1997) 104.

Literaturverzeichnis

Aebli, H.: (1987) Zwölf Grundformen des Lehrens. Stuttgart: Klett Cotta 1987.

Brehm, S. S./ Brehm, J.W.: (1981) Psychological reactance. A theory of Freedom and Control. New York: Academic Press 1981.

Bruner, J.S.: (1966) Towards a Theory of Instruction. Cambridge, MA.: Harvard University Press 1966.

Buzan, T./ Buzan, B.: (1997) Das Mind-Map-Buch. Landsberg: mvg 1997.

- (1993) Kopftraining. München: Goldmann 1993.

Cropley, A.: (1979) Unterricht ohne Schablone. Wege zur Kreativität. München: Ehrenwirth 1979.

Csikszentmihalyi, M.: (1992) Flow. Das Geheimnis des Glücks. Stuttgart: Klett-Cotta 1992.

Cube, F. von: (1996) Fordern statt Verwöhnen. München: Piper 1996.

De Bono, E.: (1991) Handbook for the positive revolution. New York: Viking 1991.

De Charms, R.: (1979) Motivation in der Klasse. München: mvg 1979.

Eysenck, H.J.: (1983) The roots of creativity: Cognitive ability or personal trait? Roeper Review, S.10-12.

Fromm, Erich: (1959) Der kreative Mensch. Gesamtausgabe Bd. IX. München: dtv 1989. S. 399-407.

Goleman, Daniel/ Kaufman Paul/ Ray, Michael: (1997): Kreativität entdecken. München: Hanser 1997.

Gudjons, H.: (1996): Didaktik zum Anfassen. Bad Heilbrunn1996.

Guilford, J.P.: (1950): Creativity. American Psychologist, 14 (1950), S. 205 - 208

- (1967) The Nature of Human Intelligence. New York: McGraw Hill 1967.

Grell, J./ Grell, M.: (1983) Unterrichtsrezepte. Weinheim: Beltz 1983.

Hartmann, T.: (1997) Eine andere Art, die Welt zu sehen. Lübeck: Schmidt-Römhild 1997.

Heckhausen, H.: (1980) Motivation und Handeln. Berlin: Springer 1980.

Hentig, H. von: (1998) Kreativität. Hohe Erwartungen an einen schwachen Begriff. München: Hanser 1998.

Kirst, W./ Diekmeyer, U.: (1971) Creativitätstraining. Stuttgart: dva 1971.

Lepper, M.R./ Greene, D.: (1975) Turning play into work: Effects of adults' surveillance and extrinsic rewards on children's intrinsic motivation. Journal of Personality and Social Psychology, 31 (1975), S. 479-486.

- (1976) On understanding 'overjustification': A reply Reiss and Sushinsky. Journal of Personality and Social Psychology, 33 (1976), S. 25-35.

Lepper, M.R./ Greene, D./ Nisbett, R.E.: (1973) Undermining children's intrinsic interest with extrinsic rewards: A test of the overjustification hypotheses. Journal of Personality and Social Psychology, 28 (1973), S. 129-137.

Malorny, Ch./ Schwarz, W./ Backera, H.: (1997) Die sieben Kreativitätswerkzeuge. München: Hanser 1997.

May, R.: (1987) Der Mut zur Kreativität. Paderborn: Junfermann 1987.

Nimmergut, J.: (1972) Kreativitätsschule. München: Heyne 1972.

Piaget, J.: (1975a) Das Erwachen der Intelligenz beim Kinde. Stuttgart: Klett 1975.

- (1975b) Nachahmung, Spiel und Traum. Stuttgart: Klett 1975.

Preiser S./ Buchholz, N.: (1997) Kreativitätstraining. Das 7-Stufen-Programm für Alltag, Studium und Beruf. Augsburg: Augustus 1997.

Rothenberg, A.: (1988) Creativity and the homospatial process: Experimental studies. Psychiatric clinics of North America, 11 (1988), S. 443-460.

Seiffke-Krenke, Inge: (1983) Kreativitätsförderung in der Schule. In: B. FITTKAU (Hg.) Pädagogisch psychologische Hilfen für Erziehung, Unterricht und Beratung. Braunschweig: hv 1983.

Seligman, M.: (1979) Erlernte Hilflosigkeit. München: U&S

- (1993)   Pessimisten küßt man nicht. München: Knaur 1993.

Selter, Ch.: (1994) Jede Aufgabe hat eine Lösung. Vom rationalen Kern irrationalen Vorgehens. In: Grundschule 3 (1994), S. 20-22.

Sikora, J.: (1976) Handbuch der Kreativ-Methoden. Heidelberg: Quelle & Meyer 1976.

Taylor, I.A.: (1975) An emerging view of creative actions. In: I.A. Taylor & J.W. Getztels (Eds.) Perspectives in creativity. Chicago: Aldine 1975.

White, R.W.: (1959) Motivation reconsidered: The concept of competence. Psychological Review, 66 (1959), S. 297-333

Wortman, C.B.: (1976) Causal attributions and personal control. In: J.H. Harvey et al. (Hg.) New directions in attribution research. Hillsdale, N.Y.: Erlbaum 1976

- (1975)   */Brehm, J.W.:* Responses to uncontrollable outcomes: An integration of reactance theory and the learned helplessness model. In: L. Berkowitz (Hg.) Advances in experimental social psychology (Vol. 8) New York: Academic Press 1975

Susanne Nordhofen

Philosophieren im Deutschunterricht

Die drei Schmiede ihres Schicksals
Quilibet fortunae suae faber est.
Alter Schulspruch

Es war in einer Gesellschaft lustiger Männer ein Streit über den altlateinischen Satz ausgebrochen, daß jeder Mensch der Schmied seines Schicksals sei. Einige behaupteten, der Satz wäre ächt römisch, und stehe gewiß in diesem oder jenem Werke dieses oder jenes Classikers; andere sagten, er sei ein neues Machwerk, und schleppe sich erst seit kurzer Zeit durch unsere lateinischen Schulbücher. Aber wie es geht, von diesem rein historischen Standpunkte, über den sie sich nicht einigen konnten, spielte der Streit auf den philosophischen über und entbrannte nun auf das heftigste über die Frage, ob es auch wahr sei, was der Satz enthalte. Man führte nun nicht mehr bloß die Historie in das Feld, sondern suchte der Sache auch a priori beizukommen, indem man die Psychologie, die Logik und Metaphysik aufbot. Man redete über den Zusammenhang der Dinge, sittliche Weltordnung, Emancipation vom Zufalle, Freiheit des Willens, und war auf dem Wege, ins Endlose zu geraten, als plötzlich ein Schalk, der bisher geschwiegen hatte, eine Geschichte zu erzählen anfing, worauf es nach und nach stille ward; denn beide Parteien horchten hin, in der Hoffnung, Gründe für ihre Behauptung aus der Geschichte ziehen zu können. Allein der Mann zog seine Geschichte gerade bis zu dem Puncte, wo sie sich spalten mußte, um der einen oder anderen Partei zu dienen - dann brach er ab und sagte, daß er den Rest morgen erzählen wolle, wenn sie etwa wieder zusammen kämen. Sofort erhob sich ein Lärm über Willkür und Täuschung, und man verlangte, daß er fortfahre. Aber da er hartnäckig bei seinem Ausspruche blieb, so vertagten sie listig den Streit, weil jeder begierig war, wie es nun weiter gehen werde, und weil jeder heimlich hoffte, ihm würden die Hülfstruppen aus der Sache zuwachsen.

Allein da nun die vierundzwanzig Stunden vorüber gegangen waren, da sich die Gesellschaft versammelt, und der Mann seine Geschichte beendet hatte, so waren sie so ins Weite verschlagen, daß sie nun über ihren anfänglichen Satz gar nicht mehr stritten, sondern ihn alle plagten, ob die Geschichte wahr sei, wo sie sich zugetragen, wie die Personen geheißen haben, und wären beinahe in den neuen Streit geraten, ob die Geschichte aus innern Gründen wahr sein könne oder nicht. Der Mann aber lächelte verschmitzt, drehte seinen Ring auf dem Finger, und sagte kein Wort mehr. Die Klügern unter uns merkten, daß er uns am Narrenseile geführt, die anderen aber haderten auf dem neuen Wege weiter, auf den er sie gelockt hatte. [1]

I. Adalbert STIFTER gestaltet in seinen späten Erzählungen eine alltägliche Situation. Aus einem harmlosen Gesprächsfetzen entwickelt sich ein Disput voll innerer Eigendynamik, der scheinbar in vollkommener Konfusion endet.

Worum geht es in diesem Textausschnitt? Ein auktorialer Erzähler, der sich zugleich als einer der Teilnehmer des Gesprächs fingiert, führt uns in der Rahmenhandlung mitten in den Konflikt hinein. Eine schlichte philosophische Alltagsweisheit, „Jeder ist seines Schicksals Schmied", wird nicht mehr unbefragt akzeptiert, sondern kon-

---

[1] *Stifter* (1844) 7-8.

trovers und unter Zuhilfenahme verschiedener hermeneutischer Verfahren analysiert. Zunächst geht es streng philologisch um die Herkunft und Originalität des Satzes, den man allgemein dem römischen Dichter SALLUST bzw. dem römischen Konsul Appius CLAUDIUS zuschreibt.

Daraufhin führt man die Wahrheitsfrage ein. A priori will man der Sache beikommen. Dabei wird der entsprechende Terminus „a priori", wie wir ihn von KANT im Sinne eines erfahrungsunabhängigen „Immerschon" her kennen, umgangssprachlich gewendet als Absichtserklärung, daß man nunmehr „grundsätzlich" verfahren wolle. Dazu werden nun allerhand andere Wissenschaften (Psychologie, Logik, Metaphysik) beigezogen. Was könnten sie zur Klärung dieses Ausspruches beitragen?

Die Psychologie könnte etwa den Begriff des Glücks untersuchen, da man den Satz auch in der Variante „Jeder ist seines Glückes Schmied" kennt. So könnte sie fragen, ob Glück dann erreicht ist, wenn alle Wünsche des Individuums in Abstimmung mit den Normen und Werten einer Gesellschaft befriedigt werden, ob Glücksgefühle dauerhaft sein können, wie man sich „mental" in einer Art von „Anleitung zum Glücklichsein" präparieren kann usw.

Die Logik prüfte möglicherweise die logische Konsistenz des Allsatzes „Jeder ist...". Schließlich käme die Metaphysik ins Spiel. Die KANTische Grundfrage „Was dürfen wir hoffen?" eröffnet die entscheidende Perspektive im Hinblick auf das eigentliche Thema der Erzählung, die den Problemzusammenhang von Willensfreiheit, Determination, Schicksal und Zufall verhandelt.

Die Gesprächsteilnehmer haben sich allerdings mit dem streng diskursiven Verfahren der Textauslegung übernommen und geraten ins „Endlose". In dieser Aporiesituation nutzt ein „Schalk" die allgemeine Verwirrung und erzählt eine Geschichte als eine Art „Spiel im Spiel", so daß das Problem, um das es geht, nochmals in einem vergrößerten Maßstab veranschaulicht wird.

In dieser Binnengeschichte geht es um zwei adelige junge Männer, Erwin und Leander, die sich während ihrer harten und lieblosen Jugend als Waisen in einer jünglingshaften Regung antiken, heldenhaften Selbstgefühls geschworen haben, ihr Schicksal unter allen Umständen selbst zu gestalten und sich durch keinerlei äußere Vorkommnisse beirren zu lassen. Beide scheitern in dieser Hinsicht vollkommen, entweder weil sich bei dem einen die Lebensumstände grundlegend ändern und sich das ursprüngliche Lebenskonzept weiterentwickelt - Leander tritt sein väterliches Erbe an und heiratet - oder weil bei dem anderen ein millimeterkleines Abweichen von den selbstgewählten Prinzipien eine ungeahnte Kettenreaktion weiterer Ereignisse nach sich zieht. Das ist der weitaus interessantere Fall. Als Erwin gerade im Begriff ist auszuwandern und in Amerika einen neuen Staat nach eigenen utopischen Ideen zu gründen, erreicht ihn die Einladung zur Hochzeit seines besten Freundes. Er nimmt sie eher widerwillig an und gerät auf dem Schloß Leanders prompt in eine kompromittierende Situation. Rosalie, eine junge Frau, die ebenfalls fest entschlossen ist, sich nicht vom Zufall beherrschen zu lassen und die ihr Leben unbedingt in Eigenregie gestalten will, gerät nachts scheinbar versehentlich als Schlafwandlerin in das Zimmer des jungen Mannes und wird von anderen Hochzeitsgästen dabei beobachtet, wie sie Erwins Schlafzimmer gerade verläßt. Um das anzügliche Gerede über „Geistererscheinungen" zu beenden und um den tadellosen Ruf der jungen Frau zu schützen, ruft Erwin zunächst zum Duell, macht dann aber widerwillig Rosalie einen Heiratsantrag, den diese auch annimmt. Nach einigen Jahren glücklicher Ehe mutiert der einst so strenge Asket und Sozialutopist, wie böswillige Zungen behaupten, zum Pantoffelhelden:

„Auf Erwins Schlössern war nun Wein und Braten, waren Wägen und Pferde daran, der spartanische Bart war von seinem Gesichte, Rosalie, die Unvermählbare, betete ihren Gatten an, dies alles hat der ganz kleine Zufall verschuldet, dem Erwin damals gestattet hatte, ein winziges Loch in sein System zu bohren ...".[2]

Die durch und durch ironische Erzählung des Schalks präsentiert das ursprüngliche Problem noch einmal wie unter einem Vergrößerungsglas, die philosophische Kontingenzfrage wird narrativ potenziert, bleibt argumentativ aber unentschieden. Daher wirkt sie auf die Zuhörer auch so irritierend, da sie sich von der Geschichte eine Deutung erhoffen.

Die Problematik, inwieweit alles empirisch Zufällige kausal auf empirische Ursachen zurückzuführen ist oder ob es dafür ebensogut nichtempirische Ursachen gibt, ist eine Frage der Philosophie seit ARISTOTELES bis in die Moderne. KANT rechnet sie zu den Antinomien. Die menschliche Vernunft gerät dabei in den Widerstreit zwischen zwei Aussagen, die sich gleich gut begründen lassen und droht sich mit sich selbst zu entzweien. In der vierten Antinomie der „Transzendentalen Dialektik" wird dies an dem Beispiel durchgespielt, ob die Annahme eines letzten, höchsten Urwesens als Urgrund aller Kausalität zwingend notwendig sei oder nicht. Hierbei zeigt sich die antinomische Struktur des menschlichen Verstandes als eine Art Zwitterwesen, da er einerseits geneigt ist, alles, also auch das Zufällige, als bedingt anzusehen, andererseits aber auch dazu hintendiert, alles Bedingte auf etwas Unbedingtes zurückzuführen.

Doch zurück zu unserem Textbeispiel. Obwohl die Zuhörer einen ganzen Tag Bedenkzeit hatten, sind die Parteien offenbar so in ihre Positionen verrannt, daß sie gar nicht bemerken, wie sie an einem „Narrenseile" spiralförmig im Kreis herumgeführt worden sind. So wiederholt sich im Gespräch über die Erzählung des Schalks dasselbe Grundmuster wie am Vortag:

"... so waren sie so ins Weite verschlagen, daß sie nun über ihren anfänglichen Satz gar nicht mehr stritten, sondern ihn alle plagten, ob die Geschichte wahr sei, wo sie sich zugetragen, wie die Personen geheißen haben, und wären beinahe in den neuen Streit geraten, ob die Geschichte aus innern Gründen wahr sein könnte oder nicht."[3]

Der Schelm weigert sich, die strittige Frage aufzulösen, sondern dreht nur vieldeutig an seinem Ring. Diese Geste inszeniert nochmals ein unendliches hermeneutisches Kreisen um den Sinn seiner Geschichte. Man könnte sich auch überlegen, ob das verschmitzte Lächeln des Schalks ein Lächeln der Überlegenheit ist, da er die ande-

---

[2] *Stifter* (1844) 38.
[3] *Stifter* (1844) 8.

ren hinters Licht geführt hat, oder ob es fast ein sokratisches Lächeln ist, das die Gelassenheit dessen zum Ausdruck bringt, der im Gegensatz zu den anderen Gesprächsteilnehmern weiß, daß er nichts weiß, bzw. der verstanden hat, daß es bestimmte elementare philosophische Fragen gibt, die man zwar immer wieder stellen kann und auch stellen muß, daß es aber von vornherein feststeht, keine endgültigen Antworten auf diese Fragen bekommen zu können. Die sokratische Haltung besteht darin, keine im voraus festgelegten Antworten oder Lösungsmöglichkeiten im Hinterkopf zu haben, die man in didaktischer Absicht erst einmal zurückstellt, sondern daß man die anderen Gesprächspartner entdecken lässt, daß ein vorgebliches Wissen um diese Fragen entweder nur vorläufig sein kann oder daß es als Scheinwissen entlarvt wird.

Die Absicht dieses Schalks deutet sich durch diese Geste indirekt an. Genau wie bei SOKRATES ist der Anknüpfungspunkt eine unscheinbare und auf den ersten Blick leicht zu beantwortende Frage, die aber zu Prinzipiellem hinführt. Einige unter den Zuhörern bemerken, was hier gespielt wird und beenden die Diskussion, die jedenfalls so lange fruchtlos bleibt, solange sie nicht erkennen, daß diese Frage zu der antinomischen Sorte gehört, die für niemanden abschließend entschieden werden kann.

Daher hat der Schelm ja auch bewußt das Genre gewechselt und eine Geschichte erzählt, statt die diskursive Auseinandersetzung noch zusätzlich mit Argumentationen zu munitionieren. Das Ende der Erzählung des Schalks läßt wiederum alle Optionen hinsichtlich der Frage nach Zufall und Notwendigkeit offen, bietet aber im Rahmen der Geschichte eine für die Lebensführung der Figuren pragmatische Lösung an:

> „So endet die Geschichte der drei Schicksalsschmiede, sie sind sehr gute Freunde und schmieden bis auf den heutigen Tag, nur daß das Eisen, welches sie nehmen, nicht mehr so spröde ist, sondern sie lassen den Zufall gelten, aber sich nicht von ihm beherrschen."[4]

Dennoch kann von einem harmonisierenden Ende nicht die Rede sein. Am Schluß der Rahmenhandlung kann sich der auktoriale Erzähler einen ironischen Nachtrag nicht verkneifen, indem er das Narrenseil selber auch noch einmal weiterdreht. Er berichtet nämlich, wie später das Fenster vergittert wird, durch das Rosalie in der entscheidenden Nacht eingestiegen ist, nicht aber ohne die Nutzlosigkeit dieses Tuns anzumerken, da Rosalie nach der Heirat nie mehr im Schlaf gewandelt sei: „Es mußte damals nur heimtückische Rache des Zufalls gewesen sein, dessen Reiche sie getrotzt hatte."[5]

II. Die Erzählung von STIFTER erscheint deshalb so interessant, weil man an ihr nicht nur beobachten kann, wie eine vielschichtige philosophische Frage literarisch

---

[4] *Stifter* (1844) 38.
[5] *Stifter* (1844) 39.

thematisiert wird, sondern weil sie einige grundsätzliche Überlegungen zum Verhältnis von Literatur und Philosophie anstößt.

Die Rahmenhandlung gibt das Thema ausdrücklich vor, während die Binnengeschichte nicht nur einen Fall demonstriert, sondern zugleich eine Reflexion darüber initiiert, wie man methodisch mit bestimmten Grundfragen umgehen kann und wo die Grenzen eines Verfahrens erreicht werden.

KLEIST hat einmal die Menschen in zwei Klassen eingeteilt, nämlich danach, ob sie sich auf eine Metapher (Bildlichkeit) oder auf eine Formel (Begrifflichkeit) verstehen. Diese Einteilung könnte man aus heuristischen Gründen auf Literatur und Philosophie übertragen und dahingehend weiterführen, daß man auch in diesen beiden Einzeldisziplinen diese Zweiteilung aufweisen kann.

In der fiktionalen Literatur gibt es eine Reihe von Textsorten, die dadurch gekennzeichnet sind, daß sie einen oder mehrere systematische Gedanken zum Ausdruck bringen wollen. Volker LADENTHIEN[6] definiert sie als „Gebrauchstexte", die ihre Formsprache zur Verständlichmachung außerliterarischer Inhalte verwenden. Der Sinn, bzw. die Bedeutung dieser Texte entfaltet sich erst dadurch, daß auf einen außerhalb der Texte befindlichen Referenzrahmen Bezug genommen wird.

> „Ihr gemeinsamer Bezugspunkt ist ein außerhalb des Textes existierendes (zum Beispiel ethisches) Problem. Der Gebrauchstext stellt sich mit literarischen Mitteln diesem Problem, aber nur, um zu einer außerliterarischen Reflexion, Haltung oder Handlungsanweisung zu führen. Die Form hat also Mittlerfunktion, mag der Plausibilität, der Verschönerung, der Suggestionskraft, der Konsumierbarkeit dienen, ist demnach nicht konstitutiv für den dargestellten Sachverhalt, sondern additiv."[7]

Die fiktionale Welt fungiert dabei als Rahmen, Illustration, allegorische Einkleidung. Man kann hier von didaktischen Unternehmungen zur „Erziehung des Menschengeschlechts" ausgehen, wie sie besonders in Fabeln, Parabeln, Ideendramen, 'Literatur engagee', Erbauungsliteratur oder auch in einigen Beispielen pädagogisierender Jugendliteratur auftreten.

Viele andere fiktionale Texte lassen sich jedoch nicht auflösen. In ihnen kann man die fiktionale Welt nicht immer bis hin zu einem abstrakten Nukleus, den sie repräsentiert, durchstreichen. Diese anderen Texte repräsentieren kein abstraktes Thema im bildlichen Gewand im Eins-zu-Eins-Verhältnis, sondern sie präsentieren vor allem sich selbst, wobei die fiktionale Welt ihr konstitutives Moment darstellt. Natürlich haben auch diese Texte einen Sinn, der sich allerdings aus der ästhetischen Wirkung auf den Leser erschließt:

> „Nun sei ohne weiteres zugegeben, daß dieser ästhetische Charakter des Sinnes außerordentlich labil ist und ständig in eine diskursive Merkmalsbestimmtheit umzukippen droht. Doch der Sinn beginnt erst dann seinen ästhetischen Charakter zu verlieren, wenn man nach seiner Bedeutung fragt. In diesem Augenblick hört er auf, sich selbst zu bedeuten und damit ästhetische Wirkung zu sein."[8]

---

[6] *Ladenthien* (1989) 60.
[7] *Ladenthien* (1989) 63.
[8] *Iser* (1976) 43.

ISER zitiert in diesem Zusammenhang KANTs Begriff der „Amphibolie". Wie der Wortsinn (*amphiballein* = hin- und herwerfen) es nahelegt, bedeutet er ein wechselndes Schwanken , ein Umschlagen des Verstandes in der Anschauung der Gegenstände, wobei dieser zunächst erst einmal unterscheiden muß, ob ein Ding ein 'Phänomenon', d.h. etwas sinnlich Gegebenes ist, oder ob es als 'Noumenon' in den Verstandesbereich gehört. Diesen Begriff des „Amphibolischen" überträgt ISER nun auf den Akt des Lesens und will damit andeuten, daß der Leser bei dem Bemühen, einen Text zu verstehen und zu deuten, zwischen der ästhetischen, sinnlichen Wirkung des Kunstwerks und der vom Text abstrahierenden, reflexiven Deutung seines Sinngehaltes hin- und hergerissen wird.

Diese Literatur, die sich „auf eine Metapher versteht", ist polyvalenter, sie ermöglicht viele begründete Lesarten, da sie so etwas wie einen „nichtidentischen Rest" (ADORNO) enthält, der sich gegen eine vollständige interpretatorische Auflösung sperrt. Wir treffen hier auf das philosophische Problem der Sagbarkeit. Das philosophische Problem der Sagbarkeit, vor allem aber Schwierigkeit, die Selbstvergewisserung des Bewußtseins in gleicher Weise darzustellen wie die Dinge in der Welt, wird in dieser Literatur gleichsam vorgeführt. Diese Art der Literatur lebt geradezu von dem Bedeutungsüberschuß ihrer semantischen Potentiale. So spielt z.B. die Lyrik mit den Möglichkeiten der Mehrfachbedeutungen von Bildern, mit dem An- und Abstoßen von Begriffen und Begriffsfeldern, mit der Musikalität des Versmaßes oder mit Wortkakophonien, mit Hierarchien von Haupt- und Nebensinnen, um nur einiges aufzuführen.

Die KLEISTsche Zweiteilung findet man natürlich auch bei genuin philosophischen Texten. So folgt KANTs strenges Regelwerk dem Muster der lateinischen Grammatik, wohingegen PLATON in seinen Dialogen oft sehr kunstvolle Mythen neu erschafft oder bekannte Mythen variiert, wenn sich am Schluß eines Diskurses wieder einmal allgemeine aporetische Ratlosigkeit einstellt. Die platonischen „Kunstmythen" werden immer dann erzählt, wenn es inhaltlich um letzte Dinge wie Seele, Unsterblichkeit, Idee, Eros, Anamnesis geht. Für diese letzten Fragen, die eben nicht mehr nach dem Muster der empirischen Wissenschaften angegangen werden können, ist der Wechsel des Genres, vom Diskurs in den kunstvollen Mythos, die einzig angemessene Form, um sie dennoch behandeln zu können. Sie sind also weit mehr als eine literarische Verlegenheitslösung. Eine ähnliche Funktion hat in unserem Textbeispiel am Anfang die Geschichte des Schalks.

Die Philosophie hat einen kritischen und einen konstruktiven Aspekt. Einerseits versucht sie durch immer präzisere Fragen zu Prinzipiellem vorzustoßen, also zu erkennen, „was die Welt im Innersten zusammenhält". Sie versichert sich der eigenen Taten, ihres Bewußtseins und der Methoden der Erkenntnis. Andererseits hat sie immer wieder Systeme zu entwerfen versucht, die Weltdeutungen ermöglichen. Diese beiden Aspekte verbindet die Philosophie auch mit den philosophischen Denkkeimen von Kindern und Jugendlichen, die sich die Welt zunehmend kritisch fragend erschließen. Allerdings mit der Einschränkung, daß Kinder und Jugendliche natürlich noch nicht über die eigentümliche philosophische Begrifflichkeit verfügen.

Konsistente Argumentation, kraftschlüssige Beweise, gedankliche und begriffliche Schärfe, Abstraktion sind wichtige charakteristische Merkmale der Sprache der Philosophie. Die philosophischen Fragen der Kinder und Jugendlichen - gewissermaßen erste Risse in der Selbstverständlichkeit des Alltagslebens - sind aber da und wollen ernst genommen werden. Die Erwachsenen können diese Fragen auch aufnehmen und verstehen, aber die Antworten auf diese Fragen, die die Philosophie im Laufe ihrer Geschichte entwickelt hat, sind oft so kompliziert, daß sie das fragende Kind, bzw. den fragenden Jugendlichen nicht erreichen können. In der Asymmetrie von Fragen und Antworten tut sich so etwas wie ein lebensweltliches Paradox auf.

Literarische Texte inszenieren u.a. philosophisch interessante Sachverhalte, Konflikte, Grenzerfahrungen, Fragen, Weltverhältnisse, Weltbilder in einem lebensweltlichen Kontext. Sie können so als Platzhalter von Erfahrungen fungieren, die die Leser, insbesondere wenn sie noch jünger sind, nicht oder noch nicht gemacht haben und erlauben so eine Bearbeitung der vorhandenen, aber vielleicht noch nicht vollkommen artikulierten Fragen. Die Figuren der Handlungen ermöglichen eine unvoreingenommene Auseinandersetzung mit anderen Gedanken und Werthaltungen, die sich im Verlauf der fiktiven Handlung bewähren, verändern oder weiterentwickeln müssen.

Dieter HENRICH bringt die Beziehung Literatur / Philosophie in dieser Hinsicht exakt auf den Punkt:

> „Der analytische, auch der philosophische Diskurs bleibt aber häufig evidenzschwach, wenn er versucht, in die Welterfahrung von Bewußtsein hineinzuziehen, das ohnehin nicht das eines jeden ist. Literatur aber, gerade weil sie fiktionale Texte produziert, hat Glück und Not, und alle Vervollständigungen des Lebens im Blick auf sie, evidenzstark artikulieren können. Nicht aus Zufall sind gerade Philosophen wie Platon, Rousseau, Hegel und Kierkegaard, die ihr Werk solchen Lebensproblemen unterstellen, auch in keiner Geschichte der Literatur zu übergehen."[9]

Wie wirkt sich diese „evidenzstarke Artikulation" auf den Leser aus? Wolfgang ISER hat auf den interessanten Umstand des „Verstricktseins" in Texte hingewiesen. Beim Lektürevorgang entsteht ein Spannungsverhältnis zwischen den vom Leser hervorgebrachten Sinn- und Bedeutungszusammenhängen und den vom Text ausgehenden gegenläufigen Diskrepanzen, Irritationen oder Enttäuschungen des Lesers. Diese problematisieren die hervorgebrachten Konsistenzen, d.h. die im Bewußtsein des Lesers gestalteten Verstehenszusammenhänge und fordern immer wieder zu neuen Textdeutungen oder Umorientierungen auf.

> „Das heißt aber, wir sind verstrickt in das, was wir hervorbringen. Verstricktsein ist der Modus, durch den wir in der Gegenwart des Textes sind, und durch den der Text für uns zur Gegenwart geworden ist. (...) Je mehr der Text für uns zur Gegenwart wird, desto mehr wird das, was wir sind - jedenfalls für die Dauer der Lektüre - zur Vergangenheit. Indem ein fiktionaler Text die uns beherrschenden Ansichten zur Vergangenheit entrückt, bietet er sich selbst als eine Erfahrung; denn was nun geschieht bzw. geschehen kann, war nicht möglich, solange die uns orientierenden An-

---

[9] *Henrich* (1982) 140f.

sichten selbst unsere Gegenwart bildeten. Erfahrungen indes kommen nicht über das
bloße Wiedererkennen des Bekannten zustande. (...) Vielmehr entstehen Erfahrungen
erst im Überschreiten bzw. im Unterminieren des Gewußten, so daß die latente Falsi-
fikation dessen, worüber wir verfügen, den Anfang jeder Erfahrung bildet. (...) Gewiß
gibt es in fiktionalen Texten momentane Evidenzen, doch diese dienen weniger der
Bestätigung dessen, was wir schon kennen, sondern zeigen viel eher an, daß das Ge-
wußte eben nur das Momentane ist. Je häufiger sich solche Augenblicke in der Lektüre einstellen, desto deutlicher wird die Interaktion zwischen der Gegenwart des Textes
und unserer zur Vergangenheit entrückten Erfahrung."[10]

Die in der Vergangenheit abgelegten, aber keineswegs verschwundenen Erfahrungen müssen nun in einem dialektischen Vorgang der „Umschichtung" mit den neu
erworbenen vermittelt werden. Dabei werden Ansichten, Orientierungen und Werthaltungen mitverändert und neu formiert. Lesen ist kein passiver Akt des bloßen
Hinnehmens, sondern eine „produktive Antwort auf die erfahrene Differenz" in
einem Moment äußerster Reflektiertheit der ästhetischen Erfahrung: „Denn nur die
kontrollierte Beobachtung dessen, wozu mich der Text veranlaßt, schafft die Möglichkeit, im Vorgang der Verarbeitung die Referenz für das Verarbeitete selbst zu
bilden. Das transzendentale Element der ästhetischen Erfahrung gewinnt an diesem
Punkt seine praktische Relevanz."[11] Das Zitat macht deutlich, wie verwandt der Akt
des Lesens und der Akt des Philosophierens sind, und zwar im Hinblick auf das
Moment der Reflexion.

In der Philosophie macht die Reflexion, also das distanzierte „Sichzurückbeugen",
prinzipiell vor keinem Gegenstand Halt, auch nicht vor der Wahrnehmung ihrer
selbst. Die kontrollierte Beobachtung der ästhetischen wie kognitiven Wirkung eines
fiktionalen Textes im Hinblick auf die „Verstricktheit" des Lesers in ihn entspricht
ziemlich genau der reflexiven Analyse philosophischer Themen, die durch unterschiedlichste Anlässe angestoßen werden kann. Auch hier geht es um die ständige
Erweiterung, Vertiefung oder Korrektur dessen, was erfahren, gewußt, geglaubt,
gedacht, gehofft oder getan wurde. Wilhelm SCHAPP, von dem ISER den Ausdruck
der Verstrickung übernommen hat, begreift das Leben jedes einzelnen Menschen als
„Geschichte". Diese Geschichten sind elementare Urgestalten, ähnlich wie die des
Mythos, und ermöglichen dem einzelnen, sich in der Welt zu verorten. Der Ausdruck „Lebensgeschichte" gewinnt so einen sehr viel umfassenderen Sinn, der über
das individuell Biographische hinausgeht. Die Lebensgeschichten der einzelnen
Menschen sind miteinander verwoben :

> „Wenn wir davon sprechen, daß wir in Geschichten verstrickt sind, so gehört es zu
> jeder Geschichte, daß es Mitverstrickte gibt, daß wir zusammen in eine Geschichte
> verstrickt sind als Verwandte, Freunde, Feinde, Nachbarn, Kameraden, Kollegen, so
> daß man oft nicht sagen kann, wie weit sich unsere Geschichte in die Geschichten der
> Mitverstrickten erstreckt. (...) Dieselbe Geschichte sieht von den verschiedenen Ver-
> strickten aus gesehen, notwendig verschieden aus; selbst eine Liebesgeschichte wie
> Werthers Leiden, erst recht die Allgeschichte. Damit berühren wir eine Frage, die sich

---

[10] *Iser* (1976) 214.
[11] *Iser* (1976) 218.

ständig wieder vordrängen wird. Was heißt hier „dieselbe" Geschichte, in die Werther und Lotte verstrickt sind? Sollte es so sein, daß keine Geschichte eindeutig ist? Daß vielmehr jede von Anfang an mehrdeutig ist?"[12]

Der Volksmund hat diesen Zusammenhang intuitiv aufbewahrt. Wenn jemand Schwierigkeiten macht, so sagt man gelegentlich: „Mach keine Geschichten!"

Das, was für die Zeitgenossen gilt, betrifft aber auch den historischen Zusammenhang mit den Vorfahren, denn die Geschichten, die über Kunst, Mythos, Religion, Sprache, Recht usw. vererbt werden, imprägnieren die aktuellen Geschichten der Lebenden und bestimmen mit darüber, was wir denken, glauben, fühlen und wo wir unseren Platz in diesem Netzwerk finden.

Weil Geschichten machen und Geschichten erzählen in einem unauflöslichen Korrespondenzzusammenhang steht und weil die Geschichten prinzipiell unabschließbar und vieldeutig sind, regen sie immer wieder die philosophische Reflexion über diese „Verstrickungszusammenhänge" an.

Parallel hierzu begreift ISER die intensive, reflektierte Wahrnehmung des Lesers über den eigentümlichen Vorgang seiner eigenen Verstricktheit in eine literarische Geschichte als einen wesentlichen Anlaß, über die gelesenen Texte mit anderen zu sprechen, um sich darüber auszutauschen und um besser begreifen zu können, worin diese Verstrickung bestanden hat. Dazu gehört der Versuch, die Faszination, die Irritation und die Interpretation eines Textes zu formulieren, wobei der Leser als Person wahrgenommen wird, aber auch der Text als ästhetisches Phänomen analysiert wird.

III. Ebenso wie literarische Texte philosophische Horizonte eröffnen, lassen sich umgekehrt philosophische Texte auch als literarische lesen, wenn man die Ergebnisse des französischen Dekonstruktivismus bzw. des amerikanischen „Literary Criticism" berücksichtigt. Die Grundidee ist dabei, daß auch ein philosophischer, in sich konsistenter Text indirekte Mitteilungen in sich birgt, die im semantischen Potential, im Überschuß seiner sprachlichen Gestalt beschlossen sind. Diese verborgenen „Sinne" sollen nun mit Hilfe einer speziellen Archäologie ans Licht gebracht werden. DERRIDA vergleicht philosophische Texte mit Geheimschriften aus weißer Tinte, die erst durch ein chemisches Reagenz sichtbar gemacht werden, oder er vergleicht sie mit dem blinden Fleck im Auge des Philosophen, den dieser selbst nicht sehen kann. Die höchst artifiziellen Verfahren der Dekonstruktion sollen so das „Abwesend-Anwesende" an die Oberfläche transportieren.

Die literarische Stilkritik philosophischer Texte berührt vor allem deren Bildlichkeit in Form von Metaphern, Symbolen, Vergleichen usw., die häufig gar nicht beabsichtigt oder bewußt ist. Bürstet man philosophische Texte derart „gegen den Strich", indem man ihre immanente Bildhaltigkeit aufdeckt, so verspricht man sich nicht nur interessante Aufschlüsse über die „Verbergungsstrategien" eines Autors, sondern man entschlüsselt mehrschichtige bildlich-sinnliche Dimensionen einer

---

[12] *Schapp* (1959) 4.

philosophischen Theorie, auch wenn sie noch so glatt und argumentativ formuliert ist.

Die gängige Vorstellung, daß bildliche Elemente erst einmal das Vorfeld der Begriffsbildung abstecken, wenn eine entsprechende Fachterminologie noch nicht ausgebildet ist, hat vor allem Hans BLUMENBERG in seinen metaphorologischen Arbeiten zurückgewiesen, indem er am Beispiel der Metapher zeigte, welche Funktion sie bei der Erfassung von bestimmten Erfahrungen erfüllt.

In der Metapher werden ja bekanntlich zwei Bereiche, die sonst nicht unbedingt etwas miteinander zu tun haben, über ein „tertium comparationis" miteinander verknüpft. Damit korrespondiert für BLUMENBERG die Erfahrung der heterogenen Welt. Wörter wie etwa „Schiffahrt", „Buch", Höhle" gelten ihm metaphorisch aufgeladen (z.B.: „Das Buch der Welt lesen"). Als Leitfossilien eines archaischen Prozesses theoretischer Neugier zeigen sie eine Rückbindung aller Theorie zur Lebenswelt an.[13]

DERRIDA hebt hervor, daß die Metaphernbildung auf der Fähigkeit des Menschen beruhe, Ähnlichkeiten wahrzunehmen, hier insbesondere das indirekt anwesende „tertium comparationis". Die Metapher ist demnach bereits eine rudimentäre theoretische Erkenntnisleistung, die sinnliche und intelligible Wahrnehmung verbindet.

Wenn man, wie DERRIDA, mit Hilfe der literarischen Kritik philosophischer Texte die Trennungslinie zwischen Literatur und Philosophie auflöst, um das Dilemma einer selbstbezüglichen Vernunftkritik (Kritik der Metaphysik durch Metaphysikkritik) zu umgehen, läßt sich zeigen, daß die in philosophischen Texten „uneigentliche" bildliche Rede die „eigentliche" darstellt und daß die auf die Verschiebung vom Physischen ins Metaphysische zielende Metapher schon Theorie ist und daß die Theorie wiederum eine Metaphorisierung der Metapher bedeutet. Diese Verschiebungen verblassen aber mit der Zeit und werden nicht mehr wahrgenommen, wenn ihre lebensweltliche Rückbindung nicht mehr deutlich erkennbar ist.[14]

Es verhält sich damit so wie in der schönen Geschichte von Botho STRAUß, der von einem abessinischen Eingeborenen erzählt, welcher sich nicht mehr erinnern konnte, warum er bei bestimmten Gelegenheiten Butter auf dem Kopf trug. Der diese Sitte stiftende Mythos war nämlich verloren gegangen .

Wir können hier zwei Arten des Verblassens unterscheiden, zum einen das in der Lebenswelt, zum anderen das in der Theorie. Der abessinische Eingeborene stellt den Fall dar, bei dem eine Metapher zwar noch etwas evoziert, also in diesem Fall die Butter auf dem Kopf, aber die verbale Rückbindung an ein System nicht mehr gegeben ist. Im anderen Fall werden Metaphern noch für die Formulierung von Theorien benutzt, ohne daß man an den ursprünglichen Verwendungsbereich denkt, z.B. wird die Architekturmetapher verwendet, wenn es etwas zu begründen gibt, wenn etwas das Fundament ist oder wenn argumentativ gestützt werden muß.

---

[13] *Blumenberg* (1981).
[14] *Derrida* (1976).

Philosophie erscheint in dieser umgekehrten Sicht überraschenderweise als ein fortschreitender Prozeß der Metaphorisierung. Selbst so hochabstrakte, logoshafte Begriffe wie z.b. 'Seele' (*pneuma* = Hauch), 'Absolutes' (*absolutus* = unabgeschlossen) oder 'Theorie' (*theoria* = Schau) lassen sich nach DERRIDA als verblasste Metaphern entschlüsseln und gewinnen ihre ursprüngliche Bildhaftigkeit zurück, wenn man deutlich macht, wie sie auf bestimmte sinnliche Erfahrungen des Sehens, Hörens oder Fühlens zurückgehen. So erweist es sich, daß die Metapher selbst ein philosophisches Produkt ist. Die Philosophie kann demnach ihr eigenes Produkt, ihre ihr selbst zugrundeliegende Bildlichkeit nicht von einem außerhalb ihrer selbst liegenden Blickpunkt aus beherrschen. In dieser Hinsicht hat sie kein „drittes Auge", sondern einen „blinden Fleck".

Das Phänomen der Selbstbezüglichkeit findet sich natürlich ebenso bei der Reflexion über Sprache wieder, da sie Gegenstand und Medium zugleich ist. Die Metapher ist sozusagen nur ein Fall im Kontext der bildlichen Rede, an dem sich dieser Zusammenhang sehr gut studieren läßt. Es wird deutlich, daß sich hier ein weites Feld der Sprachbetrachtung auftut.

IV. Im Anschluß an die obigen Ausführungen erscheint es sinnvoll zu überlegen, warum und in welchen Hinsichten der Deutschunterricht von der philosophischen Dimension stärker als vielleicht bisher profitieren kann. Dabei können die Theoriebildung des Deutschunterrichts, die Lern- und Erziehungsziele, die Lehrpläne, die Methoden, das Lehrerverhalten und sicher auch die Lehrerausbildung bedacht werden.

Die KMK-Vereinbarung von 1972 verankert die Bedeutung der Philosophie als eigenständiges Schulfach und als Unterrichtsprinzip. Der zweite Aspekt ist für unseren Zusammenhang besonders interessant.

Alle Aufgabenfelder (hier bezogen auf das Gymnasium) sollen philosophische Fragen, die sie durchziehen, berücksichtigen. Das könnte bedeuten, daß der Biologielehrer am Beispiel des Verhältnisses Mensch/Tier das anthropologische Proprium herausarbeitet oder die ethische Problematik der aktuellen Gentechnologie, der Mathematiklehrer das Wesen der Zahl, der Physiklehrer die wissenschaftstheoretischen Grundlagen des Experiments, den Vorgang der Hypothesenbildung oder die schrägen Heilslehren des New Age, die aus einem Konglomerat moderner Kosmologien, Chaostheorien und exotistischen Versatzstücken zusammengesetzt sind.

Auch der Religionsunterricht ist ohne starke philosophische Anteile undenkbar, zumal die monotheistischen Wurzeln unserer Religion in der jüdisch-christlichen Aufklärung zu suchen sind. Diese ist aus der Religionskritik am Polytheismus entstanden und somit genuin philosophischer Natur.

In der gegenwärtigen Schulreformdiskussion geht es u.a. darum, nicht mehr ängstlich Reviergrenzen der einzelnen Fächer abzustecken, sondern um die Chancen, die sich aus dem fächerübergreifenden Unterricht, dem Gedanken der Interdisziplinarität und der Vernetzung ergeben könnten. Es zeigt sich bei genauem Hinsehen, daß

die Philosophie (und eben nicht die Psychologie oder Soziologie) als Grundwissen-
schaft fungiert, die die verschiedensten Fächer und Aufgabenfelder in idealer Weise
zusammenführen kann. Auch dem eher diffusen Auseinanderdriften der speziali-
sierten Einzeldisziplinen kann durch Einbeziehung philosophischer Aspekte entge-
gengewirkt werden. Die Philosophie hat daher im Zusammenspiel der Fächer eine
wichtige synthetisierende Funktion.[15]

Philosophie und Literatur haben, wie oben angedeutet, nicht nur gemeinsame Themen, Inhalte und Reflexionsfiguren als mögliche Schnittmengen, sondern das Fach
Deutsch ist auch von seiner inneren Systematik her gesehen philosophisch dimen-
sioniert.

Der Deutschunterricht versteht sich als Literatur- und als Sprachunterricht. In allen
Lehrplänen, Rahmenrichtlinien, Curricula werden mehrere große Felder oder Bereiche aufgeführt, die durch den Unterricht abgedeckt werden sollen. Sinngemäß geht
es im wesentlichen um das „Sprechen und Schreiben" und den „Umgang mit Texten".

Diese einzelnen Felder werden dann inhaltlich unterschiedlich ausdifferenziert.
Dabei sollen verschiedene elementare Fähigkeiten erworben werden, z.B. sichere
Beherrschung der Rechtschreibung und Zeichensetzung, Zweckschreiben, faire
Kommunikation im Gespräch, Verständnis literarischer Traditionen, Kriterien lite-
rischer Wertung, Reflexion über Sprache usw.

Auch die Sprache selbst kann man unter drei Hinsichten betrachten. Zum einen
ergibt sich das Feld der informativen Sprache. Hier erfüllt sie eine eher kommuni-
kationstechnische Funktion, indem Feststellungen, Mitteilungen aus dem alltäglichen Bereich vermittelt werden. Hierunter fallen in der Schule alle Übungen, die auf
das zweckdienliche Schreiben ausgerichtet sind, z.B. das Schreiben von Bewerbun-
gen. Der zweite Bereich ist die poetische, literarische Sprache. Sie fällt gewissermaßen aus dem Reich der Zwecke, des unmittelbaren Nutzenkalküls heraus.

Darüber hinaus ist die Sprache zugleich Gegenstand der Reflexion, wenn man sich
mit linguistischen Fragen befasst oder wenn man über literarische oder rhetorische
Stilmittel nachdenkt. Ob die Grenzen meiner Sprache die Grenzen meiner Welt sind,
welches Weltbild die Sprache vermittelt, inwieweit Zeichensysteme formalisierbar
sind, der Zusammenhang von Denken und Sprechen, psycholinguistische Analysen
usw. sind Themen der Sprachphilosophie, die auch im Deutschunterricht interessant
sind und im Feld „Reflexion über Sprache" ihren legitimen Platz haben. Wenn man
im Deutschunterricht über diese Fragen nachdenkt, so wird man sich, natürlich entsprechend didaktisch transformiert, auch mit den entsprechenden philosophischen
Theorien auseinandersetzen müssen.

---

[15] *Nordhofen* (1986) 211-216.

Im Februar 1983 fand in dem Haus von Konrad LORENZ in Altenberg bei Wien ein Gespräch mit seinem Jugendfreund Karl POPPER statt, das unter dem Titel „Die Zukunft ist offen" dokumentiert ist.[16]

In dem Gespräch des Verhaltensforschers und des Philosophen berühren sich die geistigen Welten der beiden. Unter anderem geht es auch darum, was den Menschen zum Menschen mache, bzw. was den Menschen vom Tier unterscheide. Dabei kommt die bekannte Sprachtheorie BÜHLERs mit den drei Funktionen 'Ausdruck/ Kundgabe', 'Appell/Signal' und 'Darstellung' ins Spiel. Mit Hilfe dieses Modells wird untersucht, was die spezifisch menschliche Sprache vor der tierischen auszeichnet. POPPER stellt fest, daß sowohl der Mensch wie auch das Tier einen inneren Zustand ausdrücken können und beide auch auf diesen Ausdruck reagieren können, z.B. auf den Ausdruck von Angst mit dem Signal zur Flucht. Die Ausdrucks- und die Signalfunktion haben Mensch und Tier gemeinsam. Der interessanteste Aspekt für die Abgrenzung von Mensch und Tier ist jedoch die Darstellungsfunktion, also die Darstellung von Tatsachen, Situationen und Sachverhalten. Der Verhaltensforscher LORENZ führt zwar den Tanz der Bienen als eine Art von Darstellung an, aber dieser ist zum einen situationsbedingt, zum anderen ein sehr starres System, so daß man von Sprache im eigentlichen Sinne nicht reden könne.

„Die Biene stellt dar, aber sie weiß es nicht."[17]

POPPER führt diesen Gedanken weiter, indem er die spezifisch menschliche Seite der Darstellungsfunktion näher beschreibt:

> „Ich kann mit dir jetzt über den Nordpol sprechen, ich kann dir erzählen, wie es dort
> aussieht. Das ist reine Darstellung, das gibt es nicht in der Auslösung, das gibt es
> nicht bei der Kundgabe, das gibt es nur bei der Darstellung, daß man über ferne Din-
> ge sprechen kann, über ferne Länder, über Ereignisse, die vor hunderttausend Jahren
> geschehen sind."[18]

Nur der Mensch kann raum- und zeitversetzt und völlig unabhängig von der Situation fiktive Welten sprachlich zur Darstellung bringen. Nur bei der Darstellungsfunktion entsteht auch das Problem der Wahrheit, denn es können ja auch Dinge fingiert werden, die sich jemand nur ausgedacht hat. Das bedeutet unter anderem, nur der Mensch kann Literatur hervorbringen. Wir haben hier wieder einen Beleg dafür, wie eng die beiden Elemente des Deutschunterrichts, die Sprachbetrachtung und die Literatur, miteinander verbunden sind.

V. Die Chancen, die literarischen Texte für die Bearbeitung philosophischer Sinnfragen von Kindern und Jugendlichen bieten, sind oben schon kurz angedeutet worden. Ein weiterer wichtiger Gesichtspunkt ist, wie man dabei verfahren soll.

Literarische Texte, die sich im Sinne KLEISTs als Metaphern verstehen, vermeiden eindeutige Schlußfolgerungen und sind prinzipiell mehrdeutig. Sie enthalten eine

---

[16] *Popper/Lorenz* (1985).

[17] *Popper/Lorenz* (1985) 34.

[18] *Popper/Lorenz* (1985) 34 f.

Fülle von „Leerstellen", an denen sich das Gespräch entzünden kann. Wenn man in einer Lerngruppe zu Anfang bittet, jeder möge eine Textstelle vorlesen, die ihm oder ihr aus irgendeinem Grund besonders aufgefallen ist, so wird man in der Regel feststellen, daß die genannten Zitate genau auf diese „Leerstellen" in irgendeiner Form Bezug nehmen. Abgesehen davon, daß diese Stellen einen Anknüpfungspunkt für alle kreativen und inzwischen auch modifizierten handlungs- und produktionsorientierten Verfahren, wie sie von SPINNER, HAAS und WALDMANN vorgestellt wurden, ergeben, bieten sie geeignete Anlässe zur Eröffnung eines „Literarischen Gesprächs".

Das „Literarische Gespräch", das als Methode des Literaturunterrichts derzeit vor allem von Valentin MERKELBACH und seinen Mitarbeitern, von Bettina HUR-RELMANN und Petra WIELER in die Diskussion eingeführt wird, knüpft an die Tradition der literarischen Salons der Romantik an und ist als kritischer Reflex auf die Vorherrschaft des fragend-entwickelnden Unterrichtsgespräch gedacht. Dieses ist in die Schußlinie der Kritik geraten. Beanstandet wird die unnatürliche Fragesituation, bei der jemand etwas fragt, obwohl er die Antwort schon kennt, also eine Art „pervertierter Sokratik"[19], die manipulative Durchsetzung von im voraus festgelegten Lernzielen, die Strategie der Schülerreaktionen auf die vermuteten Lehrerintentionen sowie die mangelnde Offenheit gegenüber der spontanen Leseerfahrung der Schüler und Schülerinnen, die im Unterricht angeblich nur sehr wenig zum Tragen komme. Darin wird auch ein wesentlicher Grund gesehen, weshalb viele Schüler wenig Vergnügen an schulischer Lektüre empfinden. Dieser ablehnenden Haltung möchte man durch eine andere Vorgehensweise begegnen.

Die Befürworter des „Literarischen Gesprächs" wissen um die Schwierigkeit, Gesprächsformen privater Geselligkeit in den Rahmen der Institution Schule zu übertragen. Vor allem gilt dies für die Applikation dieses Ansatzes auf Schüler oder Lerngruppen, die aus den unterschiedlichsten Gründen so gut wie gar nicht geübt im Lesen oder Zuhören sind.

Die sorgfältigen Analysen von Texten oder die zur Wissensvermittlung nötigen Lehr-Lerndiskurse sollen bei diesem Ansatz nicht vom Literaturunterricht generell suspendiert werden. Textanalytische Elemente erhalten den Stellenwert von Argumentationshilfen und sind nicht Zweck an sich. Dadurch erhalten sie einen neuen Stellenwert.

Ein gelingendes „Literarisches Gespräch" zeichnet sich durch große Offenheit gegenüber den ästhetischen Erfahrungen und Deutungsangeboten aller Teilnehmer aus und orientiert sich an der Idee einer symmetrischen, herrschaftsfreien Kommunikation gleichberechtigter Partner, wie sie von HABERMAS und APEL für die Diskursethik vorgeschlagen wurde.

> „Das Diskursmodell verbindet im idealen Fall die Vielfalt der Lebenswelten mit den literarischen Texten, indem es den freien Zugang zu den unterschiedlichsten Themen, Deutungsmustern und Textperspektiven erlaubt. Daraus kann ein ebenso vielfältiger

---

[19] *Spinner* (1992) 309-321.

Literaturunterricht entstehen, der, den einzelnen, der Gruppe und den Zeitumständen angemessen, ästhetische Bereiche erschließt, ohne auf die Verbindlichkeit des kooperativen Gesprächs zu verzichten oder die Rezeption subjektiver Beliebigkeit auszusetzen."[20]

Auch die Lehrperson muß ihre Rolle in der Unterrichtsorganisation modifizieren:

„Die <freie Aussprache> ist nicht die notwendige Vorübung für die eigentliche <Textarbeit>, sondern die entscheidende produktive Phase des Interpretierens, an der die Lehrperson moderierend, informierend und mitinterpretierend teilnimmt, und zwar insgesamt möglichst zurückhaltend, um den Schülerinnen den nötigen Spielraum für ihre gemeinsame Sinnkonstituierung zu lassen."[21]

Am Ende des „Literarischen Gesprächs" sind mehrere Ergebnisse durchaus möglich, die zu weiteren Diskussionen anregen können. Alle Schüler und Schülerinnen beschäftigen sich gemeinsam mit einem vorgelesenen Text, indem sie ihn zunächst nur als Zuhörer aufnehmen. Dabei hat es sich als günstig für den gemeinsamen Gesprächsprozeß erwiesen, wenn der Lehrende keine Eingriffe durch Weglassen des Schlusses oder der Überschrift vornimmt. Die unvoreingenommene Auseinandersetzung mit Gedanken, Handlungen, Werthaltungen literarischer Figuren wird dadurch erleichtert, wenn sie nicht an Aufgabenstellungen gekoppelt ist, die einen Wettbewerb um die am meisten dem tatsächlichen Text nahekommende „Lösung" initiieren. Der Lehrer oder die Lehrerin agieren so weit wie irgend möglich als Moderatoren. Sie eröffnen das Gespräch nicht mit einer strukturierenden oder interpretatorisch lenkenden Vorgabe, sondern warten ab, welche Reaktionen auf die Lesung eintreten. Das Abwartenkönnen ist daher eine Geduldsprobe für den Unterrichtenden, aber auch für die teilnehmenden Schüler, für die dieses Verfahren zunächst höchst ungewohnt ist und die auch vom Lehrer ein anderes Rollenverhalten erwarten.

Auch evaluierende Untermalungen des Gespräches, wie z.B. bedeutungsvolles Nikken oder bekräftigende Laute, wie sie jedem Lehrer unwillkürlich unterlaufen, wirken sich eher nachteilig aus. Moderieren heißt hier, daß die Lehrperson sich auf Nachfragen, Bitte um Präzisierungen und eventuelle Zusatzinformationen strikt beschränkt, den Überblick über den Gesprächsverlauf behält, auf Einhaltung der Spielregeln besteht. Es wird empfohlen, Tafelanschriebe, Zusatzmaterialien und Ähnliches deutlich vom Vorgehen des „Literarischen Gesprächs" abzusetzen, um nicht den Eindruck zu erwecken, es sei nur das Parlando vor dem Eigentlichen.

Das „Literarische Gespräch" ist sicher noch nicht vollkommen ausgereift und ausgeforscht. Es bleiben einige Fragen offen und wären noch in Langzeitstudien zu bearbeiten, z.B. welche literarischen Formen sich eignen, wie die Ergebnissicherung zu bewerkstelligen ist, wie die Lerngruppen mit dieser Methode bekannt gemacht werden, für welche Altersstufen sie geeignet ist.

---

[20] *Werner* (1996) 262.
[21] *Merkelbach* (1995) 32.

Auch die enge Anbindung dieser Methode an den Ansatz von HABERMAS und APEL, wie sie in der Studie von Johannes WERNER[22] versucht wird, wirft weitere Fragen auf, denn die Diskursethik selbst hat sich in wesentlichen Punkten als kritisierbar erwiesen. Der Bonner Philosoph Hans BAUMGÄRTNER hat diese Kritikpunkte, die sich im wesentlichen auf die proklamierte ideale Sprechersituation sowie auf den Wahrheitsbegriff beziehen, deutlich herausgestellt.[23] Sie sollten in diesem Zusammenhang zur Abstützung der Methodendiskussion sicher berücksichtigt werden.

Das „Literarische Gespräch" hat eine Parallele in der Philosophiedidaktik, und zwar in Form des „Sokratischen Gesprächs", wie es von Leonard NELSON und Gustav HECKMANN in den zwanziger Jahren entwickelt und zunächst im Rahmen der Landschulheimerziehung, später auch an der Hochschule praktiziert wurde. Sokratisch nennt HECKMANN dann ein Gespräch, wenn die Teilnehmer durchgängig bestrebt sind, durch gemeinsames Erwägen von Gründen der Wahrheit, die auch vorläufig sein kann, ein Stück näherzukommen. HECKMANN kündigte ein sokratisches Hochschulseminar folgendermaßen an: „In diesem Seminar soll nicht ein philosophischer Text studiert werden, sondern die Teilnehmer sollen miteinander durch Diskussion und gemeinsames Überlegen an der Lösung eines philosophischen Problems arbeiten. Das ist möglich; denn wir alle haben Vernunft. Aber es erfordert ein außergewöhnlich zähes Bemühen ...".[24]

Das große Vertrauen auf die Vernunft begründet das Vorgehen bei dieser Methode. Ausgehend von konkreten, allgemeinen Fragen soll durch gemeinsames kooperatives Denken eine gültige, zumindest aber konsensfähige Antwort gesucht werden. Darüber hinaus geht es auch um eine spezifische Stärkung der Gesprächsteilnehmer: „Diese sollen lernen, in ihre eigene Fähigkeit zum Denken und zum Erkennen mehr Vertrauen zu gewinnen. Die Teilnehmer sollen selbst denken, nicht das vermeintliche Wissen von Autoritäten ins Spiel bringen. Sie sollen nach Autonomie und Selbstverantwortung des Denkens streben."[25]

Konstitutive Elemente dieser Methode sind die gemeinsame Themenfindung, die Anbindung des Themas an seinen konkreten lebensweltlichen Zusammenhang, das intensive Bemühen der Gesprächsteilnehmer, die anderen genau zu verstehen und so lange nachzufragen, bis über das Verstehen Sicherheit besteht, das Protokollieren von wichtigen, konsensfähigen Gesprächsergebnissen, das Metagespräch über den Ablauf des sokratischen Dialogs und die diskrete Zurückhaltung des Gesprächsleiters, der immer um Verständigung bemüht bleibt und das Gespräch festzuhalten versucht, wenn es auf Nebengleise gerät. Um das zu beurteilen, braucht er Fachkompetenz, Kommunikationsfähigkeit und Empathievermögen. HECKMANN beschreibt diese Rolle so:

> „Der Gesprächsleiter muß unparteiisch sein. Er darf nicht seine eigene Auffassung durch die Lenkung des Gesprächs begünstigen. Er muß vielmehr dafür sorgen, daß

---

[22] *Werner* (1996).
[23] *Baumgärtner* (1995).
[24] *Heckmann* (1981) 7.
[25] *Gronke* (1996) 31.

jede im Gespräch vorgebrachte Auffassung die gleiche Chance hat, gründlich und sachlich geprüft zu werden. Er kommt in die Lage, einen energisch seinen Standpunkt vertretenden Gesprächsteilnehmer in Schranken zu halten, damit ein weniger energischer Partner seinen Standpunkt entwickeln kann. Dasselbe gilt für den Schutz des langsamer Denkenden gegenüber dem, der seine Argumente rasch bei der Hand hat. Von diesen Aufgaben wird die Aufmerksamkeit des Gesprächsleiters im allgemeinen voll in Anspruch genommen."[26]

Das Metagespräch wird immer dann eingeschoben, wenn ein Teilnehmer oder der Leiter es wünschen, um darüber zu reflektieren, weshalb das Sachgespräch scheitert oder gelingt, warum man zufrieden ist oder um sich noch einmal bewußt zu machen, wo man jetzt gerade steht. Es fungiert als eine Art reflexives Regulativ. Anders als in unserer Erzählung von STIFTER geht es nicht darum, sich spiralförmig im Kreise zu drehen, sondern diese Bewegung durch das Metagespräch bewußt zu durchbrechen. Dies erscheint insofern als ein wesentlicher Punkt, weil deutlich wird, daß die Teilnehmer des Gesprächs nicht an einem geheimen Gängelband geführt werden, durch das sie zu bestimmten Zielen ohne ihr bewußtes Mitwirken gelangen, sondern daß sie in allen Phasen des Gesprächs zu vernunftgeleiteter Überprüfung des Verlaufs angehalten werden.

Die Protokolle über die sokratischen Veranstaltungen, die HECKMANN vor vielen Jahren durchgeführt hat, mögen auf den heutigen Leser vom Inhalt und von den strengen Gesprächsregeln her etwas steif und altmodisch wirken. Der Gesprächsleiter wirkt wie ein metakommunikativer Schiedsrichter in einem Spiel, bei dem er gleichzeitig auch mitspielt. Das kann natürlich auch zu Verkrampfungen führen. Es kommt hinzu, daß die ausgeprägte Hochschätzung des Kognitiven und das Vertrauen in die Rationalität nicht gerade im aktuellen Trend liegen. Das muß aber kein Fehler sein, sondern kann auch als Korrektiv zu einem diffusen „Aus-dem-Bauch-heraus-Denken" begriffen werden.

„In einer Zeit, die vom dauerhaften Run auf immer Neues und der Sucht nach permanenter Abwechslung geprägt ist, wirkt das sokratische Gespräch auf den ersten Blick wenig attraktiv. Das sokratische Gespräch läuft dem Zeitgeist zuwider. Seine strenge Vernunftorientierung ist vielen Zeitgenossen suspekt. Sie befürchten eine Ausgrenzung menschlicher Bedürfnisse, Interessen und Gefühle. In einer gewissen Weise tun sie das zu Recht, denn im sokratischen Gespräch soll Einverständnis nicht durch Sympathie, Drohung, Suggestion, Entdecken gemeinsamer Interessen u.ä. erzielt werden, sondern allein durch (selbst-kritisches) Argumentieren, das heißt, durch gemeinsames Suchen nach Gründen und Gegengründen."[27]

In den ersten Nachkriegsjahren war ein derartiges Vorgehen, das an die Traditionen der Reformpädagogik anknüpfte, ein Beitrag zur Erneuerung und Entwicklung einer demokratischen Gesprächskultur. Gustav HECKMANN, der selber 1933 ins Ausland emigrieren mußte, nachdem das Landerziehungsheim Walkemühle bei Melsungen von den Nationalsozialisten geschlossen wurde, hat darin wohl auch eine wichtige Aufgabe gerade der Lehrerausbildung gesehen. Aus einem Nachruf auf Gustav

---

[26] *Heckmann* (1981) 10.
[27] *Gronke* (1996) 32f.

HECKMANN geht hervor, daß er sich bemühte, die Studenten an der Pädagogischen Hochschule Hannover zum „autonomen kritischen Reflektieren über die Ziele von Unterricht und Erziehung zu befähigen."[28] Das ist sicher auch heute noch aktuell.

Gerade seine Erfahrungen aus der Zeit des Nationalsozialismus haben dazu geführt, daß HECKMANN formulierte: „Lehrer (...), die nicht autonom entscheiden, welchen Werten sie verpflichtet sind, sind wehrlos gegenüber Mächten, die ihnen vorschreiben, was sie zu tun haben."[29]

Das „Literarische Gespräch" und das „Sokratische Gespräch" weisen, obwohl sie aus ganz anderen Kontexten stammen, einige Gemeinsamkeiten auf. Beide nehmen die Gesprächsteilnehmer als Subjekte ernst, sie trauen ihnen unverbildete ästhetische Sensibilität bzw. autonomes, vernunftgeleitetes Denken zu. Diese Fähigkeiten sollen gefördert und kultiviert werden. Dabei verzichten beide Methoden auf einen Gesprächsleiter, der offen oder verdeckt vorgefaßte Richtungen vorgibt. Er fungiert als Moderator, bewahrt aber den Überblick über den Verlauf. Im Falle des „Sokratischen Gesprächs" gibt es allerdings festere Gesprächsregeln, ein gewisses Ritual, sowie die Fixierung von konsensfähigen Formulierungen an der Tafel. Dies ist beim „Literarischen Gespräch" nicht der Fall, es wird sogar ausdrücklich ausgeschlossen.

Natürlich kann man kritisch fragen, ob eine derartige Gesprächssituation wie die des „Literarischen" bzw. des „Sokratischen Gesprächs" im Rahmen der Institution Schule, sei es nun im Deutschunterricht oder in einem anderen Fach (HECKMANN unterrichtete nach der sokratischen Methode im eben genannten Sinn auch Mathematik!), nicht eine pure Fiktion ist, die im Grunde unehrlich verfährt, da sie die wahren Machtverhältnisse nur verschleiert. Lehrer sind eben mehr als nur Gesprächsleiter, sie müssen auch bewerten, Arbeiten schreiben, Ergebnisse für eine Lerngruppe verbindlich sichern. Die Fingierung einer symmetrischen Kommunikation, eines herrschaftsfreien Diskurses, bei dem es einem der Teilnehmer aufgrund seiner Rolle verwehrt ist, Fragen zu stellen und damit den Textverstehensprozeß bzw. die Wahrheitsfindung voranzutreiben, ist in sich zumindest widersprüchlich.

Auf der anderen Seite entsteht das Problem, ob Schülerinnen und Schüler nicht recht schnell merken werden, welches Verhalten, welcher verbale Habitus oder Betroffenheitsmodus hier jeweils von ihnen erwartet wird und ob sie diesen nicht ebenso „strategisch" einsetzen wie bei dem üblichen gelenkten, lernzielorientierten Unterrichtsgespräch. Ein Vorwurf gegen die Diskurstheorie bezieht sich auf jenes „strategische" Sprechen, das sich automatisch einstellt, wenn es um den Konsens geht, der faktisch oft über das Aushandeln von Kompromissen ermittelt wird. Dies hat mit ästhetischer Sensibilisierung wenig zu tun. Es scheinen sich hier einige methodische Grenzen abzuzeichnen, die aus dem Abgleiten in unverbindliche Beliebigkeit respektive aus einem restriktiven Regelschematismus entstehen könnten. Diese Probleme müssen noch bedacht und weiter ausgeforscht werden.

---

[28] *Krohn* (1996) 260.
[29] *Krohn* (1996) 260.

Obwohl es an dieser Stelle nicht darum gehen soll, Methoden in einen quasi kanonischen Rang zu erheben, wird doch an diesen beiden Beispielen aus der Literatur- bzw. Philosophiedidaktik deutlich, „daß auch methodische Einzelfragen des Unterrichts ihre philosophische Dimension haben."[30] Sie sind mehr als bloße Techniken.

Was ergibt sich nun aus diesen Überlegungen für das Studium zukünftiger Deutschlehrer? An vielen Universitäten müssen die Studierenden zusätzlich zu ihren eigentlichen Fächern eine Prüfung in einem sogenannten „P-Fach" ablegen. Das kann wahlweise Philosophie, Psychologie oder Pädagogik sein, denn das Philosophicum alter Art ist abgeschafft worden. Das Philosophicum alter Art bestand oftmals darin, daß Kenntnisse in einem relativ überschaubaren Spezialgebiet der Philosophie, z.B. DESCARTES, erworben wurden. In diesem Zusammenhang ist auch die bekannte Polemik ADORNOs gegen die Philosophieprüfung für Lehramtsstudenten zu verstehen. Nun soll das Philosophicum der alten Art hier nicht neu belebt werden. Gelehrte Spezialkenntnisse auf irgendeinem historischen oder systematischen Feld lehnt schon KANT ab. KANT formuliert scharf, daß man nicht Philosophie, sondern nur Philosophieren lernen könne. Eine philosophische Grundbildung, wie sie mir vorschwebt, zielt nicht auf den „Schulbegriff", sondern auf den „Weltbegriff" der Philosophie, um KANTs Terminologie zu benutzen. Statt eines „Scheins in DESCARTES" sollte es vielmehr darum gehen, das Konzept einer philosophischen Grundbildung auf breiter Basis zu entwickeln, in der Perspektiven, wie sie etwa durch die Grundfragen KANTs eröffnet werden, kennengelernt und mit durchdacht werden können. Für Lehramtsstudenten ist die Grunderfahrung des Selberdenkens entscheidend, die sie auch ihren Schülerinnen und Schülern vermitteln sollen. Dieses Konzept könnte sich an den drei Forderungen KANTs aus der „Anthropologischen Didaktik" orientieren:

> „1. Selbst denken. 2. Sich an die Stelle jedes anderen denken. 3. Jederzeit mit sich selbst einstimmig denken.
>
> Das erste Gebot ist das der angstfreien Denkungsart: Auf keines Lehrers Worte zu schwören verpflichtet sein. Das zweite Gebot ist das der liberalen Denkungsart: Sich mit den Vorstellungen anderer zu beschäftigen. Das dritte Gebot betrifft die folgerichtige Denkungsart."[31]

Abgesehen davon, daß hier mit der Reflexions-, Empathie- und Argumentationsfähigkeit Schlüsselqualifikationen für Lehrer und Lehrerinnen angesprochen sind, ist das zweite Gebot für die Ausbildung von Unterrichtenden des Faches Deutsch besonders relevant, insofern der Leser in die fiktionalen fremden Welten der Literatur hineingezogen wird, mit denen er sich fragend und deutend auseinandersetzen muß.

> „Fremdverstehen als rationale und emotionale Fähigkeit wird durch die Auseinandersetzung mit literarischen Figuren, Handlungen und Einstellungen in besonderer Weise herausgefordert."[32]

---

[30] *Spinner* (1992) 309.
[31] *Kant* (1798) 130.
[32] *Merkelbach* (1995) 9.

Lehrerinnen und Lehrer, die sich um die philosophischen Implikationen des Faches Deutsch und seiner Methodik bemühen, können einen wichtigen Beitrag zur Identitätsbildung der Schülerinnen und Schüler, zu einer demokratischen Gesprächskultur und zur Vernetzung oftmals getrennter Wissensbereiche leisten.

Literaturnachweis

Baumgärtner, H.-Michael: (1995) Endliche Vernunft. Bonn 1995.

Blumenberg, Hans: (1981) Die Lesbarkeit der Welt. Frankfurt a.M. 1981.

Derrida, Jaques: (1976) Randgänge der Philosophie, Frankfurt-Berlin 1976.

Gronke, Horst: (1996) Die Grundlagen der Diskursethik und ihre Anwendung im Sokratischen Gespräch. In: Diskurstheorie und Sokratisches Gespräch. Schriftenreihe der Philosophisch-Politischen Akademie Bd.III, Frankfurt a.m. 1996.

Heckmann, Gustav: (1981) Das sokratische Gespräch. Hannover 1981.

Henrich, Dieter: (1982) Glück und Not. In: D.H.: Selbstverhältnisse. Stuttgart 1982.

Iser, Wolfgang: (1976) Der Akt des Lesens. München 1976.

Kant, Immanuel: (1798) Anthropologie in pragmatischer Hinsicht. 1. Teil: Anthropologische Didaktik, 1.Buch §43, Stuttgart 1983.

Ladenthien, Volker: (1989) Erziehung durch Literatur? Essen 1989.

Krohn, Dieter: (1996) Gustav Heckmann. In: Gronke, Horst: (1996) Die Grundlagen der Diskursethik und ihre Anwendung im Sokratischen Gespräch. In: Diskurstheorie und Sokratisches Gespräch. Schriftenreihe der Philosophisch-Politischen Akademie Bd.III, Frankfurt a.M. 1996.

Merkelbach, Valentin: (1995) Zur Theorie und Didaktik des Literarischen Gesprächs. In: Christ, H./Fischer, E./Fuchs, C./Merkelbach,V./Reuschling,G.: „Ja aber es kann doch sein..." In der Schule literarische Gespräche führen. Frankfurt 1995.

Nordhofen, Eckhard: (1986) Die Übung des synthetisierenden Blicks. In: W.D. Rehfus/H. Becker (Hg.): Handbuch des Philosophieunterrichts. Düsseldorf 1986.

Popper, K. /Lorenz, K.: (1985) Die Zukunft ist offen. München/Zürich 1985.

Schapp, Wilhelm: (1959) Philosophie der Geschichten. Wiesbaden 1975.

Spinner, Kaspar: (1992) Sokratisches Lehren und die Dialektik der Aufklärung. In: Diskussion Deutsch 126 (1992), S. 309-321.

Stifter, Adalbert: (1844) Die drei Schmiede ihres Schicksals. In: A.S.: Gesammelte Werke in Vierzehn Bänden Bd. 5 . Basel 1964, S. 7-8.

Werner, Johannes: (1996) Literatur im Unterrichtsgespräch - Die Struktur des literaturrezipierenden Diskurses. München 1996.

Roland W. Wagner

Die Bedeutung sprechpädagogischer Kompetenz in der Ausbildung zukünftiger Deutschlehrer(innen)

1. Eine kurze Begründung des Themas

Im Jahr 1994 erschienen die Baden-Württemberger Lehrpläne in einer gründlich überarbeiteten Neufassung. Höchst vielfältig sind die darin aufgeführten Unterrichtsinhalte mit sprecherzieherischer[1] Relevanz. Von A wie „Absprachen treffen" bis Z wie „Zusammenleben mit Menschen anderer Kulturen" reicht das Spektrum, insgesamt 222 Themen habe ich allein für die vier Grundschul-Jahrgänge gezählt, für die Hauptschule 157 obligatorische und 13 fakultative, für die Realschule 150 (und 7 fakultative), für das Gymnasium je nach Kurswahl zwischen 168 und 176 (dazu 19 bzw. 20 fakultative).[2]

Auch in anderen Bundesländern sind solide sprechpädagogische Kompetenzen unverzichtbar, wenn die in den Lehrplänen aufgeführten Ziele zum „mündlichen Sprachgebrauch" erreicht werden wollen. Pädagogisch Tätige sollten bekanntlich die sprachlichen und sprecherischen Möglichkeiten ihrer Schülerinnen und Schüler sachkundig beurteilen und fördern können, und darüber hinaus eine Vorbildfunktion ausüben. Ich möchte jedoch nicht nur mit kultusministeriellen Vorschriften argumentieren, denn gerade die soziale Komponente, primär verstanden als Fähigkeit zur interkulturellen Kommunikation und zur sachlichen Klärung unterschiedlicher Interessen, wird in einer Zeit zunehmender Gewaltbereitschaft immer wichtiger.

Dieser Beitrag möchte zeigen, welche Hilfestellungen die Sprecherziehung bieten kann, indem sie individuelle Erkenntnisse über die jeweilige Kommunikationsfähigkeit ermöglicht und die dabei wichtigen Kriterien, Kenntnisse und Fähigkeiten vermittelt. Daneben geht es um die hochschuldidaktische Frage, wie die Sprecherziehung dieses Vorhaben umsetzen kann, vor allem, welche Methoden zum Abbau störender Angewohnheiten und zur Weiterentwicklung der mündlichen Kommunikation sinnvoll sind.

2. Die Hauptziele der Sprecherziehung

Das grundsätzliche Ziel der Sprecherziehung ist für mich, die individuelle Sprech- und Redefähigkeit soweit zu verbessern, daß relativ störungsfreie Kommunikation entstehen kann, also gutes „Miteinandersprechen" möglich wird. Dazu sollen Erfah-

---

[1] Die Begriffe „Sprecherziehung" und „Sprechpädagogik" bzw. die entsprechenden Adjektive werden synonym verwendet.

[2] *Wagner* (1997) 105.

rungen und Informationen vermittelt werden, damit Kommunikationssituationen mit ihren Problemen und Möglichkeiten und (vor allem!) die jeweiligen Gesprächspartner(innen) besser verstanden werden können.[3]

Ausführlicher formuliert bedeutet diese Zieldefinition, daß Lehrende im Rahmen der vorhandenen Möglichkeiten folgende Kompetenzen besitzen bzw. erreichen sollten:

- eine Körperhaltung, die situationsgerechtes Auftreten ermöglicht, ehrlich die jeweils angemessene Stimmung ausdrückt und das Sprechen nicht durch übermäßige Spannung erschwert,

- eine Atmung, die ökonomisches, störungsfreies Sprechen zuläßt und außerdem als Mittel zum Abbau von Sprechängstlichkeit dienen kann,

- eine Stimmgebung, die relativ mühelos abläuft, keine störenden Klangelemente enthält, normalen bzw. professionellen Beanspruchungen gewachsen ist und variables, wirksames und ausdrucksvolles Sprechen erleichtert,

- eine Artikulation (Aussprache), die für die Zielgruppe verständlich und dem jeweils gesprochenen Text angemessen ist,

- eine Intonation (Betonung), die abwechslungsreich und verständlichkeitsfördernd wirkt,

- eine Formulierungsfähigkeit, die Verständlichkeit und Anschaulichkeit gewährleistet,

- eine Argumentationsweise, die Schutz vor Manipulationen bietet und wirksame Darbietung der eigenen Meinung ermöglicht,

- und (als wichtigstes Ziel, das alle vorgenannten einschließt) eine Gesprächsführungskompetenz (Gesprächsfähigkeit), mit der Probleme effektiv geklärt und verschiedene Meinungen fair diskutiert werden können.

Die genannten Ziele gelten nicht nur für den schulischen Sektor, sondern ebenso für den privaten Bereich sowie für das öffentliche Wirken in Ausbildung und Beruf, in der Wirtschaft und in der Politik. Jedoch soll und kann dabei keinesfalls normativ ein uniformer, „fehlerfreier" Sprechtyp antrainiert werden - dies wäre unmöglich und widersinnig, da es den Verlust der erwünschten menschlichen Individualität bedeuten würde. Ich kenne keine idealtypische Form eines „gutes Sprechens", das für jede Situation gleichermaßen geeignet wäre und auf alle Zielgruppen ausnahmslos positiv wirken könnte - anstreben möchte ich vielmehr eine situationsadäquate Flexibilität und Toleranz gegenüber anderen Gewohnheiten!

3. Eine kurze Fachdarstellung

Nachdem viele in ihrer Ausbildung keinen oder nur einen eingeschränkten Eindruck von einer wissenschaftlich fundierten Sprechpädagogik erhalten konnten, soll zur ersten Orientierung über das Fach eine stichpunktartige Zusammenstellung dienen. Vorauszuschicken ist jedoch eine wichtige Warnung vor Verallgemeinerungen: Die

---

[3] *Wagner* (1996a) 11ff.

Sprechwissenschaft bzw. die Sprecherziehung im Sinne eines einheitlich gelehrten und praktizierten Fachgebiets gibt es in Deutschland nicht - im heute üblich gewordenen wissenschaftlichen Pluralismus existieren mehrere „Schulen" mit unterschiedlichen Schwerpunkten und Ansätzen.[4]

Das in Deutschland nur an einigen wenigen Hochschulen gelehrte Fachgebiet der Sprechwissenschaft und Sprecherziehung umfaßt folgende Hauptinhalte[5]: Sprechwissenschaftliche Grundlagen (Forschungsstand und Problemgeschichte; Aufgaben und Ziele des Faches; wissenschaftstheoretische Grundlagen; Bezugslinien zu angrenzenden Wissenschaften; Methodologie der Sprecherziehung), Sprechbildung (Körperhaltung, Atmung, Stimme, Aussprache, Sprechausdruck, Grundformen mündlichen Sprachgebrauchs), Rhetorische Kommunikation (Gesprächs- und Vortragsformen einschließlich Redeanalyse und Gesprächsleitung; Wirkung gesprochener Sprache; Argumentationslehre; Theorie und Geschichte der Rhetorik, Nonverbale Kommunikation), Sprechkunst / Ästhetische Kommunikation (Leselehre, Vortrag literarischer Texte; Erzählen; Szenisches Lesen, Darstellendes Spiel) und Sprechtherapie (Ätiologie, Diagnostik und Therapie von Kommunikationsstörungen).

4. Beispiele für die sprecherzieherische Arbeit

Dieser Abschnitt soll exemplarisch zeigen, welche Aspekte beim professionellen Sprechen und Reden besonders häufig beeinflußt werden können und sollen. Zunächst ein terminologischer Überblick: Bei den nonverbalen Kriterien steht der visuelle Eindruck im Vordergrund. Hier können wir z. B. Haltung und Auftreten, Gestik, Mimik und Blickkontakt wahrnehmen, das Verhalten im Raum und die Distanz zu anderen (= Proxemik) und Auffälligkeiten bei Aussehen, Kleidung, Frisur und Atmung (z. B. sichtbare Hoch- oder Mundeinatmung). Den auditiven Eindruck prägen Phonation (= Stimmklang und Stimmlage), Artikulation (= Aussprache) und Intonation (= Betonung, Melodie), wobei letzteres genauer differenzierbar ist, wenn Lautstärke, Sprechgeschwindigkeit bzw. Pausensetzung und Sprechmelodie einschließlich ihrer Variationen berücksichtigt werden. Die verbalen Kriterien lassen sich differenzieren nach den Aspekten „Verständlichkeit" (Einfachheit, Gliederung und Ordnung, Kürze und Prägnanz, Zusätzliche Anregungen) und „rhetorische Wirksamkeit" (Einleitung, allgemeiner Aufbau, Schluß, Argumentation, Formulierungen und rhetorische Stilmittel). Für eine umfassende Analyse muß neben der Form auch der Inhalt berücksichtigt werden, da stets beides für die Eindrücke von Sicherheit, Sachkompetenz, Glaubwürdigkeit und Überzeugung, Engagement und Angemessenheit verantwortlich ist. Dazu sollen hier einige Beispiele aus der Praxis genannt werden.

---

[4] Über die unterschiedlichen psychologisch, linguistisch, literaturwissenschaftlich oder durch populäre Publikationen geprägten Ansätze informiert *Bartsch* (1978).

[5] Nach der Prüfungsordnung der Deutschen Gesellschaft für Sprechwissenschaft und Sprecherziehung; hier zitiert nach *Wagner* (1996a) 14.

Der erste Eindruck wird vor allem durch die Haltung und das Auftreten ge-prägt. Gerade in anspruchsvolleren und somit von „Lampenfieber" geprägten Sprechsituationen (z. B. Lehrproben) fällt häufig eine Grundstellung auf, bei der die Arme verschränkt oder die Hände „verknotet" werden. Folge bei vielen Beobach-ter(inne)n sind Eindrücke von mangelndem Engagement (bis hin zur „Ablehnung"), objektiver Nachteil ist eine Einschränkung der natürlichen Gestik und eine größere Monotonie der Intonation. Wer in der Lage ist, zu Beginn bewußt eine offene Arm-stellung einzunehmen und die individuelle Gestik zuzulassen, verbessert wesentlich die Wirkung. Um ein mögliches Mißverständnis auszuschalten: dies bedeutet für die Betroffenen nicht, aktiv „Gesten zu machen", da dies in aller Regel als unnatürlich und ablenkend empfunden wird. Noch viel wichtiger als diese möglicherweise als mechanistisch empfundene Umstellung ist die hinter jedem Sprechakt stehende Ein-stellung. Wer bloß über ein Thema spricht, weil es vorgegeben ist, wer sich nicht klar macht, warum das Gesagte für die Zuhörenden wichtig und interessant sein könnte, kann kaum motivierenden Unterricht gestalten. Das in der aktuellen pädago-gischen Diskussion zuweilen betonte Schlagwort „Enthusiasmuskoeffizient" als wichtigster Faktor der Qualitätsbeurteilung von Lehrpersonen findet hier seine Ba-sis.

Weitere primär in Streßsituationen, zuweilen habituell auftretende Phänomene sind Atmungsprobleme, vor allem die Tendenz zur „Leistungsatmung" (= „Hoch-atmung", „Brustatmung", „Schlüsselbeinatmung"). Für Sprechsituationen ist diese nachteilig, da der Redefluß durch häufigeres Atemholen unterbrochen wird und die unangenehme Spannung weiter steigt. Deshalb ist eine ruhigere Sprechatmung (= Phonationsatmung) besser, die vor allem vom Zwerchfell ausgeht. Die Einatmung sollte möglichst durch die Nase erfolgen, weil dadurch die Luft stärker erwärmt, befeuchtet und gefiltert wird; die Atmungsmuskulatur wird aktiviert, Kehlkopf und Stimmlippen kommen leichter in ihre günstigen Positionen. Wer überwiegend durch den Mund einatmet, trocknet z. B. die Schleimhäute im Kehlkopf schneller aus, be-kommt eher Stimmprobleme und riskiert vermehrt Infektionen. Ab und zu verbindet sich Mundeinatmung mit störenden Sauggeräuschen. Trotzdem ist es absolut üblich und legitim, bei lebhaften und längeren Passagen gelegentlich durch den Mund einzuatmen.

Zweckmäßiger Stimmgebrauch ist ein Hauptziel der Sprecherziehung, nicht nur, weil viele professionell Sprechende auf Grund von Stimmproblemen ihren Beruf aufgeben müssen. Viel häufiger kommt es in der Praxis vor, daß eine falsch ein-gesetzte Stimme die Kommunikation beeinträchtigt, Mißverständnisse erzeugt und zu einem ungünstigen Eindruck von der sprechenden Person führt. Die häufigste Ursache für Stimmprobleme ist zu hohes Sprechen - absichtlich oder (meist) unab-sichtlich verursacht durch stärkere Spannung der Stimmlippen. Besonders besteht die Gefahr bei Nervosität und Sprechängstlichkeit (Lampenfieber), beim lauten Sprechen, beim Vorlesen und im Gespräch mit kleinen Kindern. In allen genannten Fällen wäre eine überhöhte Stimme unsinnig. Berechtigt und nötig ist diese nur, wenn bestimmte Emotionen (Eifer, Begeisterung, Wut usw.) ausgedrückt werden sollen. Selbstverständlich gibt es keine für alle gültige „ideale" Stimmlage - je nach Bau der Stimmlippen unterscheiden wir Baß-, Bariton-, Tenor-, Kontratenor-, Alt-, Kontraalt-, Mezzosopran- und Sopranstimmen. Jedoch verfügt jeder Mensch über einen bestimmten Tonhöhenbereich innerhalb seines Gesamtstimmumfangs, in dem mit wenig Kraftaufwand und gutem Klang gesprochen werden kann: Gemeint ist der Hauptsprechtonbereich (oft als „Indifferenzlage" oder „Physiologische Sprechstimmlage" bezeichnet). Normalerweise umfaßt er die obere Hälfte des unteren Drittels des Gesamtstimmumfangs. Es handelt sich nicht um einen monotonen Ton, sondern um einen Bereich, der ca. eine Quart bis eine Quinte umfaßt. Die oberen und unteren Grenzen können gelegentlich überschritten werden. Nicht nur für Berufssprecher(innen) ist es wichtig, den eigenen Hauptsprechtonbereich zu kennen und überwiegend einzuhalten. Es gibt dafür viele Gründe: Der zum Sprechen nötige Energieaufwand ist am geringsten; die Stimme ist im Hauptsprechtonbereich besonders modulationsfähig und „raumwirksam". Längeres überhöhtes Sprechen bedeutet stimmliche Ermüdung und Unlustgefühle, Räusperzwang und Heiserkeit, Verspannungen der Artikulationsmuskulatur und des ganzen Körpers, oft sogar krankhafte Veränderungen an den Stimmlippen (z. B. Knötchen- oder Ödembildungen). Die Zuhörenden ahmen unbewußt durch „inneres Sprechen" die gehörte Stimmgebung nach: Verspannungen übertragen sich, erzeugen Unbehagen (Räusperzwang, evtl. sogar Heiserkeit), Unruhe und Unaufmerksamkeit. Die Urteile über Glaubwürdigkeit und Kompetenz fallen bei überhöhten Stimmen meist negativ aus.

Ein Phänomen der Stimmführung fällt Fachleuten immer häufiger auf: Aussagesätze werden ohne Stimmsenkung in gleichbleibender oder nach oben geführter Tonlage (= mit progredienter bzw. interrogativer Intonation) aneinandergereiht. So üblich dies bei alltagssprachlichen Erzählungen sein mag (es schützt oft davor, vorschnell unterbrochen zu werden), so nachteilig erweist es sich beim professionellen Informieren: die Stimme kann sich kaum erholen, es entsteht ein unbewußter Zwang zum permanenten Weitersprechen, Nachdenkpausen fehlen, so daß der Satzanschluß meist monoton mit dem Wörtchen „und" gestaltet wird. Für die Zuhörenden fehlen die Pausen für die Textverarbeitung, somit treten Verstehenslücken auf oder es entsteht eine negative Zuhörstimmung durch den Zwang zu hoher Konzentration.

Ausspracheprobleme treten im Vergleich zu früher nicht mehr so häufig auf: der Anteil auffällig dialektgeprägter Sprecher(innen) in Lehramtsstudiengängen liegt in meinen Gruppen unter 10 %. Man spürt den Einfluß der Medien, in denen bekanntlich meistens Standardsprache verwendet wird. Die Frage nach der „richtigen" Aussprache kann sowieso nicht absolut und eindeutig beantwortet werden! Es gibt keine Ausspracheform, die für jeden Text und jede Kommunikationssituation gleich gut geeignet wäre. So sollte es selbstverständlich nicht das Ziel der Sprecherziehung sein, dialektale bzw. umgangssprachliche Formen grundsätzlich zu verhindern. Lehrende benötigen allerdings eine überregional verständliche Aussprache und für bestimmte Bereiche (Diktate, Präsentation von literarischen Texten) sogar eine „normgetreue" Aussprache.

Bei Lehramtsstudierenden fallen häufig typische Intonations- und Lesefehler auf. Fast alle lesen zu schnell. Meist fehlen die Pausen, die beim normalen Sprechen zum Überlegen und Formulieren benötigt werden. Das Problem ist erklärbar: Häufig wurde bzw. wird in der Schule das „flüssige und fehlerfreie" Lesen überbewertet; wer einen Text bereits kennt, unterschätzt leicht die Verstehensprobleme der Zuhörenden. Manche lernten in der Schule eine häufig unsinnige Regel: „Bei jedem Komma Stimme heben und eine kleine Pause machen!" Richtig wäre der Leitsatz: „Satzzeichen sind nicht unbedingt gleichzeitig Vortragszeichen!" Leider sind oft nur grammatikalische Gründe für unsere Zeichensetzung verantwortlich. Für die richtige Betonung hilft vor allem, sich Gedanken zu machen und verschiedene Versionen auszuprobieren! Oft nützt es, wenn ein Lesetext in die vertraute Umgangssprache „übersetzt" und diese Fassung dann sich selbst oder anderen „erzählt" wird (ohne Blick auf den Originaltext!). In Zweifelsfällen (auch bei der Suche nach der passenden Stimmung) empfiehlt sich versuchsweise die Gegenüberstellung von übertriebenen Interpretationen.

Verständliches und anschauliches Formulieren ist für (fast) jede Kommunikationssituation wichtig - vorausgesetzt, man will nicht durch extrem kompliziertes Sprechen „Eindruck schinden" oder andere „übers Ohr hauen". Es gibt allerdings keine Darbietungsform, die stets für alle gleich gut verständlich wäre. Somit ist es die erste Aufgabe der Sprechenden, sich vor wichtigen Gesprächen oder Vorträgen einige Gedanken zu machen: über die Zuhörenden bzw. Gesprächspartner, deren Bildungsniveau und Vorkenntnisse, deren Gewohnheiten und Einstellungen, über deren und die eigene Motivation, über die Thematik und die Situation. Die verbalen Kriterien für verständliches Formulieren gehen vor allem auf Untersuchungen der drei Hamburger Psychologen Inghard LANGER, Friedemann SCHULZ VON THUN und Reinhard TAUSCH zurück[6]. Ihre vier „Dimensionen" von Verständlichkeit (Einfachheit, Gliederung und Ordnung, Kürze und Prägnanz, Zusätzliche Stimulanz) sind für die sprecherzieherische Praxis gut geeignet.

Erzählungen gehören unverzichtbar zur mündlichen Kommunikation. Sie bilden einen großen Teil der Gespräche und Unterhaltungen im Alltag, sie erhöhen die Anschaulichkeit von Informationstexten, sie können sogar Überzeugungsprozesse und Therapien unterstützen. Um Monotonie zu verhindern, sind hier einige stilistische Aspekte besonders wichtig: Eine größere Variabilität im Satzbau erfordert (für die Mehrheit jener, die den üblichen gymnasialen Deutschunterricht und seinen Aufsatzstil erleben durften) häufigeren Gebrauch kurzer Sätze. Schachtelsätze sind bei Erzählungen fast immer verkehrt; lange Aufzählungen (Satzreihen), die ohne Stimmsenkungen gesprochen und monoton mit dem Wort „und" aneinandergereiht werden, ermüden die Zuhörenden. Die für normale mündliche Erzählungen angemessene Vergangenheitsform ist das Perfekt. Spannende Passagen können im Präsens, kontinuierliche und längerwährende Inhalte (und Hilfsverben) im Imperfekt formuliert werden. Wörtliche Reden, rhetorische Fragen und direktes Ansprechen

---

[6] *Langer/Schulz von Thun/Tausch* (1974).

bzw. Einbeziehen der Zuhörenden sorgen für Abwechslung und erleichtern es, den passenden Sprechausdruck zu finden. Anschauliche und originelle Vergleiche fördern das genaue Verstehen des Gemeinten. Im Übermaß eingesetzt, können sie jedoch die Phantasie des „Publikums" zu stark einengen.

Viel zu schreiben gäbe es zum Kapitel „Professionelle Gesprächsführung". Viele sprechwissenschaftlich Geprägte verstehen sich nämlich nicht mehr nur als „Lehrer des (besseren) individuellen Sprechens", sondern versuchen, das Miteinandersprechen in allen seinen Aspekten zu erfassen. Die Didaktik und Methodik der mündlichen (speziell der Rhetorischen) Kommunikation kann sich deshalb nicht nur mit der „klassischen" Sprecherziehung im engen Sinn begnügen. Erst durch Hörerziehung ergänzt kann sie eine allgemein verbesserte Kommunikation und professionelle Gesprächsführung ermöglichen. Nicht nur in der Fachliteratur, auch in der Praxis wird häufig festgestellt, daß das Zuhörverhalten unbefriedigend ist. Wieviel Gesagtes „kommt nicht an", wieviel Gehörtes wird nicht verstanden, wieviel zunächst Verstandenes wird nicht gespeichert, wieviel Gespeichertes wird bald wieder vergessen ... Für die pädagogischen Gespräche besonders wichtig ist ein weiterer Aspekt: Jahrhundertelang war es Hauptziel der Rhetorik, Bedingungen und Methoden der effektiveren Information und Persuasion zu entwickeln. Heute - ausgelöst durch psychologische und pädagogische Erkenntnisse - geht es stärker um Fragen wie „Was kann ich tun, daß sich meine Gesprächspartner(innen) gut artikulieren können?", „Wie ermögliche ich anderen besseres Sprechen?", also um „Nondirektive Kommunikation" oder „indirekte Sprechförderung". Gerade wenn andere informiert oder überzeugt werden sollen, darf die Erfahrung nicht vergessen werden, daß sich von den Schüler(inn)en selbstformulierte Aussagen intensiver einprägen, daß deren selbstformulierte Appelle von ihnen selbst eher akzeptiert werden. Beim „gezwungenen Sprechen" dagegen können nur selten optimale Resultate beobachtet werden. Erzwungene Beiträge wirken gespannt und monoton; sie werden baldmöglichst beendet; die persönliche Beziehung wird belastet. Geht es um neue Einfälle („Kreativität"), so ist die „nondirektive Kommunikation" ebenfalls produktiver. Indirekte Sprechförderung bzw. indirekt sprechförderndes Kommunikationsverhalten bedeutet, anderen nonverbal und verbal zu signalisieren, daß sie sich in einer günstigen Gesprächssituation befinden, ihnen zugehört wird, sie inhaltlich verstanden werden, versucht wird, ihnen bei der Formulierung und Problembehandlung zu helfen und daß ihre Gefühle beachtet, respektiert und eventuell auch besprochen werden. Damit können sie freier, ohne mißverstanden zu werden, ausführlicher, treffender und intensiver (vor allem hinsichtlich ihrer Emotionen) sprechen und dadurch allgemein ihre Sprechfähigkeit verbessern, ihre Situation leichter überblicken, Probleme erfassen und eventuell lösen, Vorstellungen, Meinungen, Kenntnisse ausführlicher darstellen und bessere Eindrücke von ihren Gesprächspartner(inne)n bekommen).[7]

Gespräche und Unterrichtssituationen werden in der Regel stets durch die Art der eingesetzten Fragen geprägt, so daß diesem Thema ein eigener Absatz gewidmet

---

[7] Ausführlicher vorgestellt wird dieser Ansatz bei *Wagner* (1985).

werden soll. Die Sprechwissenschaft schlägt zahlreiche Unterscheidungsmöglich-
keiten vor;[8] je nach Situation und Ziel empfehlen sich verschiedene Frageformen.
Für das Kommunikationsklima - nicht nur im Unterricht - ist zunächst ein ganz
banaler Unterschied wichtig: Frage ich echt, ehrlich bzw. direkt, oder verschleiere
ich meine Interessen und frage indirekt? Bei echten Fragen kennt die fragende
Person die Antwort noch nicht, so entsteht eine höhere Antwortbereitschaft. Bei
unechten Fragen (Scheinfragen) ist die Antwort bereits bekannt (z. B. bei der
Initialfrage: *„Was haben wir in der letzten Stunde durchgenommen?"*; das Inter-
esseziel ist höchstens, ob richtig geantwortet werden kann. Die Gefahren dabei liegen auf der Hand: Es entsteht ein Frage- und Antwort-Spiel, Aussagen werden
schneller bewertet, weniger gute bzw. unsichere Schüler(innen) entmutigt. Begründete Fragen bringen meist präzisere bzw. umfangreichere Antworten. Es
wird den Befragten zusätzlich mitgeteilt, warum die Frage gestellt wird. Der Nachteil, daß die Frageformulierung etwas länger dauert, kann in der Regel in Kauf genommen werden. Offene Fragen sind dadurch definiert, daß viele Antwortmög-
lichkeiten bestehen; einsilbige Antworten sind kaum möglich. Beispiele: *„Warum
stöhnen Sie?" „Was denken Sie über ...?"* Vorteile: Sie bringen häufig mehr Informationen, fördern echte Gespräche. Schließlich schaffen die bei Lehramtsstudierenden nicht unbeliebten Frageketten Probleme: Gerade bei Unterrichtsgesprächen
werden die notwendigen Nachdenkzeiten gerne unterschätzt, die Befragten konzentrieren sich häufig nur auf eine Teilfrage und vergessen die übrigen.

Zahlreiche Anregungen zur Gesprächsführung (vor allem aus der Psychologie)
werden inzwischen ebenfalls von der Sprechpädagogik aufgegriffen und praktisch
umgesetzt. Erfahrungsgemäß bestehen bei vielen Defizite im Strukturieren komplexer Gesprächsinhalte und beim aktiven Zuhören. Oft unbekannt sind die Möglichkeiten, die das zitierende Argumentieren und der Perspektivenwechsel bieten.
Schließlich ist in offizielleren Gesprächen häufig eine Scheu feststellbar, zwei Methoden einzusetzen, die im Alltag keineswegs selten vorkommen: Persönliche Bemerkungen („Ich-Botschaften") und metakommunikative Aussagen.

5. Einige hochschuldidaktische Möglichkeiten

Daß in den deutschen Lehramtsstudiengängen die Sprecherziehung nicht gerade
eine zentrale Rolle spielt, wurde schon oft beklagt.[9] In sechs Bundesländern müssen
die zukünftigen Grund–, Haupt– und Realschullehrkräfte ganz auf obligatorische
sprechpädagogische Veranstaltungen verzichten, in fünf anderen brauchen nur die
Studierenden mit dem Fach Deutsch eine einzige Pflichtübung besuchen. Die vorge-

---

[8] *Wagner* (1996a) 152-159.

[9] Aktuelle Beispiele sind die Aufsätze von Claudia HAMMANN („Stimmstörungen im Lehrberuf - eine unumgängliche Berufserkrankung?"), Marita PABST-WEINSCHENK („Kranke
Lehramtsstudentinnen?") und Antje VÖLKER („Stimm- und Sprechbildung für Lehramtsstudenten").

sehenen obligatorischen Übungen sind außerdem relativ kurz (zum Beispiel in Baden-Württemberg zwei Semesterwochenstunden von insgesamt ca. 120 bis zum ersten Staatsexamen geforderten) und meist so überfüllt, daß für das individuelle Lernen nur wenig Zeit bleibt. Besonders traurig sieht die Lage in der Gymnasiallehrerausbildung aus, da hier i.d.R. gar keine sprechpraktischen Seminare von Amts wegen gefordert werden. Die Sprecherziehung hat also mit vielen Beschränkungen zu kämpfen; an den wenigen Hochschulen, an denen sie vertreten ist, hat sie aber auch viele Möglichkeiten; einige Beispiele sollen hier genannt werden.

Die Fachliteratur bietet in einem fast nicht mehr überschaubaren Umfang Anregungen, was in welcher Form gelernt werden könnte. Schon eine Auswahlbibliographie umfaßt über 100 Publikationen[10] mit Tausenden von Übungsvorschlägen. Die zentrale didaktische Frage, was in welcher Form gelernt werden soll, kann m. E. nicht in Form eines schematischen Katalogs beantwortet werden, da die Studierenden höchst unterschiedliche Erwartungen, Vorkenntnisse und Defizite mitbringen. Diese können nur partiell bei der Veranstaltungsplanung berücksichtigt werden, z. B. indem eigene Gruppen für Fortgeschrittene oder jene mit dem Studienfach Deutsch gebildet und individuelle Kleingruppen bzw. Einzelarbeit für besondere Sprechauffälligkeiten angeboten werden. Stets bleibt jedoch das Dilemma, sich zwischen einer Überblicksdarstellung des Gesamtgebiets oder einer eher intensiven Erarbeitung von Teilgebieten entscheiden zu müssen. In meinen Grundlagenübungen versuche ich, mit Hilfe von Fragebögen die Vorkenntnisse, Interessen und methodischen Präferenzen zu ermitteln:[11] Während methodisch die Mehrheit meist mehr Themen wünscht (die dann entsprechend kürzer behandelt werden müssen), sind die inhaltlichen Favoriten „Verminderung von Sprechängstlichkeit", „Zweckmäßiger Gebrauch der Stimme", „Verständliches und anschauliches Formulieren", „Nonverbale Kommunikation", „Gesprächsführung" und „Sprechauffälligkeiten". Aussprachefragen und sprechkünstlerische Inhalte werden geringer nachgefragt; alle nach Theorie klingenden Aspekte („Anatomie und Physiologie der Sprechorgane", „Kommunikationsmodelle", „Stilfiguren", „Redeanalyse") landen weit abgeschlagen. Unprofessionell wäre es jedoch in meinen Augen, die Veranstaltungsplanung ausschließlich auf das Votum der Teilnehmenden zu beschränken: einmal sind für (zukünftige) Lehrkräfte gewisse Minimalkenntnisse in den unbeliebteren Bereichen unabdingbar, zum anderen entspricht die anonym beschriebene Präferenz häufig nicht den individuellen Problemen, die in den praktischen Phasen der Lehrveranstaltung deutlich werden.

Nach den üblichen organisatorischen und thematischen Präliminarien ist mein erstes Thema „Beurteilungsmöglichkeiten von Kommunikation". Viele Gründe sprechen dafür, zunächst mit Mitschnitten von Fernsehsendungen zu arbeiten (Talkshows oder Ratgebermagazine), vor allem, wenn sie zwar professionell produziert sind, jedoch in ihnen eher unprofessionell kommuniziert wird (Hauptvorteile: Die

---

[10] Wagner (1996b) 6-1-1ff
[11] Der Fragebogen ist abgedruckt in Wagner (1996b) 6-2-1.

Kritik wird offener und ehrlicher; zu harte, verletzende Äußerungen einzelner Teilnehmenden können keine Narben hinterlassen). Bei Beurteilungen will ich zwar mögliche Kriterien vermitteln, aber gleichzeitig verhindern, daß diese zu schematisch und absolut ablaufen: gerade die Einsicht, daß die eigene Meinung nicht absolut stimmen muß, ist eine zentrale Voraussetzung für gelingende Kommunikation.

Ein weiteres Minimalziel sollte sein, daß problematische Stimmen bei Kindern wie bei Lehrenden erkannt und bei Bedarf Fachleute aus Phoniatrie bzw. Sprechtherapie kontaktiert werden können.[12] Um die Sensibilität und Motivation der zukünftigen Lehrkräfte zu fördern, lohnen sich vorab akustische Demonstrationen von auffällig sprechenden Kindern, Jugendlichen und Erwachsenen.

Zentrale Voraussetzungen für pädagogisches Arbeiten ist eine gesunde und belastbare Stimme sowie eine mindestens normale Sprech- und Formulierungsfähigkeit. Leider können sich an den meisten Hochschulen Personen mit starken kommunikativen Defiziten über Jahre hinweg für einen Sprechberuf ausbilden lassen, ohne daß ihnen kompetent und rechtzeitig die drohenden Konsequenzen aufgezeigt werden. Obligatorischer Bestandteil aller sprechpädagogischen Einführungsveranstaltungen ist deshalb eine Überprüfung der Bereiche Respiration, Phonation, Artikulation und Intonation sowohl in normalen Gesprächen wie in streßbelasteten Simulationen (Videoaufzeichnungen). Bei jeder Beurteilung von Sprech- und Redeleistungen spart der folgende Grundsatz viel Zeit: Was (Fachleuten) nicht auffällt, ist (fast immer) in Ordnung! Deshalb sollten in Einführungsveranstaltungen nur die Punkte berücksichtigt werden, die bei den Beobachteten störend oder in bemerkenswert positiver Form wahrgenommen wurden. Für methodisch falsch halte ich es nämlich, wenn man permanent einen mehr oder weniger ausführlichen Kriterienkatalog beim eigenen Sprechen „im Kopf hat", da dies zu stark ablenken würde. Nur objektiv störende Angewohnheiten (z.B. stimmschädigende Überspannungen, Ticks, Aussprachefehler mit phonologischer Relevanz) verlangen es, Schritt für Schritt abtrainiert zu werden. Das grundsätzliche Problem dabei ist, daß meist seit Jahrzehnten praktizierte Gewohnheiten geändert werden sollen. Dies geht fast nie in wenigen Minuten oder Stunden; für eine erfolgreiche Umstellung der Sprechatmung sollte man beispielsweise einige Wochen, meist sogar Monate regelmäßigen Übens einkalkulieren. Isolierte Sprechübungen nützen jedoch wenig, wenn nicht die kommunikative Einstellung stimmt. Bei vielen Studierenden - die in der Regel durch einen traditionellen gymnasialen Frontalunterricht geprägt sind - sind also zentrale Einstellungs- und Verhaltensänderungen nötig. Pädagogisch Tätige sollten sich heute vorrangig als Fachleute für Lernprozesse verstehen und nicht mehr als referierende Experten eines immer schneller unaktuell werdenden Wissens. Für die im Seminar leider nur unzureichend simulierbare Unterrichtspraxis bedeutet dies unter anderem: Echte Fragen statt Scheinfragen, offene Gespräche statt langer Vorträge!

---

[12] Entsprechende Adressen und Hinweise bei *Wagner* (1996a) 79-84 und 177-185.

Die an unserer Hochschule angebotenen Seminare zur Rhetorischen Kommunikation sollen nicht nur kognitive Lernziele erreichen, sondern auch die Kompetenz der Studierenden in mehreren für die mündliche Kommunikation relevanten Bereichen feststellen und erweitern. Dazu gehören Fähigkeiten, Gestik, Mimik und andere Elemente der nonverbalen Kommunikation in situations- und intentionsadäquater Form einzusetzen, verständliche und anschauliche Erklärungen zu formulieren, informativ und mit Hörer(innen)bezug zu referieren, abwechslungsreich und in angemessener Stilistik zu erzählen, Meinungsbeiträge prägnant und wirksam zu gestalten, andere Meinungen sachlich zu kommentieren, unterschiedliche Frageformen einzusetzen, fair zu argumentieren und konstruktiv zu diskutieren. Die in einer normalen Seminarsitzung für ein Thema vorhandene Übungszeit schwankt je nach Erklärungsbedarf zwischen 40 und 80 Minuten. Es ist leicht auszurechnen, daß eine traditionelle Seminargestaltung ohne Untergruppenbildung bei einer üblichen Teilnehmendenzahl von 30 bis 40 so kurze individuelle Arbeitszeiten ergibt, daß diese mehr in Sekunden als in Minuten gemessen werden können. Die Alternative, mit nicht bzw. nur alternierend betreuten Kleingruppen zu arbeiten, wurde ebenfalls schon mehrfach erprobt, sie erweist sich jedoch immer dann als defizitär, wenn komplexe Formen mündlicher Kommunikation sachkundig und konstruktiv analysiert werden sollen. Dazu ist eine längere Trainingszeit für die Beurteilenden nötig, z.B. werden die mir dankenswerterweise genehmigten Tutor(inn)en zusätzlich zu den obligatorischen vorausgehenden Seminarbesuchen und ausführlichen gedruckten Übungsbeschreibungen mit Hilfe spezieller Video-Beobachtungs- und Beurteilungsstunden schon in der vorlesungsfreien Zeit auf ihre Tätigkeit vorbereitet. Seminarsitzungen verlaufen dann zumeist in der Dreigliederung „Allgemeine Einführung in das jeweilige Thema - Untergruppenarbeit mit individueller Übung und Auswertung (betreut vom Seminarleiter bzw. einer Tutorin) - Gemeinsame Klärung evtl. erkannter Schwierigkeiten und offener Fragen".[13]

Wenn man in sprecherzieherischen Lehrveranstaltungen im Rahmen des Möglichen möglichst sinnvolle Arbeit leisten will, sollten einige Fehlentwicklungen vermieden werden. Die Tatsache, daß in der Sprecherziehung ohne Prüfungs- und Lehrplandruck gearbeitet werden darf, hat nämlich nicht nur Vorteile. In Gesprächen mit Hochschulwechslern wurden mir neben viel Positivem beispielsweise folgende Negativ-Erfahrungen aus Veranstaltungen von Kolleginnen und Kollegen mitgeteilt:

- für die Schulpraxis überwiegend irrelevante Übungen, z. B. „Juxreden",
- langweiliges Einüben von Gedichtvorträgen (für Nicht-Deutsch-Lehrkräfte),
- penetrantes Korrigieren von heute fast generell akzeptierten umgangssprachlichen Angewohnheiten (z. B. durch Fordern von stetigen Aspirationen bei [t] und [p] oder durch Verbot des Wörtchens „okay"),
- „Plauderstunden" mit der Lehrkraft ohne kompetentes Feedback und ohne wissenschaftliche Inhalte,

---

[13] Die in den Seminaren eingesetzten Übungen sind überwiegend in meiner Publikation „Übungen zur mündlichen Kommunikation" nachlesbar (*Wagner* (1996b)).

- theorielastige und mit Fremdwörtern überladene Lehrveranstaltungen im Vorlesungsstil,
- zuviele individuelle Entspannnungs- und Bewegungsübungen ohne Hintergrundinformationen und ohne kommunikative Elemente.

Zurück zum Positiven – aus Platzgründen habe ich zahlreiche andere mir wichtige Zielvorstellungen in einem sprechpädagogischen ABC-Katalog formuliert: Authentizität, Beratung, Charakterbildung, Diskussionsfähigkeit, Empathie, Flexibilität, Gruppenarbeit, Hilfsbereitschaft, Individualität, Jugendsprachkompetenz, Kooperation, Lust am Sprechen, Mut zum Widerspruch, Natürlichkeit, Offenheit, Pragmatismus, Qualifikation, Rhetorische Kommunikation, Stimmhygiene, Therapiekenntnis, Unterrichtsgespräche, Variabilität, Wissenschaftlichkeit, Xenophilie, Yoga, Zuhörfähigkeit!

Am Ende noch ein kurzer Ausblick: Gut Informierte genießen sicher viele Vorteile, aber durch das Lesen allein hat vermutlich noch niemand das Kommunikationsverhalten entscheidend verändern können. Dieser Beitrag konnte und wollte keine praktischen Übungen und Seminare ersetzen, sondern eher neugierig machen auf die sprechende Praxis.[14] Schließlich möchte die Sprechpädagogik auch durch das eigene Beispiel, vor allem durch effizienten Unterricht überzeugen, wie viele Vorteile eine fundierte Ausbildung im Bereich „mündliche Kommunikation" langfristig bringen könnte.

Literaturverzeichnis:

Bartsch, Elmar: (1998) Kulturen der Didaktik rhetorischer Kommunikation. In: Köhnen, Ralph (Hrsg.): Wege zur Kultur. Perspektiven für einen integrativen Deutschunterricht. Frankfurt am Main/u. a.: Lang: 1998. S. 229-274.

Hammann, Claudia: (1996) Stimmstörungen im Lehrberuf - eine unumgängliche Berufserkrankung? In: Die Sprachheilarbeit 41 (1996) 2, S. 75-88.

Langer, Inghard/ Schulz von Thun, Friedemann/ Tausch, Reinhard: (1974) Verständlichkeit in Schule, Verwaltung, Politik und Wissenschaft. München: E. Reinhardt Verlag 1974.

Pabst-Weinschenk, Marita: (1993) Kranke Lehramtsstudentinnen? In: Sprache-Stimme-Gehör 17 (1993) 2, S. 59-64.

Pabst-Weinschenk, Marita/ Wagner, Roland W./ Naumann, Carl Ludwig (Hrsg.): (1997) Sprecherziehung im Unterricht. München, Basel: E. Reinhardt Verlag 1997. (Sprache und Sprechen, Band 33).

Völker, Antje: (1996) Stimm- und Sprechbildung für Lehramtsstudenten? In: Sprechen 14 (1996) 1, S. 8-21.

Wagner, Roland W.: (1985) Wie kann ich andere besser sprechen lassen? - Das indirekt sprechfördernde Kommunikationsverhalten. In: Sprechen - Lesen - Verstehen.

---

[14] Mehr über die sprecherzieherische und sprechwissenschaftliche Arbeit erfahren können jene, die entsprechende Fortbildungstagungen besuchen, z. B. die jährlichen Treffen der Deutschen Gesellschaft für Sprechwissenschaft und Sprecherziehung oder die Veranstaltungen regional tätiger Berufsvereinigungen (genauere Informationen gibt es über die Adresse des Verfassers).

Beiträge zum Deutschunterricht. Heidelberg: Päd. Hochschule/Institut für Weiterbildung 1985. S. 54-64.

- (1987)   Sprechen lehren in der Schule. Vorschläge zur Verbesserung der schulischen Gesprächs- und Redepädagogik. In: Dieter-W. Allhoff: sprechen lehren - reden lernen. München, Basel: Ernst Reinhardt 1987. S. 132-139.

- (1996a) Grundlagen der mündlichen Kommunikation. Sprechpädagogische Informationsbausteine für alle, die viel und gut reden müssen. 7., erweiterte Auflage. Regensburg: bvs 1996.

- (1996b) Übungen zur mündlichen Kommunikation. Bausteine für rhetorische Lehrveranstaltungen. Regensburg: bvs 1996.

- (1997)   Zur Sprecherziehung im Deutschunterricht Baden-Württembergs. In: Pabst-Weinschenk, Marita/ Wagner, Roland W./ Naumann, Carl Ludwig (Hrsg.): Sprecherziehung im Unterricht. München, Basel: E. Reinhardt 1997. S. 103-114

Offenheit und Kreativität in Hochschulseminaren

Es ist wahrlich nichts Neues: Hochschulseminare sind in der Regel langweilig und ein Student geht hin, weil der Student einen Schein braucht oder, weil das Seminar prüfungsrelevant ist.

Ebenfalls nicht neu: Seminare werden in der Regel in der Zeit zwischen der Viertelstunde nach Beginn und der Viertelstunde vor Ende des Seminars besucht. Die studentischen Hauptbeschäftigungen während eines Seminars sind: Tratschen, Schlafen, Lesen von Illustrierten, vom Projektor oder von der Tafel Abschreiben (eine fürwahr sehr wichtige und nie versäumte Tätigkeit - schließlich kann alles prüfungsrelevant sein!), Kreuzworträtsel-Lösen, für andere Seminare Texte Vorbereiten usw.

Absolut nicht neu: Die in Seminaren geäußerten Lieblingszitate einiger Dozenten sind: „Bitte schreiben sie das ab!", „Bitte merken sie sich die folgenden Schlagworte, sie sind prüfungsrelevant!", „Ich lasse eine Liste umgehen, wer mehr als zweimal fehlt, erhält keinen Schein!". Diese Lieblingsaussprüche sind zumeist zu finden in Verbindung mit den dazugehörigen Lieblingsbeschäftigungen besagter Dozenten: Folien auflegen, komplizierte und undurchsichtige Tafelanschriebe machen, viel reden und, last but noch least, Fragen stellen, die in der Regel nur die eine richtige Antwort kennen.

Vor diesem Hintergrund kann es nicht wundern, wenn ich feststelle: 'Das Leben an der Hochschule, soweit es sich in den Seminare abspielt, ist zumeist unkreativ!'. Natürlich will ich hier nicht die meines Erachtens sehr kleine Anzahl an kreativen Seminaren angreifen. Sie seien an dieser Stelle hoch gepriesen, sind aber anscheinend leider noch nicht zum allgemeinen Vorbild geworden.

Was aber müßte sich ändern, damit aus dem schläfrigen, durch den Alltag trottenden, die Seminare konsumierenden, gelangweilten Studenten ein aufgeweckter, kreativer M e n s c h würde? Und welche Haltung müßte ein Dozent einnehmen, damit er innerhalb seiner Seminare diese gelangweilten Studenten darauf vorbereitete, später einmal interessante, offene, lebendige und kreative Lehrer zu werden? Geht das überhaupt? Kann man Haltungen ändern? Kann man Kreativität fördern oder ist sie eine angeborene Fähigkeit wie etwa der „Intelligenzquotient"? Und, gesetzt den Fall, Kreativität sei keine solche angeborene Fähigkeit, sondern eine von der Erziehung abhängige Haltung, wie ließe sie sich fördern und was macht dann überhaupt eine solche kreative Haltung aus?

Was die Frage nach der Kreativität betrifft, so will ich mich hier den Denkern anschließen, die, wie zum Beispiel Erich Fromm, Kreativität als eine Haltung verstehen. Damit soll nicht ausgeschlossen werden, daß eventuell angeborene Charakterzüge dazu beitragen können, daß eine kreative oder nicht-kreative Haltung eingenommen wird, was jedoch die Tatsache nicht ändert, daß die wesentlichen Aspekte für die Entstehung einer solchen Haltung doch die Erziehung, das soziale Umfeld und die eigene Entwicklung innerhalb dieses Umfeldes sind.

Aber, bei aller Theorie, wie drückt sich eine kreative Haltung denn nun konkret aus? Kurze, einfache Antwort: In der Offenheit!

Wie erreiche ich aber nun diese Offenheit - beim Dozenten, beim Studenten, bei mir selbst? Helfen könnte die Orientierung an folgenden Fragen: Wann habe ich zuletzt meine Konzepte in Frage gestellt? Wann habe ich zuletzt jemand anderem zugehört und festgestellt: 'Das ist ja ein ganz neuer Aspekt!'? Wann habe ich überhaupt das letzte Mal jemand anderem richtig zugehört? Wann habe ich zuletzt bei einer Problemstellung alle meine herkömmlichen Lösungswege in Frage gestellt und versucht, einen ganz anderen Lösungsweg anzutreten? Wann habe ich das letzte Mal alle meine Konzepte über den Haufen geworfen, um neue Wege zu gehen? Wann war ich das letzte Mal offen - für Neues, für andere, für neue Wege, für mich selbst?

Was folgt daraus für die Gestaltung von Seminaren? Die erste Bedingung für Offenheit und freie Gestaltung ist mit Sicherheit zunächst ein thematisch abgesteckter Rahmen, denn nur wo Grenzen sind, kann Freiheit existieren. Freiheit definiert sich ja gerade durch die Grenzen, innerhalb derer sie Freiheit ist. Es gilt also für den Dozenten innerhalb der Hochschulrichtlinien und seines Aufgabenfeldes ein Thema für das Seminar zu finden, das gleichzeitig einschränkt und doch große, inhaltliche Freiräume zuläßt. Damit können sowohl der Dozent als auch die Studenten dem Seminar, wie auch den einzelnen Sitzungen, Ziele setzen; der Clou eines kreativen Seminars ist dabei allerdings, daß eben diese Ziele gar nicht unbedingt erreicht werden müssen, sondern wir auf dem Weg zu diesem Ziel auf ganz neue Probleme, Aspekte etc. treffen können und sich damit auch das Ziel ganz neu definieren läßt. Ich kann also erste Ziele wieder verwerfen, aber das kann ich erst, nachdem ich sie mir zunächst gesetzt habe. Und das ist gerade der kreative Aspekt: ich habe ein Ziel, ich bilde ein Konzept und auf dem Weg des Lernens erkenne ich neue Wege, bilde neue Konzepte und erreiche mein gestecktes Ziel oder vielleicht ein ganz neues Ziel auf einem mir vorher noch nicht erkennbaren Weg.

Zur Zielbildung gehört nun neben dem groben Abstecken des Themas durch den Dozenten auch eine inhaltliche Richtlinie für das Seminar. Was erwarte ich von dem Thema, was möchte ich innerhalb dieses Themas alles kennenlernen und bearbeiten? Welche Fragen tun sich mir auf, wenn ich das Thema höre? Was interessiert mich spontan daran? All diese Fragen sollten bei dem Lehrenden wie bei den Studierenden auftauchen und schriftlich gesammelt werden, damit sie jederzeit abrufbar sind - z. B. im Anschluß an ein Brainstorming, ein Schreibgespräch, eine Gruppendiskussion usw.

Wenn ungefähr klar geworden ist, was alle inhaltlich von dem Seminar erwarten, muß überlegt werden, wie die einzelnen Themenaspekte vorbereitet werden können, ohne daß dadurch die Offenheit für kreative Ideen im Seminarverlauf zu stark eingeschränkt wird. Materialien können entweder vom Dozenten selbst gestellt werden oder es bilden sich je nach Interesse für die einzelnen Themen Expertengruppen, die Materialien für eine Sitzung beschaffen, vorbereiten und behandeln. In jedem Falle sollte ein kreatives Seminar immer von allen Teilnehmern getragen werden. Die Experten eines Themas oder auch der Dozent sind da sinnvoll und wichtig, wo sie inhaltliche Einführungen geben können und Materialien zur Verfügung stellen. Wie dann mit diesem Material gearbeitet wird und was genau in einer Sitzung geschieht, sollte im besten Fall von allen Teilnehmern gemeinsam überlegt werden. Der inhaltlichen Gestaltung sind dabei keine Grenzen gesetzt. Wichtig ist, daß jedes Individuum einbezogen wird. Gleich, ob Gruppendiskussion, Gruppenarbeit, Kurzreferat oder Einzelaufgaben zur Gestaltung dienen - immer sollte Wert auf die individuelle Meinung bzw. individuelle Ideen gelegt werden. Eine kreative Gruppenarbeit ist eine solche, wo hinterher möglichst viele verschiedene Produkte herauskommen, und eben nicht die eine richtige Lösung gilt, nämlich die des Dozenten oder des Referenten.

Wie aber lässt sich das tatsächlich und konkret umsetzen, ein Seminar, bei dem so vieles offen gehalten wird und jede Sitzung zu einem weiteren Abenteuer wird? Geht das überhaupt? Ich selbst habe schon einige wenige Seminare erlebt, die sich um eine solche Offenheit bemüht haben. Ich kann nur sagen, daß sie mich weitergebracht haben, als alle 30 bis 40 sonst von mir besuchten Seminare!

Sonja Wiening studiert Deutsch, Musik und Kunst an der Pädagogischen Hochschule Heidelberg.

Der Gelehrtentragödie zweiter Teil

Die heutige Studiensituation stellt sich oft so dar, daß man als Studierender mit Anforderungen konfrontiert wird, denen man in dieser Form nicht gerecht werden kann. Als Student ist man heute offenbar ständig frustriert, hat den Eindruck, die Ansprüche selbst bei gewaltsamster Selbstdisziplinierung in keiner Weise annähernd zufriedenstellen zu können und beschränkt sich notgedrungen darauf, so gut als möglich den Ansprüchen entsprechend zu reagieren. Was unter diesen Verhältnissen dazu motivieren soll, Perspektiven eigenständig zu entwickeln, ist nur schwer erklärbar. Es fällt schon sehr schwer, das auf diese Weise demonstrierte Unvermögen/Nicht-Genügen-Können nicht als persönliches Versagen der eigenen Person aufzufassen. Man wird kleiner, leiser oder verstummt allzu leicht völlig. Bezeichnenderweise wird das Problem selten ausgesprochen, und wenn, dann außerhalb der Reichweite von Professoren und Hörsälen. Schließlich wird dort Wissenschaft gemacht, und die Gefahr, sich vor einer derart geballten Macht der Rationalität die naive Blöße einer emotionalen Kritik zu geben, fällt offensichtlich schwer. Das Resultat sind Studenten mit der Perspektive eines X Semester dauernden Studiums unter katastrophalen Bedingungen vor sich und dem einzigen Ziel, dieses so bald und so unbeschadet wie irgend möglich zu überstehen. Bereits als Lehramtsanwärter verfügt man offensichtlich nur noch über eine frustrierte Lebens- und Berufsperspektive. Vor diesem Hintergrund ist die von Schülern beklagte Situation an den Schulen nicht mehr verwunderlich. Was man verliert, ist die Fähigkeiten, eigenständig Perspektiven zu entwickeln, es bleibt einem oft nicht viel mehr, als zu reagieren, als sich abzufinden mit bestehenden Verhältnissen (im Angesicht der Lehrenden, die die Notwendigkeit zur gesellschaftlichen, politischen, persönlichen, etc. Veränderung erst gesellschaftlich institutionalisiert haben), um alles so gut als eben möglich zu überstehen. Schließlich wird man hier für Beruf und Leben ausgebildet. Auch das ist eine Perspektive, doch ob sie sich als fruchtbar hinsichtlich der zu bewältigenden Probleme erweist, ist mehr als zweifelhaft. Da bleibt nicht viel mehr, als den kommenden Schülergenerationen viel Erfolg zu wünschen und sich, wenn man sich auf die Dauer nicht damit begnügen möchte, wie Wagner die angebotenen Etiketten dessen, was Lehre oder Wissenschaft genannt wird, fleißig folgsam einzuüben, ähnlich dem alten Faust, sich darauf zurückzuziehen, sein Glück beim Deichbau im Grünen zu suchen, wenn es diese Möglichkeit dann noch geben sollte.

Der Verfasser dieses Textes studiert an der Humboldt Universität in Berlin die Fächer Deutsch und Philosophie auf Lehramt (Sek. I/II). Er möchte anonym bleiben.

IV. Hochschulpraktika -

Referendariat -

Fortbildung -

Schulentwicklung

PH-Studium und Schul-Praktikum

Was soll das? Wieder der Ernst des Lebens, dem man doch gerade erst entronnen ist? Die Rückkehr in eine vertraute Umgebung für Nostalgie-Abiturienten? Sozusagen, um noch einmal einen Anteil an der Nestwärme in der Schule zu ergattern? Das sind die, die den Absprung nicht schaffen, diese PH-Studenten! Alles verzärtelte Spätpubertierende, die sich lieber von anderen Noten geben und sagen lassen, was sie zu tun haben, als selbstverantwortlich zu studieren und sich einen Platz in der Gesellschaft zu erobern! Krasse Meinung, aber die gibt's, und vielleicht ist auch etwas Wahres dran.

Fest steht jedenfalls, Schul-Praktika sind das, was ein Studium an den Pädagogischen Hochschulen in Baden-Württemberg ausmacht - das Markenzeichen der PHs. Nirgendwo sonst in Deutschland müssen Lehramts-Studenten mindestens 6 Schulpraktika absolvieren, und nirgendwo sonst ist deshalb der Praxisbezug in der Lehrerausbildung so stark betont.

Für mich als ehemalige Uni-Studentin waren die Praktika das, was mich bewogen hat, meine Pläne zu ändern und vom (ach so niveauvollen) Gymnasiallehramts- zum Realschullehramts-Studium abzusteigen - also tatsächlich freiwillig! Da muß doch etwas verlockend sein an diesen 6 oder 8 (für Sonderpädagogik-Studenten) längeren oder kürzeren Schulaufenthalten mit eigenen Unterrichtsversuchen....!? Na ja, man unterrichtet da 45 Minuten in einer Art Vorführatmosphäre mit Schülern, die ganz froh sind, mal ein anderes Gesicht zu sehen, noch dazu ein ca. 20 Jahre jüngeres als sonst...! Das machen Uni-Studenten im Referendariat doch mit links!

Mag sein, daß der eine oder die andere schon das Zeug zu einem guten Lehrer mitbringt - aber nicht das „Handwerkszeug"! Wie leite ich von einer Phase des Unterrichts zur nächsten über, wann gebe ich den Stoff vor und wann lohnt es sich, ihn von den Schülern erarbeiten zu lassen? Es gibt viele „technische" Fragen im Zusammenhang mit einer Unterrichtsstunde und je mehr man als Anfänger unterrichtet, desto mehr Fragen tun sich auf! Und es tut auch dementsprechend gut zu merken, daß man nach und nach in einigen „Handhabungen" Routine bekommt. Dann wird der Blick freier für die Frage, die sich jeder Lehrer in jeder Unterrichtsstunde stellen sollte: Was will ich mit meiner Stunde überhaupt erreichen?

Natürlich kann man sich das alles auch im Referendariat erarbeiten - 1,5 bzw.2 Jahre sind schließlich reichlich Zeit, sich in den Beruf einzuarbeiten...- Ja und Nein!: Die Fehler, die ich jetzt mache und verbessere, die mache ich später nicht mehr und die Erfahrung, die ich jetzt erworben habe, ist mir auf jeden Fall sicher!

Aber das ist eigentlich auch nicht das Wichtigste: Entscheidend finde ich, daß wir in unserem Studium den Bezug zu unserem späteren Beruf schon haben. Daß wir vergleichen können, ob das, was da im Didaktik-Seminar angeboten wird, überhaupt etwas mit der Schul-Wirklichkeit zu tun hat. Ob wir nach allem, was wir vom späteren Alltag unseres Berufes mitbekommen, überhaupt noch Lust verspüren, ihn als unser Ziel anzustreben. Dann ist Ehrlichkeit vor sich selbst angesagt und man erkennt vielleicht noch rechtzeitig, daß man einer falschen Vorstellung erlegen ist (was nicht heißen soll, als angehender Lehrer dürfe man keine Illusionen haben!).

Aber bekommt man während dieser wenigen Schulbesuche und Unterrichtsversuche überhaupt Einblick in das, was später für einen Lehreralltag sein wird? Am Anfang sicher nicht. Im ersten Realschul-Praktikum ist nur eine Unterrichtsstunde geplant, die auch zu zweit oder zu dritt gehalten werden kann. Auch im zweiten Praktikum geht es zunächst nur um Unterrichtsversuche und hauptsächlich um Hospitation.

Ich habe erst in den letzten drei Praktika eine Ahnung davon bekommen, wie der Berufsalltag später einmal aussehen könnte. Dazu sollte man schon einmal eine ganze Unterrichtseinheit, also mindestens 3-4 Stunden in einer Klasse am Stück unterrichtet haben. Auch sollte man schon eine Klasse ein halbes Jahr lang intensiver kennengelernt und einmal den außerunterrichtlichen Ablauf miterlebt haben, wie Lehrerkollegium, Klassenausflüge, schnelle Wechsel zwischen zwei Stunden usw.

Dafür war es wirklich sinnvoll, über 6-8 Semester hinweg immer wieder Kontakt zu Schulen und Klassen zu pflegen und, was oft mit viel Streß verbunden war, eine Unzahl Unterrichtsstunden vorbereitet und durchgeführt zu haben.

Sinnvoll finde ich auch die Abwechslung zwischen Tagespraktika, in denen man über ein halbes Jahr hinweg immer einen bestimmten Wochentag in einer Ausbildungsschule ist, und Blockpraktika, in denen man 3-4 Wochen am Stück eine Schule besucht, wie es die Praktikumsordnung der Pädagogischen Hochschulen vorsieht.

Auch die Vielfalt der Schulen wird durch diesen Wechsel deutlich: Vom sozialen Brennpunkt an manchen Massenschulen zu Landschulen mit kleinen Klassen, von modernen, gut ausgestatteten Schulen zu Betonklötzen ohne Medienausrüstung (was eher selten ist), von zerstrittenen Lehrerkollegien zu einem gut zusammenarbeitenden Team habe ich alles erlebt. Jede Schule, in der ich Praktikum hatte, war anders und zeigte mir neue Umstände und Aspekte.

Ich gebe mich nicht der Illusion hin, nun bestens auf alles vorbereitet zu sein, komme im Referendariat, was wolle! Wie man nur zu oft hört, ist die Zeit zwischen erstem und zweitem Staatsexamen kein Zuckerschlecken! Aber die Zeiten, wo ich als blutige Anfängerin vor der Klasse stand und mich innerlich ängstlich gefragt habe, ob mich die Schüler wohl akzeptieren, sind - Gott sei Dank - vorbei. Nun habe ich die Hoffnung, wenigstens nicht mehr alle denkbaren Fehler zu machen, wenn mir einmal die kritischen Augen der Prüfer in den Rücken bohren.

Nun könnte jemand in diesem Artikel zu Anfang eine Anti-Uni-Lehramts-Studierenden-Tendenz entdeckt haben. Das wäre ein Mißverständnis! Vielmehr möchte ich die verantwortlichen Herren und Damen des Kultusministeriums fragen, warum sie meinen, solche Berufserfahrung während des Studiums sei für das Gymnasiallehramt überflüssig?! Was an Gymnasien zähle, sei die Wissenschaft - Pädagogik sei für Schüler des höheren Bildungsweges doch unwichtig! Die machen mit Grips, was Haupt- und Realschülern mit Tricks vermittelt wird, so eine oft gehörte Meinung.

Aber erinnern wir uns doch nur mal an unsere eigene Gymnasialzeit! Wie viele Lehrkräfte hätten nicht einen Nachhilfekurs in Pädagogik und Didaktik gebraucht?!

In dem oft diskutierten Ziel des Landes, die PHs allmählich in die Unis einzugliedern, sehe ich im pädagogischen Bereich eine Chance zur Verbesserung des Uni-Lehramtsstudiums, aber auch eine große Gefahr für die PHs: Sollte die Zahl der Pflichtpraktika tatsächlich auf 3-4 herabgesetzt werden, wie es z.B. in Bayern für das Realschul-Studium der Fall ist, wäre das, was ich über die langfristige Erfahrung und den Einblick in den Berufsalltag gesagt habe, hinfällig. Nicht Hospitation bringt die Erfahrung, sondern selber unterrichten und zwar so oft wie möglich!

Deshalb hoffe ich, daß die Praktikumsregelung an den Pädagogischen Hochschulen in Baden-Württemberg in dieser Form bestehen bleibt und ein Modell für andere Bundesländer wird!

Christiane G r i m m, RL-Studentin an der Pädagogischen Hochschule Heidelberg, 7. Semester.

Zwei Seiten einer Medaille.
Das Praktikumswesen an den Pädagogischen Hochschulen in Baden-Württemberg

Die schulpraktische Ausbildung, ein wirklich begrüßenswerter Bestandteil der baden-württembergischen Lehramtsstudiengänge Realschule, Grund- und Hauptschule, sowie Sonderpädagogik, findet im Rahmen von insgesamt 6 Tages- und Blockpraktika statt und hat zum Ziel, den Studierenden die Möglichkeit der Umsetzung von Inhalten didaktischer Lehrveranstaltungen im Rahmen praktischer Unterrichtsversuche zu bieten. Als beratendes Fachpersonal steht dabei entweder ein Ausbildungslehrer, ein Mentor oder ein Ausbildungslehrer und ein Betreuer der Hochschule zur Verfügung. Insgesamt ein sicherlich vielversprechendes Konzept, dessen Umsetzung in die pädagogische Realität im Folgenden mit einigen kritisch-reflexiven Gedanken geprüft werden soll. Dem programmatischen Charakter der Kapitelüberschrift Raum gebend will ich dabei auf positive und negative Erlebnisse bzw. Eindrücke, die mir selbst und einigen meiner KommilitonInnen begegnet sind, eingehen.

1. Beobachtungen zur Praktikumssituation

1.1 Organisatorisches

Zu jedem der Praktika gehört eine begleitende Stundenbesprechung im Anschluß an den gehaltenen Unterricht. Gemäß meiner eigenen Erfahrung variiert die Struktur dieser Besprechung zwischen tatsächlich ausführlichen, fruchtbaren, sinnvolle Unterrichtsalternativen aufzeigenden, auf vergleichbar hohem didaktischen Niveau stehenden Gesprächen und solchen Besprechungen, die ich in voller Länge mit "Ja, so kann man das machen" oder "Das war ja nicht so, aber das lernen sie schon noch" wiedergeben kann. Sehr gut: Einige Fächer bieten zusätzlich zum Praktikum ein verpflichtendes, praktikumsbegleitendes, didaktisches Begleitseminar zur Unterrichtsplanung an, in dem die Bedeutung fachdidaktischer Theorien für die eigene Unterrichtsplanung wie zu keiner anderen Gelegenheit bewußt gemacht werden kann.

1.2 Personelles

Dozenten, die jeden Tag pünktlich und motiviert anwesend sind, die sich während der Nachbesprechung um Objektivität bemühen, die für Fragen der StudentInnen in Bezug auf deren Unterrichtsvorbereitungen jederzeit ein offenes Ohr haben? Gibt es! Dozenten, die im Rahmen eines dreiwöchigen Blockpraktikums an ganzen 2,5 Tagen anwesend sind, jeweils mit einer Laune, als hätte ein einheimischer Agrarökonom eine Fuhre Mist über ihrem offenen Cabriolet ausgekippt, die an diesen 2,5 Tagen die Nachbesprechung zur Selbstdarstellung bzw. rücksichtslosen und z.T. auch subjektiv-persönlichen Kritik an den StudentInnen nutzen? Gibt es auch!

1.3 Inhaltliches

Sowohl fach- als auch allgemeindidaktische Veranstaltungen der PH betonen immer wieder die Berücksichtigung alternativer Unterrichtsformen, v.a. auch des fächerübergreifenden und des Projektunterrichts. Geimpft durch drei Semester PH betrat ich die Schule meines RP3 und meinte nach 45 Minuten, ich hätte mich verlaufen und wäre versehentlich in eine Arretierungsanstalt für minderjährige Straffällige geraten, wobei ich hinzufügen muß, daß es mich hier besonders hart erwischte und der am häufigsten benutzte Satz meines kurz vor der Pension stehenden Mentors war: "Noch zwei Jahre, dann bin ich hier 'raus!". Nicht im Ansatz bekam ich in den hospitierten Stunden eine Ahnung von den Möglichkeiten der Umsetzung solcher Konzepte, geschweige denn, daß man mich beim Versuch einer eigenständigen Durchführung dieser Metho-

den ("neumodisches Zeug") unterstützt hätte. Dieses Praktikum war geradezu ein Hohn ange-
sichts des eingangs formulierten allgemeinen Ziels der schulpraktischen Ausbildung (Verknüp-
fung von Theorie und Praxis). Schülerorientierung? Nicht nur im zweiten Teil des Wortes ein
Fremdwort. Neben diesem Extrembeispiel zieht sich eine Orientierung an "herkömmlichen"
unterrichtlichen Strukturen wie ein roter Faden zumindest durch den Bereich der Realschul-
praktika. Von GHS-Praktika haben mich teilweise erfreulichere Nachrichten erreicht. Mir ist
klar, daß man wegen einer Handvoll Praktikanten von der PH nicht den kompletten Unter-
richtsalltag in einer Schule durcheinanderwerfen kann, aber dennoch läßt sich hier eine Forde-
rung nach engerer Verknüpfung von Gelehrtem und Erprobtem ableiten (s. 2.3.).

2. Vorschläge zur weiteren Verbesserung des Praktikumswesens

Aus den beschriebenen Beobachtungen leiten sich für mich einige weiterführende Ideen ab, deren
Realisierung z.T., und dessen bin ich mir bewußt, nur schwer möglich ist. Dennoch halte ich es
für wichtig, sie hier als Denkanstöße zur Verbesserung eines an sich guten Systems (ich bin
dankbar für meine 6 Praktika!) vorzustellen:

2.1 Zum Organisatorischen

Jedem Praktikum, das von einem Hochschuldozenten begleitet wird, sollte ein praktikumsbe-
gleitendes, didaktisches Seminar angegliedert werden, das die Verknüpfung von Theorie und
Praxis der Didaktik zeigt und die Tragweite sowie die Anwendungsmöglichkeiten verschiedener
(fach-)didaktischer Modelle verdeutlicht. Nie sind die Studierenden aufgeschlossener für didakti-
sche Konzeptionen als in der Phase eigener Praxis.

2.2 Zum Personellen

Die Studierenden benötigen bereits in den ersten Praktika qualifizierte Ausbildungslehrer und
Mentoren, die im Diskurs mit der Praktikantin/dem Praktikanten eine deutliche Rückmeldung
über den Unterricht geben. Nur so kann Fortschritt erreicht werden. Die Besprechungszeit sollte
extra als Teil des Praktikums ausgewiesen werden. Die für schwächere Persönlichkeiten angstein-
flößende Willkür bzw. begeisterungshemmende Motivationslosigkeit einiger Dozenten sollte
durch gegenseitige Superversion (noch besser von unabhängiger Stelle) ausgeschaltet werden.

2.3 Zum Inhaltlichen

Das RP3 als Praktikum zum Kennenlernen des Realschulalltags darf gestrichen werden. Statt
Desillusionierung ist das Eröffnen von Visionen für StudentInnen gefragt, indem dieses Prakti-
kum (evtl. zu einem späteren Zeitpunkt des Studiums plaziert) dazu verwendet wird, an der
Organisation, Durchführung und Reflexion von Projektwochen teilzunehmen, um so andere
Dimensionen des Lehrens und Lernens als nur die traditionellen Methoden kennenzulernen,
oder aber es komplett an einer der staatl. Alternativschulen zu verbringen. Es muß für die
Studierenden eindeutig darum gehen, handfeste Konzepte und Vorstellungen davon zu gewin-
nen wie z.B. Hartmut von Hentigs "Die Schule neu denken" (Hentig, 1993) im Rahmen der
Regelschule umgesetzt werden kann. Es geht darum, den Studierenden unabhängig von theoreti-
schen, in Seminaren gelehrten Inhalten, die kein wirkliches Gefühl, kein Feuer im angehenden
Lehrer entfachen, die Augen für Möglichkeiten zu öffnen und ihnen den Mut zur eigenen Ver-
änderung zu geben - den Mut, die Schule neu zu denken, auf der Basis von Visionen, deren
Keimlinge sie selbst erfahren und verinnerlicht haben.

Jochen Knapek, RL-Student an der Pädagogischen Hochschule Heidelberg, 7.Semester

Juliane Köster

Das Schulpraktikum als „klinische Phase".

Der Beitrag des fachdidaktischen Praktikums zum Ausbau des Theorie-Praxis-Bezugs in der Ausbildung von Deutschlehrerinnen und Deutschlehrern

1. Anspruch und Wirklichkeit Schulpraktischer Studien

Die GEMEINSAME KOMMISSION FÜR DIE STUDIENREFORM im Land Nordrhein-Westfalen konstatiert nicht nur die Praxisferne der Lehrerausbildung,[1] sondern reflektiert im Rahmen eines Zukunftsmodells der Ausbildung auch Möglichkeiten der Ausgestaltung des Zusammenspiels von wissenschaftlicher Theorie und schulischer Praxis.[2] Dieser Konnex gilt einerseits für die Beziehung zwischen Erziehungswissenschaft und Erziehungspraxis,[3] andererseits gilt er - sofern es sich um Möglichkeiten der Fachdidaktik handelt - auch für die Beziehung zwischen der einzelnen Fachwissenschaft und der Unterrichtspraxis.[4] Folglich erhält die Fachdidaktik die Funktion, erziehungswissenschaftliches, fachwissenschaftliches und schulpraktisches Wissen zu integrieren und so zu modellieren, daß damit „Lernprozesse [...] im Umgang mit wissenschaftliche[m] Wissen"[5] gestaltet und reflektiert werden können. Fachdidaktik profiliert sich als Integrationswissenschaft, deren Theorie immer auch den Erfahrungsbezug auszuweisen hat. Das heißt, sie wird nicht unabhängig von Praxiserfahrung gewonnen und wird durch diese ständig kontrolliert. Professionalisierte Lehrerausbildung, die die Praxis als Fundus zum Erwerb wissenschaftlicher Theorie begreift und dabei auf „die Verschränkung von Sozial- und Fachkompetenz"[6] setzt, wird das fachdidaktische Praktikum als Teil des Hauptstudiums zu entfalten und zu optimieren suchen.

Praxisphasen sind kein neues Studienelement. Sie sind in den Studienordnungen der Universitäten/Hochschulen fast aller Bundesländer vorgesehen.[7] Obwohl bereits WITTENBRUCH 1985 darauf hingewiesen hat, daß „'Erprobungen' im Schulpraktikum 'Lernsituationen' [seien], die in nachfolgenden Gesprächen analysiert werden, um Probleme der Planung und Durchführung von Unterricht zu erkennen, aufzuar-

---

[1]   Vgl. Gemeinsame Kommission für die Studienreform (1996).

[2]   Vgl. *Gemeinsame Kommission für die Studienreform* (1996) 77.

[3]   Vgl. *Gemeinsame Kommission für die Studienreform* (1996) 82.

[4]   Vgl. *Gemeinsame Kommission für die Studienreform* (1996) 82.

[5]   *Gemeinsame Kommission für die Studienreform* (1996) 82.

[6]   *Gemeinsame Kommission für die Studienreform* (1996) 66.

[7]   Vgl. *Kretschmer/ Stary* (1998) 8.

beiten und im Hinblick auf zukünftiges Handeln Lösungsmöglichkeiten zu finden",[8] zeigen neueste Veröffentlichungen, daß die konkrete Durchführung häufig hinter diesem Anspruch zurückbleibt. So beklagt die GEMEINSAME KOMMISSION FÜR DIE STUDIENREFORM in Nordrhein-Westfalen ein „weitgehend unverbundenes Nebeneinander von Fachstudium, erziehungswissenschaftlichem Studium und Schulpraktischen Studien", so daß diese „von den Studierenden als desintegriert wahrgenommen"[9] werden. Verschärft wird dieser Befund dadurch, daß die „Schulpraktischen Studien [...] als Randerscheinung im Ausbildungsbetrieb Hochschule bestenfalls Alibifunktion" hätten und in „ihrem heutigen Zuschnitt" in der Regel nicht „hinreichend Gelegenheit zur Reflexion von Praxiserfahrung"[10] böten. Die „Orientierungshilfe" zum „Schulpraktikum" von KRETSCHMER/STARY problematisiert darüber hinaus, daß „Funktion und Zielsetzung Schulpraktischer Studien" häufig zugunsten einer „Vorwegnahme der 2. Ausbildungsphase (Lehramtsanwärter-/Referendarzeit)"[11] unberücksichtigt blieben. Während die beiden Autoren angesichts dieses Befunds lediglich auf die Notwendigkeit „frühzeitig handlungsorientierter Erfahrungen in Berufsfeld und Berufsrolle"[12] verweisen, betont die GEMEINSAME KOMMISSION ganz im Sinn der folgenden Analysen, daß gerade die Praxiserfahrung „auch Theorien größeres Gewicht"[13] gebe, indem die Relevanz der theoretischen Ausbildung „für pädagogisches Handeln erfahren und reflektiert"[14] werde.

Als wissenschaftliche Basis für diesen Ansatz des „reflective teaching" kann die umfangreiche Studie des Schweizer Erziehungswissenschaftlers Andreas DICK gelten. Unter dem Titel „Vom unterrichtlichen Wissen zur Praxisreflexion"[15] hat er 1992 das Konzept „kollaborativer Forschung"[16] vorgestellt, in dessen Rahmen Lehramtsstudierende in Begleitung „reflexive[r] Lehrer"[17] beitragen können, Forschungsfragen mitzubeeinflussen und „demnach die Ausgangsfragestellung zu revidieren und neu zu formulieren".[18] Denn wenn Praxisfälle mit einem analytischen Rahmen versehen werden, vermögen sie, so DICK, „Theorieelemente zu generieren, welche bestimmte Praxisperspektiven eröffnen".[19]

Bei einer solchen „Vermittlung von wissenschaftlichem Wissen und Handlungswissen"[20] in der ersten Phase einer dualen Ausbildung wird das fachdidaktische Prakti-

[8] *Wittenbruch* (1985) 138.
[9] *Gemeinsame Kommission für die Studienreform* (1996) 62f.
[10] *Gemeinsame Kommission für die Studienreform* (1996) 63; vgl. auch 84.
[11] *Kretschmer/ Stary* (1998) 98.
[12] *Kretschmer/ Stary* (1998) 9.
[13] *Gemeinsame Kommission für die Studienreform* (1996) 72.
[14] *Gemeinsame Kommission für die Studienreform* (1996) 72; vgl. auch 84.
[15] *Dick* (1992).
[16] *Dick* (1992) 374.
[17] *Dick* (1992) 386.
[18] *Dick* (1992) 374.
[19] *Dick* (1992) 374. - Vgl. dazu auch *Oelkers* (1997).
[20] *Gemeinsame Kommission für die Studienreform* (1996) 73.

kum zwei Aspekte zu berücksichtigen haben. (1) Als „Kontext, auf den sich wissenschaftliches Lernen im Studium bezieht",[21] muß das Praktikum durch „experimentelle [..] Gestaltung" und „Akzentuierung von Reflexion"[22] bestimmt sein. Nur dann werden „Widersprüche und Spannungen", „die aus der Differenz zwischen Wissenschaft und pädagogischer Praxis entstehen",[23] thematisier- und bearbeitbar. (2) Während die GEMEINSAME KOMMISSION vor allem den Zusammenhang von Erziehungswissenschaft und Erziehungspraxis im Blick hat, wäre aus der hier vertretenen fachdidaktischen Perspektive dieser Ansatz auch auf den Zusammenhang von fachwissenschaftlicher, sozialwissenschaftlicher und fachdidaktischer Theorie einerseits und auf deren Zusammenhang mit der Praxis des Deutschunterrichts andererseits auszudehnen. Kurz: einzubringen wäre die fachliche Dimension.

2. Die Konzeption des Praktikums

2.1 Die Form des Praktikums

Unter den genannten Bedingungen hat sich die Form des Projektpraktikums[24] als besonders geeignet erwiesen. Anders als das Blockpraktikum[25] stellt es ein kollektives und konsequent begleitetes Angebot dar, das sowohl von der Dynamik der Studierendengruppe als auch von der Kompetenz der Betreuungsperson profitiert. Anders als das Tagespraktikum,[26] daß pro Semesterwoche eine Unterrichtsstunde vorsieht und damit das Zusammenspiel von Planung, Durchführung und Reflexion der Einzelstunde zentral setzt, ermöglicht das Projektpraktikum die Durchführung einer Unterrichtsreihe in einer bündigen Folge von Fachunterrichtsstunden, so daß die Unterrichtsphase sich je nach Wochenstundenzahl des Fachs auf 3 - 4 Wochen beschränkt. An die Stelle der gleichmäßig linearen Abfolge des Tagespraktikums tritt eine deutliche dreiphasige Struktur:

1. Gemeinsame - theoriegeleitete - Planung eines Unterrichtsvorhabens;
2. Durchführung des Unterrichts mit Kleingruppen durch Zweier-Teams; Feinplanung und Reflexion der Einzelstunden; Erhebung von Befunden und Fragen;
3. Erörterung der in der zweiten Phase erhobenen Fragen und Befunde; Theoriegewinn;
4. Hinweise zur inhaltlichen Konzeption des Praktikums;
5. Bildung von Kontexten.

Im Sinne einer „Bildung von Kontexten, in die die Einzelveranstaltungen gestellt werden und von denen Lehrende wie Lernende eine Orientierung erhalten",[27] er-

---

[21] *Gemeinsame Kommission für die Studienreform* (1996) 76.
[22] *Gemeinsame Kommission für die Studienreform* (1996) 75.
[23] *Gemeinsame Kommission für die Studienreform* (1996) 75.
[24] Vgl. *Rahmenordnung für Schulpraktische Studien* (1986) 35.
[25] Vgl. *Rahmenordnung für Schulpraktische Studien* (1986) 35.
[26] Vgl. *Rahmenordnung für Schulpraktische Studien* (1986) 35.
[27] *Gemeinsame Kommission für die Studienreform* (1996) 74.

scheint es sinnvoll, daß die Lehrenden das Praktikumsangebot bereits durch be-
stimmte Vorgaben rahmen. Das bezieht sich in erster Linie auf den Unterrichtsge-
genstand, das Unterrichtsthema und ggf. bestimmte methodische Zugriffe. Unter-
richtsgegenstand war im vorliegenden Fall ein umfangreicher Erzähltext, den die
SchülerInnengruppe in einem Grundkurs der Jahrgangsstufe 11 im Vorfeld des
Praktikums aus vier Erzähltexten ausgewählt hatte; die Mädchen wollten „Auroras
Anlaß" von Erich HACKL (Zürich 1987) behandeln, die Jungen „Vaterland" von
Robert HARRIS (München 1992). Das Unterrichtsthema war „Erfahrung und Darstellung von Gewalt in literarischen Texten" und bildete den Bearbeitungsschwer-
punkt. Hier zeigte sich, daß die Entscheidung einiger Studierender für dieses Praktikum bereits darauf beruhte, was die GEMEINSAME KOMMISSION unter „stringen-
tere[r] inhaltliche[r] Vernetzung der Studienangebote"[28] versteht: nämlich „fachwissenschaftliche Kontexte zu bilden, die [...] im Hinblick auf die Erfordernisse des
beruflichen Handelns, besonders des schulischen Handelns, zu konzipieren [sind]".[29]
So heißt es zum Beispiel in einem Praktikumsbericht: „Mir paßte das Thema absolut
ins Konzept, weil ich mich selber in den letzten zwei Semestern mit dem Themenkomplex 'Literatur und Gewalt, Literatur als Gewalt' in einigen Seminaren und
Referaten beschäftigt habe. Denen entstammen auch einige der Texte, die ich für
den zu unterrichtenden Kurs benutzt habe."[30]

2.2 Akzentuierung der heuristischen Funktion

Die Empfehlungen der GEMEINSAMEN KOMMISSION sehen im mittleren Studienab-
schnitt eine „klinische Phase"[31] vor. Sie dient der „Eröffnung eines Experimentier-
felds zur Sammlung von Erfahrungen und deren Reflexion"[32] und wird durch erziehungswissenschaftliche und fachdidaktische Veranstaltungen begleitet, „in denen
unter eingegrenzten Fragestellungen zentrale Aspekte von Schule und Unterricht
behandelt werden".[33] Folgt man diesen Empfehlungen, dann erscheint es sinnvoll,
den Blick vor allem auf die heuristischen Potentiale der Teilnahme an schulischer
Praxis zu richten. Das bedeutet für das Projektpraktikum, daß die wissenschaftliche
Theorie als Reflexions-, Kommunikations- und Gestaltungshilfe[34] fungiert. Sie hätte
also konkret[35]

1. das Handlungs- bzw. Erfahrungswissen ggf. zu bestätigen,
2. das Handlungswissen ggf. als konkreten Spezialfall der wissenschaftlichen Theorie auszuweisen,

---

[28] *Gemeinsame Kommission für die Studienreform* (1996) 14.
[29] *Gemeinsame Kommission für die Studienreform* (1996) 81.
[30] *Praktikumsbericht* (1998) 2/1.
[31] Etwa in Form eines Praxissemesters in Schulen. Vgl. dazu *Gemeinsame Kommission für
   die Studienreform* (1996) 90 f.; vgl. ebenfalls *Bastian* (1997).
[32] *Gemeinsame Kommission für die Studienreform* (1996) 91.
[33] *Gemeinsame Kommission für die Studienreform* (1996) 91.
[34] Vgl. *Gemeinsame Kommission für die Studienreform* (1996) 76 u. 87.
[35] Vgl. dazu *Gemeinsame Kommission für die Studienreform* (1996) 75.

3. das Handlungswissen ggf. als diskrepant wahrzunehmen und zu beschreiben,
4. solche Diskrepanzen in wissenschaftliche Fragestellungen zu überführen,
5. Praxisprobleme zu erklären,
6. alternative Konzepte als Lösung für Praxisprobleme anzuregen und anzubieten.

Bezogen auf die heuristische Funktion des Praktikums sind zwei Ebenen des Theoriegewinns zu unterscheiden. Gefunden werden kann wissenschaftliche Theorie sowohl als „Ersterwerb"[36] als auch als „Weiterentwicklung" bereits erworbener Theorie.[37] Während beim „Ersterwerb" vor aller expliziten wissenschaftlichen Theorie auf der Basis der Praxis Hypothesen entwickelt und dabei durch wissenschaftliche Theorie gestützt werden, gilt es bei der „Weiterentwicklung" bereits auf der Basis wissenschaftlicher Theorie die Praxis zu beobachten und von der Praxis her die Theorie zu überprüfen. Das wird zu deren Bestätigung oder aber zu deren Infragestellung führen, so daß von den Studierenden eine Präzisierung oder Modifizierung ihres (wissenschaftlichen) Theoriewissens geleistet werden kann. Denkbar ist auch die Entwicklung neuer Problemstellungen.[38]

Entsprechend der Integrationsfunktion der Fachdidaktik[39] kann wissenschaftliche Theorie in unterschiedlichen Bereichen artikuliert werden. Die Praxis des Deutschunterrichts eröffnet Bezüge zur sozialpädagogischen und allgemeindidaktischen Theorie ebenso wie zu fachwissenschaftlichen Wissensgebieten und fachdidaktischen Theorien im strikten Sinn. Die Erfahrung aus den Schulpraktischen Studien zeigt jedoch, daß die „Weiterentwicklung" bereits erworbener Theorie - wenn dies geschieht - auf fachwissenschaftlicher[40] und schulpädagogischer Ebene stattfindet. Auf allgemein- und fachdidaktischem Gebiet dagegen lassen sich spontane erfahrungsbezogene Hypothesenbildungen beobachten, die wiederum eine günstige Voraussetzung bilden für die Überführung in wissenschaftliche Theorie.

2.3 Analyse eines Projektpraktikums

Wenn vor allem die reflexionsorientierte dritte Phase des Projektpraktikums über dessen Ertrag entscheidet, dann sind die beiden vorangehenden Phasen so zu gestalten, daß sie neben der Produktion von Handlungswissen auch optimalen wissenschaftlichen Theoriegewinn ermöglichen.

Die Planungsphase

Das bedeutet konkret, die der Unterrichtspraxis der Studierenden vorausgehende Planungsphase pragmatisch zu gestalten. Um im Anschluß an die Durchführung möglichst viel Zeit für die Reflexion der experimentell gewonnenen Befunde und Fragestellungen zu haben, sollten nur die unbedingt erforderlichen Planungsvoraus-

---

[36] Vgl. *Gemeinsame Kommission für die Studienreform* (1996) 87 u. 75.
[37] Vgl. *Gemeinsame Kommission für die Studienreform* (1996) 86.
[38] Vgl. dazu *Dick* (1992).
[39] Vgl. *Gemeinsame Kommission für die Studienreform* (1996) 79; 81ff.; 96.
[40] Vgl. auch *Kretschmer/ Stary* (1998) 9.

setzungen erfüllt werden. In dieser Phase geht es um den inhaltlichen und methodischen Entwurf der Stunden im Kontext einer Unterrichtsreihe.

Fachwissenschaftliches und fachdidaktisches Wissen spielt hier insofern eine Rolle, als die Studierenden Vorschläge machen hinsichtlich dessen, was mit welchem Ziel behandelt werden soll. Unterrichtsmethodisches Wissen als Teil der Fachdidaktik ist gefragt, wenn es um die konkrete Umsetzung der Inhalte in unterrichtliches Handeln geht. Aus der fachdidaktischen Metaperspektive ist diese erste Phase interessant, weil anzunehmen ist, daß die Studierenden - im Sinne der Anwendung wissenschaftlichen Wissens - dieses Wissen nutzen,[41] um (1) auf inhaltlicher Ebene Auswahl- und Anordnungsentscheidungen hinsichtlich des Gegenstands zu treffen und (2) auf methodischer Ebene Vorschläge für die Art und Weise der Vermittlung zu machen.

Verlauf und Auswertung der Praktika zeigen jedoch, daß die Studierenden in beiden Bereichen unberaten sind. Das heißt, sie bringen auf fachlicher Ebene kaum didaktisches Wissen darüber mit, wie sich SchülerInnen in einem umfangreichen literarischen Text orientieren können. Folglich können sie auch auf methodischer Ebene nicht entscheiden, ob z.B. ein Roman (eine sog. „Ganzschrift") von den SchülerInnen vor der Besprechung gelesen sein sollte oder ob sich eine unterrichtsbegleitende Lektüre empfiehlt. Hier ist es Aufgabe des Praktikumsbetreuers, pragmatische Hinweise zu geben; etwa dergestalt, daß der gewählte Text aus bestimmten Gründen eine Vorab-Lektüre erlaubt oder nahelegt, daß Romane nicht kapitelweise linear zu bearbeiten sind, sondern daß es um Schwerpunktsetzung geht. Dabei ist zu betonen, daß Schwerpunktsetzung programmatisch ist für die gesamte Unterrichtsreihe und für die einzelne Stunde. Insofern dient die Vorgabe eines Schwerpunkts, wie es im beschriebenen Fall geschehen ist, nicht nur der fachlichen Kontextbildung, sondern auch der Entlastung der Studierenden.

Auch die Planungsarbeit mit einem gegebenen Schwerpunkt setzt sowohl fach- als auch erziehungswissenschaftliches Wissen voraus. Fachwissenschaftliches Wissen ist erstens gefordert, um auf den Schwerpunkt bezogene Inhalte und Bedeutungspotentiale der Texte differenziert zu erfassen und zu entfalten. Zweitens ist es gefordert, wenn die Studierenden ertragversprechende Analysekategorien wählen sollen. Es zeigte sich, daß die Studierenden - eventuell im Rückgriff auf Erfahrungen ihres eigenen Deutschunterrichts - vor allem sprachlich formale Kategorien im Blick haben. Sie waren auf „Untersuchung der Wortwahl und des Satzbaus" gerichtet, ohne damit allerdings konkrete Verständnisziele verbinden zu können. Hier erschien ein Plädoyer für eher inhaltsbezogene Analysekategorien geboten, um z.B. die Semantik des Raums, der Figurenbeziehungen, der Zeitstruktur (Tageszeiten, Lichtverhältnisse etc.) als Teil eines konstruktiven Verstehensprozesses evident zu machen. In der dritten Phase des Praktikums werden diese im Zusammenhang der Textarbeit gemachten Erfahrungen einen zentralen Problembereich ausmachen.

---

[41] Vgl. *Gemeinsame Kommission für die Studienreform* (1996) 86.

Dem Anspruch, „handlungs- und produktionsorientiert" zu arbeiten, sind die meisten Studierenden bereits in unterschiedlichen Zusammenhängen begegnet. Für den Beobachter ist interessant, daß bei der Vorbereitung der Einzelstunden auf diesem Sektor anregende Vorschläge eingebracht und auch realisiert wurden. Es handelte sich dabei entweder um Vorgaben, die die SchülerInnen veranlassen, auf nicht-analytischem Weg Deutungshypothesen zu produzieren, z.B. aus einem vorbereiteten Fundus an Bildmaterial diejenigen Bilder auszuwählen, die ihren Vorstellungen von den beiden zu verhandelnden Hauptfiguren am nächsten kommen. Oder die Studierenden gaben den SchülerInnen Deutungsangebote in Thesenform vor, z.B. die Hauptfigur benutzt ihre Tochter/ liebt ihre Tochter nicht, die in Form eines Schreibgesprächs zu erörtern waren.

Daß es sich dabei in der Regel um anregende Anleitungen zur Bedeutungskonstruktion handelt bzw. um Rahmenvorgaben für einen argumentativen literarischen Diskurs, war den Studierenden zunächst nicht bewußt. Folglich haben wir es hier eher mit „theoriefreiem" Handlungswissen zu tun, das eine sehr günstige Basis für den Erwerb von wissenschaftlichem Wissen darstellt[42]. Dieses zu implementieren bieten sich nun zwei Möglichkeiten. Entweder nutzt die Betreuungsperson die Situation, um informierend und kommentierend das von den Studierenden getroffene Arrangement mit wissenschaftlichen Theorien anzureichern, oder sie setzt - um der Nachhaltigkeit des Theoriegewinns willen - auf die Reflexion der Studierenden im Anschluß an die Durchführung und hält damit die Möglichkeit offen, daß die Studierenden selbst erfahrungsbezogen an der Theoriefindung beteiligt werden.

Wenn es um - im weitesten Sinn - methodische Fragen geht, greifen die Studierenden jedoch auf im erziehungswissenschaftlichen Studium erworbenes Wissen zurück, indem sie etwa bestimmte Organisationsformen, in der Regel „Frontalunterricht", zu vermeiden und sich bestimmter Techniken, z.B. der „Moderationsmethode", zu bedienen suchen.

Der Theoriegewinn in den Phasen der Durchführung und Reflexion

Grundlage der folgenden Auswertung sind Praktikumsberichte, die Studierende der Universität Bielefeld im Anschluß an ein Projektpraktikum im Wintersemester 1997/98 im Fach Deutsch verfaßt haben. Wie bereits erwähnt, hat es sich in der Phase der praktischen Durchführung bewährt, daß die Studierenden im Zweier-Team eine Kleingruppe von 5 bis 6 SchülerInnen unterrichten.

Bereits unmittelbar im Anschluß an die Unterrichtsstunden und in den Sitzungen, die während der Durchführungsphase stattfanden, formulierten die Studierenden Beobachtungen und Eindrücke aus den Unterrichtsstunden sowie damit verbundene Fragestellungen. Aus der Perspektive der fachdidaktischen Metabeobachtung läßt sich die Fülle der studentischen Rückmeldungen auf zwei zentrale Komplexe redu-

---

[42] Die Gemeinsame Kommission weist darauf hin, daß theoretisches Wissen auch in seiner Genese bedeutsam ist, um dessen „Weiterentwicklung selbstgesteuert [...] bewältigen und begleiten zu können" (*Gemeinsame Kommission für die Studienreform* (1996) 87).

zieren. Da hier die durch die reflektierte Praxiserfahrung generierte fachdidaktische Theorie besonders interessiert, greift der erste Komplex jene studentischen Äußerungen auf, die sich - zumindest prima facie - auf erziehungswissenschaftliches Wissen beziehen, und der zweite Komplex jene Äußerungen, deren Affinität zu literaturwissenschaftlichem Wissen deutlich zu sein scheint. In der folgenden Darstellung sollen beide wissenschaftliche Wissensbereiche so durch unterrichtliche Perspektiven gefiltert werden, daß didaktische Theorie gewonnen wird. Im ersten Fall erlaubt es die Scharnierfunktion der Fachdidaktik, in den der Erziehungswissenschaft zugeschriebenen Fragen und Befunden die lerntheoretische und fach(wissenschaft)liche Dimension auszumachen. Im zweiten Fall wird die fachliche Orientierung des Praktikums dazu führen, in den der Fachwissenschaft zugeschriebenen Fragen und Befunden spezielle fachwissenschaftliche und fachdidaktische Probleme auszumachen. Zuletzt soll ein Beispiel aus einem Praktikumsbericht gegeben werden, indem die Interdependenz von Fachwissenschaft, Erziehungswissenschaft und Fachdidaktik Evidenz gewinnt.

3. Fachdidaktik im erziehungswissenschaftlichen Diskurs

Fast alle Erhebungen der Studierenden, die diese dem erziehungswissenschaftlichen Sektor zuordneten, bezogen sich auf Bereiche der Gesprächsführung und der Interaktion. Aus den Praktikumsberichten seien exemplarisch folgende Fragen und Befunde aufgeführt:

- manche Impulse werden von den SchülerInnen nicht angenommen (z.B. die Aufforderung, Vorschläge für die unterrichtliche Behandlung des Romans zu machen, oder die Aufforderung, eine von der Lehrperson formulierte These zu diskutieren);
- erwartete Begriffe bzw. Antworten werden von den SchülerInnen oft nicht gebracht;
- SchülerInnenbeiträge führen manchmal vom Text weg oder gehen in eine andere Richtung als geplant;
- zu rekonstruierende explizite Inhalte werden von den SchülerInnen schneller eingebracht als erwartet;
- lebhafte Gespräche sind schwer zu strukturieren;
- die Lehrperson spielt eine besondere Rolle im literarischen Gespräch.
- Gibt es besondere Techniken, Gespräche zu initiieren?

Diese Liste scheint nach Lösungshilfen aus dem Bereich der Erziehungswissenschaft zu verlangen. Deshalb nehmen die Studierenden auch an, daß hier die im erziehungswissenschaftlichen Studium vermittelten Theoriebausteine aus der Interaktionstheorie bzw. der Kommunikationspsychologie zur Verarbeitung der o.g. Befunde und entsprechendem Theoriegewinn herangezogen werden können. Diese Wissensbereiche - und darauf hätte die Reflexion zu zielen - tragen nur dann zur Lösung von Unterrichtsproblemen bei, wenn es sich um echte Störungen der Interaktion und Kommunikation handelt. Solche Defizite in der Technik der Gesprächsführung sind relativ leicht zu kompensieren und werden hier am ehesten hinter Feststellungen wie „lebhafte Gespräche sind schwer zu strukturieren" oder hinter der Frage nach Gesprächseröffnungstechniken zu vermuten sein.

Diejenigen Beobachtungen, die sich auf punktuell bzw. sporadisch auftretende Phänomene beziehen, verweisen eher auf einen didaktischen Ursprung des Problems. Aus didaktischer Perspektive wird die Frage nach theoretischer Erhellung der genannten Probleme zunächst eine Überprüfung der Quantität, der Qualität, vor allem aber der lernorganisatorischen Funktion der erwarteten Inhalte bewirken und damit sowohl eine fachwissenschaftliche als auch eine lerntheoretische Funktion einbringen. Meist stellt sich heraus, daß

- das Quantum an Text zu groß und damit für die SchülerInnen unübersichtlich war,
- von den SchülerInnen keine Deutungs- oder Wertungshypothesen verlangt wurden,
- sondern lediglich die Rekonstruktion dessen erwartet wurde, was explizit im Text steht,
- die Rekonstruktion als Selbstzweck verstanden und nicht zur Lösung eines Problems bzw. zur Überprüfung einer Deutungs- oder Wertungsthese herangezogen wurde.

So erhellt z.B. der Umstand, daß von der Lehrperson erwartete Inhalte zu schnell auf den Tisch kommen, die fachwissenschaftliche Dimension der Lehrer-Schüler-Interaktion. An sich wäre dieser Umstand ja Anlaß zur Freude, hätte er die Studierenden nicht in die Verlegenheit gebracht, die Stunde improvisierend zu Ende zu führen. Die Erklärung für die Fehleinschätzung des Schwierigkeitsgrads der Aufgabe dürfte hier in der Unkenntnis der Qualität der erwarteten Inhalte zu suchen sein. Wenn es sich - wie im fraglichen Fall - um bloße Rekonstruktion expliziter Textmerkmale innerhalb eines übersichtlichen Suchraums handelt, dann ermöglicht solch qualitatives Wissen die fachliche Analyse von Unterrichtsbausteinen. Zugleich sollte dieses Wissen lerntheoretisch im Hinblick auf den Bezugsrahmen reflektiert werden, denn rein rekonstruierende Aufgaben ohne Problemkontext generieren keine Lernspannung.

Die Analyse der den genannten Problembefunden zugrunde liegenden Aufgabenstellungen führt in einem weiteren Schritt dazu, die didaktischen Arrangements in den Blick zu nehmen, innerhalb derer die Probleme auftraten. Zu fragen wäre vor allem, ob Lernspannung aufgebaut und erhalten wurde, ob Lernumgebungen geschaffen wurden, die durch Begrenzung Orientierung gewähren, aber zugleich soviel Bewegungsfreiheit lassen, daß die SchülerInnen Spielraum für die Konstruktion von Textbedeutung oder für deren Bewertung erhalten. Wenn z.B. Impulse nicht angenommen werden, gehen sie ins Leere. Meist ist fehlende Lernspannung der Grund. Die SchülerInnen wissen nicht, warum sie aktiv werden sollen bzw. in welcher Richtung sie suchen sollen, um mögliche Antworten zu finden. Angezeigt wäre, einen ansprechenden Lernkontext bereitzustellen, in dem die SchülerInnen die Impulse verhaken können.

Entsprechendes gilt, wenn erwartete Begriffe nicht genannt, erwartete Antworten nicht gegeben werden. Entweder ist dann der Suchraum für die SchülerInnen zu groß oder so unstrukturiert, daß die SchülerInnen keinen Bezug zwischen dem Impuls oder der Frage und dem Suchraum herstellen können. Gehen SchülerInnenbeiträge in eine andere Richtung als geplant, ist anzunehmen, daß die SchülerInnen neben dem von der Lehrperson organisierten Lernweg eigene - ihnen bedeutsamer erscheinende, also spannungsvollere - Lernwege gefunden haben, die sie ggf. auch gegen die Lehrperson verfolgen[43].

Der Theoriegewinn, den die bisher kommentierten Erfahrungen ermöglichen, verdankt sich neben der Literaturtheorie also hauptsächlich kognitivistischer Lerntheorie. Diese beschreibt Lernen als „aktivkonstruktive[n], selbstgesteuerte[n] und soziale[n] Prozeß"[44] „im Umgang mit Informationen und Wissen".[45] Für die Lehrperson ist damit der Anspruch verbunden, Suchräume/Beobachtungsbereiche so zu bemessen und zu strukturieren, ggf. auch zu präparieren, daß Lernende mit ihrem Vorwissen „andocken" und es durch passende Funde erweitern können.[46] Dieser Prozeß gelingt um so besser, je anregender und spannungsvoller den Lernenden der Suchauftrag erscheint. Die Arbeiten von MANDL et al. weisen darauf hin, daß optimale Lernspannung im Kontext von Problemlöseprozessen erreicht wird.[47]

Ein erstes Fazit ließe sich folgendermaßen formulieren: Probleme der Interaktion sind - sofern sie nicht auf gravierenden oder beständigen emotionalen Störungen innerhalb der Lerngruppe oder zwischen Lerngruppe und Lehrperson beruhen - in der Regel nicht unterrichtstechnisch zu beheben (z.B. durch veränderte / verbesserte Fragetechnik), sondern durch fachliche Kompetenz und veränderte didaktische Arrangements im Sinn konstruktivistischer Lerntheorie.

4. Fachdidaktik im fachwissenschaftlichen Diskurs

Der im folgenden umrissene Problembereich hat die deutlichste Affinität zum fachwissenschaftlichen bzw. literaturwissenschaftlichen Wissen. Er wurde bereits in der Planungsphase angesprochen und führte im Rahmen der Realisierung des Unterrichts zunächst zu folgenden Einzelbefunden:

- die SchülerInnen haben Schwierigkeiten mit Textarbeit;
- eine Diskussion (!) über Stilmittel erweist sich als schleppend;
- die produktionsorientierten Aufgaben liefen sehr gut;
- die SchülerInnen bevorzugen die Analyse von Inhalten (Figuren, Konflikte, Ereignisse) gegenüber der Analyse stilistischer (sprachlich - formaler) Fragen;
- Interesse an historischen Bezügen ist bei den Mädchen kaum vorhanden;
- aktuelle Bezüge interessieren sie demgegenüber sehr;
- das Schwerpunktthema 'Gewalt' ist im Verlauf der Unterrichtsreihe aus dem Blick geraten;
- das Schwerpunktthema 'Gewalt' ist besonders geeignet für die unterrichtliche Behandlung von „Vaterland".

---

[43] Vgl. *Ciompi* (1997) 107 - 113.
[44] *Reinmann-Rothmeier/ Mandl* (1997) 76.
[45] *Reinmann-Rothmeier/ Mandl* (1997) 75.
[46] Vgl. dazu *Köster* (1995) 281ff.
[47] Vgl. *Mandl/ Gruber/ Renkl* (1993) 64 - 69; vgl. auch Anm. 44.

In der dritten Phase des Praktikums ließen sich diese Beobachtungen in drei fachdidaktische Fragenkomplexe überführen:

1. Welche Möglichkeiten der interpretierenden Arbeit mit dem Text sind zu unterscheiden und worin liegt ihre jeweilige Leistung?

2. Warum erweisen sich einige fachwissenschaftliche Untersuchungskategorien als didaktisch günstig und andere nicht?

3. Warum ist die Arbeit mit Kontextbezügen sinnvoll, und warum interessieren einige Bezüge mehr als andere?

(1) Bereits die erfahrungsbezogenen Feststellungen, daß „Produktionsaufträge" gerne angenommen werden und zu schönen Ergebnissen führen, während die Analyse von „Stilmitteln" schleppend verlaufe, geben Anlaß zu weitreichender fachdidaktischer Theoriebildung. Zum einen erlauben sie die grundsätzliche Unterscheidung zwischen nicht-analytisch/produktionsorientiertem und analytischem Umgang mit Texten. Zum Verhältnis beider Umgangsformen liegt eine Fülle von Veröffentlichungen vor.[48] Gleichwohl stellt dieses Verhältnis eine bleibende Herausforderung der fachdidaktischen Kompetenz dar, so daß dieses Problem mit den Studierenden nur umrissen, nicht aber erschöpfend behandelt werden kann. Zum anderen ist der oben genannte Befund wiederum mit Hilfe lerntheoretischen Wissens erklärbar. Produktionsaufgaben verlangen Konstruktionen im Rahmen von Spielräumen, wie sie bereits beschrieben wurden. Analysen von „Stilmitteln" respektive sprachlich - formaler Merkmale sind demgegenüber Resultat einer „Dekonstruktionsaufgabe", die - sofern es sich nicht um die bloße Identifikation bestimmter Phänomene handelt - hohe Ansprüche hinsichtlich der Bedeutungszuweisung stellen und das begriffliche Denken entschieden tangieren. Im Sinne fachwissenschaftlicher Theorie, einer literarischen Ästhetik, wäre die Frage nach der jeweiligen Leistung der beiden Umgangsformen dahingehend zu beantworten, daß die erstgenannte Aufgabenart eher an eine begriffslose, die zweite eher an eine begriffliche Ästhetik anschließt.[49]

(2) Das aus Erfahrung gewonnene Wissen der Studierenden, daß inhaltsbezogene Analysekategorien unterrichtlich ergiebiger sind als formal - sprachliche, bedeutet für das fachwissenschaftliche Wissen der Studierenden, daß sie es nicht ungefiltert unterrichtlich umsetzen können, sondern daß sie aus dem von der Fachwissenschaft bereitgestellten Fundus auswählen müssen. Insofern verlangt der zweite Fragenkomplex die Erörterung literaturwissenschaftlicher Kategorien im Hinblick auf deren Bezug zu didaktischen Kriterien. Sicher beinhaltet das erziehungswissenschaftliche Wissen der meisten Studierenden Namen wie KLAFKI, HEIMANN, OTTO, SCHULZ und Hilbert MEYER, und es wird KLAFKI vielleicht mit den Begriffen 'Gegenwarts- und Zukunftsbedeutung', 'Exemplarität', 'Zugänglichkeit' und 'Sachstruktur' verknüpfen.[50] Daß aber diese Begriffe im fachdidaktischen Zusammenhang zu Auswahlinstrumenten werden, so daß bestimmte fachwissenschaftliche Analyseinstrumente unterrichtlich genutzt werden und andere nicht, dieser im strikten Sinn

---

[48] Vgl. dazu z.B. Diskussion Deutsch 98 (1984) u. 123 (1994); *Bremerich-Vos* (1996) 25-49.

[49] Vgl. *Zima* (1991)15 - 30 und 225 - 258.

[50] Vgl. dazu *Jank/Meyer* (1991) 133 ff.

fachdidaktische Theoriegewinn beruht auf dem Zusammenwirken von fach-
wissenschaftlichem und erziehungswissenschaftlichem Wissen und stellt sich optimal im Projektpraktikum ein.

Indem die Studierenden sowohl in der Planungsphase als auch durch jähe Erkenntnis während der Durchführung ihre textanalytischen Vorhaben mit dem Vergleich
ausgewählter Textstellen kombinierten und so zu erfreulichen Resultaten kamen,
wurde evident, daß das didaktische Arrangement nicht nur von der Wahl der Untersuchungskategorien (also vom Untersuchungsinstrument) abhängt, sondern auch
von der Gestaltung des „Suchraums" (des Untersuchungsbereichs). Als Theoriegewinn wäre zu verbuchen, daß auch in der Didaktik Anordnungsentscheidungen
neben die Auswahlentscheidungen treten.

(3) Der dritte Fragenkomplex geht über die textinterne Arbeit hinaus, bleibt aber im
Rahmen der Arbeit mit Kontextbezügen am fachwissenschaftlichen Wissen orientiert. Wie die Studierenden das Praktikum als „Kontext" erfahren, „innerhalb dessen
alle Teilstudiengänge der Ausbildung miteinander verknüpft werden",[51] so können
sie Kontextbildung im Literaturunterricht als Integration des fachlichen Wissens
wahrnehmen. Fachliche und fachübergreifende Kontextbildung wird somit als zentrales Moment der Lernprogression der SchülerInnen durchschaubar. Warum z.B.
aktuelle Bezüge durch Vergleich mit der lebensweltlichen Gegenwart in der Regel
alle SchülerInnen ansprechen und warum vor allem Mädchen gegenüber historischen Bezügen oft massive Reserven oder auch Widerstände zeigen, kann durch
erziehungswissenschaftliches Wissen erhellt werden. Das gilt für den Bereich der
Geschlechterstudien (geschlechtsspezifische Lesebiographien) und den Bereich der
geschlechtsspezifischen Erziehung. Im vorliegenden Fall hatten die SchülerInnen
eines Grundkurses im 11. Jahrgang bereits eine geschlechtsspezifisch hoch signifi-
kante Wahl getroffen: alle Jungen hatten für Robert HARRIS' Roman „Vaterland"
gestimmt, die Mädchen bis auf eines für „Auroras Anlaß" von Erich HACKL.

5. Fachdidaktik als Integrationswissenschaft

Probleme mit dem Anspruch, im Literaturunterricht ethische Kompetenz[52] zu vermitteln, veranlaßten eine Studentin, ihre Erfahrungen im Praktikumsbericht zu reflektieren. Im Rahmen der Besprechung von Robert HARRIS' Roman „Vaterland"
hatte sie geplant, den Verrat, den der Junge Paul an seinem Vater begeht, mit dem
Verrat zu vergleichen, den der Freund und Arbeitskollege Jäger an der nämlichen
Person, dem Kripo-Fahnder März, verübt, und diese beiden Handlungen durch die
Schülergruppe vergleichend bewerten zu lassen. Aufgrund ihrer fachwissenschaftlichen und lernorganisatorischen Kompetenz war die Studentin in der Lage, bei der

---

[51] *Gemeinsame Kommission für die Studienreform* (1996) 77.

[52] Vgl. dazu u.a. *Landesinstitut für Schule und Weiterbildung* (1997) 6f.; *Lehrplanentwurf
Deutsch Rheinland-Pfalz* (1996) 9; *Rahmenrichtlinien für das Gymnasium - gymnasiale
Oberstufe Deutsch* (1990) 4.

Auswahl der fachlichen Vergleichskategorien[53] didaktische Kriterien zu berücksichtigen und das Interesse der Schüler an inhaltlicher Arbeit ernstzunehmen.

Interessant für die fachdidaktische Metabeobachtung ist die Kategorie „Bewertung des Motivs für den Verrat". Um das pädagogische Ziel der Werteerziehung im Deutschunterricht der Gymnasialen Oberstufe zu fördern, sollte sich als „Ergebnis [...] den Schülern eine Vergleichbarkeit des Verrats aufdrängen. Die moralische Frage, welcher Verrat schwerer wiegt [...], sollte aufgeworfen werden".[54] Zuvor heißt es in den Planungsüberlegungen der Studentin: „Bei der Beurteilung von Jäger durch die Schüler erwartete ich, daß sie Jäger weniger Verständnis für sein Handeln entgegenbringen würden als Paul. Zumal wir vorher die Szene im Buch gelesen hatten, in der März Jägers Handeln scharf verurteilt und ihm vorwirft, er habe aus niederen Motiven, z.B. wegen einer Beförderung gehandelt."[55] Obwohl das didaktische Arrangement lerntheoretisch reflektiert getroffen worden war, insofern es den Differenzbefund zwischen dem Verrat eines Kindes und dem Verrat eines Erwachsenen zu problematisieren und in seiner moralischen Dimension zu thematisieren dachte, durchkreuzten die Schüler diese Intention. Das gelang ihnen dadurch, daß sie gegen die Erwartung der Lehrperson die Differenz im Verrat nivellierten. Der Bericht der Studentin über die Durchführung macht diesen Mechanismus deutlich erkennbar: „Bei der Bewertung der Motive für Jägers Verrat waren die Schüler erstaunlich verständnisvoll und nannten die Angst vor Sanktionen gegen sich und seine Familie. Als ich die Beschuldigung von März anführte, daß Jäger wegen einer Beförderung seinen Freund verraten habe, hielten sie das für einen Ausspruch, den März im ersten Ärger geäußert habe. Zwar beurteilten sie Jäger als feige, doch da er unter Zwang gehandelt habe, stellten sie seine Verantwortlichkeit in Frage. Meinen Einwand, daß es gar nicht sicher wäre, daß ihm Sanktionen gedroht hätten, wollten die Schüler erstaunlicherweise nicht gelten lassen. Ich wollte sie ein bißchen provozieren und fragte sie, ob er nicht Widerstand hätte leisten müssen. Angesichts seiner Familie, da waren sich die Schüler einig, konnte man von ihm keine Heldentaten erwarten. Bei den „Handlungsalternativen" herrschte die Meinung vor, daß Jäger nicht anders handeln konnte. Wir einigten uns aber darauf, daß er März wenigstens hätte warnen können. Ich war ziemlich überrascht von der Einschätzung des Verrats von Jäger. Es hatte sich nun zwischen der Tat von Paul und Jäger nicht ein so großer Unterschied herausgestellt, wie ich erwartet hatte. Beide konnten nach Meinung der Schüler nicht anders handeln."[56]

Sofern es sich hier um den Austausch subjektiver Einschätzungen über einen Sachverhalt in der Literatur handelt, ist an diesem Ergebnis nichts auszusetzen. Die Schüler beurteilen hier konkretes moralisches Verhalten in einer konkreten fiktiven

---

[53] *Praktikumsbericht* (1998) 9/9. Es handelt sich um folgende Kategorien: „Status des Verräters bzw. seine Beziehung zu März", „Motive für den Verrat", „Bewertung des Motivs", „Gefühle der beiden Figuren gegenüber März", „Handlungsalternativen zum Verrat".

[54] *Praktikumsbericht* (1998) 9/10.

[55] *Praktikumsbericht* (1998) 9/9.

[56] *Praktikumsbericht* (1998) 9/11.

Situation anders, als es die Lehrperson erwartet, und anders als diese selbst. Die Studentin kommentiert das Ergebnis des Bewertungsgesprächs folgendermaßen: „Als Konsequenz dieser Stunde bin ich mir unsicher geworden, inwiefern man als Lehrerin moralisieren darf. Im nachhinein scheint mir, daß ich durch meine Einwände bei der Beurteilung Jägers von den Schülern eine moralische Verurteilung Jägers einfordern wollte. Im Lehrplan für die Oberstufe wird der Lehrer dazu aufgefordert ethische Kompetenzen, wie verantwortliches Handeln und Wertvorstellungen, zu vermitteln. Die Schüler haben sich dafür entschieden, daß die literarische Figur Jäger verantwortlich gegenüber seiner Familie handelt, wenn er der Aufforderung des Staates folgt und März verrät. Ich hätte mir gewünscht, daß sie ebenfalls die Verantwortung Jägers in den Blick nehmen, sich gegen einen totalitären Staat zu wehren und für März einzustehen. Letztlich haben die Schüler vermutlich eine realistischere Einschätzung bewiesen, indem sie Jägers Entscheidung für sich und seine Familie nachvollzogen, die zudem historisch gesehen eher dem Alltag im 'Dritten Reich' entsprach."[57]

Die von der Studentin angebotene alltags- und lebensweltliche Erklärung für das Schülerverhalten ist sicher zutreffend und bezeugt zudem didaktische Reflexionsfähigkeit. Der Wunsch, die Schüler hätten auch die gegenläufige Perspektive des Widerstands und der Freundschaft aktualisiert, ist jedoch nicht nur ein persönlicher und privater, sondern entspricht, wie die Studentin ausführt, dem öffentlichen Auftrag an die Schule und den Deutschunterricht, ethische Kompetenz zu vermitteln. Bezogen auf den Literaturunterricht werden von der Fachdidaktik Hinweise erwartet, wie es gelingen kann, daß sich SchülerInnen auch der anderen, schwierigeren Perspektive öffnen und es auch dann tun, wenn sie diese als unvereinbar mit der von ihnen vertretenen definiert haben. Deshalb wird Fachdidaktik zunächst nach den Gründen fragen, auf die das von der Lehrererwartung abweichende Verhalten zurückzuführen ist, oder welche Gratifikationen dieses Verhalten gewährt. Als ursächlich ließen sich interaktionstheoretisch eventuell Spannungen zwischen den beiden jungen Frauen als Lehrpersonen und den fünf siebzehnjährigen Jungen ausmachen.[58] Dadurch hätten die Schüler verstärkte Aufmerksamkeit und Zuwendung durch die Lehrpersonen sowie Selbstbehauptung gegenüber den Lehrpersonen gewonnen. Aus literatur- bzw. verstehenstheoretischer Perspektive wäre anzunehmen, daß - da Jäger im literarischen Text als Sympathieträger hohen Grades fungiert - die Sympathie für Jäger Ursache des gezeigten Werturteils ist. Eng damit verbunden sein könnte auf sozialpsychologischer Ebene auch die implizite Furcht, mit der Diskriminierung Jägers auch Mitglieder der eigenen Familie, z.B. geliebte Großeltern, entwerten zu müssen. Gewonnen wäre durch das von den Schülern getroffene Werturteil zugleich eine moralisch vertretbare Familiengeschichte - ein Phänomen, das gerade im schulischen Umgang mit Nationalsozialismus und Holocaust immer wieder zu bedenken ist.[59] Die mit Hilfe psychologischer und literaturwissenschaftlicher Theorie erhobe-

---

[57] *Praktikumsbericht* (1998) 9/11f.
[58] *Praktikumsbericht* (1998) 6/8f.
[59] Vgl. dazu *Rommelspacher* (1994) 16ff.

nen Gründe erklären, warum die Intention, Jäger moralisch zu verurteilen, kontraproduktiv war, indem die Schüler ihren Sympathieträger aus komplexerer moralischer Verantwortung entließen. Zugleich resultiert daraus die Forderung an die Literaturwissenschaft, bei der LehrerInnenausbildung psychologische Aspekte mit den traditionellen literaturwissenschaftlichen Kategorien zu verknüpfen.[60]

In einem zweiten Schritt hat Fachdidaktik die genannten Erklärungen für die Entwicklung fruchtbarer unterrichtlicher Arrangements zu nutzen. Prinzipiell gilt im Zusammenhang ethischer Wertungen - und dafür ist die geschilderte Situation ein deutliches Gegenbeispiel -, daß SchülerInnen

- im Schutz von Rollen[61] leichter ethische Positionen übernehmen, als wenn sie selbst dafür einstehen müssen. Das gilt vor allem dann, wenn eine ethische Position sich als different zu den eigenen Gefühlen erweist;

- ethische Positionen flexibler vertreten und differenzierter erörtern, wenn sie nicht als These vertreten werden müssen, sondern den Status des Arguments erhalten. So wäre im vorliegenden Fall die Frage, welche Romanfiguren infolge des Verrats an März wohl ihre Einschätzung Jägers verändern werden und welche nicht, geeignet gewesen, unterschiedliche Figurenperspektiven zu aktivieren und zur Begründung von deren veränderter bzw. unveränderter Einschätzung Jägers die unterschiedlichen ethischen Positionen einzubringen. In diesem konkreten Fall ergäbe das den Befund, daß alle sonstigen Sympathieträger des Romans Jäger verurteilten (und die Schüler es nicht explizit zu tun bräuchten). Statt dessen könnte sich Mitleid mit Jäger einstellen, ohne daß zugleich sein Verhalten gerechtfertigt werden müßte.

Daß auf methodischer Ebene dieses Konzept z.B. dadurch gestärkt werden könnte, daß diese Figurenperspektiven auch von den Schülern als Rollen übernommen würden, ist gegenüber der didaktischen Konzeption zwar nachrangig, gleichwohl aber wirkungsvoll.

Wichtiger erscheint im Netz der planungsrelevanten Bereiche, daß solches Operieren wesentliche Voraussetzungen auf fachwissenschaftlicher Ebene hat:

- eine trennscharfe Unterscheidung zwischen Bewertungen, die der Text selbst bietet, und Bewertungen, die die LeserInnen vornehmen;

- die Wahrnehmung textueller Bewertungen, die sich für didaktische Arrangements eignen, sowie die Nutzung textueller Potentiale für Wertungsgespräche;[62]

- ein Repertoire an inhaltsbezogenen Kategorien, die Affinität zu Bewertungsdiskursen haben.[63]

Auch der von der Studentin erzielte Kompromiß, daß Jäger „März wenigstens hätte warnen können",[64] eignet sich als Anlaß für ein nicht - direktives, rollengeschütztes Wertungsgespräch. Hier würde z.B. die Frage, zu welchem Zeitpunkt und in wel-

---

[60] Vgl. dazu *Stückrath* (1988) 556ff..

[61] Vgl. dazu *Renk* (1986) 18ff.

[62] Vgl. *Gemeinsame Kommission für die Studienreform* (1996) 96.

[63] Vgl. dazu *Stückrath* (1987) 83ff.

[64] *Praktikumsbericht* (1998) 9/12.

cher Form eine solche Warnung hätte erfolgen können, konkrete Verhaltensweisen und vor allem Konsequenzen zur Sprache bringen, die ihrerseits Jägers Loyalität dem Regime gegenüber in Frage stellen. Dadurch könnten die Schüler entdecken, daß eine Warnung keinen Kompromiß, sondern bereits Parteinahme darstellt. Was als Kompromiß ins Gespräch kam, wird durch solch „zirkuläres Fragen"[65] problematisiert und Anlaß für ein differenzierteres Verständnis der literarischen Figur und ihrer Bewertung durch die Lesenden. Die textbezogene Erörterung des Warnungsvorschlags kann Hinweise darauf bringen, daß damit der Wunsch verbunden war, Jäger möchte den Verrat nicht begangen, sondern anders gehandelt haben. Auch in diesem Fall erübrigt sich eine explizite moralische Verurteilung der Figur.

Dieses Fallbeispiel macht deutlich, daß Wertungsgespräche nicht nur dem Auftrag der Werteerziehung entsprechen, sondern daß literarische Texte diese auch in besonderem Maße ermöglichen. Der Beitrag der Fachdidaktik zum Gelingen dieses Projekts ist allerdings vielschichtig und auf ständige Überprüfung angewiesen.

6. Fazit

Im Blick auf die Empfehlung der GEMEINSAMEN KOMMISSION FÜR DIE STUDI-ENREFORM im Land Nordrhein-Westfalen, in die mittlere Studienphase ein Praxissemester zu integrieren, zeigt die Analyse eines fachdidaktischen Projektpraktikums, daß eine professionell konzipierte „klinische Phase"[66] nicht nur Erfahrung in Berufsfeld und Berufsrolle, sondern auch dichten Theoriegewinn ermöglicht. Die Analyse führt zugleich zum Plädoyer, für Studiengänge, die die Lehrbefähigung für die Sekundarstufe II einschließen, das Praxissemester in der Verantwortung der Fachdidaktik zu organisieren. Denn ihr Fachbezug steht der Drift zur Entfachlichung entgegen, und ihr Scharniercharakter garantiert die Integration der Studienbereiche.

Literaturverzeichnis

Bastian, Johannes: (1997) Miteinander lehren - voneinander lernen. Ein phasenübergreifender Versuch zur Intensivierung des Theorie-Praxis-Bezugs in der Lehrerbildung. In: Peter Daschner/ Ursula Drews: (Hrsg.): Kursbuch Referendariat. Weinheim Basel: Beltz Pädagogik 1997. S. 174-193.

Bremerich-Vos, Albert: (1996) Hermeneutik, Dekonstruktivismus und produktionsorientierte Verfahren. Anmerkungen zu einer Kontroverse in der Literaturdidaktik. In: Jürgen Belgrad, Hartmut Melenk (Hrsg.), Literarisches Verstehen - literarisches Schreiben. Baltmannsweiler: Schneider Hohengehren 1996, S. 25 - 49.

Ciompi, Luc: (1997) Die emotionalen Grundlagen des Denkens. Entwurf einer fraktalen Affektlogik. Göttingen: Sammlung Vandenhoeck 1997.

---

[65] Vgl. dazu *Stierlin* (1994) 152ff.
[66] *Gemeinsame Kommission für die Studienreform* (1996) 90.

Dick, Andreas: (1992) Vom unterrichtlichen Wissen zur Praxisreflexion. Das praktische Wissen von Expertenlehrern im Dienste zukünftiger Junglehrer. Bad Heilbrunn: Klinkhardt 1992.

Gemeinsame Kommission für die Studienreform im Land Nordrhein-Westfalen (Hrsg.): Perspektiven: Studium zwischen Schule und Beruf. Analysen und Empfehlungen zum Übergang Schule-Hochschule, zur Lehrerausbildung, zur Ingenieurausbildung. Neuwied/ Kriftel/ Berlin: Luchterhand 1996.

Jank, Werner/ Meyer, Hilbert: (1991) Didaktische Modelle, Frankfurt/M.: Cornelsen/ Scriptor) 1991, S. 133 ff.

Kretschmer, Horst/ Stary, Joachim: (1998) Schulpraktikum. Eine Orientierungshilfe zum Lernen und Lehren. Berlin: Cornelsen/Scriptor 1998.

Köster, Juliane: (1997) Konstruktion und Hellsicht. Die produktive Leistung von Vergleichsaufgaben im Literaturunterricht der Sekundarstufe II. Würzburg 1995.

Landesinstitut für Schule und Weiterbildung (Hrsg.), Lehrplanentwurf Deutsch NRW, Gymnasiale Oberstufe, Stand 10. 10. 1997.

Lehrplanentwurf Deutsch, Rheinland - Pfalz: (1996).

Mandl, Heinz/ Gruber, Hans/ Renkl, Alexander: (1993) Das träge Wissen. In: Psychologie heute 9 (1993), S. 64 - 69.

Oelkers, Jürgen: (1997) Befunde und Fragen zur Wirksamkeit von Lehrerbildung. In: Peter Daschner/ Ursula Drews: (Hrsg.): Kursbuch Referendariat. Weinheim Basel: Beltz Pädagogik 1997. S. 152-173.

Praktikumsberichte (1998) Nr. 1-9. Universität Bielefeld. Handapparat Köster 1998.

Rahmenordnung für Schulpraktische Studien vom 24. 6. 1986 § 3: (1986) In: Universität Bielefeld. Mitteilungsblatt. Amtliche Bekanntmachungen , 15. Jg., Nr. 11, S. 35.

Rahmenrichtlinien für das Gymnasium - gymnasiale Oberstufe Deutsch (1990). Hannover 1990.

Reinmann-Rothmeier, Gabi/ Mandl, Heinz: (1997) Lernen neu denken: Kompetenzen für die Wissensgesellschaft und deren Förderung. In: Schulverwaltung NRW 3/ 1997, S. 74 - 76.

Renk, Herta-Elisabeth: (1986) Spielprozesse und Szenisches Spiel im Deutschunterricht. In: Praxis Deutsch 76 (1986), S. 18 - 25.

Rommelspacher, Birgit: (1994) Schuldlos - schuldig? Wie sich junge Frauen mit Antisemitismus auseinandersetzen. Hamburg: Konkret Literatur Verlag o.J. [1994].

Stierlin, Helm: (1988) Zur Theorie der systemischen Therapie. In: Ders.: Individuation und Familie: Frankfurt/M.: Suhrkamp 1994, S. 140 - 158.

Stückrath, Jörn: (1987) Entwurf eines Kategoriensystems zur Analyse epischer Figuren und Handlungen. Am Beispiel von Sarah Kirschs „Blitz aus heiterm Himmel". In: Bettina Hurrelmann, Maria Kublitz, Brigitte Röttger (Hrsg.), Man müßte ein Mann sein...? Düsseldorf: Schwann 1987, S. 83-103.

- (1988) Schwierigkeiten beim Beschreiben literarischer Figuren. Ein Versuch, strukturalistische und literaturpsychologische Begriffe zu vermitteln. In: Diskussion Deutsch 104 (1988), S. 556 - 573.

Zima, Peter V.: (1991) Literarische Ästhetik, Tübingen: Francke UTB 1991.

Wittenbruch, Wilhelm: (1985) Schulpraktikum. Stuttgart: Kohlhammer 1985.

Walter Lenk

Anfangsunterricht: Ort des sprachlichen Lernens.

Mit Lehrern auf der Suche nach einem eigenen Standort

Vorbemerkung

Gegenwärtig erleben wir Lehrer[1] in Baden-Württemberg die Wiederentdeckung der Qualität von Schule. Die Diskussionen um den Schulanfang, die Verkürzung der Schulzeit, die Reform von Schulstufen geschieht unter der Vorgabe einer Inneren Schulentwicklung. Schulentwicklung soll vor allem die Energie zur Veränderung aus der Unterrichtsentwicklung erhalten. Effizientere Wirkung des Unterrichts, stärkere Eigenverantwortung der Schüler, intensivere Nutzung der Ressourcen werden eingefordert. Veränderungen bedürfen aber der Legitimation und Verantwortung. In der Arbeit mit Kindern oder in der Ausbildung junger Kollegen obliegen sie demjenigen, der lehrt oder zum Lernen anleitet. Änderungen, wenn sie nicht nur Anteilhaben an Moden sein sollen, brauchen Begründungszusammenhänge, Rahmen für die Argumentation, Formen der Multiplikation. Orte, an denen die entworfenen oder vollzogenen Änderungen thematisiert und kritisch hinterfragt werden können, sind Kollegien: in der Schule, in Seminaren für schulpraktische Ausbildung.

Die folgenden Äußerungen sind Ausdruck einer Suche nach einem Standort. Obwohl viele der in jüngster Zeit veröffentlichten Konzepte Sympathien binden, ist der eigenen Handlungsfähigkeit wegen ein Vergewissern der eigenen Position notwendig. Der Weg wird in Etappen beschritten. Zunächst ist eine Annäherung an bedingende Zustände notwendig: Bildungspläne, Ausbildungsbedingungen, Schulalltag. Der Zugang zu Veränderungen wird in Gegenreden gegen das Vorfindbare auffindbar. Zu konkretem Handeln kann schließlich die Fassung der für den Unterrichtsplaner maßgebenden Leitgedanken führen. Über vollzogene Beispiele ergeben sich Ansätze der kritischen Stellungnahme.

1. Bedingungsfelder

Die im folgenden dargestellten Befunde beruhen nicht auf systematischen Analysen. Vielmehr geben sie Erfahrungen und Wahrnehmungen der letzten Jahre wieder. Orte des Sammelns waren das Seminar für schulpraktische Ausbildung (GHS) und

---

[1] Im folgenden wird aus Gründen der Lesbarkeit nur der Begriff 'Lehrer' verwendet. Der Terminus wird als Berufsbezeichnung benützt und schließt selbstverständlich alle an der Schule tätigen Lehrpersonen ein. Analog gilt diese Begründung auch für andere Funktionsträger an der Schule.

die Grundschule Königsknoll in Sindelfingen.[2] Gleichzeitig fließen Erfahrungen ein, die während der Fortschreibung des Bildungsplanes für Grundschulen in Baden-Württemberg gesammelt wurden.[3]

1.1 Anfangsunterricht in Baden-Württemberg - Neuausgabe der Bildungspläne 1994

Der Bildungsplan für die Grundschulen, den das Land Baden-Württemberg im Jahre 1994 veröffentlichte, war das Ergebnis einer "Fortschreibung", nicht einer Revision oder gar einer Reform. Die im Amtsblatt veröffentlichten Texte dokumentieren die Anpassung der amtlichen Vorgaben an eine beobachtbare Entwicklung in Grundschulen, die durch Impulse aus der pädagogischen und didaktischen Diskussion in Gang gekommen war. Es war eine Diskrepanz entstanden zwischen den Fortschritten einer Schul- und Unterrichtsentwicklung und den bis dahin gültigen Bildungsplänen. Perspektiven solcher Entwicklungsprozesse waren: Akzentuierung reformpädagogischen Denkens wie Hinführung zu eigenverantwortlichem, selbstgesteuertem Lernen, Gestaltung der Schule als Lebens- und Erfahrungsraum, Qualifizierung der Schulzeit durch Förderung von Kompetenzen im Sinne der Schlüsselqualifikationen, z.T. inhaltliche Neuorientierung aufgrund von Veränderungen in den gesellschaftlichen Bedingungsfeldern oder wissenschaftlichen Erkenntnissen und Einsichten.

Die politische Festlegung auf eine "Fortschreibung" der Bildungspläne definierte das Anspruchsniveau für Initiativen, den Handlungsspielraum der Kommissionen und den Wirkungszusammenhang für eine denkbare und mögliche Zukunftsorientierung. Das bedeutete konkret: Im Bildungsplan wurden die Klassenstufen 1 und 2 zusammengefaßt und als Anfangsunterricht institutionalisiert. Die Klassenstufen 3 und 4 wurden getrennt dargestellt. Die in der Konsequenz notwendige Lehrplankommission „Anfangsunterricht" wurde nicht eingerichtet. Lediglich die „Pädagogischen Leitgedanken"[4] wurden von ausgewiesenen „Anfangsunterrichtlern" formuliert. Die Ziele, Inhalte und Hinweise wurden von den Kommissionen der traditionell in der Stundentafel verankerten Fächer verantwortet.

Für jede der drei Stufen wurden "Fächerverbindende Themen"[5] ausgewiesen. Die Auswahl der dargestellten Themen erfolgte nach dem Vorschlagsrecht der Fachkommissionen in einer interdisziplinären Arbeitsgruppe. Es unterblieb eine pädagogisch-didaktische Diskussion. Nicht geklärt wurde der Stellenwert fächerverbindender Einheiten in einer nach wie vor maßgebenden fachdidaktisch legitimierten Pro-

---

[2] Meine Funktionen in den beiden Einrichtungen: Lehrbeauftragter für Anfangsunterricht bzw. Heimat- und Sachunterricht / Rektor der Grundschule.

[3] Während der Fortschreibung der Bildungspläne war ich Mitglied der Kommission 'Heimat- und Sachunterricht', gleichzeitig war ich an der Ausarbeitung des Erziehungs- und Bildungsauftrages, der Jahrgangspapiere sowie der fächerverbindenden Einheiten beteiligt.

[4] *Bildungsplan* (1994).

[5] *Bildungsplan* (1994).

gression während der Grundschulzeit. Innerhalb des Auswahlprozesses konnten die Erwartungen und Hoffnungen für eine Optimierung schulischen Lernens durch fächerverbindende Einheiten erörtert werden. Schließlich wurde vorausgesetzt, daß der Terminus und die Idee "Fächerverbindende Einheiten" von den Lehrerinnen und Lehrern diskursiv in Beziehung auf Konzepte wie „Mehrperspektivischer Unterricht", „Ganzheitlicher Unterricht" oder „Themen-/situationsorientierter Unterricht" verhandelt werden können.

Die „Pädagogischen Leitgedanken" wurden jeder Stufe vorangestellt. Es war der Versuch, die spezifischen Bedingungsfelder für das schulische Lernen in dieser Stufe zu beschreiben. Die Haltbarkeit dieser Annahmen wurde wohl nicht hinreichend geprüft, denn inzwischen erhält die Dynamisierung der Zeitläufe für schulisches Lernen (z.B. "Schulanfang auf neuen Wegen" oder Einrichtung altersheterogener Lerngruppen) Priorität in der Diskussion um die Schulentwicklung.

1.2 Rückmeldungen der Referendarinnen und Referendare über ihr Studium Anfangsunterricht

Die hier vorgetragenen Notizen beruhen auf eher informell vorgetragenen Bemerkungen der jungen Kollegen. Trotzdem scheinen Tendenzen ablesbar zu sein, da sie während der verschiedenen Kurse der letzten Jahre immer wieder geäußert wurden.

Die Motive für die Wahl der Studienfächer im Bereich Anfangsunterricht entbehren einer Systematik. Zufällige Kriterien (Zeit im Wochenplan, "Persönlichkeitswahl" der Professoren, Verknüpfung mit anderen Studienfächern wie Schriftspracherwerb - Deutsch [oder Zugänge zur Natur → Heimat- und Sachunterricht, elementare Operationen plus / minus → Mathematik ...], prüfungstaktische Erwägungen wie Arbeitsaufwand, scheinbare Leichtigkeit des Bestehens oder Scheinerwerbs etc.) werden für die Wahl der Studieninhalte maßgebend.

Die Beliebigkeit der Zugänge zum Studium Anfangsunterricht erzeugen einen Zustand des Additiven. Die Kenntnisse entbehren mehr oder weniger einer schultheoretischen Begründbarkeit. Die Verknüpfung der Wissenselemente, der Begründungszusammenhänge, der Könnensformen, die weitgehend an Einzelphänomenen des Anfangsunterrichtes festgemacht sind, bleiben "Privatsache". Ein Konzept entsteht meist nur in der individuellen Auseinandersetzung.

Es scheint - bis auf wenige Ausnahmen - keine "Schulen" an den Hochschulen mehr zu geben, aus denen die jungen Kollegen mit Visionen und Utopien für die Gestaltung des ersten Intervalls von Schulzeiten herauswachsen. Die pädagogisch-didaktischen Denk-, Sprach- und Handlungsmuster für die Planungsarbeit vor Ort, für die Durchführung und Reflexion gleichen mehr den Rezepten für die Bewältigung des Schulalltags als dem Ausdruck einer konzeptuellen Gestaltungsarbeit grundlegender oder elementarer Bildung.

Die Studien zum Anfangsunterricht werden in der Chronologie des Studienablaufs in die Anfangszeit plaziert. Dies scheint durch die Studienordnungen bestimmt zu sein: Alle Studenten, die den Stufenschwerpunkt Grundschule wählen, sind verpflichtet, Studien zum Lernbereich Anfangsunterricht zu belegen. In der Regel gibt es an den Hochschulen keinen ausgewiesenen Lehrstuhl für Anfangsunterricht, sondern er wird durch die Lehre in den Fachdidaktiken oder Erziehungswissenschaften "versorgt". Diese Gegebenheit suggeriert den Studierenden, Anfangsunterricht könne wohl "so mitgenommen" werden.

Da der Studienbereich Anfangsunterricht kein Hauptfach ist, wird seine Prüfungsgewichtigkeit vor allem von der verfügbaren Literatur abhängig gemacht. Es werden solche Prüfungsthemen gewählt, die "leicht" lernbar, "schnell" und "umfassend" verfügbar, „effektvoll" reproduzierbar sind. Eine schultheoretische Verankerung fehlt meistens.

1.3 Rückwirkungen der Ausbildungsstruktur in Baden-Württemberg auf die Definition eigener Konzepte

In Baden-Württemberg erfolgt die Ausbildung der Grund- und Hauptschullehrer zweiphasig. Das Studium - in der Regel sechs Semester plus Prüfungssemester - schließt mit der Ersten Staatsprüfung ab. Danach schließt sich ein eineinhalbjähriges Referendariat an, das die Lehreranwärter an den Schulen absolvieren, begleitet durch erziehungswissenschaftliche und fachdidaktische Veranstaltungen an den Seminaren für schulpraktische Ausbildung (GHS). Das Ziel des Referendariats ist die Stärkung der Kompetenzen für eine reflektierte Schulpraxis. An der Schule arbeiten die Lehreranwärter mit Mentoren zusammen; Lehrbeauftragte in Pädagogik und Fachdidaktik besuchen die Auszubildenden im Unterricht (je drei Besuche pro Studienfach, also insgesamt neun). In den Pädagogik- und Fachdidaktik-Veranstaltungen am Seminar werden praxisrelevante Themen aufgearbeitet.

Das Referendariat im Anfangsunterricht ist durch eine Besonderheit gekennzeichnet. Anfangsunterricht ist definiert für die Klassen 1 und 2 der Grundschule (Eingangsstufe) und die drei Fachdidaktiken Deutsch, Heimat- und Sachunterricht sowie Mathematik. Die Auszubildenden sind lediglich zwei Wochenstunden dem Unterricht im Anfangsunterricht zugeordnet. Dieses "Huckepack-Verfahren" beabsichtigt zwar eine intensive Kooperation mit den betreuenden Lehrern; gleichzeitig halten die Auszubildenden keinen eigenverantwortlichen Unterricht. Außerdem ist dieser Unterricht eher episodenhaft veranstaltet, weil er lediglich Ausschnitte aus dem Wochenkontinuum umsetzt.

Die strukturellen Vorbedingungen der Ausbildungssituation im Anfangsunterricht wirken sich auf die Entwicklung, Konsolidierung und Begründung eines pädagogischen Konzeptes bei den Auszubildenden aus. Gleichzeitig ergeben sich Rückwirkungen zu den betreuenden Lehrerinnen und Lehrern.

• Die Kultusadministration bringt zwar eine Reform der Eingangsstufe in Gang,[6] ohne jedoch gleichzeitig eine inhaltliche Konzeption zu initiieren und zu fördern. Initiativen sind in Prozesse der Inneren Schulentwicklung an der jeweiligen Schule verwiesen. Die

---

6 *Bildungsplan* (1994): Pädagogische Leitgedanken / Jahrgangspapier für die Eingangsstufe / Klassen 1 und 2 Dokumentation *MKJS*: Schulanfang auf neuen Wegen.

Vielfalt der Schulgestalten ist eine Chance für die Schulentwicklung allgemein; Voraussetzung aber scheint mir der Diskurs innerhalb der Kollegien, der Wille zur Veränderung, die Stärkung der Kompetenzen. Für die Auszubildenden wirkt sich die Situation als "Glücksspiel" aus: Je nach Zuteilung zu einer reformwilligen oder zu einer beharrenden Schule erhalten sie Impulse für ihre eigene Entwicklung. Es stellt sich nicht selten eine Diskrepanz oder gar Unvereinbarkeit zwischen den an den Hochschulen gelehrten Auffassungen und der vor Ort vorfindbaren Schulpraxis ein.

- Die reale Situation, daß in Klassen der Eingangsstufe viele Lehrer mit Teilzeitaufträgen unterrichten, ermöglicht den Auszubildenden nicht immer den Zugang zu allen Teilbereichen des Anfangsunterrichts. Je nach Lehrauftrag seines Mentors erlebt er kein integriertes Fach Anfangsunterricht, sondern fachdidaktisch, von den durch die Stundentafel der Grundschule etablierten Fächer, also auch in Klasse 1 das Fach "Deutsch" oder "Mathematik".

- Die Ausbildungssituation ist bestimmt durch die Segmentierung in einzelne Fachdidaktiken. Es gibt an den Seminaren den Ausbildungsbereich Anfangsunterricht, aber es fehlt nach wie vor eine Theorie des Anfangsunterrichts, die über eine Didaktik des Anfangsunterrichts Handlungsmöglichkeiten eröffnet, die nicht nur Derivate von später folgenden Schulfächern sind. Es ist nicht zu verkennen, daß es innerhalb der Lernbereiche "Sprache", "Mathematik" und "Heimat- und Sachunterricht" Forschungen, Modelle, Unterrichtskonzepte für die Eingangsstufe gibt. Nur selten aber gibt es "Grenzüberschreitungen".[7]

- Bezogen auf den Sprachunterricht in der Eingangsstufe wirkt das konzeptionelle Beharren auf den integrierten Verfahren des Schriftspracherwerbs (nach wie vor werden an vielen Schulen „Buchstaben eingeführt") auf die Ausbildung der Lehrer - auf Referendare und „fertige" Lehrer gleichermaßen. Spracherfahrungsansatz[8] oder "Lesen durch Schreiben"[9] sind immer noch im Stadium des Modellhaften.

- Die Entscheidung für ein Konzept wird mehr von dem bereits Vorfindbaren beeinflußt als von den Ergebnissen neuerer Forschungen. Nicht selten steht hinter diesem Phänomen ein nicht bewältigtes "Theorie-Praxis-Problem". Gegenseitig gehegte Angstgefühle beeinträchtigen die Kommunikation: Lehreranwärter erleben bei souveränen Mentoren "Praxisängste"; umgekehrt entwickeln handlungssichere betreuende Lehrer "Theorieängste". Die Rückmeldung der Auszubildenden über den Zustand und Bestand der Lehrerbüchereien in den Schulen scheint ein Indiz für die Stagnation der Innovationen an den Schulen zu sein.

- Die Ausbildungszeit ist vor allem eine beobachtete Zeit. Lehrbeauftragte, Schulleiter und Mentoren sind sehr dicht präsent, um die alltäglichen "Produktionen" wahrzunehmen. Die Entwicklung einer "guten Produktion" nimmt Berufsanfänger so sehr in Anspruch, daß die durch die Hochschulen vorbereiteten oder angelegten Innovationen nur vermittelt (in Unterrichtsbausteinen) real werden. Es gibt an den Schulen keine institutionalisierte Innovationszeit, um konsequent, effektiv und langfristig stabilisiert Schulentwicklung durch Unterrichtsentwicklung[10] betreiben zu können.

---

[7] *Gallin/Ruf* (1991); *Ruf/Gallin* (1995).
[8] *Brügelmann* (1983) 158 ff.
[9] *Reichen* (1988a); (1988b).
[10] *MKJS:* Dokumentation zu „Schulanfang auf neuen Wegen"

2. Schlußfolgerungen: Ansätze für Veränderungen

Wenn der Versuch gemacht wird, die aufgezeigte Zerrissenheit, die mangelnde Koordination der Positionen, die Fraktionierung der Inhalte zu überwinden, dann ist nicht etwa eine - wie auch immer definierte - Ganzheitlichkeit im Hintergrund. Vielmehr geht es darum, daß dem Auszubildenden, der ein Suchender, ein sich Orientierender ist, der Denkhorizonte, Sprach-, Deutungs- und Handlungsmuster für seine späteren beruflichen Aufgaben entwickeln und verfügbar erlernen will, daß diesem Auszubildenden gleichzeitig die Aufgabe übertragen wird, auf sich allein gestellt herauszufinden, welche partiellen Auseinandersetzungen mit einzelnen Perspektiven seines später umzusetzenden Erziehungs- und Bildungsauftrages miteinander zu einem grundlegenden Begründungs-, Entscheidungs- und Handlungspotential verknüpft werden können. Deshalb erscheinen mir folgende Überlegungen für eine Änderung der gegenwärtigen »Lehrer-Aus-Bildungs-Situation« wesentlich:

2.1 Wider die Reduktion der Lehrerbildung zur Ausbildung

Wenn wir Lehrer für die Anforderungen der heutigen oder gar einer zukünftigen Schule stärken wollen, reicht es nicht aus, lediglich, orientiert an Schlüsselqualifikationen, die Ausbildung voranzutreiben und zu gestalten. Die immer stärker notwendig werdende Verschränkung schulpädagogischer und sozialpädagogischer Kompetenzen setzt Lehrer voraus, die nicht nur über ein geeignetes »Handwerkszeug« verfügen, sondern die vor allem dank einer ausgeprägten Selbstkompetenz, einem wachen Interesse für gesellschaftliche Veränderungen und deren Ursachen, einer Bereitschaft zur interdisziplinären Kooperation mit anderen »Humanwissenschaften«, einem »Halt-finden-können» in einer durch Dynamisierung und Beschleunigung gekennzeichneten Differenzierung der „Lebens- und Weltbezüge" auf einen immer komplexer werdenden Schulalltag sich einlassen können. Die Verantwortlichen in den Lehrerbildungsinstitutionen werden sich fragen lassen müssen, inwieweit ihre Angebote dazu beitragen, die Identität angehender Lehrer zu fördern und zu stärken. Weder Universalität noch Uniformität wird hiermit das Wort geredet; es ist die Suche angefragt, was als zukunftsorientierte Handlungsfähigkeit[11] umschrieben werden kann. Zugespitzt formuliert ist es die Frage nach einer Ethik der Pädagogen.

2.2 Wider eine Didaktik des Anfangsunterrichts als eine Propädeutik von etablierten Schulfächern

Kinder kommen (in der Regel) mit einer starken Motivation, mit einer ausgeprägten Lernbereitschaft zur Schule. Sie erwarten, daß schulisches Lernen sich nicht nur graduell, sondern qualitativ von ihren seitherigen Lernerfahrungen unterscheidet. Diese kindliche Erwartungshaltung rechtfertigt nicht, daß Unterricht der Eingangs-

---

[11] Der Begriff „Handlungsfähigkeit" wurde pädagogisch vor allem von Klaus GIEL präzisiert. Vgl. dazu *Giel* (1974); (1975); (1976).

stufe als Fachunterricht erteilt wird. Der Aufbau von schulrelevanten Kompetenzen bei den Kindern bedeutet, daß Kinder unter anderem Methodenkompetenz erwerben. Fächer sind also keine schulischen Disziplinen, sie sind vielmehr Ordnungssysteme für immer wiederkehrende Zugänge, Auseinandersetzungen, Verarbeitungen, Dokumentationen und Präsentationen von Sachverhalten. Anfangsunterricht ist zunächst „überfachlicher" Unterricht, aus dem heraus sich Lernbereiche und mit zunehmender Differenzierung und Elaboration Fächer bilden können.

In diesem Zusammenhang verspüren Lehrer ein Defizit, wenn sie einen schultheoretisch begründeten Anfangsunterricht gestalten wollen. Auch wenn der Bildungsplan von Baden-Württemberg Anfangsunterricht institutionalisiert, so fehlt doch eine Didaktik des Anfangsunterrichts. Eine fachdidaktische Anleihe bei den Didaktiken der etablierten Schulfächer kann nicht ausreichen; sie könnte allenfalls im Sinne einer Propädeutik der Schulfächer wirksam werden. Wenn die Annahme richtig ist, daß die ersten Schulwochen die Kinder in ihrem Verständnis von Schule langfristig prägen,[12] dann ist es notwendig, vom Kind und seinen Zugängen zur Welt ausgehend zu argumentieren. Anfangsunterricht „hätte Formen zu finden, [der] die Kinder zu ihren eigenen Möglichkeiten befreit und zur Wahrnehmung ihrer Kräfte ermuntert, Formen also, die es den Kindern ermöglichen, ihre eigene, unverbrauchte, nicht in Fremdbeanspruchungen verschlissene Vitalität auszuleben".[13]

2.3 Wider die Instrumentalisierung von Lehr- und Lernverfahren

In der gegenwärtigen öffentlichen Diskussion wird wieder einmal der Vorwurf gegenüber der Schule erhoben, die Schüler erreichten kein angemessenes Niveau in der Beherrschung der grundlegenden Kulturtechniken mehr. Die erworbenen Qualifikationen reichten nicht mehr aus, um in einem, den heutigen wirtschaftlichen Erfordernissen entsprechenden Beruf mit Erfolg ausgebildet werden zu können. Als Lösung aus der Misere wird „mehr Schreiben, mehr Lesen, mehr Rechnen" gefordert, gleichzeitig verbunden mit der Absage an angebliche „Modernismen" in der Schule wie Freies Arbeiten, Projektmethoden oder andere, das selbständige Lernen fördernde, aber scheinbar weniger effektive Lernformen[14]. Es soll nicht bestritten werden, daß die Fähigkeiten zur Teilhabe an unserer Schriftkultur oder zur Mathematisierung von Alltagsstrukturen gestärkt und gesichert sein müssen. Dazu sind sicherlich Lernverfahren mit vorrangig instrumentellem Cha-

---

[12] „Das Grundverständnis von Schule und Lernen bildet sich in der ersten bewußten Begegnung mit Schule" (*Lichtenstein-Rother/ Röbe* (1982) 52). - „Schulanfang im pädagogischen Verständnis ist dann mehr als der Beginn des Weges durch die Schule; er wird zum Prüfstein dafür, ob Schule den Mut, die strukturelle Klarheit, die didaktische Phantasie und die Achtung vor dem Kindsein einlöst, Situationen und Formen schulischen Lernens und Lebens zu entwerfen und zu wagen, in denen der Perspektivenwechsel sich glaubwürdig erweist" (*Röbe* (1985) 146).

[13] *Giel* (1985) 45.

[14] *Rehfus* (1995).

rakter[15] erforderlich. Ob sie vorrangige Priorität haben können, ist zu bezweifeln. Die Fähigkeit zum Diskurs, zu zukunftsorientiertem Problembewußtsein, zur Disponibilität in vielfältigen Könnensformen sind Lernformen mit konstitutiver Funktion unabdingbar.[16] Schulische Lernsituationen sind dann „»Organe« der Kulturaneignung": „Wenn man von Organen spricht, wird vielmehr deutlich, daß Kulturtradierung und Kulturaneignung ein Generieren von Sinn und Bedeutung ist."[17] In der Folge müssen Lehrer ein anderes Lernen zulassen und initiieren. Sie dürfen Schüler nicht länger zu Opfern ihrer pädagogischen Begierde machen, sondern sie müssen ihnen anregungsreiche Lernarrangements anbieten, in denen die Schüler zu Agenten ihrer Aneignung von Kultur und ihrer Teilhabe an Kultur werden. Lesen, Schreiben und Rechnen können keinen Selbstzweck haben; mittels dieser Könnens-, Artikulations-, Präsentations- und Verarbeitungsformen werden Schüler zu eigenständigen Personen, die sich an unserem kulturellen Geschehen beteiligen können. Lehrern wird als Aufgabe ihres Unterrichts aufgetragen: „Es muß ihm [dem Elementarunterricht] gelingen, die Prozesse der Individuierung und Enkulturation als innere Dialektik der Kulturaneignung zu entfalten. Er hat die allseitige Entwicklung der kindlichen Kräfte mit dem Vorgang des Aufnehmens von Wirklichkeit zu verknüpfen. Dies bedeutet, daß er auf Verfahren zurückgreifen muß, in denen die Lesbarkeit der Welt und das kindliche Können und Wollen sich wechselseitig hervorbringen und entfalten."[18]

2.4 Wider eine unreflektierte Tradierung von Schulfächern in einem Lehrplan

Die Ordnung der Lernangebote in der Schule ist schulartenbezogen differenziert; bestimmte „Kernfächer" wie Deutsch oder Mathematik sind etabliert von der Klasse 1 bis 13. Diese Kontinuität suggeriert einen Lehrgangscharakter für den Unterricht. Verstärkt wird dieser Eindruck durch das bestehende Verhältnis zwischen Studium (Hochschule), Referendariat (Seminar) und Schulpraxis (Ausbildungsschule): Es besteht der Verdacht, daß nach wie vor die Überzeugung vorherrscht, die fachwissenschaftlichen Inhalte implizierten eine didaktische Struktur, die es lediglich in methodische Schritte umzusetzen gilt. Diese Denkweise fördert Lernstrukturen, in denen die Vermittlung Vorrang besitzt. Eine andere Denkart wird durch die Unterscheidung zwischen fachwissenschaftlich legitimierbaren, definierbaren Inhalten und Unterrichtsinhalten definiert. Nach Maßgabe didaktischer Grundsätze werden Inhalte für den Unterricht aufbereitet. Konzepte für das „Erstschreiben" und „Erstlesen" werden unter dem Konstrukt „Schriftspracherwerb" subsumiert. Es entsteht für den Lehrer der Auftrag, Kindern Lernsituationen anzubieten, in denen die Notwendigkeit nachhaltig entsteht, Gesprochenes zu „verschriften". Das sukzessiv abfolgende Einführen von Buchstaben verhindert, zumindest verzögert es Pro-

---

[15] *Kasper* (1977) 60.
[16] *Kasper* (1977) 61.
[17] *Duncker* (1994) 93.
[18] *Duncker* (1994) 91.

zesse des Symbolisierens und des Dokumentierens verbaler Sprache. Als weitere Beispiele für die didaktische Transformation von Inhalten haben die Konzepte des inzwischen vielfältig dargestellten handlungs- und produktionsorientierten Literaturunterrichtes[19] zu gelten.

2.5 Wider dirigistische Festlegungen als Verpflichtung auf Lernanlässe

Mit dem Bildungsplan sind in Baden-Württemberg die Lehrer sowohl auf die dort ausgeführten und vorgegebenen Ziele und Inhalte verpflichtet.[20] Damit wird die Sicherheit erhofft, am Ende des jeweiligen Lernintervalls verlassen die Schüler die betreffende Schulart mit vergleichbaren Leistungen.

Es muß bezweifelt werden, ob diese Position länger erhalten werden kann. Zumindest spiegelt sich in dieser Problematik ein Dilemma. Einerseits wird von der Schule und den Lehrern gefordert, die Schule müsse die Ausbildungs- und Studierfähigkeit ihrer Schüler als erreichbares Bildungsziel garantieren, gleichzeitig wird über ein längeres Zeitintervall[21] ein Kanon von Zielen und Inhalten festgeschrieben, dessen Legitimation vorrangig Ausdruck politischen Willens und dessen Wandel durch Fortschreibung bestimmt ist. Ausbildungs- und Studierfähigkeit sind keine statisch verharrenden Niveaus. Sie werden durch die fortschrittsbedingte Komplexität der Wissenschaften und Künste, des gesellschaftlichen und wirtschaftlichen Wandels (stillschweigend) permanent neu definiert.

Außer acht bleibt außerdem, daß in heterogenen Lerngruppen innerhalb von Lernprozessen, bei denen der konstitutiven Funktion Vorrang gewährt wird, Perspektiven, Orientierungen, inhaltliche Strukturen und Präsentationsformen immer wieder neu entstehen. Es ist vor ab nur mittels Mutmaßungen möglich, Lernergebnisse einzuschätzen. Schule braucht Freiheitsgrade, Lehrer müssen aus einem permanenten Rechtfertigungsdruck der jeweiligen Interessengruppen (Politik, Wirtschaft, Eltern etc.) herausgenommen werden. Wünschenswert ist der Dialog zwischen allen an Schule Beteiligten. Wenn er schließlich im Rahmen einer vor Ort betriebenen i n n e r e n S c h u l e n t w i c k l u n g zu einem auf die jeweilige Schule bezogenen Profil umgesetzt werden kann, ist „Qualitätsvorsorge"[22] gewährleistet.

---

[19] Siehe dazu die einschlägigen Kapitel in diesem Buch.

[20] Zum Erziehungs- und Bildungsauftrag: „Die darin formulierten Grundsätze sind Voraussetzung für das Verständnis jedes einzelnen Lehrplans; die Lehrerinnen und Lehrer sind an diese Grundsätze gebunden" (*Bildungsplan* (1994) 29). - Zu den Pädagogischen Leitgedanken: „Die pädagogischen Leitgedanken dienen dem gemeinsamen pädagogischen Handeln und der Abstimmung zwischen den in einer Klasse unterrichtenden Lehrerinnen und Lehrer" (*Bildungsplan* (1994) 29). Zu den Zielen, Inhalten und Hinweisen: „Ziele und Inhalte sind verbindlich. Die Zielformulierungen haben den Charakter von Richtungsangaben. Die Lehrerinnen und Lehrer sind verpflichtet, diese Ziele energisch anzustreben" (*Bildungsplan* (1994) 29).

[21] Erscheinungsjahre der Bildungspläne in Baden-Württemberg: 1958 - 1977 - 1984 - 1994.

[22] Vgl. dazu *Liket* (1995).

2.6 Wider den Verlust von Innovationszeit

Beabsichtigte Änderungen sind Ergebnisse von Innovationen. Projektbezogene Arbeiten in Studium und Praktika, Lernwerkstätten für Lehrer im Seminar (Referendariat) und in der Schule sind Beispiele für Orte und Formen der kollegialen Zusammenarbeit, um Änderungen zu bewirken.[23] Lehrer, unabhängig auf welcher „Dienstaltersstufe" sie sich befinden, dürfen es nicht nur Vor-Denkern überlassen, Modelle bereitzustellen. Was bereits für das Lernen der Schüler gesagt wurde, muß in gleicher Weise für Lehrer gelten. Auch für ihre persönliche Weiterentwicklung sowie die Entwicklung einer Schulkultur sind „Organe der Genese von Sinn und Bedeutung"[24] erforderlich. Die Konsequenzen müssen sein:

- von der Teilnehmerzahl begrenzte, arbeitsfähige Seminare im Rahmen des Hochschulstudiums, in denen mittels didaktischer Formen der Erwachsenenbildung Projekte entwickelt und einer Evaluation zugeführt werden können;

- während des Referendariats auf den Alltag der Lehrer abgestimmte Arbeit in Lernwerkstätten,[25] in denen die Hochschulabsolventen zusammen mit Lehrbeauftragten Unterrichtsentwicklung betreiben, Unterrichtsbausteine in Lernsequenzen umsetzen, die anschließend an Ausbildungsschulen erprobt werden;

- an den Schulen methodisch abgesicherte und in regelmäßigen Abständen durchgeführte Unterrichtsmitschau, je nach Anlaß in Tandems oder Teams, wobei neben der Evaluation von Unterricht vor allem die Stärkung der Lehrerpersönlichkeit, die Erweiterung der pädagogischen Handlungsfähigkeit (soziale und kommunikative Kompetenz), die Sicherung der instrumentellen Fertigkeiten zur Aufgabe werden.

Vor allem an den Schulen wird die Splittung der Arbeitszeiten in Intervalle zur Planung, zum kollegialen Austausch oder zur Fortbildung fragwürdig. Die Qualifizierung von Arbeitszeit muß mit anderen Parametern vorgenommen werden: Beratung, Innovation, Organisation, Zugang zu Materialien, Fertigung, Unterricht etc. Mit einem Verlust der Innovationszeit liefern sich Lehrer letztlich an vorliegende Modelle aus, die zumeist lediglich reproduziert werden. Der Bedarf an Rezepten, an vorgefertigten Materialien nimmt zu. Schule in einer Zeit des weitgehend reproduzierbaren Unterrichts wird ein Ort, an dem Lehrer Kompetenz verlieren.

3. Abschließende Anmerkungen

Die angestellten Betrachtungen können nur Denkrichtungen aufzeigen. Sie sind geprägt von der Überzeugung, daß durch die Koordination der Ausbildungsabschnitte und die Kooperation aller Beteiligter angehende Lehrer mit gestärkter Iden-

---

[23] Beispiele für gelungene Schulentwicklungen sind: *Buhren/Rolff* (1996); *Becker/Kunze/Riegel/Weber* (1997); *Scheufele* (1996).

[24] Vgl. *Duncker* (1994).

[25] Die Seminararbeit ist leider noch zu sehr auf die Kompensation vermeintlicher Studiendefizite der Referendare ausgerichtet. Vorwürfe der Auszubildenden: „Seminar, ein zweiter Aufguß der PH" (Pädagogische Hochschule), „Der Schulalltag des einzelnen Referendars wird nicht erreicht".

tifikation sich ihrer Aufgabe widmen können: Hochschullehrer werden schultheoretisch begründete Konzepte entwickeln und darstellen. Lehrbeauftragte der Seminare und Ausbildungslehrer an den Schulen werden Umsetzungen anregen, begleiten und die Auszubildenden zu kritischer Reflexion anleiten. In den Kollegien werden Modelle entstehen, die in angemessenen Evaluationsprozessen fortgeschrieben und multipliziert werden.

Allerdings werden Hürden zu überwinden und Fragen zu beantworten sein: Welcher Art werden die Konsensfindungen sein, die einer Schultheorie die nötige Akzeptanz verschaffen? Werden schultheoretische Begründungen zur Legitimation von Umsetzungsprozessen bemüht, so daß die entstehenden Modelle verknüpfbar werden und Schulprofile befördern? Werden die Lehrer reflektierte Schulpraxis betreiben wollen und können, weil sie eigene Positionen hinterfragen, eigene Standpunkte revidieren und in aktiver Kollegialität Schulprofile erzeugen?

Da Schulwirklichkeiten von politischen Einwirkungen nicht frei sind, wird die Suche nach Eigenverantwortung und stärkerer Autonomie von ideologischen Kräften tangiert. Ausbildungs- und Schulordnungen müssen Freiheitsgrade besitzen. Entscheidend wird sein, ob Freiheitsgrade genutzt werden können: Werden Schulen zu lernenden Organisationen, die ihre qualitative Prägung betreiben, um immer wieder Neuanfänge finden zu können?

Literaturverzeichnis

Becker, Gerold/ Kunze, Arnulf/ Riegel, Enja/ Weber, Hajo: (1997) Die Helene-Lange-Schule, Wiesbaden: Das Andere Lernen - Entwurf und Wirklichkeit. Hamburg: Bergmann und Helbig 1997.

Bildungsplan für Grundschulen des Landes Baden-Württemberg 1994.

Buhren, Claus G./ Rolff, Hans-Günter (Hg.): (1996) Fallstudien zur Schulentwicklung. Zum Verhältnis von innerer Schulentwicklung und externer Beratung. Weinheim/München: Juventa-Verlag 1996.

Brügelmann, Hans: (1983) Kinder auf dem Weg zur Schrift. Eine Fibel für Lehrer und Laien. Konstanz-Litzelstetten: Faude 1983.

Duncker, Ludwig: (1994) Lernen als Kulturaneignung. Schultheoretische Grundlagen des Elementarunterrichts. Weinheim/ Basel: Beltz 1994.

Gallin, Peter/Ruf, Urs: (1991) Sprache und Mathematik in der Schule. Auf eigenen Wegen zur Fachkompetenz illustriert mit sechzehn Szenen aus der Biographie von Lernenden [Hg. vom Verlag Lehrerinnen und Lehrer Schweiz (LCH)], Zürich, II. unveränderte Auflage 1991.

Giel, Klaus: (1974) Perspektiven des Sachunterrichts. In Klaus Giel u.a., Stücke zu einem mehrperspektivischen Unterricht, Aufsätze zur Konzeption 1, Stuttgart: Klett 1974.

- (1975)   Vorbemerkungen zu einer Theorie des Elementarunterrichts. In: Klaus Giel u.a., Stücke zu einem mehrperspektivischen Unterricht, Aufsätze zur Konzeption 2, Stuttgart: Klett 1975.

- (1976)   Unvorgreifliche Bemerkungen zur pädagogischen Begründung der Vorläufigen Arbeitsanweisungen für Sachunterricht in der Grundschule. In Erich H. Müller (Hg.): Planungshilfen für Sachunterricht. Ulm 1976.

- (1985)   Der Elementarunterricht in anthropologischer Sicht. In: Enzyklopädie Erzie-
            hungswissenschaft: Handbuch und Lexikon der Erziehung in 11 Bd. u.e. Reg.-Bd.
            [Hg. Dieter Lenzen]. Hier Band 7: Erziehung im Primarschulalter. Stuttgart:
            Klett-Cotta 1985.
Kasper, Hildegard: (1977) Zur Theorie der Lehr- und Lernverfahren. In: Erich H. Müller:
            Planungshilfen zum Sachunterricht. Ulm 1977
Lichtenstein-Rother, Ilse/ Röbe, Edeltraud: (1982) Grundschule. Der pädagogische Raum für
            eine Grundlegung der Bildung. München/Wien/Baltimore: Urban & Schwarzen-
            berg 1982.
Liket, Theo M. E.: (1995) Freiheit und Verantwortung. Das niederländische Modell des Bil-
            dungswesens.- Gütersloh: Verlag Bertelsmann Stiftung 1995.
Rehfus, Wulff D.: (1995) Bildungs-Not, Stuttgart: Klett-Cotta 1995.
Reichen, Jürgen: (1988a) Lesen durch Schreiben. Wie Kinder selbstgesteuert lesen lernen.
            Heft 1. Zürich: Sabe AG, Verlagsinstitut für Lehrmittel. 3.Aufl. 1988.
(1988b)   /u.a.: Lesen durch Schreiben. Allgemeindidaktische und organisatorische Emp-
            fehlungen. Heft 2. Zürich: sabe AG, Verlagsinstitut für Lehrmittel. 3.Aufl. 1988
Ruf, Urs /Gallin, Peter: (1995) Ich mache das so! Wie machst du es? Das machen wir ab.
            Sprache und Mathematik 1.-3. Schuljahr. Interkantonale Lehrmittelzentrale. Lehr-
            mittelverlag des Kantons Zürich 1995.
Röbe, Edeltraud: (1985) Kinder in der Welt der Schule. In: Edeltraud Röbe (Hg.), Schule in
            der Verantwortung für Kinder. Perspektiven pädagogischen Denkens und Han-
            delns.[Festschrift Ilse Lichtenstein-Rother]. Langenau-Ulm: Armin Vaas Verlag
            1985.
Scheufele, Ulrich (Hg.): (1996)Weil sie wirklich lernen wollen. Bericht von einer anderen
            Schule. Das Altinger Konzept. Weinheim/Berlin: Quadriga Verlag 1996.

Günter Heine

Bescheidene Vorschläge zum Schutz der Jugend vor ihren Ausbildern.[1]

Gedanken zu einer anderen Lehrerausbildung

Entdeckt ist: "der autonome Lerner"; jetzt endlich auch in Nordrhein-Westfalen; andere Bundesländer sind schon ein Stück voraus. Er tritt auf in Schulen und Ausbildungsseminaren und heißt dort "ReferendarIn" oder "LehramtsanwärterIn", je nach Biotop. Gesichtet haben ihn als erste Kultusministeriale und Schulverwaltungsbürokraten. Der plötzliche große Sprung des zum "autonomen Lerner" mutierten Auszubildenden (nebenbei: eine Passivform!) verdankt sich glücklich gewandelten Umweltbedingungen: den schwindsüchtigen öffentlichen Kassen. Und schon immer hat gegolten, daß Armut personale Energien freisetzt zur individuellen autonomen (wenn denn kein anderer mehr zahlen will) Organisation des Daseins. (Man erinnere sich, was "organisieren" zur Zeit der biotopischen Wende um 1945 bedeutete.) Not hat noch stets erfinderisch gemacht. Also, da haben wir doch, sagt sich ein Geschlecht erfinderischer Ministerialer, einen hohen Bedarf an Lehrern, aber angemessen bezahlen können wir sie nicht, müssen wir sie auch nicht, haben wir doch unser liebes Ausbildungsmonopol, und, denken sie vielleicht, es liegt ja in der Natur (!) des Monopols, daß es Lohn und Preis zu gutem Teil diktieren kann, und wenn es Menschen dann auch noch glücklich macht... ! So freut sich denn "der autonome Lerner", daß er, in die beinah große Freiheit entlassen, das tun darf, wozu Azubi-Generationen vor ihm per Ausbildungsordnung nicht imstande sein konnten: er darf s i c h s e l b e r ausbilden, und zwar wohlgemerkt insoweit er Unterrichtsbedarfslücken ausfüllt; was im Klartext heißt: "der autonome Lerner" darf sich und seinesgleichen als Lehrer, der er eigentlich hätte werden wollen, überflüssig machen, dient doch das honette Label der Autonomie zu nichts anderem als zur Kaschierung des real-existierenden Interesses an Unterrichtsbedarfsdeckung ohne zusätzliche Kosten, d.h. ohne die Neueinstellung von Lehrern.

Da bedarf es eigentlich nur eines weiteren kleinen Schrittes - Lehrerqualität hin oder her - zur Abschaffung der Ausbildungsinstitution "Seminar": welche Einsparmöglichkeit! Warum sich salamitaktisch zunächst mit der Delegation von nur fünfzigprozentiger Beteiligung der Ausbildungsschulen an der Lehramtsanwärterbeurteilung begnügen, wie in der nordrhein-westfälischen Revision der Ausbildungsordnung für Lehrer (OVP) vorgesehen! Allzu deutlich springt die sich aus vordergründig wirtschaftlichen Erwägungen speisende Intention der Abschaffung der Semi-

---

[1] Die Formulierung verdankt sich der Analogie zu *Enzensberger* (1977) 49ff.

narausbildung ins Auge: Fachleiter und Referendare in die Stundenproduktion, egal wie (in-)kompetent auch immer diese Stunden pädagogisch, didaktisch, methodisch gestaltet sein mögen! Verwaltungsmenschen ficht das nicht an.

Nun soll das Folgende nicht als Plädoyer für die Beibehaltung der in allen Bundesländern noch üblichen Form der Seminarausbildung zu verstehen sein. Ob die Ausbildung ein- oder zweiphasig vonstatten gehen mag, scheint sekundär, ist das doch jenseits ideologischer Grabenkämpfe womöglich eher ein Problem der organisatorischen Realisation der zu formulierenden Postulate für eine Reform der Lehrerausbildung; die jedenfalls verlangt nach Möglichkeiten der personalen Integration der während der Ausbildung zu erwerbenden Kompetenzen, von denen zu reden sein wird. Wünschenswert jedenfalls wäre eine kooperative synchrone Ausbildung in Universität und Seminar, wenn denn die Institutionen getrennt bleiben sollten. Die Vorteile synchroner Ausbildung liegen auf der Hand:

- Von vornherein könnte sich für den Studenten eine klarere Rollenkonturierung im Hinblick auf seine spätere Tätigkeit als Lehrer anbahnen. Es ergäbe sich kaum das bekannte Splitting zwischen dem kleinen Wissenschaftler, der sich in der Schule unter Wert einsetzt und geschätzt fühlt, und dem, der nach schlechtem alten Kollegenrat am besten erst einmal all seine Wissenschaftlichkeit vergißt, da die notwendig eine Barriere zwischen ihm und seinen Schülern errichte.

- Der Student würde stärker von seiner Ursprungsmotivation, Lehrer zu werden, durch die Ausbildung getragen, weil ihm die Hinordnung seines Studiums auf zukünftige Handlungsziele in jedem Augenblick evident wäre, was übrigens die Lust an pointiert wissenschaftlicher Arbeit gerade nicht ausschließen sollte, stellt doch die Erfahrung des Affiziertseins durch einen Gegenstandsbereich eine notwendige Voraussetzung für die Fähigkeit zur Ansteckung der Schüler mit entsprechender Lust dar.

- Jeder Äußerung zur Lehrerausbildung liegen - wie artikuliert auch immer - Vorstellungen vom idealen Lehrer in einer idealen Schule zugrunde.

Hier aber sollen im Rahmen einer sehr bescheidenen Utopie reale Möglichkeiten der Entwicklung von Menschen zu etwas besseren Lehrern im Rahmen der realen Schule und des realen Seminars vorgeschlagen werden, mit dem Blick allerdings auf die zu wünschende Veränderung der real-existierenden Schule zu einer Schule des Lebens für im Wachsen begriffene Menschen.

Über Elemente einer solchen Schule ist - für die Praxis bis heute leider weitgehend konsequenzenlos - sehr Gutes geschrieben worden; es sei nur auf von HENTIGs Veröffentlichungen verwiesen, die auch hier als Beispiel für viele den Hintergrund fürs Nachdenken über bessere Lehrer und die Möglichkeiten ihrer Ausbildung darstellen. Ziel des Nachdenkens soll die Aufhebung der fatalen Dialektik sein, wie sie sich etwa in Arnfried ASTELS bösem Diktum manifestiert: "Ich hatte schlechte Lehrer. Das war eine gute Schule."[2]

---

[2] *Astels* (1979) 205.

Eine Anfrage

Während einer Seminarsitzung fragt im Gespräch darüber, wie ein Lehrer denn im Bewußtsein der Antagonismen, die das Feld seines Handelns so schwer begehbar erscheinen lassen, ein Referendar: "Was würden Sie, wenn Sie, auf dem Sterbebett liegend, noch gerade fünf Minuten Zeit hätten, uns jungen Lehrern als Summe ihrer Ausbildungstätigkeit mit auf den Weg geben? Wie sollten wir sein? Was sollten wir tun? Bitte ganz schnell! Sie haben nur noch wenig Zeit." Angesichts dieses dem alten Memento-Mori-Motiv verpflichteten Appells fällt die gesamte Fachdidaktik mir aus dem Hirn, und ein fällt mir nur allzu Altertümliches: "Begib dich auf den Weg zuallererst zu dir selber, finde dich, damit du bei dir sein kannst! Und erst von dorther wirst du die Besonderheit eines jeden deiner Schüler erkennen und ihm mit Respekt begegnen, auch wenn er dich ärgert; denn damit gibt er dir die Chance, dich zu fragen, ob du dich nicht eigentlich mit ihm, weniger über ihn ärgern müßtest; so kannst du den Grund deines Ärgers (auch deiner Freude, deiner Begeisterung...) anschauen und bearbeiten. Das zweite: Nimm von der Welt so viel auf, wie du kannst, mach sie zu einer dir eigenen, und werde weit und groß in Seele und Geist; vorzeiten hätte ich sehr antiquiert gesagt: Bilde dich!"

Zugegeben, ich war mit dieser Äußerung nicht eben zufrieden: keine sonderlich bemerkenswert neue Antwort. Aber wenn sie entfaltet und für die Ausbildung konkretisiert würde?!

Der Versuch soll unternommen werden. Dabei gehe ich - auch bei Bestehenbleiben der etablierten Institutionen (Uni, Seminar) - von der realisierbaren Möglichkeit aus, daß die Ausbildung in Wissenschaft und Didaktik in Schul- und Selbsterfahrung integrativ, zumindest kooperativ und möglichst synchron (s.o.) vonstatten gehen solle.

1. Kernpostulate der Seminarausbilder

Grundsätzlich sollte die Ausbildung handlungsorientiert sein, damit dem zukünftigen Lehrer der Bezug des zu Lernenden zum Handlungsfeld des Lehrens jederzeit erkennbar und (wenigstens potentiell) erfahrbar ist. Sinnvoll ist die Handlungsorientierung darüber hinaus insofern, als später anzuwendende Formen der methodischen Vermittlung bereits während der Ausbildung eine Rolle in den Aneignungsverfahren spielen.

Daher sollte, zumal wenn man die Rede vom "autonomen Lerner" ernstnehmen möchte, die Ausbildung in wesentlichen Teilen projektorientiert angelegt sein. - Inwieweit das für die fachwissenschaftliche Ausbildung im engeren Sinne gültig sein kann, mag an anderer Stelle bedacht werden. Die fachwissenschaftliche Ausbildung sollte aber jedenfalls u.a. zum Ziel haben, im zukünftigen Deutschlehrer (kritische!) Begeisterung für literarische Gegenstände zu entzünden, zu denen er Schülern auf methodisch reflektierte Weise eigene Verstehenszugänge zu eröffnen weiß, so daß auch bei denen Begeisterung und/oder Kritik sich auslösen kann.

Im folgenden aber soll pointiert, vom Status quo des bestehenden Studienseminars ausgehend, über notwendige und wünschenswerte personale und fachliche Qualitäten der Ausbilder im Fach Deutsch sowie über mögliche Organisationsformen der Seminarausbildung nachgedacht werden, so daß Lehramtsanwärter vor ihren benotungsmächtigen Ausbildern, vor deren subjektiv liebhaberischen Ansichten und deren gelegentlich zu beobachtendem Meinungsterror (*la méthode c'est moi*) tatsächlich stärker geschützt wären.

2. Ein Dilemma

2.1 Wer wird wie Fachleiter?

Fachleiter wird in den meisten Bundesländern ein Lehrer, der, nachdem er sich beworben hat, das Wohlgefallen von Vertretern der Schulaufsichtsbehörde erregt. Er führt mindestens eine Unterrichtsstunde dem Aufsichtsbeamten und hinzugezogenen Beratern, die auch einmal Lehrer waren und es z.T. noch sind, vor, nimmt kritisch Stellung zu seiner Stunde, leitet eine Seminarsitzung mit Lehramtsanwärtern und bekommt nach einem Gespräch die Entscheidung des Dezernenten (der deswegen auch so heißt) über seine Eignung zu Gehör.

Nun haben beide, Kandidat und Dezernent, ihre Kompetenz im wesentlichen durch die eigene Ausbildung im Referendariat gewonnen; der Dezernent hat sie darüber hinaus erweitert (und auch geschmälert!) durch seine Erfahrung als Lehrer, Berater, Beurteiler und Verwaltungsbeamter. Der Kandidat wird als geeignet befunden, wenn er den Vorstellungen des Dezernenten vom guten Lehrer entspricht. Der Dezernent aber hat für seine Beurteilertätigkeit in der Regel keine spezifische Ausbildung erfahren, so wenig der von ihm erwählte neue Fachleiter die für sein zukünftiges Tätigkeitsfeld notwendige Ausbildung erhält. Es wird einfach gesetzt, daß er in der Beratung, Unterrichtung und Beurteilung erwachsener Lerner kraft Amtes kompetent sei: Wem Gott ein Amt gibt, dem gibt er auch Verstand zu dessen Ausübung. Nur wissen wir heute, daß zumindest das Amt des Fachleiters nicht Dei gratia, sondern von der ein wenig niedrigeren Instanz der Bezirksregierung verliehen wird. So ist der durch die plötzliche Ernennung zum Fachleiter gewandelte Lehrer weitgehend auf sich gestellt, dazu verurteilt, seine Ausbildungstätigkeit auf die Normen, Regeln, Inhalte und Zielvorstellungen zu gründen, die ihm aus der eigenen Ausbildung und Erfahrung vertraut sind. Dabei ist sowohl zu bedenken, daß seine Ausbildung zumeist längere Zeit zurückliegt und von Fachleitern geprägt worden ist, die ihrerseits von Dezernenten ausgesucht wurden, die wiederum ... usf., als auch, daß die eigene Erfahrung deswegen als Maßgabe für die Vermittlung von Lehrtätigkeitskompetenz nur begrenzt taugt, weil sie in der Regel angesichts "normaler" Unterrichts- und Verwaltungsverpflichtungen und eines nur schmalen Angebots an Weiterbildungsmöglichkeiten in zu geringem Maß von konsistenter Theoriebildung und Rollenreflexion begleitet ist. Fazit: die Ausbildung ist in der Gefahr, zu wenig innovativ und rational luzid zu sein. Unter solchen Voraussetzungen werden oft - ein Blick in die Schulen bestätigt es allzu häufig - Unterrichtsformen und Lehrverhaltensweisen perpetuiert, die weit unter dem Niveau der zeitgenössischen pädagogischen und didaktischen Reflexion anzusiedeln sind.

Im Falle des Fachleiters ist der Mangel an dezidierter Ausbildung für seine Funktion besonders prekär, da gerade er sich an der Schaltstelle unseres Schulsystems befindet, an der die neuen Lehrer sich entwickeln, von denen es heißt, das Land brauche sie. Diese neuen Lehrer sind zu wichtig, als daß sie der Prägung durch eine psychologisch, soziologisch und didaktisch dilettierende Laienspielschar von Fach- und Hauptseminarleitern anheimfallen dürften. Die Notwendigkeit der Professionalisierung ist evident.

3. Professionalisierung und professionelle Deformation

Wenn hier von "Ausbildung" geredet wird, ist nicht allein, ja nicht einmal in erster Linie daran gedacht, der zukünftige Fachleiter möge Gelegenheit haben, sich unter kundiger Begleitung mit grundlegenden Positionen der gegenwärtigen bildungstheoretischen und bildungspolitischen Diskussion, der pädagogischen und fachdidaktischen Theorie und Praxis sowie mit innovativen Methodenkonzepten vertraut zu machen; vielmehr müßte es in der Hauptsache darum gehen, den jungen Kolleginnen und Kollegen Wege zu eröffnen, auf denen sie sich des Grades ihrer Ich-Identität vergewissern können, um auf bewußte Art ihre Rollenidentität zu finden und zu entwickeln, so daß sie Schülern in personaler Klarheit und mit Respekt vor deren Identitätsfindungsversuchen begegnen werden.

Das böse Diktum eines alten Kollegen klingt mir noch seit der Anfangszeit meines Lehrerdaseins im Ohr:

> "Schaun Sie sich in diesem Kollegium um: mindestens fünfzig Prozent davon sind Lehrer geworden, weil sie Minderwertigkeitsgefühle haben! Darum suchen sie sich einen Ort aus, an dem ihnen Unmündige von amtswegen zugeführt werden, über die sie Herrschaft ausüben können, wozu sie gegenüber Erwachsenen nicht imstande wären. Ja, und eigentlich hassen sie Kinder."

Damals hab ich die Annahme dieses krassen Statements verweigert; doch im Umgang mit verschiedenen Kollegen hat es sich immer wieder Zugang zu meinem Bewußtsein verschafft und dann zu Fragen geführt, denen ich weder in meiner eigenen Ausbildung noch in irgendwelchen Fortbildungsveranstaltungen begegnet war, deren Relevanz aber angesichts konkreter Situationen nicht zu leugnen war. Diese Fragen werden deswegen allzu selten gestellt, weil sie uns, da sie uns im Kern berühren, ängstigen und weil sie in einen personalen Bereich führen, der nicht einfach durch Ausbildungsordnungen, Erlasse, Dienstanweisungen, Curricula usf. zu rubrizieren ist: die Person erscheint der verwalteten Welt stets als ein anarchisches Potential. Dessen Zähmung soll einerseits durch Tabuierung bewerkstelligt werden und andererseits durch den Versuch der Konformierung und Konfirmierung der Individuen mittels justiziabler Vorschriften und Leistungsanforderungen.

Dennoch, die Fragen stellen sich, und ein verantwortungsvoller Lehrer vermag sie auf Dauer nicht abzuweisen. Um wieviel entschiedener noch müßte sich ihnen ein Ausbilder stellen!

4. Fragen eines ins Grübeln geratenen Fachleiters

Ein kleines Beispiel nur aus dem Fragenkatalog notwendiger Selbsterforschung, in dem eine Auswahl wesentlicher Postulate an einen guten Ausbilder und Lehrer zum Vorschein kommt:

1. Wie bist du in das Spiel der Macht, das wir täglich veranstalten, involviert? Wen bestärkst du worin? Wen drückst du warum nieder? Welches sind die Waffen deiner Herrschaftsausübung, und wie setzt du sie (von deiner Stimme und Gestik an bis zur Notengebung hin) ein? Mit welchen Sanktionen belegst du "ungebührliches" Verhalten? Wie hast du "Ungebühr" definiert? Welche Befriedigung gibt dir das Gefühl der Herrschaft?

2. Wann bist du authentisch? Wie weit liegen personale Identität und Rollenidentität in dir auseinander? Wo finden sich in dir die aus deiner Geschichte resultierenden Verletzungen? An welchen Schülern arbeitest du sie projektiv ab?

3. Woran sind deine Menschenliebe, deine Toleranz und deine Selbstbehauptung, deine Bestätigung und deine Abgrenzung im Seminar und im Unterricht ablesbar?

4. Was an altruistisch Erscheinendem tust du für dich selber?

5. Wie hältst du es mit der Kommunikation in den verschiedenen Situationen? Wo ist sie eher symmetrisch, wo asymmetrisch?

6. Was bedeutet es dir, Recht zu haben? Wie setzt du das für richtig Erkannte gegenüber Lehramtsanwärtern durch? Was löst deren Kritik bei dir aus? Wie beweglich bist du in der Revision deiner Ansichten? Wie gut kannst du zuhören (auf der Sachebene, auf der Beziehungsebene)?

7. Wie weit ist deine Fähigkeit zur Neugier entwickelt, wie die zum Staunen, zur Begeisterung über die Leistung von Referendaren und Schülern? Welches sind die dir eigenen Formen der positiven Verstärkung?

8. Wie ist es um deine aktuelle Lernbereitschaft und -fähigkeit bestellt?

9. Wie erweiterst du den Fundus deiner Kenntnisse? Welches sind grundlegende Elemente deines Weltverständnisses? Wo liegen dessen ideologische Implikationen? Wodurch könnte "der blinde Fleck" in dir sich verkleinern?

10. Wie verantwortlich fühlst du dich für die Entwicklung deiner Lehramtsanwärter und Schüler in kognitiven, emotionalen, sozialen und pragmatischen Kompetenzen?

11. Wie ausgeprägt ist deine Fähigkeit und Bereitschaft zur Kooperation? Wie weit nimmst du die Seminargruppe als Lernerteam ernst? Wie definierst du deine Rolle in projektorientierter Seminararbeit?

An unseren eigenen Antwortversuchen allein auf diese begrenzte Fragenauswahl mag sich, sofern wir sie überhaupt für relevant halten, bereits erhellen, wie wenig dezidiert und pointiert Lehrer, und erst recht Fachleiter, in den angedeuteten Problembereichen ausgebildet werden.

5. Ein Blick auf den Status quo

Ein kleines Beispiel aus dem Versuch der Vorbereitung neu ernannter Deutschfachleiter auf ihre Aufgabe durch ein seminarinternes Gespräch mit "altgedienten" Kollegen: In diesem Gespräch geht es den Beteiligten von beiden Seiten in der Hauptsache fast nur darum, mal eben einen Konsens über pragmatisch bündige Lösungen für den Ausbildungsgang der Referendarinnen und Referendare zu vereinbaren:

Welche Didaktik und welches Unterrichtsmodell soll der Seminararbeit zugrunde gelegt werden? Wie ist ein Unterrichtsentwurf abzufassen? usf.

Erwägungen, Referendare selbständig Unterrichtsmodelle auf deren heuristisches Leistungspotential hin überprüfen und erproben zu lassen, oder die Frage zu stellen nach Form und Inhalt von Unterrichtsentwürfen unter den Aspekten der Verwendungssituation in unterschiedlichen Ausbildungsphasen, der Spezifik von Unterrichtsvorhaben, der individuellen Schwerpunktsetzung usf. werden als Behinderung konkreter Festlegungen empfunden; und das zu Recht, schränken solche Fixierungen im vorhinein doch tatsächlich die Möglichkeit entdeckenden Lernens ohne Not ein.

6. Forderungen an die Ausbildung der Ausbilder

Wie sollen wir also Ausbilder von Lehrern werden, die, zur Selbsterkenntnis fähig, ihre Rolle als Lehrer bewußt und in Verantwortung für ihre Schüler (und nicht zuerst gegenüber behördlichen Erlassen und Verfügungen) wahrnehmen, die ihre pädagogische und methodische Kreativität entwickeln, die authentisch sind und die ihre seelischen Beschädigungen zu bearbeiten suchen, so daß der unterrichtliche Umgang mit Schülern nicht zum Kompensations- und Projektionsspiel verkommt, sondern von Empathie getragen ist; wie also sollen wir zu Ausbildern solcher Lehrer werden, wenn zumeist wir selber kein ausreichend weites und unter kundiger Begleitung erfahrenes Entwicklungsfeld für die geforderten Kompetenzen selbständig haben begehen können: ein verhängnisvoller Zirkel! Der scheint nur gesprengt werden zu können durch eine Ausbildung und kontinuierliche Weiterbildung der Ausbilder mit dem Ziel der Kompetenzerweiterung im oben skizzierten Sinn.

Es darf nicht sein, daß ein Lehrer, zum Fachleiter ernannt, mal eben am Fachseminar eines älteren Kollegen teilnimmt und in der nächsten Woche ein eigenes veranstaltet oder daß er einige Staatsprüfungen beobachtet, damit er sieht, "wie man es macht", und kurze Zeit darauf in zahlreichen Prüfungen als sogenannter "Fremdprüfer" eingesetzt wird, auf daß er so lerne zu prüfen. Was kann er da anders tun als zu versuchen, den rudimentär erfahrenen Status quo in gelinder Abwandlung durch eigene Vorstellungen (wo leiten die sich her?) fortzuschreiben.

Dringend müßte solches Erfahrungslernen von einer wie auch immer gearteten professionellen Supervision begleitet werden, durch die das z.B. während einer Prüfung beobachtete Verhalten der einzelnen Kommissionsmitglieder und die daraus resultierenden gruppendynamischen Prozesse aufgedeckt würden, so daß sich dem beobachtend lernenden Ausbilder der Blick schärfte für die u.a. in Prüfungsberatungen zutagetretenden Varianten aus dem Repertoire der "Spiele der Erwachsenen". Später würde er dann eher imstande sein, die eigene Rolle in der Szene "Prüfung" aus der comédie humaine zu reflektieren und vielleicht für künftige Prüfungen neu zu definieren.

Er würde Erkenntnisse zulassen oder gar gewinnen wollen beispielsweise darüber, welche Maske der einzelne Teilnehmer am Beratungsgespräch sich aufsetzt; wer auf diesem kleinen Markt der Eitelkeiten den in der Sache Kompetenten, den Gutmütigen, den Gestrengen, den juristisch Peniblen usw. gibt; auf welche Weise einer sich zum Meinungsführer aufschwingt; mit welcher Strategie sich derjenige ins Spiel bringt, der sich dem Opinion-leader unterwirft oder ihn bekämpft usf.

Ein Beispiel aus der Praxis: Im Beratungsgespräch äußert sich der Vorsitzende, der auch einmal Deutschlehrer war, entrüstet-kritisch darüber, daß der Kandidat in seiner Unterrichtsstunde ausschließlich die "Phase der borniertenSubjektivität" aus dem sogenannten "Vier-Phasen-Schema" Jürgen KREFTs realisiert habe; die übrigen drei Phasen seien nicht einmal andeutungsweise berücksichtigt worden: nach seinem Urteil ein erhebliches Defizit! Der Fremdprüfer hat nichts dagegen, daß es so gesehen wird. Der Hauptseminarleiter, Prüfer in allgemeiner Pädagogik, der den Referendar während der Ausbildung begleitet und mit einer hervorragenden Gutachtensnote bedacht hat und nun spürt, daß die Examensstunde allzu schlecht beurteilt werden könnte, versucht mit dem Hinweis, daß andererseits (!) der Unterricht doch durchaus auch Stärken habe erkennen lassen, den Blick der Kommission auf Positives hinzulenken. Der Deutschfachleiter als viertes Kommissionsmitglied sieht sich vor schwierige Entscheidungen gestellt: Soll er die Konfrontation riskieren und dem Vorsitzenden, der seine Kenntnis der "Grundprobleme der Literaturdidaktik" offensichtlich allein der Teilnahme an Prüfungen von Deutschreferendaren verdankt, schlicht mitteilen, er sei in gravierendem Irrtum befangen, wenn er annehme, KREFT habe im entferntesten gedacht, mit dem o.g. Schema ein Phasierungsmodell für Unterrichtsstunden bieten zu wollen, daß seine Kritik also ins Leere gehe? Solchermaßen bloßgestellt und vielleicht in seiner Ehre gekränkt, könnte er gegen den Fachleiter in Zorn geraten, es den aber nicht direkt, sondern nur über verstärkte Kritik an dessen Referendar vermittelt entgelten lassen, so daß das in einer Note gefaßte Urteil über dessen Leistung ungerechterweise übel ausfallen könnte, denn der Vorsitzende braucht nur den harmoniebedürftigen Fremdprüfer für seinen Notenvorschlag zu gewinnen, um die beiden Ausbilder des Referendars zu überstimmen, da im Fall der Stimmengleichheit sein Votum den Ausschlag gibt. Gilt es also, den Vorsitzenden auf sanfte, konziliante Weise dahin zu bewegen, seinen Einwand für nicht gar so schwerwiegend zu erachten, ihn aber im Irrtum zu belassen, damit er nicht von dem Gefühl geängstigt wird, er könne von den übrigen Kommissionsmitgliedern als nicht sonderlich kompetent angesehen werden? Denn in diesem Fall müßte er Anstrengungen unternehmen, sein Ansehen wiederherzustellen. Und das geschieht allzu häufig auf dem Weg der Negativkritik, dünken wir uns, selber während unserer Ausbildungsgeschichte vielfach verletzt, doch dann besonders qualifiziert, wenn wir die Defizite anderer herausstellen; bei der Hervorhebung des Gelungenen würden wir uns ja der Gefahr aussetzen, selber von den üblicherweise auf die Wahrnehmung von Fehlern fixierten Kollegen kritisiert zu werden, die uns vorwerfen könnten, wir seien nicht imstande, offenkundig Mißlungenes als solches zu erfassen und zu (ent-)würdigen. - Kurz: Das Verhalten aller vier Kommissionsmitglieder hat auf je spezifische Art Züge des autoritären Charakters an sich.

Beispielsweise autoritäre Verhaltensmuster in ihren zahlreichen Schattierungen reflektieren und schließlich verändern zu können, wäre eine der in der Ausbildung der Ausbilder zu erwerbenden Kompetenzen.

7. Die Notwendigkeit einer Aus- und Weiterbildung ist eklatant

Was bisher am Exempel der Prüfungsberatung zu erhellen gesucht worden ist, gilt analog für das Verhalten des umgeschulten Fachleiters in zahlreichen anderen Ausbildungssituationen. In seiner Ausbildung soll der Fachleiter mindestens das lernen, was der zukünftige Lehrer können soll, nämlich (u.a.!)

- bewußt den Weg zur Selbsterkenntnis und Identität voranzuschreiten und als klar konstruierte Persönlichkeit in den verschiedenen Ausbildungsstationen authentisch präsent zu sein;

- die Fähigkeit zur Empathie, zum Respekt vor der personalen Würde der Auszubildenden und zur Anerkennung ihrer spezifischen Leistungen zu entwickeln;

- die kommunikative Kompetenz zu erweitern, was vor allem heißt, sprachlich und außersprachlich transportierte Botschaften sensibel wahrzunehmen und mit der Fähigkeit zu adäquater Resonanz zu verknüpfen (z.B. Kritik so zu äußern, daß sie motivierend wirkt);

- das Vergnügen an wissenschaftlicher Arbeit zu entwickeln und Einfallsreichtum im Entwerfen didaktischer Konzepte und methodischer Arrangements zu entfalten.

Die aus dem letztgenannten Punkt resultierenden Anforderungen an die Ausbildung werden in gängigen Seminarveranstaltungen vielleicht noch am ehesten eingelöst werden können, während die beiden erstgenannten Lernfelder eventuell zwar Gegenstand kognitiver Feststellungen sein mögen, in systematischer, theoriebegleitender Aneignungspraxis bislang jedoch kaum eine Rolle spielen. Das Ausbildungsdefizit aber gerade in diesen Bereichen ist gewiß einer der Gründe dafür, daß aus dem Referendariat so zahlreiche Lehrer als beschädigte Menschen hervorgehen, die ihre unverarbeiteten Verletzungen möglicherweise projektiv-aggressiv an ihren Schülern und Referendaren zu exekutieren suchen. Zu fordern ist daher entgegen den administrativen Versuchen der Eingrenzung mit dem vermutbaren Ziel der Abschaffung der Seminarausbildung deren Öffnung und Erweiterung um Veranstaltungsformen, in denen unter professioneller Supervision die o.g. Lernfelder bearbeitet werden können.

8. Konkrete Vorschläge für die Ausbildung der Ausbilder

Zu fordern ist eine Vorbereitungszeit für den Lehrer, der junge Kolleginnen und Kollegen ausbilden soll. Ehe er seine neue Tätigkeit aufnimmt, muß er selber sich, je nach seinem spezifischen Bedarf von kundigen Menschen (Analytikern, Sozialpsychologen, Supervisoren und Fachkollegen) begleitet, in einer konsistent aufgebauten Kurssequenz, die nicht zu kurz sein darf (mindestens ein Jahr), neben seinen reduzierten (!) Unterrichtsverpflichtungen Gruppenerfahrungen[3] unterziehen, die ihn Klarheit über sich selbst (seine Eigenart, seine Vorurteile, seine Moral- und Weltvorstellungen usf.) und über seine Fähigkeit zur Empathie, zur Fremdbeurteilung, zur Kooperation, zur Kritikverarbeitung usw. gewinnen lassen.

Dabei werden zunächst vor allem Rollenspiele, in denen Ausbildungssituationen simuliert werden, von Bedeutung sein, schließlich aber auch Ernstsituationen (Unterrichtsberatungen, Seminarsitzungen, Prüfungen, Unterrichtsproben des Fachleiterbewerbers selber usf.), die beobachtet und reflektiert werden.

In diesen Veranstaltungen setzt sich der Fachleiterkandidat immer wieder den Unwägbarkeiten von Erprobungssituationen aus, in denen hierarchisches Gefälle nicht von Bedeutung sein darf und oftmals auch nicht sein kann, da in den simulierten Situationen die Rollen unter den Beteiligten (Ausbildern, Fachleitern, Referendaren, Schülern) stets neu verteilt werden. Der Fachleiterkandidat soll lernen sich zu öffnen, sich angreifbar zu machen, damit er (auch im Hinblick auf die geforderte Empathie) spürt, wie er auf andere wirkt, wie weit er Demaskierung erträgt, wodurch seine Angst, sein Zorn, seine Sympathie usw. ausgelöst werden.

All diese Übungen dienen der Steigerung seiner Kooperationsfähigkeit, die als notwendige Voraussetzung für die Ausbildung Erwachsener zu tatsächlich "autonomen Lernern" gelten muß.

Am Ende wird der Fachleiterbewerber von allen Teilnehmern an seiner Ausbildung schriftlich begutachtet. Diese Gutachten sind Grundlage eines Abschlußgesprächs in der Gruppe über den Grad seiner Eignung zum Ausbilder von Lehramtskandidaten. Ein Dezernent mag ihn dann mit dem amtlichen Segen ausstatten.

Die Weiterbildung der Fachleiter geschieht methodisch analog auf regelmäßigen Tagungen, auf denen Fachleiter in Teams unter professioneller Supervision sich gegenseitig beraten und korrigieren. Grundlage der kollegialen Beratung im Team sind wiederum Simulationsarrangements, und vor allem jene Gutachten, die Referendare nach ihrem Examen (einzeln oder im Kollektiv) verfaßt haben.

Nachzudenken wäre über eine Befristung der Fachleitertätigkeit, um einerseits möglichst zahlreiche Kolleginnen und Kollegen zu dieser Art der Weiterbildung zuzulassen, was zweifellos eine Verbesserung des Unterrichtsstandards an den Schulen zur Folge hätte, und um andererseits die schlichte unspektakuläre Abwahl eines Fachleiters etwa durch qualifizierte Mehrheitsvoten von zwei aufeinanderfolgenden Referendarsgruppen zu ermöglichen. Das könnte zudem dadurch erleichtert werden, daß mit der Fachleiterbeauftragung nicht automatisch eine beamtliche Beförderung verknüpft wäre. Daraus resultierten über die staatlich so sehr erwünschte Einsparungsmöglichkeit hinaus zwei weitere erhebliche Vorteile: Erstens würden sich eher an der Art der Ausbildungstätigkeit als an einer Besoldungserhöhung Interessierte bewerben und zweitens könnten gerade innovationsfreudige, didaktisch produktive und für die Erwachsenenausbildung besonders geeignete junge Lehrer

---

[3] Gruppenmitglieder sind neben den genannten Ausbildern und weiteren Fachleiterbewerbern Referendare und Schüler.

für die Fachleiterarbeit gewonnen werden, welche die beamtenrechtlich relevanten Laufbahnvoraussetzungen für eine bislang übliche Besoldungsstufe nicht erfüllen müßten und die damit auch dem de- und konformierenden Druck einer langen kräftezehrenden Lehrerpraxis noch nicht allzu intensiv ausgesetzt wären.

Am Schluß mag es angesichts der neuerlichen, von konservativen Positionen dominierten Diskussion (s. Roman HERZOGs Rede am 5.11.1997 in Berlin) über die Reform des Bildungssystems nicht überflüssig sein festzuhalten, daß die angedachten Postulate einer etwas anderen Lehrerausbildung gerade nicht zu einer Reduktion der Leistungsanforderungen führen, im Gegenteil. Wohl gilt allerdings, daß der Leistungsgedanke hier nicht in erster Linie dem Anspruch der "instrumentellen Vernunft" verpflichtet, sondern von der Zuversicht getragen ist, daß der Mensch, der zu sich selber kommt, auch mit den Mitbewohnern dieser Erde verantwortungsvoll umgeht, und seine ganze Wissenschaft darauf verwendet, nicht um sich den Planeten "untertan zu machen" und auszuplündern, sondern um ihn wieder menschenwürdig bewohnbar werden zu lassen.

Transformiert auf den Mikrokosmos eines Seminars könnte das u.a. bedeuten, diese Institution dadurch wohnlicher zu machen, daß die Auszubildenden ihre Ausbildung selber als ihr Projekt betreiben, in dem sie dem Fachleiter diejenigen Rollen zuweisen, in denen dessen Kompetenz zu ihrem Nutzen am stärksten zum Tragen kommt.

Literaturverzeichnis

Enzensberger, Hans Magnus: (1976) Bescheidener Vorschlag zum Schutz der Jugend vor den Erzeugnissen der Poesie. In: Ebd.: Im Gegenteil. Gedichte, Szenen, Essays. Gütersloh 1981, S.371-387.

Arnfried Astel: (1979) Lektion. In: Klaus Wagenbach (Hrsg.): Lesebuch. Deutsche Literatur der sechziger Jahre. Berlin: Verlag Klaus Wagenbach 1979.

Barbara Schubert-Felmy

Möglichkeiten und Probleme der Lehrer(innen)fortbildung im Fach Deutsch

Beginnen wir mit einem Beispiel: Erstes Staatsexamen im Fach Deutsch Anfang der neunziger Jahre. Ich habe den Prüfungsvorsitz. Im Teilgebiet Didaktik geht es um den Aufsatzunterricht. Die Kandidatin erläutert den kommunikativen Ansatz.[1] Sie breitet Fakten aus und erreicht auch die Ebene der Beurteilung. Ich warte darauf, dass nun modernere Ansätze zur Sprache gelangen. Weit gefehlt! Als ich mich vorsichtig einmische und frage, ob sie etwas über personales Schreiben oder den produktionsorientierten Ansatz sagen könnte, verneint sie. Die Prüfer scheint das nicht zu stören. Mich aber überfällt plötzlicher Pessimismus. Ich male mir in Sekundenschnelle aus, wie düster der fachdidaktische Weg der Kandidatin in diesem Bereich aussehen könnte, sollte sie je in die Schule kommen: Sie könnte auf einen Fachleiter stoßen, der die moderne Aufsatzdidaktik vernachlässigt, sei es, dass er selber nicht auf dem neusten Stand ist, sei es, dass er vom personalen oder kreativen Schreiben sowie von der Produktionsorientierung nichts hält (und solche gibt es viele!), sei es, dass ihm andere Themen wichtiger vorkommen. Sie könnte nach dem zweiten Staatsexamen an ihrer Schule allein gelassen werden. Kein(e) Jahrgangsstufenleiter(in), der/die ihr das Schulcurriculum für das Fach Deutsch in die Hand drückt und bei der Umsetzung Hilfe anbietet. Sollte die Kandidatin weitgehend auf sich allein gestellt bleiben, wird sie die Aufsatzformen bevorzugen, die sie in ihrer Schulzeit kennenlernte. Womöglich ist sie auch in anderen Gebieten des Faches unsicher, in Grammatik zum Beispiel bei der Integration der Bereiche: Umgang mit Texten, Sprechen und Schreiben, Reflexion über Sprache. Vielleicht fällt ihr das gar nicht auf. Schließlich gibt sie sich große Mühe bei der Unterrichtsvorbereitung. Wird sie sich weiterbilden, Fachzeitschriften lesen, den Ansatz der neuen Lehrpläne verfolgen? Dies alles bleibt wahrscheinlich weitgehend ihrer eigenen Initiative überlassen. Es erscheint fraglich, ob bei der Hospitation zur Anstellung auf Lebenszeit die didaktischen Defizite sogleich klar werden. Vielleicht führt sie eine ansprechende Stunde zu einem netten Gedicht oder zu einer Kurzgeschichte vor und man bescheinigt ihr eine akzeptable Leistung? Wenn die Schulleitung nicht regelmäßige Hospitationen durchführt, wenn der Jahrgangsstufenleiter oder Kolleginnen und Kollegen nie am Unterricht der anderen teilnehmen, bleibt das Ausmaß der Defizite womöglich lange verborgen. Die Klassentür bildet eine feste Mauer. Was sich hinter ihr ereignet, dringt nur bruchstückhaft aus Schülermund nach draußen. Die Lehrerin wird ein Image erwerben; man wird sie irgendwie einstufen; ihr helfen, sie anregen, wird kaum jemand. Es sei denn, sie selbst bittet darum. Es sei denn, sie bewirbt sich

---

[1] Vgl. *Boettcher/ Firges/ Sitta/ Tymister* (1973); *Haueis/ Hoppe* (1972).

um eine Beförderung und hat das 'Glück,' auf einen fachkompetenten Dezernenten zu stoßen, der sie berät, den Nachholbedarf offenlegt und Wege aufzeigt, die dazu dienen, die Lücken zu schließen.

Verlassen wir dieses Beispiel. Es ist wahrlich nicht aus der Luft gegriffen. Solche und ähnliche Fälle gibt es zuhauf. Wenn Eltern und Lernende sich nicht beklagen - und diese Klagen werden sich selten auf veraltete didaktische Konzepte beziehen - ist es denkbar, dass eine Lehrkraft mit einem einmal erworbenen Standard ihre Schullaufbahn verfolgt. (Man stelle sich eine solche Laufbahn in der Wirtschaft vor! Sie ist undenkbar! Ein Unternehmen wäre nicht wettbewerbsfähig, stagnierten seine Mitarbeiter im einmal erreichten Standard). Wer veranlasst die erfahrene Oberstudienrätin, sich vor Augen zu führen, dass ihre Schülerinnen und Schüler eine andere Sicht auf Wirklichkeit haben als die vor zwanzig Jahren, so dass andere Ziele und Methoden den Literaturunterricht bestimmen müssten? Wer macht dem langgedienten Studiendirektor klar, dass Abiturvorschläge, die vor zehn Jahren noch akzeptabel waren, heute zurückgewiesen werden müssen, weil die in ihnen formulierten Aufgaben die Prüflinge gängeln, sie als Rezipienten nicht ernst nehmen?[2]

Selbst wenn viele Kolleginnen und Kollegen daran interessiert wären, neue didaktische Konzepte kennenzulernen, es mangelt ihnen an Zeit, um Fachzeitschriften zu studieren, mühevoll das Wesentliche vom Unwesentlichen zu sondieren, sich nicht bei dem aufzuhalten, was für ihre eigene Praxis nebensächlich ist.

Unsere Deutschlehrerinnen und -lehrer sind weitgehend Einzelkämpfer. Niemand hilft ihnen dabei, die nie abreißenden Korrekturberge zu bewältigen. Wochenende für Wochenende sitzen sie und korrigieren. Und wenn sie hören müssen, wie gut es doch die Lehrerinnen und Lehrer haben, dann können sie nur müde lächeln. Das mag ja auf den 'Erdkundekollegen' zutreffen, doch ihre kleinen Ferien sind mit Korrekturen ausgefüllt.

Die hier aufgezeigten Missstände sind zwar bekannt, aber sie gelangen nur am Rande zur Sprache. In unseren Schulen wird zu wenig evaluiert. Supervision ist für viele noch immer ein Fremdwort, kollegiale Zusammenarbeit, was den konkreten Unterricht betrifft, schon aus Zeitmangel selten und regelmäßige Teilnahme an Fortbildungsveranstaltungen, sofern diese überhaupt angeboten werden, noch seltener. Womit wir direkt beim Thema sind: Fortbildung kann manche der aufgezeigten Defizite ausräumen helfen, vorausgesetzt sie erfüllt folgende Bedingungen:

- sie muss regelmäßig stattfinden;
- sie muss alle erfassen, die mit dem Deutschunterricht zu tun haben, die an der Ausbildung Beteiligten und die Lehrerinnen und Lehrer selbst,

---

[2] Vgl. zur Schülerorientierung *Ministerium für Wissenschaft und Forschung* (1993) 19. - Zur Bedeutung des Lesers und seines Vorverständnisses vgl. *Iser* (1976) 175ff; *Ministerium für Wissenschaft und Forschung* (1993) 32f.

- sie muss über fachdidaktische Fragestellungen hinaus auch allgemeinpädagogische und psychologische im Auge haben; auch Fragen der Arbeitsorganisation, den Einzelnen und die Fachkonferenz betreffend;
- sie muss verpflichtend sein;
- sie muss niveauvoll sein, praxisbezogen, mit Angeboten und Ergebnissen, die sich umsetzen lassen, die arbeitserleichternd sind; sie muss nicht nur Unterrichtsgegenstände des Faches erschließen helfen, sondern auch Unterrichtsmethoden, die diesen Gegenständen entsprechen;
- sie muss Lehrende zu Gruppenhospitationen anregen, um die Fähigkeit zur Evaluation zu vergrößern;
- sie sollte dazu beitragen, dass die Überlastung der Deutschlehrerinnen und -lehrer verringert wird, indem Korrekturweisen erarbeitet werden, die weniger zeitaufwendig sind, beziehungsweise Themen erstellt werden, die kürzere Ausarbeitungen bedingen;
- sie muss ständig auf ihre Ergiebigkeit hin untersucht und optimiert werden, auch Fortbildungsveranstaltungen, gerade sie, bedürfen der Supervision.

Ich habe als Dezernentin für das Fach Deutsch meinen besonderen Schwerpunkt auf die Lehrerfortbildung gelegt. Diese Fortbildungen wurden schulbezogen, auf die einzelnen Kreise bezogen und überregional durchgeführt. Ich greife im Folgenden auf meine Erfahrungen zurück.

1. Fortbildungsveranstaltungen der Schule

Pädagogische Tage

Jede Schule in NRW verfügt zur Zeit über ein Budget, das für schulinterne Fortbildung bestimmt ist. Schon aus diesem Grund sind dererlei Veranstaltungen geraten. Im Blick auf die an die einzelne Schule gerichteten Forderungen, Schulprofil und Schulprogramm zu entwickeln,[3] fanden in NRW gehäuft pädagogische Tage an den einzelnen Schulen statt, die dazu beitragen sollten, den eigenen Standort zu bestimmen. Es empfiehlt sich, dass die Schulaufsichtsbeamten solche pädagogischen Tage begleiten, vielleicht das Einführungsreferat halten, in Kleingruppen mitarbeiten oder auch nur mit der Schulleitung und dem Vorbereitungsteam die Ergiebigkeit des Programms erwägen. Die pädagogischen Tage werden von den meisten Beteiligten bejaht, weil sich an ihnen endlich einmal Gelegenheit bietet, über pädagogische Ziele und schulpsychologische Zusammenhänge in Ruhe nachzudenken oder Fragen der Schulentwicklung, der Organisation und Evaluation zu diskutieren. Wenn die Schulaufsicht solche Fortbildungen begleitet, vermindert sie die Distanz zur Schule.

---

[3] *Ministerium für Wissenschaft und Forschung* (1993) 27ff.

Wer sich beratend als kompetent und zugleich als kollegial erweist, dessen Beurteilung wird man sich auch eher stellen.[4]

Allgemeinpädagogische Tage müssen auch unter dem Gesichtspunkt fachlicher Fortbildung gesehen werden; denn zum Beispiel sind Fragen, die das Fach Deutsch betreffen, vor dem Hintergrund entwicklungspsychologischer und lernpsychologischer Zusammenhänge zu sehen.

Fortbildung im Rahmen der Fachkonferenz

Die der einzelnen Fachkonferenz geltende Fortbildung, die die Schulaufsicht mit Fachberaterinnen und Fachberatern durchführen kann, bezieht sich zur Zeit weitgehend auf die Umsetzung der neuen Lehrpläne. (Dieser Trend wird sich fortsetzen, da in absehbarer Zeit mit den neuen Richtlinien und Lehrplänen für die Gymnasiale Oberstufe zu rechnen ist.) Sie knüpft da an, wo nach Meinung der Kolleginnen und Kollegen besonderer Beratungsbedarf besteht, zum Beispiel bei der Frage nach der Integration der Fachbereiche,[5] beim Rechtschreibunterricht, beim prozessorientierten Schreiben.

Die auf die einzelne Fachkonferenz bezogene Fortbildung ist insofern zu begrüßen, als die betroffenen Kolleginnen und Kollegen sich in etwa kennen. Schwierige Probleme können nicht weggeschoben, Lösungen müssen sehr konkret werden, wenn sie greifen sollen. Die Personen, die von außen auf eine festgefügte Fachgruppe stoßen, brauchen sich nicht zu scheuen, mit Nachdruck zur Zusammenarbeit aufzufordern, den gegenseitigen Besuch im Unterricht anzuregen, auf die Ebene der Metareflexion hinzulenken, das heißt auf Lernprozesse und Lehrerverhalten, um den Unterricht zu optimieren.

Auch von der Überlastung von Kolleginnen und Kollegen sollte bei solchen Gelegenheiten die Rede sein, um auf Wege des Ausgleichs und der Abhilfe sinnen zu können (zum Beispiel Hilfe bei den Korrekturen und entsprechende Gespräche mit der Schulleitung, in denen gegebenenfalls auch Entlastung durch Korrekturtage erwogen wird).

Fortbildungsarbeit mit einer Fachkonferenz wird sich auch auf Fragen der gerade eingestellten Kolleginnen und Kollegen sowie auf die der Referendarinnen und Referendare beziehen, die bereits selbstständig unterrichten müssen, auf die Zusammenarbeit mit ihren Ausbildungslehrern. Die Ausbildung der Referendare spielt sich viel zu sehr am Rande der Schule ab. Ihre Erfahrungen sollten offen ausgesprochen werden, damit das Herkömmliche hinterfragt oder erklärt werden kann und unterschiedliche didaktische und methodische Ansätze zur Sprache gelangen.

Die Fortbildung einer Fachkonferenz bedarf keiner besonderen Organisation, sie ist von daher ein gut zu handhabendes Instrumentarium mit ganz geringem Kostenauf-

---

[4] Von daher stehe ich einer Trennung von Beratung und Beurteilung, wie sie neuerdings erwogen wird, sehr skeptisch gegenüber (Vgl. dazu *Bildungskommission NRW* (1995) 191ff.)

[5] *Ministerium für Wissenschaft und Forschung* (1993) 89f.

wand. Probleme kann es im zwischenmenschlichen Bereich geben, wenn die personalen Strukturen bei dem Fachkollegium verhärtet sind, die Bereitschaft, aufeinander zu hören, kaum noch besteht. Die Fortbilder müßten in solchen Fällen eine Supervision einleiten.

Fortbildung bei Hospitationstagen

Um zur Öffnung der Klassentüren zu ermuntern, also gegenseitige Unterrichtsbesuche zu initiieren und damit zu Gesprächen über Unterricht anzuregen, ordnete ich an den zehn Gymnasien meines Kreises Hospitationstage an. Sie bezogen sich stets auf eine Jahrgangsstufe (und galten nicht nur dem Fach Deutsch). Diese Veranstaltung war zweigeteilt. Am Vormittag fanden Gruppenhospitationen statt, an denen Fachkollegen, Schulleitung, ein Fachberater, eine Fachberaterin oder ich teilnahmen, am frühen Nachmittag die Unterrichtsbesprechungen im Rahmen einer Fachkonferenz.

Diese Hospitationstage wurden zunächst gelegentlich abgelehnt, zum einen wegen der Organisationslast für den Stundenplanmacher, zum anderen, weil es nicht leicht war, Kolleginnen und Kollegen zu finden, die sich zur Disposition stellten, und schließlich, weil die Dezernentin bei der Besprechung von Unterricht vorrangig als beurteilende und weniger als beratende Instanz wahrgenommen wird. Diese Doppelfunktion ist nicht zu leugnen; sie fordert ein hohes Maß an Zurückhaltung bei der Analyse der Stunden, eine bewusste Pointierung der Beratung, den Verzicht auf jede beurteilende Bemerkung.

Im Laufe der Zeit gewöhnten sich die Schulen an diese Art der Fortbildung, nahm die Bereitschaft der Lehrenden zu, sich zu Gruppenhospitationen zur Verfügung zu stellen. Dazu trug die Leitung der Schulen ganz wesentlich bei, indem sie Vor- und Nachgespräche mit den Beteiligten führte, den Gewinn für die Schule, für Schüler und Lehrer unterstrich und gelegentlich mit Nachdruck Forderungen erhob.

Die Zusammenarbeit zwischen den Schulleiterinnen oder Schulleitern mit der Schulaufsicht verbessert sich durch gemeinsam durchgeführte Fortbildungen und entsprechender Evaluation außerordentlich. Die Dezernenten lernen, die Alltagsbedingungen ernst zu nehmen, die Gegebenheiten vor Ort, die Schulleitung erfährt etwas über den gewünschten und vielleicht an Nachbarschulen bereits erreichten Standard. Beide verstehen sich als Partner im Einsatz für eine bessere Schule und einen besseren Unterricht. Beide bilden sich bei diesen Gelegenheiten fort.

Für die beteiligten Lehrerinnen bietet diese Art der Fortbildung eine günstige Gelegenheit, das von der Fachschaft erstellte Schulcurriculum zu überprüfen, die Lernenden aus anderer Perspektive als im eignen Unterricht wahrzunehmen, andere Methoden kennenzulernen, Bereitschaft zur Zusammenarbeit mit den Kolleginnen und Kollegen zu entwickeln, Unterrichtsentwürfe und Materialien auszutauschen.

Es bedarf wegen der großen Überlastungen der Schulleitungen allerdings des Anstoßes und der Hilfe von außen, damit solche Unternehmungen zustande kommen.

2. Auf einen Kreis bezogene Fortbildungsveranstaltungen

Während die bisher beschriebenen Maßnahmen weitgehend ohne Mithilfe des Fortbildungsdezernates durchgeführt werden können, bedürfen die auf den Kreis bezogenen seiner Unterstützung und auch die der für die Kreise verantwortlichen Moderatoren und Moderatorinnen. Für diese Aufgabe eignen sich nur Personen, die fachlich auf hohem Stand sind, geschickt im Umgang mit Menschen und die zu organisieren verstehen. Sie wurden von mir im Zusammenhang mit dienstlichen Beurteilungen oder auf Empfehlung von Schulleitern, Fachberatern und Fachleitern angesprochen und möglichst im Unterricht aufgesucht. Mit dieser Mitarbeitergruppe und Angehörigen des Fortbildungsdezernates empfehlen sich regelmäßige Treffen, um das Thema für die kreisbezogene Fortbildung festzulegen (dasselbe Thema für alle Kreise) und entsprechende Unterrichtsideen auszutauschen, Texte für die Ausschreibung zu formulieren sowie durchgeführte Veranstaltungen zu evaluieren. Dieser Austausch gehört zu den Höhepunkten meiner Dezernententätigkeit, weil durch ihn wirklich originelle und doch praxisnahe Unterrichtsvorhaben entwickelt werden konnten.

Die Einzelorganisation der Fortbildung selbst besorgte die Moderatorengruppe des jeweiligen Kreises (in der Regel zwei Leute); sie kümmerte sich um weitere Mitarbeiter und um ein ansprechendes Programm.

Aus jeder Schule wurden zwei Kolleginnen oder Kollegen aufgefordert, an einer solchen Veranstaltung teilzunehmen und später ihrer Fachkonferenz darüber zu berichten. Ferner schickten wir Einladungen an die benachbarten Studienseminare und baten Fachleiter sowie Fachleiterinnen und ihre Referendargruppen, diese Fortbildung zu begleiten.

Die Verflechtung von Lehrerfortbildung und Lehrerausbildung gelang bei unseren Veranstaltungen leider nur im Ansatz. Nur wenige Seminare folgten unserer Einladung. Immer aber, wenn Referendargruppen mit uns arbeiteten, waren die Ergebnisse besonders ergiebig. Fragen der im Unterricht Unerfahrenen vertieften das Nachdenken über Unterrichtskonzepte. Ihre an der Universität erworbenen und in unterschiedlichen Zusammenhängen vorgetragenen Kenntnisse bildeten manches Mal ein wünschenswertes Korrektiv im Blick auf unzulässige didaktische Reduktionen, an die sich die lang gedienten Lehrerinnen und Lehrer im Laufe der Zeit gewöhnen.

Für die Ausbilder an den Schulen, für die Fachleiter und Fachleiterinnen sind solche sehr praxisnahen Fortbildungen eine willkommene Ergänzung zu theoretischen fachdidaktischen Überlegungen. Sie werden hier selbst auch fortgebildet und herausgefordert - eine dringende Notwendigkeit nach der nicht unmaßgeblichen Meinung mancher Referendarinnen und Referendare.

Die Moderatoren und ihre Mitarbeiter und Mitarbeiterinnen erstellen die Fortbildung begleitende Arbeitspapiere, vervielfältigen die Materialien, so dass das, was vorgetragen oder referiert wird, sogleich für den eigenen Unterricht verwendbar ist. Auf diese Weise werden neue didaktische Ansätze bekannt gemacht und können ohne allzu großen Aufwand umgesetzt werden. Die Vorbereitungsarbeit für die einzelne, sich exponierende Schule ist zwar groß, doch da jeder Kreis etwa acht bis zehn Gymnasien umfaßt, ist eine lange Pause bis zum nächsten Engagement garantiert. Ein kreis- oder sogar bezirksübergreifender Austausch der Referenten ist gut möglich.

Es war unser Anliegen, die Teilnehmerinnen und Teilnehmer nahe an die Unterrichtssituation heranzuführen. Wir simulierten mit ihnen Unterricht mit Phasenwechsel und wechselnder Gesprächsführung; teilweise hatten sie Gelegenheit, mit den Schülerinnen und Schülern über die in Form von Ausstellungen, kleinen Theaterstücken oder selbst erstellten Büchern vorgestellten Ergebnisse zu diskutieren, teilweise nahmen sie an Unterrichtsstunden teil. Handlungsorientiert arbeiteten auch die Lehrerinnen und Lehrer. Manches, was im Unterricht von den Schülern verlangt wurde, mußten sie versuchen. Darüber hinaus wurden Aufsätze oder Haushefte eingesehen, häufig auch gemeinsam korrigiert. Es galt, entsprechende Kommentare zu verfassen, die richtige Art der Ergebnissicherung zu bedenken, das Problem der Notenfindung zu erörtern. Gerade in diesem Bereich fühlen sich Deutschlehrer allein gelassen und oft auch überfordert. Sie erfahren bei den gemeinsamen Korrekturen Hilfe und werden ermuntert, in Zukunft bei schwierigen Fällen Kollegen um Rat zu fragen. Fortbildungen sollten viel häufiger als bislang geschehen auf Aufsatzarbeit, Optimierung durch die Lernenden und sinnvolle Korrektur der Lehrenden, ausgerichtet sein.

Die kreisbezogenen Fortbildungen kosten wenig. Von daher ist es angesichts umfassender Vorbereitungen ein großes Ärgernis, wenn sie plötzlich irgendeiner unerwarteten Haushaltssperre zum Opfer fallen, was leider häufiger vorkommt.

3. Kreisübergreifende Fortbildungen

Informationsveranstaltungen

Um das Abitur ordnungsgemäß abzuwickeln, bedarf es regelmäßiger Informationen für die Schulen. Man kann sie durchaus als Fortbildung begreifen, weil auch hier neuere didaktische Ansätze laut werden müssen, wie zum Beispiel produktionsorientierte Aufgaben im Anschluss an die herkömmliche Textanalyse oder die zu fordernde Ausrichtung des Prüfers auf den Prüfling und nicht auf seine als absolut gesetzte eigene Interpretation bei der Beschreibung der erwarteten Leistung.

Fortbildung in Zusammenarbeit mit Hochschullehrern

Bei diesen Veranstaltungen war die Hilfe des Fortbildungsdezernats besonders gefragt, galt es doch, Teilnehmer und Teilnehmerinnen aus dem gesamten Regierungsbezirk zu mobilisieren und in Zeiten, wo Geldmittel noch verfügbar waren und diese Veranstaltungen über zwei Tage gingen, für Unterkunft und Verpflegung zu sorgen, auch die vorbereitenden Gespräche mit Referenten zu führen, soweit Letzteres nicht Aufgabe der Moderatoren war.

Thematisch richteten wir diese Fortbildungen so aus, dass sie den kreisbezogenen weitgehend entsprachen (methodisch simulierten wir mit den Teilnehmerinnen und Teilnehmern auch bei diesen Gelegenheiten wiederholt Unterrichtssituationen). Auf diese Weise war es möglich, mit Hilfe der Vorträge Anschluss an die Ergebnisse wissenschaftlicher Forschung zu finden, Ergebnisse vor dem Hintergrund schulischer Erfahrung zu diskutieren und durch Referate entsprechender Unterrichtsreihen oder Planungen in Kleingruppen konkret zu machen.

Für die Hochschullehrer, die solche Fortbildungen begleiten, ergeben sich im Zuge dieser Zusammenarbeit Gelegenheiten, zu große Praxisferne zu bedenken, ihr eigenes wissenschaftliches Arbeiten als Wirkungspotential zu verstehen, das sich auch auf die Schulen erstreckt. Die Gespräche mit Lehrerinnen und Lehrern können offen legen, wieweit literaturwissenschaftliche oder linguistische Paradigmen überhaupt für die Schule bedeutsam sind. Das wiederum sollte Einfluß auf die erste Phase der Lehrerausbildung haben. Die wünschenswerte Verknüpfung von Ausbildung (der ersten Phase) und Fortbildung ist durch die Teilnahme von Fachleitern und Referendaren (also Lehrenden und Lernenden der zweiten Phase) zu festigen.

Das hier vorgestellte Konzept einer möglichen Verknüpfung von Ausbildung und Fortbildung entspricht in etwa den Forderungen der Bildungskommission.[6] Es erscheint mir ausbaufähig. Auf die Hochschule bezogen, ermöglichen solche Kontakte zur Schule eine grundsätzlich Überprüfung des eigenen Tuns. Selbst wenn man einräumt, dass Forschung nicht nur unter dem Gesichtspunkt des Nutzens betrachtet werden darf, sollte man dennoch zumindest nach ihrer Wirkung fragen. Wirkt sie überhaupt oder dient sie nur der Selbstbestätigung? Die Hochschuldidaktiker haben oft eine schwierige Position, teilweise werden sie als Halbwissenschaftler von ihren Kollegen belächelt, teilweise verlieren sie den Blick für das, was in den Schulen machbar ist.[7]

Roman HERZOG plädiert in seiner Rede anläßlich der Feier "150 Jahre erste Germanistenversammlung in Frankfurt" (am 24. September 1996 in der Paulskirche gehalten) für eine engere Zusammenarbeit zwischen Hochschulgermanisten und Schule. Er verdeutlicht sein Anliegen unter anderen mit dem Hinweis auf die Bedeutung literarischer Bildung für die Entwicklung der Persönlichkeit und die entsprechende Auswahl von Lesestoffen:

> "Nicht zuletzt ist es ja auch für die gesellschaftliche Verständigung von hoher Bedeutung, daß es Referenzen gibt, auf die man sich gemeinsam beziehen kann (..) Verantwortungsvolle Universitätslehrer werden das bei der Gestaltung ihrer Vorlesungen

---

[6] Vgl. *Bildungskommission NRW* (1995) 306ff.

[7] Die mit der schulischen Praxis vertrauten Lehrbeauftragten genügen keineswegs immer dem wissenschaftliche Standard. Ihre Auswahl müßte strenger überprüft werden, als dies bislang geschieht. Wenn aber erfahrene Praktiker (auch nicht promovierte!) den Anforderungen entsprechen und Lehraufträge mit Erfolg übernehmen, sollte man sie stärker an der Ausbildung beteiligen, als das zum Teil der Fall ist. Das heißt, man sollte ihnen auch fachdidaktische Hauptseminare zumuten, und man sollte gerade sie an Fortbildungsveranstaltungen beteiligen.

und Seminare berücksichtigen. Gerade im Fach Deutsch kann die Frage der Vermittelbarkeit von Inhalten nicht allein an die Kollegen von der Pädagogik übertragen werden. Wer später einmal Schüler für Literatur begeistern soll, dem darf nicht selbst die Freude am Club der toten Dichter - natürlich auch an dem der lebenden - an der Universität ausgetrieben werden."[8]

Eine enge Verknüpfung von Ausbildung und Fortbildung, wie sie mit unseren kreisübergreifenden Veranstaltungen erreicht wurde, wirkt auf beide Bereiche, bringt sie miteinander ins Gespräch und zeigt Hochschullehrern und Schulpädagogen, dass sie beide letztlich für die Schülerinnen und Schüler verantwortlich sind, wenn sie über wissenschaftliche Konzepte und didaktische Ansätze nachdenken.

Kommen wir auf unser Eingangsbeispiel zurück. Nie und nimmer dürfte sich ein Prüfer im ersten Staatsexamen mit der alleinigen Darlegung der in der Schule überholten didaktischen Positionen begnügen. Er müßte die Brücke schlagen zu dem, was für die Schüler und Schülerinnen von heute wichtig ist. (Auch wenn das nur in einem didaktischen Gebiet geschieht, schließlich besteht die Möglichkeit des Transfers.) Die Kandidatin, die er gerade prüft, hat, wenn sie einst in die Schule kommen sollte, einen arbeitsintensiven Weg vor sich. Fortbildungen, an denen sie teilnimmt, sollten weniger dem Nachholbedarf dienen, sondern mehr sich verändernden Konzepten, literarischen Neuerscheinungen, modernen Medien, kurz dem, was heute einen ansprechenden Deutschunterricht auszeichnet.

Meine Ausführung dürften gezeigt haben, dass der Schulaufsicht eine große Verantwortung für die Fortbildung zukommt. Sie hat trotz bekannter Überlastung viele Möglichkeiten, entsprechende Maßnahmen zu unterstützen beziehungsweise sie zu initiieren. In NRW zum Beispiel enthält der Vordruck für Dienstliche Beurteilungen eine Spalte 'Teilnahme an Fortbildungsveranstaltungen'. Damit wird auf ein bedeutsames Kriterium für Eignung und Befähigung des Bewerbers verwiesen. Auch das Studium der Personalakte verdeutlicht, wieweit sich eine Bewerberin oder ein Bewerber um systematische Fortbildung bemüht. Hier kann im Kolloquium nachgefragt werden (das sichert zugleich das Gesprächsniveau). In dem Augenblick, wo Bewerbern klar wird, dass Fortbildung für die berufliche Karriere eine Rolle spielt, erhöht sich das entsprechende Engagement - und das gilt nicht für sie allein, sondern auch für die, die im Nachhinein detailliert über das Beurteilungsverfahren informiert werden wollen. Nicht nur die Fachdezernenten, auch das Fortbildungsdezernat hat Möglichkeiten des Einwirkens, die oft zu wenig wahrgenommen werden. Viel stärker als bisher geschehen, müssen Fortbildungsveranstaltungen evaluiert werden. Das setzt die gelegentliche Teilnahme der Fortbildungsdezernenten oder entsprechend qualifizierter Beraterinnen und Berater voraus. Fortbildung sollte anregen, aber sie ist kein Mittel, dem Unterricht zu entfliehen. Von daher ist es wichtig, dass die Schulleitung auf entsprechende Streuung der Teilnehmer achtet.

Die Schulaufsicht sollte, soweit das in ihrer Kompetenz liegt, darauf hinwirken, Ausbildung und Fortbildung zu verknüpfen, zum einen dadurch, dass die Teilnahme der Fachleiterinnen und Fachleiter sowie der Referendare an Fortbildungen nahe ge-

---

[8] Zitiert nach *Praxis Deutsch*, Heft 141, Januar 1997, S. 5.

legt wird (s.o.), zum andern dadurch, dass Fachleiterinnen und Fachleiter hier als Referenten tätig werden (wenn irgend möglich auch als Lehrbeauftragte an der Universität!), zum dritten, dass Fachlehrern, die Referendare betreuen, Gelegenheit gegeben wird, sich im Rahmen der Fachseminare fortzubilden und dabei zu verdeutlichen, was im konkreten Unterricht möglich ist. Das erscheint mir ein äußerst wichtiges Desiderat zu sein; denn allzu schnell verlieren Ausbilder den Sinn für das Machbare. Wie sonst ließen sich die schweren Frustrationen erklären, die gestandene Lehrkräfte noch nach Jahren erwähnen, wenn sie von ihrer Referendarzeit erzählen. Zum vierten sollte die Zusammenarbeit mit den Hochschulen intensiviert werden (s.o.).

Die Bildungskommission hat viel Erwägens- und Wünschenswertes zur Ausbildung und Fortbildung der Lehrer gesagt. Bislang sind wenige der Empfehlungen umgesetzt worden, weil man den Schulen zumutet, ihren Fortbildungsbedarf selber zu artikulieren und dementsprechend tätig zu werden. Ich halte dieses Vorgehen für nur teilweise umsetzbar. Anstöße von außen sind im Blick auf unsere überalterten Kollegien dringend erforderlich, um Bewegung in die Schule zu bringen. Das heißt, gerade im Fortbildungsbereich kommt es auf das Engagement der Schulaufsicht an.

Um der Fortbildung einen größeren Spielraum zu gewähren, bedarf es der Zeit. Bei der Berechnung der Lehrerarbeitsstunden müßte Zeit für die Fortbildung einkalkuliert werden, das ist Voraussetzung für verpflichtende Teilnahme - jedenfalls was den völlig überlasteten Deutschlehrer betrifft.

Bleibt zum Schluss die entscheidende Frage: Wer bildet Hochschuldidaktiker, Fachleiter und Dezernenten fort? Bedürfen nicht gerade sie der Supervision? Kann es angehen, dass die Ausbilder und Fortbilder, die ständig versagen, unaufhörlich Schaden zufügen dürfen? Sollten sie nicht alle in gewissen Abständen in die 'Niederungen' des Schulalltags steigen müssen, um wenigstens ihre Unterrichtserfahrungen aufzufrischen und womöglich selber Rat zu suchen, weil Unterrichten heute ein hohes Maß an pädagogischer Kompetenz voraussetzt? Eine großartige Form von Fortbildung wäre das! Wir gingen wahrlich besseren Schulzeiten entgegen!

Literaturverzeichnis

Bildungskommission NRW: (1995) Zukunft der Bildung - Schule der Zukunft. Denkschrift der Kommission »Zukunft der Bildung - Schule der Zukunft« beim Ministerpräsidenten des Landes Nordrhein-Westfalen. Berlin: Luchterhand 1995.
Boettcher, W., Firges, J., Sitta, H., Tymister, H.J.: (1973) Schulaufsätze- Texte für Leser. Düsseldorf 1973.
Haueis, E., Hoppe, O: (1972) Aufsatz und Kommunikation. Düsseldorf 1972.
Iser, W.: (1976) Der Akt des Lesens. München 1976.
Ministerium für Wissenschaft und Forschung des Landes Nordrhein-Westfalen: (1993) Richtlinien und Lehrpläne für das Gymnasium - Sekundarstufe I - in Nordrhein-Westfalen: Deutsch. Frechen: Verlagsgesellschaft Ritterbach 1993.

Matthias Berghoff

„Wenn ich die Lehrer für eine Sache nicht kriege, kann ich Schule nicht verändern...“.[1]

Pädagogisch sinnvolle Nutzung der Neuen Medien setzt Schulentwicklung voraus.

"Konsequente und entgrenzende Nutzung von Multimedia führt folgerichtig zur Schulentwicklung. Und pädagogisch sinnvolle Nutzung der neuen Medien setzt Schulentwicklung voraus: Es könnte sogar sein, daß neue Technologien die Schulen gar nicht stracks verändern, sondern umgekehrt Schulen sich erst ändern müssen, bevor sie von den neuen Technologien profitieren können."[2]

Was Hans-Günter ROLFF und Detlev SCHNOOR in diesem Zitat zum Ausdruck bringen, soll Anlaß sein, den Gedanken, der programmatisch im Titel dieses Buches erscheint, aufzugreifen, um die Einführung und Nutzung Neuer Medien in der Schule aus einer systemischen Perspektive zu betrachten und die Wechselwirkungen zwischen einem sinnvollen integrativen Einsatz Neuer Medien und notwendiger Schulentwicklung aufzuzeigen.

Denn der Blick auf Neue Medien im Schulbereich ist gegenwärtig noch überwiegend von technologischen Überlegungen geprägt. Die drängendsten Probleme der LehrerInnen in den Schulen beziehen sich häufig auf den Aufbau von schulinternen Netzwerken (Novell, Windows NT oder Linux?), den besten Browser, der auch auf einem 386er Rechner noch läuft, die Vor- und Nachteile der Verwendung von JavaScript innerhalb der schuleigenen Homepage oder die beste Filter-Software, um den Aufruf problematischer Internetseiten verhindern zu können.[3] Didaktisch-methodische Fragen kommen erst in jüngster Zeit mehr und mehr in die Diskussion. Systemische Überlegungen zur Schulentwicklung hingegen, die den Zusammenhang zwischen der Einführung Neuer Medien, der Organisationsentwicklung, der Unterrichtsentwicklung sowie der personalen Entwicklung beachten, werden in den Schulen nicht oder nur am Rande diskutiert. Dabei hat ein erfolgreicher Einsatz von Multimedia, der die offene Struktur dieser Medien für neue Lehr-Lernerfolge zu nutzen weiß, langfristig nur durch das fachübergreifende integrative Zusammenspiel von Mensch und Institution, Technik und Didaktik eine Chance. Und von solchen medienintegrativen Konzepten sind die meisten Schulen noch weit entfernt. Nicht zuletzt, da viele der für den Erfolg des Lernens mit Multimedia erforderlichen ver-

---

[1] Zitat aus einem Lehrer-Interview der Begleitforschung zur Initiative „NRW - Schulen ans Netz - Verständigung weltweit“ (*AMMMa* 1998: 41: 295).

[2] *Rolff/Schnoor* (1998) 14; auch *Beck* (1998) 10.

[3] Einen sehr guten Einblick in den Stand der Diskussion bieten Mailinglisten zum Thema. Empfehlenswert sind die Mailinglisten des SCHULWEB *<http://www.schulweb.de>* und der ZENTRALE FÜR UNTERRICHTSMEDIEN (ZUM) *<http://www.zum.de>*.

änderten Unterrichtskonzepte, Rollenvorstellungen der LehrerInnen und Einsatz-
formen von Multimedia häufig konträr zu vorhandenen Lehrplänen und Strukturen
in Schulen stehen. Sollen Neue Medien ihr Potential für den Lehr-Lernprozeß entfalten können, muß diese Diskrepanz verringert werden.[4]

Dazu ist es notwendig, zunächst zu analysieren, was das Neue an Neuen Medien
und den daraus resultierenden sinnvollen Lernformen ist, welche Kompetenzen
Schule und LehrerInnen zur Nutzung dieses Potentials bereits besitzen und wie
diese Kompetenzen zur weiteren Veränderung von Schule - in Richtung einer umfassenden Integration von Medien - durch Schulentwicklung systematisch ausgebaut
werden können.

1. Phantasma und Mythos - Computer, Multimedia und Internet als universale pädagogische ‚Wunschmaschine'

Klaus BECK von der Forschungsgruppe Telekommunikation der Universität Bremen
hat in einer Vorstudie zu einem umfangreichen Projekt den „Stand der Erwartungen
und Visionen im Themengebiet Lehren und Lernen mit Computernetzen"[5] in verschiedenen Publikationen eruiert und ist dabei zu erstaunlichen Ergebnissen gelangt.
Seine erste Querschnitts-Analyse von 40 Texten aus dem Zeitraum zwischen 1967
und 1997, die Aussagen zum Computereinsatz im Bildungsbereich machen, ergab,
daß den Computern bzw. der Vernetzung im Bildungssektor während dieser 30
Jahre jederzeit ein großes Wirkungspotential ganz im Sinne eines universalen Au-
tomaten zugeschrieben wurde, mit dem Probleme der Didaktik, Pädagogik, Schulorganisation und Bildungspolitik bewältigt werden können.[6]

Die Längsschnitt-Analyse der in den Texten angesprochenen Utopien jedoch zeigt,
daß die Vorstellungen über Computereinsatz in Lehr-Lernprozessen damals wie
heute die gleichen sind.

> „Die pädagogischen Szenarien der letzten 30 Jahre unterscheiden sich trotz einer zum
> Teil rasanten technischen Entwicklung in Bezug auf ihre Annahmen über die Wir-
> kungsmacht von Computernetzen in Lehr- und Lernprozessen nur in geringem Maße
> voneinander."[7]

Demnach hat sich in dem Zeitraum von 1967 bis 1997 im Bereich des Lehrens und
Lernens mit Computern nicht viel verändert, obwohl einige Anstrengungen organi-
satorischer und finanzieller Art unternommen worden sind. Und dies bezieht sich
nach BECK sowohl auf die Mikroebene (Medialisierung des Unterrichts - konkrete

---

[4] *Rolff/Schnoor* (1998) 5.

[5] *Beck* (1998) 1f.

[6] BECK sieht in diesem Ergebnis eine große Nähe zu McLUHANS (1964) These vom Medium
     als Botschaft (‚The medium is the message'), wonach nicht der Inhalt der Medien, sondern
     das Medium selbst unsere Wahrnehmung und unser Denken beeinflußt und verändert.
     Denn in den untersuchten Texten wird dem Medium ‚Computer' - zunächst unabhängig
     von jeglicher Inhaltsbeschreibung - eine ungeheure Wirkmächtigkeit zugeschrieben.

[7] *Beck* (1998) 2.

Lehr-Lernprozesse) wie auf die Makroebene (institutioneller Wandel - Veränderung der Schule und anderer Bildungsinstitutionen). Sollte sich dieser Befund in weiteren Studien erhärten lassen, hieße das, daß die mit der Nutzung der Technik verbundenen Utopien bezüglich der erweiterten und verbesserten Lehr-Lernprozesse weitgehend unerfüllt geblieben sind, obwohl sich die Technik im erwarteten Rahmen entwickelt hat und verfügbar sowie häufig auch bezahlbar ist.[8]

Eine andere Studie bestätigt diese Ergebnisse und bringt darüber hinaus eine Erklärungshypothese ein. Dieter ENGBRING, Reinhard KEIL-SLAWIK und Harald SELKE[9] kommen in ihrem vielbeachteten Bericht des Heinz Nixdorf Instituts zum Thema L e h r e n   u n d   L e r n e n   m i t   i n t e r a k t i v e n   M e d i e n bezüglich der ‚Aufrüstung‘ von Lehr-Lernprozessen mit Multimedia zu dem Schluß:

> „Der Nutzen einer solchen Modernisierung ist in hohem Maße fraglich. Erstaunlich oft sind die konstatierten Erfolge nur geringfügig oder können nicht eindeutig auf den Einsatz neuer Technologien zurückgeführt werden; entscheidend für die Qualitätsverbesserung ist vielmehr die soziale Organisation der Lernprozesse."[10]

Ein vermeintlich erfolgreicher Einsatz Neuer Medien muß also genauestens auf seine Rahmenbedingungen hin betrachtet werden. Die Autoren haben in Untersuchungen zur Nutzung eines Lernsystems festgestellt, „daß wesentliche Verbesserungen bereits v o r dem Einsatz des Systems erreicht worden sind"[11] - und zwar durch die Verwendung neuer Lehr-Lernkonzepte und durch eine verstärkte Einbeziehung der Lernenden. Die technologische Aufrüstung des Unterrichts allein bringt demnach keine oder nur unwesentliche Verbesserungen des Lernerfolgs. Dies wurde auch von der BILDUNGSKOMMISSION NRW in ihrer Denkschrift zur S c h u l e   d e r Z u k u n f t ausdrücklich betont:

> "Für den Einsatz der personellen und materiellen Mittel gilt gleichermaßen, daß auch vorhandene beste Voraussetzungen nicht die neuen Formen des Lernens hervorbringen, wenn nicht die Phantasie aller Beteiligten das ‚Haus des Lernens‘ ständig neu entwirft."[12]

Nur durch die Integration in soziale und organisatorische Kontexte also können die Möglichkeiten, die Neue Medien eröffnen, ausgeschöpft werden - ein Aspekt, mit dem sich u. a. die dem Konstruktivismus nahestehende Theoriebildung zum situierten Lernen befaßt.[13]

1.1 Situiertes Lernen

Im Ansatz des situierten Lernens fließen Überlegungen aus kognitiven Ansätzen, die personeninterne Prozesse im Blick haben und Verhaltenstheorien, die situationale

---

[8] *Beck* (1998) 2.
[9] *Engbring/Keil-Slawik/Selke* (1995).
[10] *Engbring/Keil-Slawik/Selke* (1995) 5.
[11] *Engbring/Keil-Slawik/Selke* (1995) 5 (Hervorh. M. B.).
[12] *Bildungskommission NRW* (1995) 100.
[13] *Mandl/Gruber/Renkl* (1997).

Verhaltensfaktoren untersuchen, zu einer Synthese zusammen. Demnach entsteht Wissen innerhalb eines aktiven Konstruktionsprozesses der Lernenden, wodurch die Situation, in der der Prozeß des Lernens verläuft, eine wesentliche Rolle spielt. Mit dem Begriff der Situation sind dabei sowohl materielle (z.b. Ausstattungskonzepte der Schulen mit Neuen Medien) wie soziale Aspekte (z.B. Interaktionen zwischen Personen, historische und kulturelle Einbettung) gemeint. Der Ansatz des situierten Lernens geht weiterhin davon aus, daß in Lernsituationen nicht einfach abstrakte Wissensbestände von Lehrpersonen transportiert werden können (z.B. im Frontalunterricht). Unterricht muß vielmehr so gestaltet sein, daß in Gruppen gelernt und gearbeitet wird, Hilfsmittel eigenständig benutzt werden, Anwendungskontexte von Wissen Berücksichtigung finden, da Wissen stark mit dem Kontext verflochten ist sowie Lern- und Anwendungssituationen möglichst gleich angelegt sind, um das Ziel allen Lernens - die Möglichkeit des Transfers von Wissen aus dem Unterricht in den Alltag - zu verbessern. Alle Ansätze zum situierten Lernen favorisieren Lernen durch selbständiges Bearbeiten komplexer Probleme. Dementsprechend wird für die Gestaltung von Lernumgebungen gefordert: „Komplexe Ausgangsprobleme", „Authentizität und Situiertheit", „Multiple Perspektiven", „Artikulation und Reflexion", „Lernen im sozialen Austausch".[14] Hervorstechend ist, daß alle Ansätze zum situierten Lernen ausdrücklich in der Nutzung Neuer Medien, besonders von multimedialen offenen Lernumgebungen, brauchbare Möglichkeiten zur fruchtbaren Gestaltung situierten Lernens sehen.[15]

1.2 Neue Medien als Kognitive Medien

Neben der Einsicht in die Notwendigkeit der sinnvollen Integration Neuer Medien in soziale und organisatorische Kontexte ist für die Konzeption von Lernen mit Multimedia das Verständnis ihres zentralen Charakters als ‚Kognitives Werkzeug' bzw. als ‚Kognitives Medium' erforderlich. Kognitive Medien sind eine Form der Medien und der Mediennutzung, die die NutzerInnen in die Lage versetzen, die Navigation und Kontrolle eigenständig zu übernehmen und auf das Medium selbst gestaltend einzuwirken. Die Eigentätigkeit der NutzerInnen ist ebenso eine Voraussetzung wie ein Ergebnis der Mediennutzung. Das ist ein krasser Gegensatz zu den bekannten Modellen und Medien des Programmierten Unterrichts der 70er Jahre und vieler bis heute eingesetzter Computer Based Trainings (CBT), bei denen die Lernhaltung durch passive Rezeption der Inhalte, die das System präsentiert und weitreichende Steuerung und Kontrolle durch das Programm bestimmt war.[16]

Im Prinzip ist dieser Kontrast zwischen an behavioristischen Konzepten ausgerichteter computergestützter programmierter Instruktion früherer Tage und an konstruktivistischen Theorien orientiertem Unterricht, der sich kognitiver multimedialer Werkzeuge bedient, vergleichbar mit dem Unterschied zwischen schlechtem Fron-

---

[14] *Mandl/Gruber/Renkl* (1997) 171.
[15] *Mandl/Gruber/Renkl* (1997) 168ff.
[16] *Klimsa* (1998) 26; *Berghoff* (1997).

talunterricht und Lehr-Lernprozessen, die die Prinzipien situierten Lernens berücksichtigen. Denn beim Frontalunterricht gibt in der Regel die Lehrperson den Lernweg ebenso vor wie dies bei der programmierten Instruktion der Rechner macht. Daher sollte jeder gute Unterricht an den Prinzipien situierten Lernens orientiert sein und nicht nur derjenige, der sich des Einsatzes Neuer Medien bedient.

Unter diesen Gesichtspunkten setzt nicht nur die pädagogisch sinnvolle Nutzung Neuer Medien Schulentwicklung voraus, sondern die Gestaltung einer zukunftsorientierten Schule überhaupt erfordert ein grundlegendes Umdenken und Umfühlen von LehrerInnen, SchülerInnen, Eltern, Schulleitung, Schulaufsicht und Ministerien.[17] An dem aktuellen und vieldiskutierten Phänomen der Integration Neuer Medien in die Schulen wird dieses Problem nur besonders signifikant. Neue Medien könnten deshalb gegenwärtig wie ein Katalysator für so oder so notwendige Schulentwicklungsprozesse wirken.

Ich werde daher im folgenden an Stelle des Begriffs ‚Multimedia‘ auch den Begriff ‚Symmedia‘[18] verwenden. Denn Symmedia (sym = mit, zusammen) verweist meines Erachtens in diesem Zusammenhang wesentlich stärker als Multimedia (multi = viele) auf das notwendige Zusammenwirken - eben die Synthese - nicht nur der medialen Aspekte eines umfassenden medienintegrativen Konzepts für die Schule, sondern auch auf die im Lehr-Lernprozeß und in der Institution Schule insgesamt zu berücksichtigenden Rahmenbedingungen. Multimedia impliziert mitunter ein bloßes Nebeneinander dieser Aspekte.

2. Realität und Utopie - von ‚Wunschschulen‘ und ‚Wunschlehrern‘

Zur Planung von Strategien zur Einführung Neuer Medien in den Schulen stellt sich die Frage, wie es um die Entwicklung im Bereich mediengestützter Lehr-Lernprozesse in den Schulen im Jahre 1998 eigentlich steht. Denn die Haltung der einzelnen Schulen gegenüber Neuen Medien ist so differenziert wie die Haltung gegenüber alten Medien. Das weitreichendere und grundlegendere Veränderungspotential der Neuen Medien scheint jedoch bei LehrerInnen größere intuitive Berührungsängste hervorzurufen als dies bei bisher in den Schulen verwendeten Medien ohnehin schon der Fall war und ist. Die Initiative zur (ersten) Nutzung Neuer Medien in der Schule geht dementsprechend häufig von Schulen mit sehr motivierten und engagierten SchülerInnen und LehrerInnen aus, da sie die Potentiale von Symmedia u.a. durch die Fähigkeit zu eigenständigem nicht angeleiteten Arbeiten am besten nutzen können. Dabei führt die Zurückhaltung vieler Schulen bei der Einführung Neuer Medien zu einem weiteren Auseinanderdriften von schulischer und außerschulischer Medienerfahrung der SchülerInnen, wodurch die These der wachsenden Wissens-

---

[17] Zu umfassenden Begründungen und Vorschlägen siehe *Bildungskommission NRW* (1995).
[18] Die Anregung zur Verwendung dieses Begriffs verdanke ich der Namensgebung für das MULTIMEDIA KOMPETENZ ZENTRUM ‚SYMMEDIA‘ in Bielefeld <http://www.symmedia.de>.

kluft[19] erhärtet werden dürfte. Der Nachmittagsmarkt mit seinen Edutainmentpro-
dukten bestimmt weitgehend die Medienerfahrungen der SchülerInnen, wodurch die
Selbstsozialisation der Kinder und Jugendlichen breiten Raum einnimmt und sie ihre
mediale Mehrsprachigkeit[20] im Unterschied zu vielen LehrerInnen weiter ausprägen.
Dadurch läuft Schule Gefahr, Unterricht an der Lebenswelt der SchülerInnen vorbei
abzuhalten.

Ich möchte im folgenden drei exemplarische Zustandsbeschreibungen anführen, die
einen Ausgangspunkt für weitere Überlegungen zur Medienintegration in Schulen
liefern können. Die erste bezieht sich auf eine Einordnung der Entwicklungstypen
von ‚Medienschulen' in Anlehnung an Hans-Günter ROLFF und Detlef SCHNOOR[21],
die zweite beleuchtet Stufen der Entwicklung von Medienkompetenz von Lehrer-
Innen, die dritte bedient sich erster Ergebnisse der formativen Begleitforschung zur
Initiative ‚NRW-Schulen ans Netz - Verständigung weltweit'[22].

2.1 Institutionelle Dimension (3 Entwicklungstypen von ‚Medienschulen')

Hans Günter ROLFF und Detlef SCHNOOR unterscheiden drei Entwicklungstypen
von ‚Medienschulen': die ‚sporadische Medienschule', die ‚additive Medienschule'
und die ‚sich selbst erneuernde Medienschule'.[23]

Die sporadische Medienschule wird durch das Leitmedium Buch bzw. Text
bestimmt. Der Einsatz Neuer Medien wird skeptisch beurteilt und führt zu Verunsicherung. Mediennutzung findet nur sporadisch statt. Sie ist von der Initiative einzelner Lehrkräfte abhängig, die beim Einsatz Neuer Medien mit vertrauten konventionellen Unterrichtsmethoden arbeiten. Neuere medienpädagogische Konzepte werden
innerhalb der Schule nicht wahrgenommen und nicht diskutiert. Es existieren keine
gemeinsamen Ziele oder Kooperationen zwischen LehrerInnen oder mit PartnerIn-
nen außerhalb der Schule. Die Aktivitäten im Medienbereich sind insgesamt eher
fragmentarisch.

In der additiven Medienschule arbeiten einige LehrerInnen, die Neue Medien
privat nutzen und im Unterricht einsetzen sowie ihre Entwicklung verfolgen. Symmedia und Internet werden hauptsächlich fachgebunden (v.a. in mathematisch-
naturwissenschaftlichen Fächern) und in Computerräumen genutzt. Alternative
Unterrichtsformen mit stärkeren Anteilen von selbstgesteuertem und entdeckendem
Lernen finden vornehmlich in zeitlich beschränkten Einzelinitiativen oder AGs am
Nachmittag statt. Eine curriculare Verankerung gibt es dafür jedoch nicht, wodurch
der Medieneinsatz insgesamt additiv ist. Die Aktivitäten sind meist projektorientiert
und bringen einige Neuerungen, sind aber letztlich wegen des fehlenden Curriculums nicht miteinander verbunden.

---

[19] *Mandl/van der Leun* (1996) 24; *Möller-Streitbörger* (1997).
[20] *Wermke* (1998) 61f., 101f.
[21] *Rolff/Schnoor* (1998) 9f.
[22] *AMMMa* (1998).
[23] *Rolff/Schnoor* (1998) 9f.

Die sich selbst erneuernde Medienschule stellt das Ideal einer pädagogisch durchdachten Medienintegration dar. Die Veränderungen im Medienbereich werden intensiv verfolgt und in internen institutionalisierten Schulzirkeln diskutiert. Es existieren ausgearbeitete pädagogisch-didaktische Ziele, wodurch es möglich ist, neue und alte Medien situativ im Unterricht einzusetzen und die gewonnenen Erfahrungen zur systematischen Unterrichtsreform zu nutzen. Die Möglichkeiten Neuer Medien werden mit den übergeordneten Bildungs- und Erziehungszielen der Schule abgestimmt und als Ansporn und Gelegenheit gesehen, Beziehungen innerhalb der Schule sowie Kontakte zum Umfeld neu zu knüpfen und Bestehende weiter auszubauen. Die Aktivitäten sind diejenigen einer lernenden Organisation, die Entwicklungsschwierigkeiten selbst bewältigt. -

Am häufigsten dürften Schulen in die erste oder zweite Kategorie von Medienschulen einzuordnen sein. Der Sprung zur dritten Stufe erfordert von den Schulen einige Anstrengungen. Dazu gehört vor allem und zuerst eine bewußte Medienwahrnehmung, die die Innovationszyklen im Medienbereich und die sich schnell wandelnden Qualifikationsanforderungen erfaßt, sowie die Erarbeitung eines didaktischen und technologischen Anforderungskataloges zur Medienintegration.

Diese Sichtweise auf Entwicklungstypen von Schule zeigt, daß die Diskussion um Medienkompetenz nicht länger nur auf SchülerInnen und LehrerInnen bezogen werden sollte, sondern vielmehr auch die Frage nach der Medienkompetenz der Organisation ‚Schule' mit ihren spezifischen eingefahrenen Mikro- und Makroverflechtungen zwischen SchülerInnen, LehrerInnen, Schulführung, Eltern, Schulaufsicht und Ministerien gestellt werden muß.

2.2 Personelle Dimension (5 Stufen der Medienkompetenz von LehrerInnen)

Horst DICHANZ konstatiert in seinem Aufsatz 'Zum Medienumfeld von Lehrern' aus dem Jahre 1992: „Es gibt keine Veranlassung anzunehmen, daß Lehrer aufgrund methodisch-didaktischer Überlegungen Medien eine besondere Aufmerksamkeit widmen."[24] Aus dieser Feststellung leitet er die Forderung ab, „Medien weniger als Instrumente oder Gegenstände pädagogischer Auseinandersetzung [zu] begreifen, sondern als normalen, völlig integrierten Bestandteil unserer Alltagskultur und Alltagskommunikation," der „zum selbstverständlichen Bestandteil schulischer Aktivitäten"[25] gemacht wird. So erreiche man die größte Akzeptanz bei LehrerInnen wie SchülerInnen.

Dem kann man nur zustimmen. Doch der Weg dorthin ist ein langer Prozeß, und um diesen planen und gestalten zu können, ist es hilfreich, die Entwicklungsstufen im Bereich der Medienerziehungs- und Medienkompetenz der LehrerInnen - parallel zur vorhergehenden Beschreibung von Entwicklungstypen der Schulen - einmal näher zu beleuchten, um der eher abstrakten Beschreibung von Schultypen eine personale Basis zu verleihen. Denn es sind vornehmlich LehrerInnen mit ihrem

---

[24] *Dichanz* (1992) 276.
[25] *Dichanz* (1992) 279.

Handeln, ihren individuellen Idealen, Zielen, Kompetenzen und Problemen, die eine Schule zu dem machen, was sie ist, da aus dem Zusammenspiel des Verhaltens von vielen einzelnen Menschen die spezifisch verflochtenen Strukturen einer Institution erwachsen.

Die Medienkompetenz von LehrerInnen[26] läßt sich bei insgesamt wachsendem Interesse an Neuen Medien gegenwärtig in fünf Stufen[27] beschreiben:

1. Stufe - Desinteresse

Auf der untersten Ebene der Medienkompetenz, die von einer relativ großen Gruppe von LehrerInnen besetzt wird, herrscht weitgehend Desinteresse an der Medienentwicklung. Die LehrerInnen sind (noch) nicht sensibilisiert und zeigen wenig Interesse an alten und meist noch weniger an Neuen Medien. Benutzen andere KollegInnen Neue Medien in ihrem Unterricht, wird dies mitunter mit Argwohn betrachtet. Häufig fallen unter diese Gruppe ältere LehrerInnen. Der Entwicklungsprozeß hin zu einer höheren Kompetenzstufe wird aufgrund von inneren Abwehrmechanismen oft erschwert. LehrerInnen dieser Stufe der Medienkompetenz sind vornehmlich im Modell der sporadischen Medienschule anzutreffen, finden sich aber auch in beiden anderen Entwicklungstypen.

2. Stufe - Lurken[28]

Auf Stufe zwei der Medienkompetenz befindet sich gegenwärtig ebenfalls eine große Anzahl LehrerInnen. Diese sind teilweise sensibilisiert für die Problematik, sehen aber vorerst dem Geschehen nur interessiert zu. Sie haben die Notwendigkeit der Beschäftigung mit dem Thema erkannt, sich aber noch nicht zu eigenständiger Aktivität durchringen können. Der Sprung zum ersten eigenen Kompetenzerwerb kann durch Gespräche oder Kooperation mit anderen LehrerInnen, die schon Erfahrungen gesammelt haben, relativ leicht erfolgen.

3. Stufe - funktionaler Kompetenzerwerb

Auf der dritten Medienkompetenzstufe, die gegenwärtig zusehends stärker besetzt wird, findet eine erste aktive Beschäftigung mit Neuen Medien statt. Diese bezieht sich - meist in Eigeninitiative und angeregt durch Aktivitäten der KollegInnen, SchülerInnen oder eigenen Kinder - zunächst vornehmlich auf den Erwerb von funktionaler Kompetenz. LehrerInnen dieser Stufe sind z.B. zufrieden mit Bookmarklisten, die im Internet kursieren oder mit der ersten privaten Nutzung von E-

---

[26] Analoges ließe sich wohl auch für den Hochschulbereich feststellen.

[27] Die Begleitforschung zu ‚NRW - Schulen ans Netz' identifiziert drei LehrerInnentypen, ohne diese jedoch weiter zu beschreiben: 1. kein Interesse an der Nutzung von Computern und Informationstechnologien; 2. teilweise Nutzung und interessiert an Fortbildung, aber in abwartendem Status; 3. aktive Beschäftigung mit Internet (*AMMMa* (1998) 23).

[28] Als Lurker bezeichnet man z. B. stille TeilnehmerInnen eines Chats, die zwar Beiträge lesen, sich aber nicht aktiv an der Kommunikation beteiligen.

Mail. Auch wenn auf dieser Stufe meist lediglich reine Bedienungskompetenz feststellbar ist, haben die LehrerInnen aber doch grundlegende Einsicht in die Notwendigkeit der Beschäftigung mit Neuen Medien unter pädagogischen Gesichtspunkten
gewonnen. Der Sprung zur vierten Stufe ist häufig nicht mehr weit.

4. Stufe - pädagogischer Kompetenzerwerb und erste Unterrichtsversuche

Nachdem die ersten eigenen Aktivitäten bzw. der funktionale Kompetenzerwerb im
Bereich Neuer Medien mehr oder weniger erfolgreich verlaufen sind, versuchen
LehrerInnen auf der vierten Stufe, schrittweise auch pädagogische Kompetenz zu
erwerben bzw. diese auszubauen. Sie beschaffen sich nun systematischer Informationen und führen erste Unterrichtsversuche durch. Zudem nehmen sie teilweise zumindest an schulinternen LehrerInnenfortbildungen teil. Die Bemühungen der Initiative ‚Schulen ans Netz‘ haben durch ihre Inkubationswirkung mittlerweile einige
LehrerInnen auf diese Stufe der Medienkompetenz gebracht, auf der viele wohl
verweilen dürften.

5. Stufe - Professionalisierung

Auf Stufe fünf, die nur von wenigen LehrerInnen bisher erreicht wurde, findet eine
selbstinitiierte Professionalisierung der LehrerInnen statt. Sie planen weitere, auch
umfangreichere Unterrichtsversuche und nehmen an - mitunter nicht kostenlosen -
schulexternen Lehrerfortbildungen teil. Sie haben nun den Status von Technologie-
expertInnen und -didaktikerInnen erreicht und publizieren zuweilen ihre Erfahrungen und konzeptionellen Überlegungen. Dieser LehrerInnentyp ist an vielen Schulen
nur sporadisch anzutreffen und dürfte für die Teilnahme am Projekt ‚Schulen ans
Netz‘ häufig treibende Kraft gewesen sein. An einer sich selbst erneuernden Medienschule aber muß er stärker vertreten sein, um diesen Prozeß zu gewährleisten.

Auf Seiten des Lehrpersonals läßt sich also eine in Qualität und Quantität heteroge-
ne Mischung aus (Nicht-)Können und (Nicht-)Wollen in bezug auf Medienerzie-
hungs- und Medienkompetenz feststellen. Im allgemeinen werden die Medienentwicklung, die sich ändernden Qualifikationsanforderungen und die methodisch-
didaktischen Potentiale zu wenig wahrgenommen. Ein berufliches Ethos, das sich
auch auf das eigene Streben nach Professionalisierung in einem sehr anspruchsvol-
len, immer wieder neue Anforderungen stellenden Beruf bezieht, ist nur bei einem
Teil der LehrerInnen auszumachen. Und glaubt man DICHANZ[29], dann tragen Lehrer-
Innen im wesentlichen lediglich ihre privaten alltäglichen Erfahrungen und Kompetenzen im Medienbereich in die Schule hinein, was in der Anfangsphase eines
Projektes wie ‚Schulen ans Netz‘ sehr hilfreich ist, in der Folge aber auf ein erwei-
tertes und reflektierteres Niveau gehoben werden muß. Und dazu bedarf es - wie
WERMKE konstatiert - „eines hohen Maßes an Toleranz und Neugier, Humor und

---

[29] *Dichanz* (1992) 274.

Selbstironie auf Seiten der Lehrenden, um die Auseinandersetzung mit der Medien-
kultur auch als Teil ihrer eigenen aktuellen Entwicklung zu begreifen."[30] Allesamt
Kompetenzen, die gegenwärtig in der LehrerInnenaus- und -weiterbildung kaum
vermittelt werden (können?).

2.3 Schlaglichter aus der Begleitforschung zum Projekt 'NRW-Schulen ans Netz - Verständigung weltweit'

Zur weiteren Beschreibung dessen, was heute in den Schulen bezüglich der Einführung und Nutzung von Internet an Problemen auftaucht und an Lösungsstrategi-
en angedacht ist, sollen an dieser Stelle erste Ergebnisse der formativen Begleitforschung zum Projekt ‚NRW-Schulen ans Netz - Verständigung weltweit' angeführt
werden, die an der AKADEMIE FÜR MEDIENPÄDAGOGIK, MEDIENFORSCHUNG UND
MULTIMEDIA (AMMMa) an der Universität Bielefeld angesiedelt ist. Die AMMMa[31]
hat Anfang 1998 einen ersten Bericht vorgelegt, der sich auf teilstrukturierte Exper-
tenbefragungen mit LehrerInnen stützt, aus dem hier die wesentlichen Aspekte -
untermauert mit einigen Interviewpassagen - dargestellt werden.

2.3.1 Technische Voraussetzungen

An einem überwiegenden Teil der Schulen stehen technologische vor methodisch-
didaktischen Fragestellungen im Mittelpunkt des Interesses (9).[32] Die Ausstattung
mit Rechnern, Vernetzung und geeigneten Räumen ist defizitär (20). Vermißt wird
vor allem in der Anfangsphase die Unterstützung bei technologischen Fragen,
Aspekten der Datensicherheit, möglicher Eingriffe in Hard- und Software durch
SchülerInnen und der Installation von Software und des Netzzugangs.

„[...] Und da seh ich das zweite Problem, das ich also wirklich ganz dick benennen muß, wir haben
einen Rechner für 670 Schüler. [...]" (29: 265[33]).

„[...] aber der Rechner steht in einem kleinen Raum alleine, da kann man also höchstens mit vier Schülern rein [...]" (29: 242).

„[...] So ist es tatsächlich passiert in der letzten Zeit, daß (grobe) Veränderungen, Manipulationen am
Rechner gewesen sind [...] daß der Rechner jetzt im Moment gar nicht mehr läuft, also irgendeiner
wirklich ans Eingeweide gegangen sein muß [...]" (30: 265).

„[...] Wir kriegten nur die Verbindung nicht hin. Da war was ganz Dummes passiert, es gibt nämlich
zwei Steckanschlüsse und da hatte der Techniker den falschen Steckanschluß genommen für den Inter-
net-Stecker[...]" (31: 145).

„[...] ein Vertippen eines Nutzers bei seinem Passwort, eh, dazu führt, daß der gesamte T-Online -
Zugang gesperrt ist [...]" (32: 257).

„[...] Weil in entscheidenden Fragen die Schulen allein gelassen wurden [...]. Und, ist nochmal die

---

[30] *Wermke* (1998) 157.

[31] *AMMMa* (1998).

[32] Die Zahl in den Klammern gibt jeweils die Seite im Bericht der AMMMA an.

[33] Die vordere Zahl bezieht sich auf die Seite im Bericht der AMMMA, die hintere Zahl auf
die interne Numerierung der Interviewausschnitte, die mit allen Fehlern im Transkript zitiert werden.

Frage, [...] wie kann das System installiert werden, wer macht das, wer soll das machen, es gibt keine Entlastungsstunden dafür, es gibt keine Vergütung dafür [...]" (32: 024).

2.3.2 Kompetenzen, Zeitaufwand, Qualifizierung, Fortbildung der Lehrerkollegien

Bei den LehrerInnen in den Schulen ist bei sehr heterogen ausgeprägter Medienkompetenz insgesamt ein steigendes Interesse an Neuen Medien festzustellen (42). Der Zeitaufwand sowohl für den eigenen Kompetenzerwerb, die Schulung von KollegInnen, für die technische Verwirklichung und die didaktische Vorbereitung ist enorm hoch. Der Erwerb vieler technischer und didaktischer Kompetenzen erfolgt autodidaktisch (21). Die Mehrzahl der LehrerInnen ist jedoch nicht bereit, sich diese Kompetenzen eigenständig anzueignen (36). Sie würden aber in ihrer Freizeit an kurzen Einführungen und Fortbildungen teilnehmen (36).

Die ProjektleiterInnen ihrerseits wenden zwar für die persönliche Einarbeitung Zeit auf, sind jedoch nicht bereit, die Fortbildung der KollegInnen durchzuführen (36) oder würden dies nur gegen einen Ausgleich tun (37). Dabei ist der Bedarf an Fortbildungen enorm. Neben technischen Fragen müssen auch methodisch-didaktische behandelt werden (40). Auch der Abbau vorhandener Ängste vor Neuen Medien und das Schaffen einer breiten Akzeptanz im Kollegium wird als außerordentlich wichtig angesehen (40).

Über 60% der Befragten gaben an, über die Projektleiterfunktion[34] für ‚Schulen ans Netz' hinaus noch mindestens eine weitere Tätigkeit auszuüben (10). 8 von 31 LehrerInnen betätigten sich als ModeratorInnen im Rahmen der Landesinitiative ‚NRW-Schulen ans Netz' (9). Alle Befragten besitzen einen oder mehrere Computer, und knapp 90 % sind privat im Besitz eines Internetzugangs. Der private PC wird häufig auch beruflich genutzt (10). Insgesamt bestätigt sich der Eindruck, daß gegenwärtig vor allem die ohnehin schon im Computerbereich aktiven LehrerInnen die Vorreiter in den Schulen bei der Einführung und Nutzung von Neuen Medien sind.

„[...] Interviewer: Wie würden Sie das Vorwissen der Lehrerinnen und Lehrer in puncto Internet hier an der Schule einschätzen? Befragter: Sehr gering. Sehr gering bis nicht vorhanden, wenn man's so über die Fläche betrachtet [...]" (42: 114).

„[...] Also gestern war ich auf einer Fortbildung über Internet. Da war dann eben der Spruch, nicht die Schüler sind das Problem, sondern die Lehrer- [...] Nen bißchen ist da sicher dran-, daß einfach so diese Hemmschwelle, was kommt da auf uns zu, bei manchen doch noch sehr groß ist. Bei denjenigen, die zu Hause wenigstens einen Computer haben, natürlich geringer [...]" (44: 043).

„[...] Ich hab, äh, ich hab, äh, ´n Provider-Netz Cologne [...]. Das finanziere ich privat, da kriege ich keine Unterstützung. Wir haben alle unsere eigenen PCs zu Hause [...]. Wir müssen uns ständig in die neue Software einarbeiten, also das kostet schon sehr viel Zeit, näh. [...] Und Geld auch, ja [...]" (35: 177).

„[...] Und der Hang ist jetzt so, daß die Kolleginnen und Kollegen sagen, nein, also dann möcht ich schon dazu [zur Fortbildung - M.B.] gezwungen werden, freiwillig mache ich das nicht [...]" (38: 024).

---

[34] Interviewt wurden diejenigen LehrerInnen, die mit Neuen Medien in den Schulen schon erste Erfahrungen gesammelt haben und in der Regel im Antrag für ‚Schulen ans Netz' als ProjektleiterInnen genannt sind.

„[...] Viele andere Dinge haben wir auch noch nicht geklärt, muß ich dazu sagen. [...] Aber das läuft alles wirklich so nebenher [...]" (38: 275).

„[...] Und ich jetzt als Schulleiter[in] dazu. So dankbar ich das anerkenne, aber ich hab keine Möglichkeiten Entlastungen zu schaffen, ne. Da ist also nichts vorgesehen. [...] Es gibt also bestenfalls Geld, und, wenn man Glück hat, irgendeine Fortbildung, aber keine Möglichkeit zu dem Lehrer zu sagen, du machst jetzt was Neues, also gibt es dafür weniger Unterricht oder so [...]" (39: 305).

„[...] Ich will Ihnen ganz ehrlich sagen, daß das Kollegium also ein Durchschnittsalter von 50 hat und infolgedessen die Akzeptanz gering ist [...]" (40: 223).

„[...] Das ist etwas, was mich persönlich sehr stark ärgert auch, wenn man so in der Öffentlichkeit immer [...] rumhört auch zum Teil bei einigen Sachen in Soest bei einigen Fortbildungen. Da steht So sehr die Technik im Vordergrund, daß man den Leuten erzählt, wie werden bookmark-Programme verwendet, die inhaltliche Anbindung, die ist meines Erachtens zu gering [...]" (40: 305).

„[...] Also es ist eine Illusion, zu glauben, so ein Medium, das die Lehrer nicht verstanden haben, könne sozusagen direkt vernünftig in die Köpfe der Schüler kommen, das funktioniert nicht. Wenn ich die Lehrer für eine Sache nicht kriege, kann ich Schule nicht verändern [...]" (41: 295).

2.3.3 Inhalte, Fächer, Projekte

LehrerInnen setzen Medien zwar im Unterricht ein, tun dies jedoch oft unreflektiert und nicht unter dem übergeordneten Ziel des Erwerbs von Medienkompetenz. LehrerInnen müssen für dieses Thema zunächst sensibilisiert und im Umgang mit Medien geschult werden (57). Es existieren einige Beispiele für fachbezogene Anwendungen des Internets. Vornehmlich sind das kleine Sequenzen, in denen das hohe Motivationspotential für SchülerInnen nutzbar gemacht wird (48). Daneben konnten viele Projektideen im Unterricht nicht oder nur unbefriedigend umgesetzt werden (50). Dennoch sehen viele LehrerInnen im Medium Internet die Möglichkeit, den Erwerb von Medienkompetenz als übergreifendes Ziel im Unterricht zu verfolgen (52), und einige Projekte in dieser Richtung wurden auch schon erfolgreich realisiert (53).

„[...] Und aber die Resonanz darauf ist so gut wie kaum gewesen. Der Kollege, der das aber gemacht hat, [...] zeigt in meinen Augen auch relativ wenig Eigeninitiative jetzt mal mit anderen Schulen überhaupt mal zu suchen. Welche anderen Schulen machen denn Ähnliches und mit denen Kontakt aufzunehmen Das wäre ja auch eine Möglichkeit der Dinge [...]" (50: 285).

„[...] So singuläre Einsätze des Rechners, auch in Unterrichtszusammenhängen, also ich hab, ich hab mal, ich hab letztens in ´ner Unterstufe mal eine Unterrichtsreihe zu Ägypten gemacht und da hab ich dann mit Hilfe des Internets hier ´ne virtuelle Mumie ausgewickelt, näh [...]" (48: 114).

„[...] Also E-Mail Projekte ohne Kommunikation der Lehrer miteinander, der beteiligten, und ohne genaueste Absprache über Organisationsformen und über Zeitstrukturen gehen nach unserer Erfahrung, da haben wir auch Lehrgeld dafür gezahlt, gehen in die Hose [...]" (51: 295).

„[...] Wir sind anders ausgebildet worden, näh. Wir haben=haben anders studiert. Das ist das große Problem. Wir merken erst jetzt, daß hier scheinbar doch neue Wege beschritten werden könnten. Ich weiß nicht, ob alle diesen Weg gehen wollen [...]" (57: 145).

„[...] Projektorientiertes Arbeiten hat ja immer auch den prozeßorientierten, hm, Aspekt, und da ist eben Unterricht anders organisiert. Das müssen die jungen Leute lernen, das müssen wir Lehrer lernen und es braucht einfach eine ziemliche Zeit [...]" (58: 295).

Anhand der Interviews der AMMMa, von denen hier nur winzige Passagen wiedergegeben werden können, ist deutlich zu erkennen, daß im Bereich der Einführung Neuer Medien in den Schulen sehr unterschiedliche, überwiegend unkoordinierte

Vorgehensweisen an der Tagesordnung sind. Die meisten Interviewpassagen deuten auf eine Einordnung in den Übergang vom ersten zum zweiten Typ der oben genannten Medienschule hin. Eine ausgeprägte Medienwahrnehmung und eine systematische, auf mehreren Entscheidungsebenen koordinierte Medienintegration ist an keiner Stelle erkennbar. Doch scheinen einige LehrerInnen mittlerweile eigene Erfahrungen mit dem Einsatz Neuer Medien gemacht zu haben und dabei zu der Erkenntnis gelangt zu sein, daß ihre Arbeit und ihre Vorstellungen der Einordnung in ein übergeordnetes Konzept bedürfen, um effektiv(er) zu werden.

2.4 Beispiele für gelungene Konzepte von Medienintegration

Ein Beispiel für die Realisierung eines solchen umfassenden Konzepts von Medienerziehung unter Einbeziehung des Internet ist das EVANGELISCH STIFTISCHE GYMNASIUM in Gütersloh[35]. An dieser Schule werden seit mehr als 10 Jahren in Zusammenarbeit mit der Bertelsmann Stiftung Medien im Unterrichtseinsatz erprobt. Mittelpunkt einer integrierten Medienerziehung sind sowohl Medien als Unterrichtsthema als auch die Verbesserung von Lehr-Lernprozessen durch Medieneinsatz (Mediendidaktik). Durch einen über 10 Jahre währenden Diskussions- und Entwicklungsprozeß aller KollegInnen wurde ein umfangreiches Medienkonzept, das Medienkunde, Medienproduktion und Medienanalyse beinhaltet, ermöglicht.

Michael KERBER, Medienkoordinator des Gütersloher Gymnasiums, bestätigt im Interview die These, daß von der Technologisierung des Unterrichts allein keine schulentwickelnden innovativen Impulse ausgehen. Neue Medien enthalten aber ungeheure Potentiale

> „zur Veränderung von Schule [...] nach ganz einfachen reformpädagogischen Grundsätzen, die schon in den zwanziger Jahren theoretisch alle klar gewesen sind, die aber in Schulen nur wenig umgesetzt werden, größere Selbständigkeit der Kinder, eine größere Binnendifferenzierung, forschendes Entdecken, handlungsorientierter Unterricht und so weiter [...]. Die kann man nach unserer Erfahrung mit Medien ganz ausgezeichnet machen und kann damit auch die Schule verändern, man kann ein Kollegium damit verändern, man kann es auch so verändern, daß es mehr und mehr pädagogisch diskutiert und zwar nicht nur über Medien, sondern über pädagogische Grundsatzfragen auch. [...] Es hat die Schule verändert, es hat sie besser gemacht. [...] Die Lehrer haben ein anderes Verständnis von Unterricht, von Schule, vom Umgang mit Kindern und vom Umgang untereinander gelernt. [...] Das ist der eigentliche Punkt, wo dieses Medienprojekt an unserer Schule die eigentliche Innovation in Gang gesetzt hat."[36]

Ein weiteres, internationales Beispiel finden wir am DURHAM BOARD OF EDUCATION in Ontario, Kanada, das 1996 den Carl Bertelsmann-Preis für ‚Innovative Schulsysteme im internationalen Vergleich‘ gewonnen hat. Dabei handelt es sich um ein Schulsystem, das durch ständige Qualitätsverbesserungen gekennzeich-

---

[35] Das Gütersloher Gymnasium ist im Internet unter der Adresse <http://www.ev-stift-gymn.guetersloh.de> erreichbar.

[36] *AMMMa* (1998) 18.

net ist und den Schulen weite Gestaltungsräume gibt. Hier lernen Lehrer selbst wieder Lernen, und Schüler, Lehrer, Eltern, Schulleiter, Schulverwaltung und örtliche Unternehmen arbeiten gemeinsam.[37]

3. „Ich bleib so wie ich bin...!" oder was sich an Schule und LehrerInnen ändern muß, bevor sie von neuen Technologien wirklich profitieren können

„Und das ist die Chance, gerade auf Grund der Krise, welche die Fassaden wegreißt und die Vorurteile vernichtet, dem nachzufragen und nachzudenken, was sich in ihr von dem Wesen der Sache selbst offenbart hat. Der Verlust von Vorurteilen heißt ja nur, daß wir die Antworten verloren haben, mit denen wir uns gewöhnlich behelfen, ohne auch nur zu wissen, daß sie ursprünglich Antworten auf Fragen waren. Eine Krise drängt uns auf die Fragen zurück und verlangt von uns neue oder alte Antworten, auf jeden Fall aber unmittelbare Urteile. Eine Krise wird zu einem Unheil erst, wenn wir auf sie mit schon Geurteiltem, also mit Vorurteilen antworten. Ein solches Verhalten verschärft nicht nur die Krise, sondern bringt uns um die Erfahrung des Wirklichen und um die Chance der Besinnung, die gerade durch sie gegeben ist."[38]

Hannah ARENDT spricht in ihrem 1958 gehaltenen Vortrag - aus dem dieses Zitat stammt - über ‚Die Krise in der Erziehung'. An dieser Stelle soll nun kein neuer Bildungsnotstand proklamiert werden, dennoch scheinen die Zustände in den Schulen im Zusammenhang mit der (flächendeckenden) Einführung Neuer Medien aber etwas Krisenhaftes zu haben oder zumindest bei einigen LehrerInnen ein Gefühl der Krise auszulösen, wie auch an einigen Beispielen der Zitatencollage erkennbar ist. Stellt man sich vor, welche Veränderungen im Zusammenhang mit der sinnvollen Nutzung Neuer Medien im Unterricht weithin unstrittig und notwendig sind und in nicht allzu ferner Zukunft (fast) jede Schule erreichen werden, ist dieser Zustand nachvollziehbar. Allein die Behauptung des Eingangszitats, daß „Schulen sich erst ändern müssen, bevor sie von den neuen Technologien profitieren können", muß bei einer Institution wie der Schule, die häufig den Eindruck des Beharrenwollens nach dem Motto ‚Ich bleib so wie ich bin...' erweckt, größte Krisen auslösen. Betreffen die apostrophierten Veränderungen dann auch noch die Dinge, die Schule sich seit Jahrzehnten erfolgreich bewahrt hat oder an die sie noch nie gedacht hat, scheint die Krise unabwendbar zu sein: Wandlung von der am Leitmedium Buch orientierten Schule zur Medienschule, in der Medienreflexion und Medienproduktion einen höheren Stellenwert erhalten, Computer in (fast) jeder Klasse und selbstverständlicher Umgang damit, teilweise Aufhebung des Stundentaktes und der Fächergrenzen hin zu mehr projektorientiertem und damit fächerübergreifendem Unterricht mit vielen kooperativen Arbeitsformen und -phasen, Verschiebungen zwischen den klaren Rollenverteilungen von SchülerInnen und LehrerInnen, regelmäßige Fortbildung und Teamarbeit, Öffnung von Schule und Public-Private-Partnership sind nur einige Stichworte in diesem Zusammenhang.

---

[37] *Green* (1998); *Kahl* (1996).
[38] *Arendt* (1958) 5f.

Der Behinderung dieses Wandels werden von den Betroffenen häufig Vorurteile zur Seite gestellt, anstatt den Veränderungsprozeß selbst aktiv mitzugestalten. Doch viele Vorurteile haben sich als unhaltbar erwiesen, nicht zuletzt dadurch, daß einige Schulen sich besonnen haben und durch eingeleitete Veränderungen zu neuen Organisationsformen und Unterrichtskonzepten gelangt sind. Welche neuen oder alten Antworten lassen sich nun finden, um die krisenhafte Stimmung und die Verunsicherung der LehrerInnen in den Schulen zu nutzen und in Richtung einer systematischen Verbesserung von Schule zu lenken?

3.1 Neue Medien und Schulentwicklung

Schule sollte befähigt werden, ihre Entwicklung im Bereich der Medienerziehung mit neu zu gewinnenden Instrumenten eigener Bedarfsanalysen und Zielfestlegungen selbst zu planen, zu betreiben und zu evaluieren. Es geht um einen Veränderungsprozeß der Schule und der darin arbeitenden Menschen, der von den Mitgliedern der Schule selbst bewußt gesteuert und initiativ getragen wird. Ziel ist die Erweiterung der Problemlöse- und der Selbsterneuerungsfähigkeit der Schule. Dabei gilt es zu beachten, daß das wichtigste Kapital der sozialen Organisation Schule nicht primär aus materiellen Dingen, sondern aus ihrem qualifizierten Personal besteht, wie man es in solcher Anzahl ansonsten nur in Forschungseinrichtungen findet - den LehrerInnen. Daher setzen Überlegungen zur Schulentwicklung meist bei ihnen an, denn sie sind die wichtigste Triebkraft dieses Prozesses, und gegen sie geht nichts.[39] Doch leider sind LehrerInnen seit je her EinzelkämpferInnen. Sie unterrichten überwiegend alleine in der Klasse und haben ein nur begrenzt ausgeprägtes Bewußtsein dafür, in einer komplexen Organisation zu arbeiten. Vornehmlich existiert die Perspektive ‚Meine Klasse und Ich‘ statt 'Unsere Schule und Wir‘ - und man kann davon ausgehen, daß in der Schule nichts existiert, was nicht im Bewußtsein der Individuen darin zu finden ist. Von daher sind viele der hier folgenden Vorschläge in ihrer ersten Ausprägung auch als vertrauens- und bewußtseinsbildende Maßnahmen durch die (Wieder)belebung des pädagogischen Gesprächs zu verstehen.

Erschwerend kommt hinzu, daß die Ausstattungsinitiative des Projektes ‚Schulen ans Netz‘ letztlich eine fremdbestimmte und nur bedingt aus der einzelnen Schule heraus entstandene Initiative ist. Dadurch werden die Schulen mit Problemen konfrontiert, für die sie bisher keine Problemlösungsroutinen entwickelt haben. Typische Folgen solcher von außen an die Schulen herangetragenen Anforderungen sind entweder Abwehrmechanismen oder der Versuch, neue Aufgaben mit alten Antworten lösen zu wollen. Häufig verschwindet der neue Multimedia-Computer fast ungenutzt in einer Ecke des Lehrerzimmers oder im Sekretariat. Mitunter wird in Fachkonferenzen der Computereinsatz als pädagogisch-didaktisch nicht sinnvoll oder als zu zeitintensiv erklärt, bisweilen ‚löst‘ der Verweis auf fehlende Konzepte dafür das Problem. Findet der Computer Eingang in den Unterricht, dann knüpft die

---

[39] *Rolff* (1993) 7.

Nutzung zumeist an bekannte Lösungsstrategien an, die aus dem Bereich der Informationstechnologischen Grundbildung her bekannt sind: fachgebundener Einsatz zunächst im Informatikunterricht, im Deutschunterricht als elektronische Schreibmaschine oder im Mathematikunterricht. Zudem findet Unterricht mit dem Computer häufig als Projektunterricht oder in Arbeitsgemeinschaften am Nachmittag und in dafür speziell eingerichteten Fachräumen statt. Integrative Ansätze, die den neuen Anforderungen gerecht werden und durch die Medien zum selbstverständlichen Bestandteil schulischen Alltags werden könnten, finden sich unter den alten Lösungsstrategien nicht.[40] Schule kommt letztlich nicht umhin, sich neuen Ansätzen der Schulentwicklung zu öffnen. Die Perspektive der Entwicklung bezieht sich dabei einerseits auf Maßnahmen innerhalb einer Schule und andererseits zunehmend auch auf notwendige Unterstützung von außen.[41]

3.1.1 Entwicklungsanforderungen innerhalb der Schulen

a) Ausstattung mit Medien, Zugang zu Medien, IT-Management

Vieles deutet darauf hin, daß die Schulen durch die überstürzte Initiative ‚Schulen ans Netz' nicht in der Lage waren und sind, ihren Medieneinsatz und die Mediennutzung strukturiert zu planen und umzusetzen.

> „Die Medien können nur dann für Schule und Unterricht genutzt werden, wenn sie vorhanden sind, funktionieren und einfach bedient werden können. Allerdings erweist sich dieser triviale Sachverhalt als ein Fass ohne Boden, denn: Der Medieneinsatz überfordert Schulen."[42]

Folgt man Rudolf PESCHKE in seiner Argumentation, dann müssen Schulen wie Unternehmen zu einem „Medienmanagement als Langzeitstrategie" übergehen, um in Zukunft der gestiegenen Komplexität der Mediennutzung innerhalb der Schulen gerecht zu werden. LehrerInnen sind nun mal keine SystembetreuerInnen und können meist die Technologiesprünge nicht verfolgen. Schulen benötigen zur sinnvollen Erfüllung ihrer Aufgaben im Bereich der Medienerziehung eine flexible, verteilte und vernetzte Medienausstattung. Die Ergebnisse der Begleitforschung zu ‚Schulen ans Netz' in NRW[43] und des Bremer Gutachtens zur Medienausstattung von Schulen[44] sowie die Diskussionen der LehrerInnen zum Thema in diversen Mailinglisten[45] stützen diese Überlegungen. Meine eigenen Erfahrungen deuten darauf hin, daß wirklich sinnvoll mit Computern und Internet idealerweise dann gearbeitet werden kann, wenn diese Medien LehrerInnen wie SchülerInnen im Prinzip jederzeit (möglichst auch privat) zur Verfügung stehen, die NutzerInnen die zur pädagogischen Arbeit notwendige funktionale Kompetenz erworben und sich re-

---

[40] *Lindau-Bank* (1998) 16f.
[41] *Rolff/Schnoor* (1998) 10f.
[42] *Peschke* (1998) 64.
[43] *AMMMa* (1998).
[44] *Kubicek/Breiter* (1998; 1997).
[45] Vgl. Fußnote 3.

gelmäßige Nutzungsroutinen ausgebildet haben sowie Neue Medien ihren Mythos bzw. den Charakter des ‚Neuen‘ verloren haben. In vielen Schulen existieren aber bisher jedoch nicht einmal Übersichten über die Medienausstattung. Befragungen dazu im Kollegium weisen „krasse Unterschiede in der Wahrnehmung von Medien einzelner Lehrer und Fachgruppen" auf und können Anlaß sein, über das Informationsmanagement in der Schule nachzudenken.[46] Letztlich entscheidet die Fähigkeit einer Schule zu einem umfassendem IT-Management mit darüber, ob die hohen Erwartungen an Multimedia in der Schule eingelöst werden können.[47] Doch IT-Management erfordert eine Schulverwaltungsreform, da zur Umsetzung der Planungen eine größere Autonomie der Budgetverwaltung und mehr Entscheidungsspielräume der einzelnen Schule erforderlich sind.[48]

b) Neue Zusammenarbeitsformen im Team. Entwicklung eines Schulprogramms

SchülerInnen, LehrerInnen, Schulleitung und Schulaufsicht können durch behutsames Management von Medienerziehung neue Formen der Zusammenarbeit entdecken und für die pädagogische Arbeit fruchtbar machen. Medienintegrative Konzepte können in Schulen nur dann sinnvoll geplant und umgesetzt werden, wenn die traditionellen Hierarchien aufgebrochen werden, Verantwortung auch im Leitungsbereich abgegeben wird und sich neue Kommunikationsstrukturen etablieren. Nur Teamarbeit kann gewährleisten, daß ein Curriculum für die Medienausbildung einer Schule jahrgangs- und fachübergreifend sinnvoll koordiniert wird und gemeinsame Ziele und Umsetzungsstrategien vereinbart werden. Ideen- und Erfahrungsaustausch, kollegiale Beratung und gegenseitige Evaluation gehören ebenso zu den neuen und ungewohnten Formen der Zusammenarbeit wie institutionalisierte Plenen und Koordinationsausschüsse. Abläufe und Vorhaben müssen für alle Beteiligten transparent sein, um diese zu motivieren, mitzudenken und mitzuziehen - auch emotional. Ein partnerschaftlicher Umgang im Team regt den gesamten Prozeß der Medienentwicklung an und weckt Vertrauen untereinander.[49]

c) Unterrichtsorganisation und Evaluation

Die Arbeit mit Neuen Medien und das Konzept des situierten Lernens erfordern flexiblere Unterrichtsarrangements mit deutlicherer Schülerorientierung bzw. erweiterten Varianten des Selbst- und Gruppenlernens, die nicht zu starr an den vor-

---

[46] *Rolff/Schnoor* (1998) 10.

[47] In der betrieblichen Organisationsplanung wird selbstverständlich vor der Einführung neuer Strukturen und Technologien - resultierend aus der Analyse des Ist-Zustandes und der konkreten Vorstellung vom Soll-Zustand - ein sogenanntes ‚Pflichtenheft‘ angelegt, in dem die einzelnen Schritte der Überführung vom Ist- zum Soll-Zustand konkret aufgezeigt sind.

[48] *Kubicek/Breiter* (1997) 7.

[49] *Rolff/Schnoor* (1998) 11; *Engelen* (1998); *Poppe* (1995) 13f.; *Dahlke* (1993).

gegebenen 45 Minutentakt gebunden sind. Durch problemorientiertes Arbeiten
werden die Fächergrenzen weiter fragwürdig. Eine an der Medienarbeit ausgerichtete Didaktik und Methodik wird durch schmale organisatorische und curriculare
Spielräume in ihrer Entfaltung stark eingeschränkt. In diesen Bereichen müssen
neue Konzepte gefunden werden. Eine systematische Unterrichtsevaluation kann
Ergebnisse liefern, die neue Formen der Unterrichtsorganisation planbar machen.
Die Evaluation kann mit einer einzelnen Unterrichtsreihe, in der Neue Medien eingesetzt werden, beginnen und dann schrittweise weiter ausgebaut werden.[50]

d) Schulinterne LehrerInnenfortbildung (SchiLF)

Schulinterne LehrerInnenfortbildung spielt eine Schlüsselrolle innerhalb eines Wie-
derbelebungsprozesses des pädagogischen Diskurses. Sie fördert u. a. die Medienwahrnehmung einer Schule und den Grad der internen Diskussion, was für die
Schulentwicklung unerläßliche Voraussetzung ist. Sie ist dafür besser geeignet als
die schulexternen LehrerInnenfortbildungsangebote (ScheLF)[51], da diese nicht im erforderlichen Maß auf die spezifischen Probleme, die sich für die einzelnen Schulen
und LehrerInnen aktuell stellen, eingehen können. Allerdings kann durch schulexterne Fortbildung der schulübergreifende Diskurs zwischen den LehrerInnen besser
gefördert werden. Die Inhalte der schulexternen LehrerInnenfortbildung sollte sich
dabei allerdings aus der aktuellen Problemlage der Kollegien ergeben.

Auch SchulleiterInnen müssen gezielt an Fortbildungen zum Management des
Schulentwicklungsprozesses teilnehmen, da sie eine Schlüsselposition für medienintegrative Erneuerungsprozesse innerhalb der Schule einnehmen. Ohne die aktive
Unterstützung der SchulleiterInnen lassen sich curriculare, organisatorische, technische und finanzielle Veränderungen kaum umsetzen.[52]

Den Zeitaufwand für die notwendigen Fortbildungen können die KollegInnen jedoch nicht ohne Kompensation erbringen. Schulen haben bisher aber kein Stunden-
kontingent, um solche Entlastungen zu schaffen.[53] Daher ist es notwendig, ein solches Entlastungsstundenkontingent einzurichten.

e) Öffnung von Schule

Vor allem durch die vielfältigen Kommunikationsmöglichkeiten des Internet öffnen
sich die Klassenräume zum globalen Dorf. Über schuleigene Homepages und etliche
Bildungsserver werden Informationen und Lehrmaterialien angeboten. Allerorten

---

[50] Interessante erste Ansätze dazu liefert das EVANGELISCH STIFTISCHE GYMNASIUM in Gütersloh (*Engelen* (1998) 32f.). Auf Ihren Internetseiten lassen sich sowohl die Kriterien wie
auch die Ergebnisse der Evaluation einzelner Unterrichtsprojekte des Gymnasiums nachle-
sen <http://www.ev-stift-gymn.guetersloh.de/medienprojekt/evaluation.html>.

[51] Von einem interessanten Beispiel in Hamburg berichtet *Vallendor* (1998).

[52] *Rolff/Schnoor* (1998) 11; *Rolff* (1993); *Baumann* (1993).

[53] *AMMMa* (1998) 21, 37ff.

finden sich Aufrufe zur Teilnahme an Kooperationsprojekten in aller Welt.[54] Neue Formen der Zusammenarbeit zwischen SchülerInnen, aber auch zwischen LehrerInnen und zwischen Schule und privaten wie öffentlichen außerschulischen Bildungsinstitutionen entwickeln sich im virtuellen Raum, wodurch neue Formen außerschulischer Lernorte entstehen, LehrerInnen und SchülerInnen von ihrem Heim-Computer aus via E-Mail und Chat miteinander kommunizieren und Experten Eingang in den Unterricht finden können. Ohne diese Ansätze der Öffnung von Schule zu behindern, müssen jedoch übergreifende Konzepte entwickelt werden, die die unzähligen verteilten Netzressourcen zu qualitativ gesicherten Verbundsystemen zusammenführen. Denn die Qualität des verfügbaren Materials und der angebotenen Initiativen ist für LehrerInnen und SchülerInnen nicht mehr überschaubar.[55]

3.1.2 Unterstützungsleistungen von außen

a)Ausstattung, Finanzierung, Public-Private-Partnership, Support-Center

Es besteht Konsens, daß es Aufgabe der Schule ist, Medienkompetenz auch und vor allem im Bereich neuer Technologien zu vermitteln. Doch dazu sind bisher nicht gekannte finanzielle und organisatorische Anstrengungen notwendig, die neue und für Schule ungewohnte Formen der Finanzierung und Kooperation erforderlich machen. Auf die Anforderungen in Richtung eines IT-Managements wurde zuvor schon hingewiesen. Der Finanzbedarf ist enorm und je nach gewähltem Ausstattungskonzept unterschiedlich hoch (Computerraum, Computerraum plus ein Computer im Klassenraum, Klassenraum mit PC-Sharing, Klassenraum mit Netz-PCs, Laptop für alle). Er liegt nach einem Gutachten der Forschungsgruppe Telekommunikation der Universität Bremen[56] - selbst nach Berücksichtigung aller Formen von kostensenkenden Maßnahmen - zwischen dem Fünf- bis Dreißigfachen über den gesamten Ausgaben für Lernmittel im Jahr 1996. Die Relation zeigt, daß eine Finanzierung lediglich aus den Bildungsressourcen völlig unmöglich ist.

In dem Gutachten finden sich auch umfassende Vorschläge für verschiedene alternative bzw. neue Finanzierungsformen wie ein „einmaliger ‚Bildungspfennig'", „Förderung zum Bau eines speziellen ‚Schul-PCs'", „Werbung und Sponsoring", „Spenden durch Unternehmen", „Vermietung der Räume an Nachmittagen" oder den „Aufbau eines Schulservers mit privater Nutzung gegen Gebühren".[57] Der Bericht kommt bei den Vorschlägen zu Finanzierungsmöglichkeiten Neuer Medien in Schulen zu dem Schluß, daß diese „eine Veränderung der Schulverwaltung hin zu mehr Eigenverantwortlichkeit der Schulen erfordern".[58]

Aus den ersten Ergebnissen der Begleitforschung zu ‚Schulen ans Netz' in NRW

---

[54] Einen guten Einstig bietet das Schulweb der HU BERLIN <*http://www.schulweb.de*> oder die ZENTRALE FÜR UNTERRICHTSMEDIEN (ZUM) <*http://www.zum.de*>.

[55] *Rolff/Schnoor* (1998) 11 f.

[56] *Kubicek/Breiter* (1998) 7.

[57] *Kubicek/Breiter* (1998) 8.

[58] *Kubicek/Breiter* (1998) 9.

ergibt sich der Vorschlag, Support-Center bzw. eine Hot-Line einzurichten, an die sich LehrerInnen wenden können und die für Schule ungewohnte Kooperationsform des Public-Private-Partnership[59] zu entwickeln.[60] KUBICEK/BREITER bringen „örtliche Berufsschulen oder Justizvollzugsanstalten als ‚Repair-Center'"[61] nach amerikanischem Vorbild in die Diskussion. Eine Konkretisierung der vorgeschlagenen Maßnahmen und Ideen steht jedoch - ebenso wie ein Wandel der Sicht auf Schule und ihres Umgangs mit derartigen Überlegungen - noch aus.

b) Veränderte LehrerInnenausbildung

Bisher sind die Veranstaltungsangebote für Lehramtsstudierende im Bereich der Medienpädagogik eher unsystematisch und nicht verpflichtend. Langfristig muß die Vermittlung von Medienkompetenz jedoch als ein Basiselement in beiden Phasen der LehrerInnenausbildung eingefügt werden. Eine Veränderung der staatlichen Prüfungsordnungen und Lehrpläne ist aber ein langwieriger Prozeß. Einerseits aufgrund juristischer Probleme andererseits, weil ExpertInnen in komplizierten Aushandlungsprozessen zunächst den kleinsten gemeinsamen Nenner für ein Curriculum finden müssen. Eine Analyse der Problematik von Medien im Lehramtsstudium liefert Jutta WERMKE.[62] Vorschläge für ein „fachspezifisches Kerncurriculum" zum Thema Medien in der DeutschlehrerInnenausbildung hat in jüngster Zeit die AG-MEDIEN DES SYMPOSIONS DEUTSCHDIDAKTIK formuliert.[63]

c) Schulverwaltung

Um veränderte Lehr-Lernarrangements mit Neuen Medien in Schulen zu erproben, werden offenere Curricula und Organisationsbedingungen erforderlich. Dazu bedarf es einerseits größerer Gestaltungsspielräume der einzelnen Schule, andererseits aber auch Bestimmungen, die eine höhere Verbindlichkeit der Medienanteile in der Ausbildung gewährleisten können.[64]

4. „Da es meine Rose ist..."

‚Ihr seid schön, aber ihr seid leer', sagte er noch. ‚Man kann für euch nicht sterben. Gewiß, ein Irgendwer, der vorübergeht, könnte glauben, meine Rose ähnle euch. Aber in sich selbst ist sie wichtiger als ihr alle, da sie es ist, die ich begossen habe. Da sie es ist, die ich unter den Glassturz gestellt habe. Da sie es ist, deren Raupen ich getötet habe (außer den zwei oder drei um der Schmetterlinge willen). Da sie es ist, die ich klagen oder sich rühmen gehört habe oder auch manchmal schweigen. Da es meine Rose ist.'[65]

---

[59] Für konkrete Beispiele von Public-Private-Partnership siehe *Berger* (1998).
[60] *AMMMa* (1998) 20.
[61] *Kubicek/Breiter* (1998) 8.
[62] *Wermke* (1998) 181 ff.
[63] *Wermke* (1998) 204 ff; vgl. auch den Beitrag in diesem Buch.
[64] *Rolff/Schnoor* (1998) 12.
[65] *Saint-Exupéry* (1946) 70.

Die pädagogisch sinnvolle Nutzung der Potentiale Neuer Medien in der Schule verlangt nach Schulentwicklung und Neue Medien können diesen Prozeß als Katalysator beflügeln. An dem Problembereich der Neuen Medien wird jedoch nur die Notwendigkeit einer Veränderung von Schule und Unterricht überhaupt besonders deutlich. Diese These wurde hier vertreten. Wenn Schule in der Zukunft einer Wissensgesellschaft eine Bildungsinstitution sein will, in der SchülerInnen brauchbares Wissen und Kompetenzen zur Vorbereitung auf Studium, Beruf und ihr eigenes Leben erwerben sollen, muß Schule sich auf jeden Fall verändern. Denn die immer wieder in der Diskussion um die Lehr-Lernziele der Schule genannten Schlüsselqualifikationen, die SchülerInnen sich mit Hilfe der LehrerInnen und Neuen Medien beibringen sollen, können in der bisherigen Organisationsform von Schule und Unterricht nur bedingt erlernt werden: Methodenkompetenz, Problemlösungsvermögen, Teamfähigkeit, Selbständigkeit des Lernens, der Informationsbeschaffung, -bewertung und -selektion, die Fähigkeit zu einem interdisziplinären Weitblick sowie zu persönlichen, lokalen und globalen Perspektiven etc.

Eine Schule verändert sich dann am sinnvollsten, wenn in den Wechselwirkungen zwischen der Organisation, dem Unterricht und den Lehrkräften etwas in Bewegung gerät. Um diesen Veränderungsprozeß anzustoßen ist eine veränderte Sicht auf Schule aller beteiligten Akteure notwendig. Diese sollten Schule als systemische Figuration[66] von Individuen mit wechselseitigen Abhängigkeiten der Menschen untereinander begreifen. Die Institution Schule und die Akteure darin und darum herum dürfen nicht länger verschiedene, ja geradezu getrennt erscheinende Objekte sein.

Schulentwicklung ist ein Prozeß der Zeugung, Geburt und Pflege einer sensiblen Pflanze. Motivation und Engagement für diesen Prozeß können bei den wichtigsten Akteuren von Schulentwicklung - den LehrerInnen - ebensowenig wie die Rose des kleinen Prinzen mit Gewalt zum Wachsen gebracht werden. Weder die Schulaufsicht noch die SchulleiterInnen können vorschreiben, was richtig und wichtig ist. „Sie können nur Ergebnisse ermöglichen, Prozesse unterstützen oder Initialzündungen geben."[67] Das darf bei allen hier eingebrachten konzeptionellen Überlegungen und Forderungen nicht übersehen werden. Je mehr es den LehrerInnen in den Kollegien aber gelingt, ein (erstes) vorurteilsfreies pädagogisches Gespräch miteinander zu führen und dann zu institutionalisieren, um daraus konkrete Ziele eines übergeordneten Mediencurriculums für ihre Schule abzuleiten und umzusetzen, desto mehr kann sich eine Schule zu einer Rose entwickeln, zu einer Schule mit einem unverwechselbaren individuellen Profil, das sie durch und für jede einzelne Lehrerin und jeden einzelnen Lehrer erhält, mit der man sich gemeinsam identifiziert, für die man sich auch nach Schulschluß um 13.30 Uhr noch engagieren mag. Denn nur wenn die LehrerInnen für eine Sache gewonnen werden, kann sich Schule verän

---

[66] *Elias* (1970) 9 ff.
[67] *Rolff* (1993) 13.

dern. Und vielleicht gibt es sie dann irgendwann einmal sogar mehrfach ... - die sich
selbst erneuernde Medienschule.

Literaturverzeichnis

AMMMa: (1998) Erste Ergebnisse der Begleitforschung zum Projekt "NRW - Schulen ans
    Netz - Verständigung weltweit". Universität Bielefeld: AMMMa 1998.
Arendt, Hannah: (1958) Die Krise in der Erziehung. Vortrag, gehalten im Rahmen der
    "Geistigen Begegnungen in der Böttcherstraße" in Bremen am 13. Mai 1958.
    Bremen: Angelsachsen-Verlag 1958.
Baumann, Reiner: (1993) Schulentwicklung als Organisationsentwicklung. Die Schlüssel-
    rolle der Schulleiterin/des Schulleiters im und für den OE-Prozeß der eigenen
    Schule. In: schul-management 1 (1993), S. 19-26.
Beck, Klaus: (1998) Das Computernetz als pädagogische "Wunschmaschine". Prognosen
    über den Einsatz und die Folgen computervermittelter Kommunikation im Bil-
    dungswesen.   Online-Dokument   <http://www.fgtk.informatik.uni-bremen.de/
    jahrbuch/online/Online-Artikel/beck/beck.html> 21.05.1998.
Berger, Roland: (1998) Vernetzung durch Netze (am Beispiel Köln). In: journal für schul-
    entwicklung 1 (1998), S. 34-41.
Berghoff, Matthias: (1997) Hypermedia als weitere Chance für den Deutschunterricht? Skiz-
    ze eines interaktiven Assoziations- und Interpretationsraums im Internet zu Ernst
    Jandls 'wien: heldenplatz'. In: Deutscher Germanistenverband (Hg.): (1997) Mit-
    teilungen des Deutschen Germanistenverbandes. Medienwissenschaft und Me-
    dienerziehung. Bielefeld: Aisthesis Verlag, S. 78-94.
Bildungskommission NRW: (1995) Zukunft der Bildung - Schule der Zukunft. Denkschrift
    der Kommission "Zukunft der Bildung - Schule der Zukunft" beim Ministerpräsi-
    denten des Landes Nordrhein-Westfalen. Neuwied/Kriftel/Berlin: Luchterhand
    1995.
Dahlke, Michael: (1993) Team-Arbeit in Schulen - und was kann die Schulleitung tun? In:
    schul-management 4 (1993), S. 25-29.
Dichanz, Horst: (1992) Zum Medienumfeld von Lehrern. In: Bertelsmann Stiftung (Hg.):
    (1992) Medienkompetenz als Herausforderung an Schule und Bildung: ein
    deutsch-amerikanischer Dialog. Kompendium zu einer Konferenz der Bertels-
    mann Stiftung vom 18. bis 20. März 1992 in Gütersloh. Gütersloh: Verlag Ber-
    telsmann Stiftung, S. 266-282.
Elias, Norbert: (1970) Was ist Soziologie? 5. Auflage. Weinheim: Juventa 1986.
Engbrink, Dieter/Keil-Slawik, Reinhard/Selke, Harald: (1995) Lehren und Lernen mit inter-
    aktiven Medien. Technischer Bericht des Heinz Nixdorf Instituts Nr. 45. Pader-
    born: Heinz   Nixdorf   Institut.   Online-Dokument   <http://hyperg.uni-
    paderborn.de/iug_veroeffentlichungen_hni45> 1995.
Engelen, Ulrich: (1998) Medienschule als Herausforderung für das Schulmanagement. In:
    journal für schulentwicklung 1 (1998), S. 27-33 .
Green, Norman: (1998) Wie lernende Lehrer neue Medien nutzen (am Beispiel Dur-
    ham/Kanada). In: journal für schulentwicklung 1 (1998), S. 55-62.
Kahl, Reinhard: (1996) Die stille Revolution. Das Durham Board of Education, Ontario,
    Kanada. Ein Film über den Träger des Carl Bertelsmann-Preises 1996 "Innovative
    Schulsysteme im Vergleich". Gütersloh: Verlag Bertelsmann Stiftung 1996.

Klimsa, Paul: (1998) Möglichkeiten, Ansätze, Fragen. Didaktische Nutzung von Multimedia in der Weiterbildung. In: DIE - Zeitschrift für Erwachsenenbildung 2 (1998). Multimedia, S. 26-28.

Kubicek, Herbert/Breiter, Andreas: (1997) Schule am Netz - und dann? Informationstechnik-Management als kritischer Erfolgsfaktor für den Multimediaeinsatz in Schulen. Online-Dokument <http://www.fgtk.informatik.uni-bremen.de/internet/schule/schuleamnetz/home.html> 21.05.1998.

- (1998) Die Finanzierung neuer Medien in Schulen. Probleme und Lösungsmöglichkeiten in Deutschland und in den USA. Gutachten der Forschungsgruppe Telekommunikation der Universität Bremen für die Bertelsmann Stiftung (vorläufige Fassung). Online-Dokument <http://www.fgtk.informatik.uni-bremen.de/internet/breiter/bm/gutachten.html> 10.06.1998 .

Lindau-Bank, Detlev: (1998) Wie man die Einführung neuer Medien als Prozeß gestalten kann. In: journal für schulentwicklung 1 (1998), S. 15-26.

Mandel, Thomas/Van der Leun, Gerard: (1996) Barmherzig untechnische Einführung. In: Stefan Bollmann/Christiane Heibach (Hg.): (1996) Kursbuch Internet. Anschlüsse an Wirtschaft und Politik, Wissenschaft und Kultur. Mannheim: Bollmann Verlag, S. 12-27.

Mandl, Heinz/Gruber, Hans/Renkl, Alexander: (1997) Situiertes Lernen in multimedialen Lernumgebungen. In: Ludwig Issing/Paul Klimsa (Hg.): (1997) Information und Lernen mit Multimedia. 2. überarbeitete Auflage. Weinheim: Beltz Psychologie Verlags Union, S. 167-178.

McLuhan, Marshall: (1964) Die magischen Kanäle. Understanding Media. 2. erweiterte Auflage. Basel: Verlag der Kunst 1995.

Möller-Streitbörger, Wolfgang: (1997) S2-Kultur - Welt am Draht. Der vernetzte Mensch. Online-Dokument <http://www.sdr.de/radio/s2kultur/weltamdraht/archiv/texte/vernetzter-mensch.html> 26.06.1998.

Peschke, Rudolf: (1998) "Schulen ans Netz". Brauchen Schulen ein Medienmanagement? In: Computer und Unterricht 30 (1998). Internationales Lernen, S. 64.

Poppe, Manfred: (1995) Lernort Schule - lebensnah gestalten. Prämissen für eine Bildungspolitik 2000. In: schul-management 2 (1995), S. 6-19.

Rolff, Hans-Günter: (1993) Schulentwicklung durch Schulleitung. In: schul-management 1 (1993), S. 7-15.

Rolff, Hans-Günter/Schnoor, Detlef: (1998) Multimedia verlangen nach Schulentwicklung. In: journal für schulentwicklung 1 (1998), S. 4-14.

Saint-Exupéry, Antoine: (1946) Der kleine Prinz. Düsseldorf: Rauch, 1974.

Vallendor, Michael: (1998) Zusatzqualifikation Medienarbeit. Pädagogen auf dem Weg in die neue Medienwelt. In: Computer und Unterricht 29 (1998). Aktive Medienarbeit, S. 56-57.

Wermke, Jutta: (1997) Integrierte Medienerziehung im Fachunterricht. Schwerpunkt: Deutsch. München: KoPäd 1997.

Bericht über das Referendariat
- oder: Es ist noch kein Meister vom Himmel gefallen.

Es ist noch kein Meister vom Himmel gefallen - mit dieser sprichwörtlichen Redensart, so banal sie diese wohl wichtigste Phase der Ausbildung zur Lehrerin oder zum Lehrer auch bezeichnen mag, so trifft es sie doch am besten. Denn sowohl im ersten halben Jahr, in welchem ich unter den Fittichen der Mentorin oder des Mentors erste Gehversuche unternahm, als auch im Rahmen des selbständigen Lehrauftrages musste ich stets jeden Tag von Neuem feststellen: Es gibt noch viele Bereiche, die ich lernen muss. Als ich das Gefühl hatte, dass meine Arbeitsaufträge, das A und 0 eines jeden Unterrichts, so gestellt waren, dass die Schülerinnen und Schüler diese auch auf Anhieb verstanden und der Unterricht in eine produktive Arbeitsphase mündete, und schließlich die Präsentationsphase der Gruppenarbeit vor dem Klingeln zumindest fast vollendet war, fingen in der 7. Klasse die Pubertätsprobleme an. Ich hatte mit Dingen zu kämpfen, die weit über die normale Unterrichtsvorbereitung hinausgehen. Bildungs- und Erziehungsauftrag - in der Schule merkte ich erst, was diese zwei Wörter bedeuten!

Kurz um - jeden Tag musste ich feststellen, das Wasser, in das man hier geschmissen wird, ist eisig-kalt. Ich denke jedoch, dass man es mit viel Freude an den Schülerinnen und Schülern, die einen freundlich auf dem Pausenhof begrüßen, Kollegen, die sich mit einem Kaffee im Lehrerzimmer zu einem setzten und mit dem Erfahrungsaustausch im Seminar schafft, sich langsam, aber sicher "warm zu strampeln".

Diese Lehrzeit ist wohl, womit ich keineswegs behaupten möchte, dass man mit abgeschlossenem Zweiten Staatsexamen die Reife eines 'Meisters' hat, nicht nur, was das Lernpensum angeht, sondern auch die Persönlichkeitsentwicklung betreffend, eine der schwierigsten Phasen des Ausbildungs-Lebens. In den ersten Wochen, nachdem die Hospitationsphase schnell in eigene Unterrichtsversuche mündete, hatte ich damit zu kämpfen, die Vorbereitung einer Unterrichtsstunde an einem Nachmittag zu vollenden und brütete dann doch bis in die Nachtstunden über dem „idealen Arbeitsblatt" im Kampf mit Scanner und Computer. Nach den ersten, doch erfolgreichen, Unterrichtsstunden ging es dann an die Lehrerpersönlichkeit. In jeder Klasse spielte ich eine andere Rolle. Bei den jüngeren Schülerinnen und Schülern war ich die junge Lehrerin, die auch "mal Spiele macht", bei den älteren die Person, die man durch Fragen zu provozieren versuchte. Die Unterrichtsstruktur im Kopf zu haben, auf Schülerbeiträge offen zu reagieren und seine eigene Person zu beobachten, schließlich die vielen Tips und Tricks der Mentorinnen und Mentoren auch umzusetzen, stellte mich, vor allem die ersten Wochen, vor große Probleme. Ich legte mir schließlich ein "LehrerInnentagebuch" an, in welchem ich für jede Klasse und für jedes Fach ein paar Seiten anlegte, und allgemeine Dinge, welche zu beachten sind, immer wieder hinzufügte. Ein paar Seiten waren für "mich" reserviert, was ich an mir ändern musste (z.B. schaute ich am Anfang immer etwas zu ernst und kritisch) schließlich waren auf den ersten Seiten (mit rotem, dickem Stift) allgemeine Hinweise, wie zum Beispiel, dass man ein Arbeitsblatt niemals zu voll gestalten darf oder Folien mindesten in der Schriftgröße 20 anzufertigen hat, vermerkt. Mit der Zeit stellte dieses Buch "meinen Leitfaden" zur Unterrichtsvorbereitung dar.

Die lehrreichste Unterrichtszeit stellte sich mit Beginn der beratenden Lehrproben ein. Jetzt fing ich an, nicht mehr nur die Stunde für den nächsten Tag, sondern in Einheiten vorzubereiten, langsam entwickelte ich einen Blick für das Unterrichtspensum einer Klasse und die Verteilung der Unterrichtszeit. Eine wohl sehr wichtige Erfahrung in Anbetracht dessen, dass die Zeit bis zum vollständig eigenen Lehrauftrag nicht mehr allzu lange währte.

Mit Vorfreude auf die eigenen Klassen ging es dann in die erste richtige Verschnaufpause in die Sommerferien, welche leider viel zu kurz waren in Anbetracht dessen, dass man sich mit Schulbüchern, Lehrplänen und der verantwortungsvollen Aufgabe zu "duellieren" hatte, einen Stoffverteilungsplan zu entwerfen, für Klassen, die man nicht kennt. Das mulmige Gefühl zu Beginn des Schuljahres und die anfänglichen Ängste, ob die neuen Klassen einen überhaupt annehmen, scheint unbegründet, wenn man sich auf die Schüler einzulassen versucht. Ich merkte, dass ich, nun nicht mehr im Schlepptau der Mentorin oder des Mentors, schnell Zugang zu den Kindern fand und diese mich als "vollständige Lehrerin" akzeptierten. Ich muss zugeben, der Unterricht machte mir mehr Spass, da ich nun wirklich "mein eigener Herr war". Im Lehrerzimmer saßen schließlich ja immer noch die Mentoren, die einem, vor allem bei Disziplinschwierigkeiten, mit Rat und Tat zur Seite standen. Die richtig schöne Zeit begann ungefähr Mitte September, nachdem der Kampf mit den vielen neuen Namen ausgestanden war, die Zeit bis Weihnachten habe ich eigentlich am meisten genossen.

Denn schon zu Beginn des neuen Jahres muss man sich die Nachtstunden mit der Vorbereitung für die nächsten Prüfungen "versüßen" (in dieser Zeit stellte ich fest, dass auch die Arbeit aus dem Schulbuch (ohne Gruppenarbeit und Lernzirkel) sehr fruchtbar sein kann!). In dieser Zeit, in der die mündlichen Prüfungen und der Unterricht parallel laufen, darf man wohl keinen Referendar oder Referendarin auf die Tränensäcke unter den übermüdeten Augen ansprechen.

Die Prüfungslehrproben zwischen Ostern und Pfingsten sind der "krönende" Abschluss und die wohl "heißeste" Phase, bevor es dann, nach 15 Monaten Hürdenlauf, in die wohl verdienten Ferien geht. Und was kommt dann?

Kirsten S e l l e r b e c k absolvierte ihr Referendariat in Baden-Württemberg am Studienseminar in Karlsruhe und an der Theodor-Heuss-Realschule in Walldorf.

Lehrerausbildung im Widerspruch -
Erfahrungen und Reflexionen im Abstand von zehn Jahren

Wahrlich ein formidabler Beruf erschließt sich da dem Außenstehenden prima vista. Und wer ist bei der Betrachtung des Lehrerberufes schon außen vor. Hatten wir nicht alle mindestens zehn Jahre lang die fleischgewordene Inkarnation dieses Berufsfeldes vor Augen?

Eine verlockende Berufsperspektive zudem. Jungen Menschen etwas beizubringen, an ihrer Entwicklung mitzuwirken, Vorbild zu sein, ein Leben lang in symmetrischer Kommunikation auch von seinen Schülern zu lernen, Wissens- und Lerngegenstände immer wieder neu aufzuarbeiten und zu vermitteln, all dies verspricht intensive berufliche Erfüllung in Richtung Selbstverwirklichung. Obendrein winkt auch noch die soziale Absicherung als gut dotierter Beamter ohne Angst vor Arbeitsplatzverlust und mit langem Ferienanspruch, klar, daß nur Hochschulzugangsberechtigte, denen Schule entweder ein für allemal auf den Keks gegangen ist oder die unbedingt Arzt, Jurist, Millionär etc. werden wollen, diesen Berufswunsch nicht in ihr Kalkül ziehen. Den Autoren dieses Artikels erschien die Entscheidung für ein Lehramtsstudium auf jeden Fall eine gute Wahl zu sein[1].

Die offenkundige Differenz von Anspruch und Wirklichkeit dieses Berufsbildes gerät allerdings in kurzer Zeit universitären Reifens zur Phantasmagorie. Besonders die eklatante Asymmetrie zwischen Lerngegenständen an der *Alma mater* und Unterrichtsinhalten, wie sie der Aspirant von der Schule gekannt hat, erzeugt Unbehagen. So kann ein angehender Geschichtslehrer beispielsweise ein zwanzigsemestriges Geschichtsstudium absolvieren, ohne das Wort *polis* jemals in irgendeinem Hörsaal oder Seminarraum gehört zu haben.

Der Lehramtsanwärter muß schnell zur Kenntnis nehmen, daß Grundlagenforschung eindeutig den Vorzug vor den Erfordernissen einer umfassenden, den breit gestreuten Bedürfnissen und Erwartungen des Lehrerberufes gerecht werdenden Ausbildung erhält. Nicht die Vermittlung eines adäquaten pädagogisch - didaktischen Rüstzeuges, verbunden mit notwendiger flankierender Persönlichkeitsbildung steht im Mittelpunkt der universitären Hochschulausbildung, sondern eine überbordende Theorielastigkeit. Pädagogische Aspekte dieses Studiums - und hier besonders fachdidaktisch-unterrichtspraktische - kommen in jedem Fall zu kurz.

Wer nun mit der ersten Staatsprüfung in der Tasche auf der Zielgeraden der zweiphasigen Ausbildung angekommen ist, ist nicht nur akademisch gereift, sondern auch real gealtert. Wie einsam er in seinem Elfenbeinturm geworden ist, merkt er vielleicht erst jetzt wieder und wird nun als grober Klotz mit grobem Keil auf die Ansprüche des realen Schuldaseins gestutzt. Er sieht sich einer Vielzahl von Menschen gegenüber, die erst das Lernen lernen sollen bevor sie Inhalte internalisieren können. So wird dem Referendar, der sich en passant in seine neue Rolle einfinden soll, diese Herausforderung rasch zur Überforderung.

---

[1] Selbstverständlich ist dieser Artikel keinen repräsentativen Ansprüchen verpflichtet. Die Validität der Darstellung fußt jedoch auf einem mannigfaltigen, keineswegs lokal begrenzten Erfahrungsaustausch zwischen den Autoren und zahlreichen Referendaren bzw. ehemaligen Referendaren.
Im übrigen möchten wir besonders betonen, daß sich unsere Ausführungen hinsichtlich maskuliner Begrifflichkeiten wie Referendar, Kandidat, Fachleiter etc. auch auf die Vertreterinnen des weiblichen Geschlechts beziehen. Die Entschlackung des Textes von diesen geschlechtsspezifischen Anreicherungen erscheint u.E. dem Lesefluß dienlich.

An einem düsteren und verregneten Novembernachmittag kommt K.,[2] schon geschafft vom Tagesablauf (noch keine Wohnung in der neuen Stadt, 80km Anfahrt, erste Kontakte zum neuen Arbeitsplatz Schule - oder ist das Seminar der Arbeitsplatz? - mit Stadtplan durch die fremde Stadt irrend) pünktlich um 16.00 Uhr zur ersten Fachseminarsitzung.

Den Fachleiter kennt er schon, denn er ist auch Fachlehrer an seiner Ausbildungsschule. Diese Tatsache hat K. schon aufrichtiges Mitgefühl seiner Referendarkollegen eingebracht, die im zweiten oder letzten Ausbildungsabschnitt das Fachseminar mitbestreiten. „Der ist ganz nett, aber laß dich bloß nicht über private Dinge ausfragen, das bekommst du sonst irgendwann aufs Brot...". Offenheit ist K.'s Devise, doch wie soll er die mit der nun als unerläßlich definierten freundlichen Distanz in Einklang bringen? Schließlich will er ausgebildet werden und nicht wegen seiner gerade gescheiterten Beziehung was vor den Bug kriegen. Das Hungergefühl, was K. gerade noch verspürt hat, schlägt um in dieses undefinierbare Gefühl, sich zusammenziehender Eingeweide, daß er doch schon im Hauptseminar verspürt hat. Dort ist es aufgetreten, als sein Seminar von Kennern der Materie als das Horrorseminar des Bundeslandes dargestellt wird. Erst läßt er sich beruhigen durch das Argument, der "immerwährenden Gerüchteküche an allen Seminaren", doch beunruhigt ist er schon, als er merkt, daß die Seminarleitung nach dieser Charakterisierung deutlich distanzierter auftritt und - welch pädagogische Innovation - auch merkbar weniger freundliche Umgangstöne von sich gibt.

Die Außenwelt kaum wahrnehmend, bemerkt er seinen gesenkten Kopf: „Konzentration - Kopf hoch!" Der Fachleiter hat die Vorstellungsrunde eröffnet. Ein nicht unsympathischer Späteinsteiger in den Lehrberuf, der offensichtlich eine gut strukturierte Ausbildung betreibt. Aha, vorher Karriere beim Bund und dann als Refa - Typ in der freien Wirtschaft. K. richtet sich in seinem Stuhl auf und lehnt sich zurück, um seine Eingeweide zu entkrampfen. Würde er sich offenbaren, wenn er seinen Beziehungsstatus als Lediger in seiner Vorstellung einfach übergehen würde?

Das Problem löst sich von selbst, als der Fachleiter mahnt: „Aus meinem persönlichen Werdegang heraus weiß ich, daß diese Ausbildung eine der härtesten überhaupt ist. Sie werden viel Kraft brauchen, um das zu überstehen. Viele von Ihnen werden diesen Weg vor dem Ende abbrechen. Man kommt an die Grenzen des Machbaren und darf sich mit Zweifeln nicht selbst niederringen, wenn man bis zum Ende durchhalten will. Ihre Chancen, den angestrebten Beruf jemals auszuüben, sind gering. Machen sie sich darauf gefaßt, daß ihre Ehen und Beziehungen in Mitleidenschaft gezogen werden. Die Ehen vieler ihrer Vorgänger sind sogar gescheitert."

K. versucht sich selbstironisch zu erleichtern: „Kann dir ja nicht passieren!" Doch das innerliche Grinsen bleibt irgendwo stecken. Ist das nun ein nett gemeinter Rat, doch besser gleich zu gehen, weil selbst bei erfolgreichem Abschluß der Erfolg ausbleibt und es die Sache ganz einfach nicht wert ist, sich derart selbst zu kasteien? K. hat den Gedanken kaum vollzogen, als der Fachleiter abschließend bemerkt: „Eins sage ich ihnen gleich: wir werden Ärger miteinander kriegen."

Wie kann jemand, der die Ausbildung doch zu erheblichem Teil mitgestaltet, derartige Offenbarungen leisten? K. sehnt sich nach dem Ende der Sitzung. Nach Hause - schließlich ist es noch eine lange Fahrt - Wohnungssuche forcieren - vorzubereiten gibt es auch noch etwas - Abschalten. 80km Autobahn im Novemberregen. Morgen ist Schnee angesagt.

Daß sich die psychosozialen Befindlichkeiten der Auszubildenden innerhalb des ersten halben Jahres der Ausbildung in einem drastischen Abwärtstrend befinden, um dann auf niedrigem Niveau stehenzubleiben, gehört zwar nicht zu den erklärten Ausbildungszielen, wird jedoch selten als Indikator für Fehler in der Ausbildung sondern eher als Unvermögen

---

[2] Mit K. ist hier nicht zwingend einer der Autoren gemeint. Es ist als Stilmittel eine Anspielung auf kafkaeske Merkmale der Ausbildung.

des Lehramtskandidaten verstanden. Von Anfang an ist der Referendar einem soziometrischen Gebilde ausgeliefert, in dem die Abhängigkeitsstrukturen in ihrer Vielfältigkeit zwangsläufig zu einem Verhalten des Referendars führen, das einem permanenten Drahtseilakt gleichkommt. Der Referendar sollte seinen auf der Universität erworbenen Kenntnisstand zu den Lerninhalten des Schulunterrichts beherrschen.

Aber nun geht es um sein Erscheinungsbild, sein Auftreten in der Schule im allgemeinen und im Unterricht im besonderen. In vielfältiger Weise ist er nun den Ansprüchen und Vorstellungen von Personen ausgesetzt, auf deren Beurteilung er angewiesen ist. So ist es zum einen für die Qualität des Unterrichts unerläßlich, mit der jeweiligen Lerngruppe in ansprechender Weise zu harmonisieren. Andererseits muß er die Bedeutung eines vernünftigen Umgangs mit Kollegium und Schulleitung und deren Erwartungen berücksichtigen. Ist er doch darauf angewiesen, aus dem Fundus der Lehrer an seiner Schule möglichst zahlreich Kollegen zu finden, die ihm bereitwillig ihre Klasse zur Verfügung stellen und ihn dabei als Mentoren in seiner „begleiteten Selbstausbildung" betreuen. Natürlich weiß der Referendar, daß er an curriculare Vorgaben gebunden ist. Nicht selten werden seine Intentionen allerdings durch die individuelle Vorgehensweise seines Mentors eingeschränkt. Freilich soll hier nicht unterschlagen werden, daß es in der Praxis sehr oft zu polyvalenten fruchtbaren Entwicklungen kommt, sich viele Lehrer zu ihren Referendaren loyal verhalten und mit viel Engagement bei der Sache sind. Gleichwohl sind Konflikte in dieser sensiblen Beziehung durchaus an der Tagesordnung. Signifikanter ist jedoch, daß ein Gros des Kollegiums per se nicht bereit ist, überhaupt Referendare auszubilden.

Wie jeden Dienstag begibt sich K. auch an diesem Nachmittag durch dichtbefahrene Straßen von seiner Schule zum Ort des Studienseminars. Wie oft und wie ineffektiv hat er schon ungezählte Seminarstunden abgesessen, seinem Hauptseminarleiter immer wieder anfänglich die Chance durch aufmerksames Zuhören gewährt, die Thematik halbwegs interessant an den Referendar zu bringen. Vergebens - einer redet - um ihn herum dumpfes Schweigen, Blickkontakte zu Kollegen werden anfangs gesucht: „Fühlst du genauso wie ich?" Endlose Minuten später nur noch abschweifende oder gesenkte Augenpaare, man hat physisch mit dem Phänomen zu kämpfen, daß man nicht mehr sitzen kann. Was sagt die Uhr? Sie scheint sich den Gegebenheiten anzupassen und ein geregeltes Fortlaufen eingestellt zu haben. Was tun? Krankfeiern, wie so viele, das widerspricht seinem preußischen Pflichtbewußtsein. Mit großer Wahrscheinlichkeit wird er also nächsten Dienstag als Inventar wieder anwesend sein. Aber was heißt in dieser Situation wahrscheinlich?

Nahezu unbemerkt, peu à peu, lichten sich von Woche zu Woche die Reihen in diesem Raum. Man glaubt, situative, momentane Unpässlichkeiten seien der Grund. Aber irgendwann tuschelt der Nachbar: „Schon gehört, A. ist ausgestiegen!" Unweigerlich, taucht die inzwischen beträchtliche Reihe der Aussteiger vor seinem geistigen Auge auf. Er will sie bedauern, aber er muß sie beneiden. Vieles bleibt ihnen erspart, je eher raus, desto besser. Sie tauchen nicht einmal in der eh schon miserablen Notenstatistik des Seminars auf.

Am Anfang, da war Zusammenhalt da, Konsens, der „Feind", da bestand Einigkeit, saß vorne. Je weiter der ganze Verein allerdings den Prüfungen entgegen steuert, agiert immer entschiedener „jeder gegen jeden". Und eher ungeliebte Seminarleiter werden immer unverfrorener antichambriert.

Was soll überhaupt eine solche Ausbildung, wenn es kaum eine Stelle gibt? Clever sind diejenigen, die warten, bis sich die Zeiten zum Besseren ändern. Wer aussteigt, erscheint immerhin noch konsequent, lern- und anpassungsfähig. Wie soll er sich einordnen als jemand, der einfach so mitschwimmt, ohne jegliche Perspektive für die Zeit danach? Und so hören die Lemminge auf ihrem vorgezeichneten Weg zum Arbeitsamt den Choral der Großkopferten: Warte nur auf bessere Zeiten ...

Während es dem Referendar in der Regel noch gelingt, in der Schule ein erträgliches Miteinander zu bewerkstelligen, gelingt dies auf einer anderen maßgeblichen Ebene der Lehrerausbildung in vielen Fällen nicht mehr: die Rede ist von den Seminaren mit ihren Protagonisten, den Fach- und Hauptseminarleitern.

Maßgeblich heißt hier vor allem: es sind die Fach- und Hauptseminarleiter, die mit ihrer Benotung über die Zukunft des Kandidaten richten. Zwar steht in jedem Endgutachten, daß auf Fachlehrergutachten aus den Schulen rekurriert wird. In der Praxis bleibt das Urteil der Fachlehrer aber in der Regel außen vor. In einigen Fällen haben Fachleiter - so war es zumindest vor zehn Jahren - bisweilen explizit zum Ausdruck gebracht, daß sie die Gutachten aus den Schulen nur für Makulatur halten.

Dabei beschränkt sich der Einfluß der Seminarleiter, den Referendar qua Gutachten zu beurteilen, nicht einmal nur auf seine prospektive Schulkarriere. In Zeiten grassierender Lehrerarbeitslosigkeit - dies gilt in der Bundesrepublik seit ca. 20 Jahren - entscheidet die Benotung auch über die Berufsperspektiven der Lehramtsanwärter, wenn sie sich mangels veritabler Chancen auf ein Lehramt jenseits ihres Berufsfeldes auf dem Arbeitsmarkt bewerben müssen.

Mitte der 80er Jahre waren die Chancen selbst mit einem ausgezeichneten Examen unmittelbar ein Lehramt zu erwerben, sogar so miserabel, daß in manchen Seminaren nur 1% (!) der Seminarteilnehmer direkt eine Anstellung an einer staatlichen Schule fand. In diesen Zeiten stellte der Referendar völlig zu Recht die Frage nach dem Sinn der Ausbildung. Ging es darum, gute Lehrer auszubilden, oder war man nutzlose Staffage für die (Weiter-) Beschäftigung etablierter, auf der Lehrerkarriereleiter aufgestiegener Ausbilder?

Gerade in diesem Zusammenhang war es eine bittere Erfahrung, sich in der Art der Ausbildung einem Härtetest zu unterziehen, der belegen sollte, daß man dem späteren Druck in den Mühlen des alltäglichen Schullebens gewachsen ist. Wobei heute mit dem Abstand der Jahre und der Berufserfahrung immer offenkundiger wird, daß ein gewichtiger Teil dieses Drucks eine systemimmanente Angelegenheit ist. Die Gründe hierfür liegen in der strengen Hierarchie unseres Ausbildungssystems, das den Schulen angegliedert ist. Der dem Referendar abverlangten Transparenz seines Wirkens steht ein System gegenüber, dem nicht nur diese Durchsichtigkeit fehlt, sondern das selbst Transparenz auch kaum zu wollen scheint.

Zentrum des Dilemmas ist der Anspruch einer Musterstunde, die mit dem Ideenreichtum der Aspiranten aufgepumpt wird, allerdings an den engen Grenzen der jeweils angesagten, gewissen Modernisierungen unterworfenen Didaktiken zu scheitern droht. Im Klartext: Lehrerausbildung und Lehrerdasein sind, was *Vorführstunden* im Referendariat und spätere Revisionen angeht, gebunden an einen prätentiösen didaktisch-methodischen Überbau, dem jenseits der hoheitlichen Schulaufsicht jedoch im alltäglichen Unterrichtsgeschehen bei weitem nicht die Bedeutung zukommen kann. Das liegt zum einen an didaktischen Freiheiten, die sich der Lehrer im Schulalltag nicht nehmen läßt, da er es ist, der die Situation an der pädagogischen Front seiner Lerngruppen am besten kennt. Dabei gilt für die meisten Lehrer und Referendare, daß die normale Schulprofanität wiederhergestellt ist, wenn Schulaufsicht bzw. Ausbildungsstab das Schulgebäude verlassen haben.

Zum anderen wird die weitestgehend sinnvolle Umsetzung dieses pädagogischen Überbaus durch eine Überfrachtung des Lehrers mit Verwaltungsarbeit und der zunehmenden Notwendigkeit, als Lehrer sozialpädagogisch und psychologisch zu intervenieren, konterkariert.

Im Referendariat begreift der Kandidat schnell, daß nur die Akzeptanz des Systems eine notwendige, wenn auch keineswegs hinreichende Voraussetzung zur Erlangung des *Klassenziels* dieses Ausbildungsabschnitts darstellt.

Aber auch mit einem gerüttelt Maß an Anpassung an das System führen oben genannte Gründe oftmals zum Scheitern der Vorführstunden. In den Nachbesprechungen wird dies dem Referendar dann verschleiert oder explizit in der Regel so dargelegt, daß der Durchschnittsreferendar (und der geborene Lehrer ist existent, aber selten) unweigerlich in Selbstzweifel kommen muß. In einer Vielzahl von Fällen kommt es sowohl zu massiver, über den Unterricht und die Einzelstunde hinausgehender und daher vor der Person des Referendars nicht haltmachender Kritik als auch zu Distanzüberschreitungen. Ein Tatbestand, der schlicht als unerträglich angesehen werden muß.

Nachbesprechungen von Lehrproben haben K. immer zu schaffen gemacht. Wie oft ist er mit der trügerischen Gewissheit aus der Stunde gekommen, es hat doch alles prima geklappt. Die Schüler haben tadellos mitgezogen, der Fachlehrer nickt zufrieden und dann geht er in den kleinen Besprechungsraum, wo ansonsten malade Pennäler nach Menstruationsbeschwerden, Kollapsen und ähnlichem Platz nehmen müssen. Der Fachleiter, ruhig und souverän wie immer, hebt an: „Wir wollen zunächst einmal mit dem Löblichen anfangen." Es soll sich herausstellen, daß sie damit zügig vorankommen. Die Aufarbeitung des Defizitären dauert dann wieder quälend lange.

Die Wende in K.´s Ausbildung kommt überraschend und unvermittelt. Hat er während der Lehrprobe noch das Gefühl gehabt, mal wieder nichts richtig gemacht zu haben und sowohl in der didaktischen Aufarbeitung der Stunde als auch in seinem Lehrerverhalten versagt zu haben, liest er kurz vor der Nachbesprechung am folgenden Tag in der allseits gefürchteten Stundenprotokollkladde des Hauptseminarleiters einen Satz, an den er sich inhaltlich erinnert: „K. macht kaum etwas richtig, aber die Schüler lernen trotzdem was." Die folgende Besprechung ist wie gewohnt einseitig. Hilflos sitzt K. dem Seminarleiter gegenüber. Mit ausgetrocknetem Mund versucht er, sein Gegenüber festzunageln. „Wie kann jemand etwas lernen, wenn ich fast alles falsch mache?"

„Es ist ja nicht so, daß alles falsch war, aber Sie müssen über ihren Schatten springen!"

Er soll anders sein, als er ist, heißt es das? Ist er fehl am Platz? Aber ihm ist doch konstatiert worden, daß etwas gelernt wurde, ist das nun positive Kritik? Versucht man ihn umzuhauen, oder richtet man ihn gerade wieder auf? K. entschließt sich, das von ihm noch gestern empfundene Desaster als Erfolg zu werten, um endgültig dem Kratzen an seiner Person ein Ende zu setzen.

Tage später begreift er: die Selektion hat sich scheinbar stärker ausgewirkt, als die Seminarleitung angenommen hat. Das Soll ist erfüllt. Von 21 Kollegen sind noch 12 dabei.

Der Referendar lernt, was eine schlechte Stunde ist. Das heißt aber nicht zwingend, daß er aus der Praxis lernt, wie es sein sollte. Es ist frappierend, wie oft in diesem Genre Kritik an den Fachleitern, sei es hinsichtlich der Menschenführung, sei es sogar in fachdidaktischer Hinsicht, tradiert wird. Zwar gibt es selbstverständlich fähige Fachleiter. Die Quantität von evidenten Desideraten und Defiziten in dieser Berufsgruppe ist allerdings verblüffend und das ist sicher nicht die subjektive Kritik von „Zukurzgekommenen".

Natürlich hat die Kritik an Fachleitern oftmals eine projektive Funktion. Sie hilft, von den tiefen Selbstzweifeln abzulenken. Wenngleich diese Projektionen nicht zur Apologie der

Fachleiter verkommen dürfen, nach dem Motto: „Wir wissen ja, daß Referendare und Fachleiter nicht im selben Boot sitzen. Ist der Referendar mit sich und seiner Ausbildung nicht zufrieden, liegt es ja immer an der Person des Fachleiters."

In jedem Fall steht fest, daß das Referendariat einen enormen seelischen Druck auf den Kandidaten auslöst. Der Referendar empfindet ein Damoklesschwert des Scheiterns über sich. Er weiß, wenn er strauchelt, scheitert nicht nur seine berufliche Ausrichtung, sondern der ganze Mensch.

K. trifft ein Jahr nach dem Referendariat in der Fußgängerzone einer Großstadt einen Kollegen von damals. Er ist natürlich auch von den Fleischtöpfen des staatlichen Schuldienstes ausgeschlossen. Gequält tauscht man schmerzhafte Erinnerungen aus. Vielleicht, um nicht nach vorne zu blicken. Der Kollege war inzwischen auf einer Fortbildungsveranstaltung der Bezirksregierung. Dort ließ sich der Dezernent zu folgender Einlassung herab: Euch konnten wir ja nicht gebrauchen, daher mußten die Noten ja auch so schlecht sein. Inzwischen gäbe es ja wieder etwas günstigere Einstellungsaussichten. Von daher hätte man die Lehrerseminare angewiesen, wieder besser zu benoten. Der beißende Zynismus des Gesagten zerfasert im Sog der vorbeirauschenden Massen...

Die Ausbildung zum Lehrer ist zweifelsfrei auch ein Ausleseprozeß. Nur ist es zwingend notwendig, selektive Strukturen wesentlich früher, nämlich schon in der ersten Ausbildungsphase zu verstärken. Vor zehn Jahren gab es in dieser Phase kaum Schulpraxis. Das hat sich graduell gebessert, erscheint uns aber immer noch zu wenig. Ein ein- oder zweisemestriges Schulpraktikum unter referendariatsähnlichen Bedingungen könnte einem potentiellen Lehramtsanwärter frühzeitig über seine Möglichkeiten in diesem Beruf Aufschluß geben.

So würde es den Fach- bzw. Hauptseminarleitern in vielen Fällen erspart bleiben, kurz vor Ausbildungsschluß und damit zu einem völlig inakzeptablen Zeitpunkt den Referendaren Berufsunfähigkeit attestieren zu müssen.

Wünschenswert ist ferner eine längerfristige Planung des Lehrerbedarfs. Hochschulzugangsbeschränkungen durch Aufnahmetests der Hochschulen, verbunden mit einer maßgeblichen Studienberatung zu Beginn des Studiums, hätten in den 80er Jahren die Misere der Lehrerarbeitslosigkeit abfedern oder sogar verhindern können.

Es müssen im Referendariat Mechanismen greifen, die Persönlichkeit des Lehramtsanwärters - stärker als in der Praxis üblich - aus dem Kreuzfeuer der Unterrichtskritik zu halten. Statt dessen ist der Akzent auf die Vermittlung eines soliden Handwerkszeuges in dem Sinne zu legen, daß es zu einer dynamischen Verbesserung von *Essentials* kommt. Dazu gehören Planung und Durchführung von Unterricht, Methodenvielfalt, Lehrerrolle, pädagogischer Umgang mit Schülern, Probleme der Lern- und Schulorganisation, rechtliche Aspekte, eben alles, womit ein Lehrer im Berufsalltag zu tun hat.

In diesem Kontext ist zu fragen, ob sich Ausbilder und Auszubildende in diesem Berufsfeld überhaupt relativ diametral zueinander definieren müssen. Ein Scheitern des Kandidaten reflektiert doch zugleich auf den Ausbilder. Für das Rollenverständnis des Fachleiters muß das bedeuten, sich dem Referendar moderater und konzilianter zuzuwenden.

In jedem Fall müssen die Ausbilder in fachdidaktisch-methodischer wie auch in menschlicher Hinsicht das vorleben, was sie von ihren Referendaren verlangen. So dürfte es beispielsweise - wie so oft erlebt - in exemplarischen Stunden der Fachleiter oder in den von ihnen geleiteten Seminaren keinen Frontalunterricht geben.

Abschließend darf nicht unberücksichtigt bleiben, daß es keinen *Königsweg* der Lehrerausbildung gibt. Didaktische und methodische Konzeptionen sind an gesellschaftliche Dynamisierungsprozesse geknüpft; sie sind jedoch zugleich auch Modernisierungen unterworfen, die mitunter, wie das Beispiel Mengenlehre demonstriert, nach einiger Zeit der Reflexion und Diskussion wieder revidiert werden. Im Referendariat wird jedoch bisweilen der Eindruck erweckt, als würde es eine *reine Lehre* geben, die es zu vermitteln gilt.

Es erscheint uns fraglich, ob in Schulen überhaupt teilweise dogmatisch wirkende Modernisierungsparadigmen wie beispielsweise Binnendifferenzierung oder Handlungsorientierung einem frei gestalterischen Selbstverständnis des Lehrerberufes geopfert werden müssen.

Die in diesem Text dargelegten Ausführungen sind Einlassungen (ehemals) Betroffener. Möge die Lehrerausbildung künftig keine Betroffenheit mehr auslösen.

Die Autoren:

Beide Autoren absolvierten ihre Universitätsausbildung in NRW.

Klaus Bruß wurde 1988 in Hannover zum Lehrer ausgebildet. Er arbeitet nach einer langen Odyssee durch verschiedenartigste pädagogische Berufsfelder seit 1994 an einer Wuppertaler Gesamtschule.

Dr. Volker Brand erfreute sich einer Ausbildung zum Lehrer am Studienseminar Minden, die er 1987 abschloß. Seine Odyssee durch lehrerverwandte Tätigkeiten währte noch etwas länger. Inzwischen arbeitet er an der Gesamtschule Bad Oeynhausen.

Verzeichnis der Autor(inn)en

Matthias Berghoff   Wissenschaftlicher Mitarbeiter an der Fakultät für Linguistik und Literaturwissenschaft der Universität Bielefeld; Schwerpunkte: Sprachdidaktik; Literaturdidaktik, Neue Medien

Volker Frederking   Dr. phil., Akademischer Rat an der Fakultät für Kulturwissenschaften/ Fach Deutsch der Pädagogischen Hochschule Heidelberg; Schwerpunkte: Literaturwissenschaft, Literaturdidaktik; Interkulturalität, Medien im Deutschunterricht

Günter Heine   Oberstudiendirektor an einem Gymnasium in Detmold, Fachleiter für das Fach Deutsch am Studienseminar Detmold und Lehrbeauftragter für Deutschdidaktik an der Fakultät für Linguistik und Literaturwissenschaft der Universität Bielefeld

Hans-Werner Huneke   Studienrat a.e.H. an der Fakultät für Kulturwissenschaften/ Fach Deutsch der Pädagogischen Hochschule Heidelberg; Schwerpunkte: Sprachdidaktik, DaF, Anfangsunterricht

Werner Jünger   Dr. phil., Studienrat a.e.H. an der Fakultät I/ Fach Psychologie der Pädagogischen Hochschule Heidelberg; Schwerpunkte: Schulpsychologie, Kreativitätsforschung

Theodor Karst   Dr. phil., Professor für Deutsche Sprache und Literatur und ihre Didaktik an der Pädagogischen Hochschule Heidelberg; Schwerpunkte: Literaturwissenschaft, Literaturdidaktik, Kinder- und Jugendliteratur

Juliane Köster   Dr. phil., Oberstudiendirektorin, Fachleiterin am Studienseminar Bielefeld und Lehrbeauftragte an der Fakultät f. Linguistik und Literaturwissenschaft der Universität Bielefeld

Walter Lenk   Rektor der Grundschule Königsknoll in Sindelfingen, Seminarleiter für das Fach Sachkunde, Lehrbeauftragter für Heimat- und Sachunterricht bzw. Anfangsunterricht am Seminar für schulpraktische Ausbildung (GHS) in Sindelfingen

Erhard P. Müller   Dr. phil., Oberstudienrat i. H. am Institut für Deutsche Philologie der Ludwig Maximilians Universität München; Schwerpunkte: Literaturdidaktik

Susanne Nordhofen   Dr. phil., Studienrätin/ z.Z. Pädagogische Mitarbeiterin am Institut für Deutsche Sprache der Universität Frankfurt

Barbara Schubert-Felmy   Leitende Regierungsschuldirektorin bei der Bezirksregierung Detmold für das Fach Deutsch und den Kreis Gütersloh i.R. und Lehrbeauftragte für Deutschdidaktik an der Universität Bielefeld und an der Humboldt Universität Berlin

Frieder Schülein   Dr. phil., Akademischer Oberrat an der Fakultät für Linguistik und Literaturwissenschaft der Universität Bielefeld; Schwerpunkte: Sprachwissenschaft, Sprachdidaktik, Fremdsprachen in der Grundschule, Theaterspiel

Kaspar H. Spinner   Dr. phil., Professor, Lehrstuhl für Didaktik der Deutschen
                     Sprache und Literatur an der Universität Augsburg; Schwer-
                     punkte: Literaturdidaktik; Methodik des Deutschunterrichts

Wolfgang Steinig   Dr. phil., Professor für Deutsche Sprache und Literatur und
                     ihre Didaktik an der Pädagogischen Hochschule Heidelberg;
                     Schwerpunkte: Sprachwissenschaft, Sprachdidaktik, DaZ/
                     DaF

Roland W. Wagner   Lehrkraft für besondere Aufgaben (Sprecherziehung) an der
                     Pädagogischen   Hochschule   Heidelberg;   Schwerpunkt:
                     Sprechpädagogik

Jutta Wermke   Dr. phil., Professorin für Deutsche Literatur und Didaktik
                     des Deutschunterrichts an der Universität Osnabrück, For-
                     schungsstelle Integrierte Medienerziehung; Schwerpunkte: Li-
                     teratur und Medien; Medienerziehung; Ästhetische Erziehung;
                     Kreativitätsforschung

Regina Wieland   Akademische Rätin an der Fakultät für Kulturwissenschaften/
                     Fach Deutsch an der Pädagogischen Hochschule Heidelberg;
                     Schwerpunkte: Sprachwissenschaft, Sprachdidaktik, DaZ

Michael Zimmermann   Bildungsreferent der Landesarbeitsgemeinschaft 'Spiel und
                     Theater e.V.' Nordrhein-Westfalen und Lehrbeauftragter für
                     Theaterspiel an der Universität Bielefeld

Mitautor(innen)

Elin-Birgit Berndt   Wissenschaftliche Mitarbeiterin in der Arbeitsgruppe 'Infor-
                     mationstechnische Grundbildung in der Lehrerausbildung' an
                     der Universität Bremen

Almut Hoppe   Studiendirektorin am Gymnasium Wellingdorf in Kiel und
                     Fachseminarleiterin in der Lehrerausbildung des Faches
                     Deutsch für das Gymnasium am IPTS in Kiel

Hartmut Jonas   Dr. phil., Professor für Didaktik der Deutschen Sprache und
                     Literatur am Institut für Deutsche Philologie der Ernst Moritz
                     Arndt Universität Greifswald; Schwerpunkte: Deutschdidak-
                     tik, Mediendidaktik

Petra Josting   Dr. phil., Wissenschaftliche Assistentin an der Fakultät für
                     Linguistik und Literaturwissenschaft der Universität Biele-
                     feld; Kinder- und Jugendliteratur, Deutschdidaktik, Mediendi-
                     daktik

Bodo Lecke   Dr. phil., Professor für die Didaktik der deutschen Sprache
                     und Literatur am Institut für Didaktik der Sprachen an der
                     Universität Hamburg; Schwerpunkte: Literaturwissenschaft,
                     Literaturdidaktik, Medienpädagogik

Ulrich Schmitz   Dr. phil., Professor für Germanistik/ Linguistik und Sprachdi-
                     daktik an der Universität Gesamthochschule Essen; Schwer-
                     punkte: Linguistik, Neue Medien

Die Standardwerke in umfassenden Neubearbeitungen!

Taschenbuch des Deutschunterrichts Jubiläumsausgabe

6., vollständig überarb. und erw. Aufl. 1998. Hrsg. von **Günter Lange, Karl Neumann** und **Werner Ziesenis**

1. Band: **Grundlagen, Sprachdidaktik, Mediendidaktik**
XVI, 510 Seiten. Kt. ISBN 3896760742. DIN B 5. FPr. DM 48,—

2. Band: **Literaturdidaktik: klassische Form, Trivialliteratur, Gebrauchstexte**
XVI, 496 Seiten. Kt. ISBN 3896760750. DIN B 5. FPr. DM 48,—

Gesamtpreis für beide Bände DM 84,— (ISBN 3896760734)

25 Jahre nach der ersten Auflage tritt die vorliegende 6. Auflage als **Jubiläumsausgabe** an die Öffentlichkeit. Das einstmalige „Taschenbuch" wurde zu einem umfassenden Handbuch, das in breiter Ausfächerung das gesamte Spektrum des Deutschunterrichts, seine Grundlagenfragen ebenso wie seine Teilgebiete, repräsentiert.

Wie die vorherigen Auflagen hat die **Jubiläumsausgabe** der Weiterentwicklung der fachdidaktischen Diskussion Rechnung getragen. Sie enthält eine ganze Reihe völlig neuer Artikel, so z. B. zum mündlichen und schriftlichen Sprachgebrauch, zur Didaktik des Rechtschreibens, zu Sprech- und Sprachstörungen, zur DDR-Literatur im Deutschunterricht; alle übrigen Beiträge wurden einer gründlichen Überarbeitung unterzogen.

Alle Artikel des „Taschenbuchs" folgen dem Gliederungsschema, dass die Darlegung des fachwissenschaftlichen und fachdidaktischen Diskussionsstandes nach Möglichkeit mit unterrichtspraktischen Hinweisen verknüpft wurde.

Einführung in die Fachdidaktik Deutsch

Von **Karl Schuster**. 7., vollständig überarb. und erw. Aufl., 1998. VIII, 239 Seiten. Format B5. Kt. ISBN 3896760009. FPr. DM 29,80

Die **7. Auflage** wurde insgesamt überarbeitet, auf den neuesten Stand der wissenschaftlichen Diskussion gebracht und entsprechend erheblich erweitert (mit einem Wechsel zu einem leserfreundlicheren größeren Buchformat).

Neue Themen wurden aufgenommen, z. B.:

Die wissenschaftstheoretische Position des Radikalen Konstruktivismus, die sog. kognitive Wende, Aspekte der Kinder- und Jugendliteratur, die Freiarbeit. Völlig neu wurde das 6. Kapitel zur *„Reflexion über Sprache"* konzipiert (*Grammatikunterricht*); der darin enthaltene *„Rechtschreibunterricht"* (das große Thema in der Öffentlichkeit während der letzten Jahre) musste selbstverständlich „umgeschrieben" werden. Aber auch zur *Literatur- und Aufsatzdidaktik* wurden die neuesten Publikationen berücksichtigt.

 Schneider Verlag Hohengehren;
Wilhelmstr. 13; D-73666 Baltmannsweiler

Günter Waldmann

Produktiver Umgang mit Lyrik

Eine systematische Einführung in die Lyrik, ihre produktive Erfahrung und ihr Schreiben. Für Schule (Sekundarstufe I und II) und Hochschule sowie zum Selbststudium. 5. völlig neubearb. und erw. Aufl., 1998. VIII, 311 Seiten. Kt. ISBN 3896760319. FPr. DM 36,—

Die 5. Auflage des bewährten Werkes wurde neu bearbeitet. Die Konzeption, zunächst in einer Art Vorschule den freien Vers und dann die lyrischen Vers-, Klang-, Wort-, Bild-, Satz- und Strophenformen durch aktive Erkundung und Erprobung produktiv zu erarbeiten, blieb dabei wie der größte Teil des Textbestandes erhalten. Das Buch wurde vor allem erweitert (die bisher 88 Arbeitsanregungen wurden auf 110 mit insgesamt 170 Einzelaufgaben vermehrt):

– Es ist nun ein Einführungskapitel vorgeschaltet, das vielfache Möglichkeiten kreativer Einstimmung in lyrisches Sprechen und erster produktiver Erkundung lyrischer Formen bietet.

– Zahlreiche Arbeitsanregungen wurden eingefügt, die eine mehr spielhafte Annäherung an Lyrik und lyrische Formen erlauben.

– Mehrfach wurden Arbeitsanregungen mit leichteren Texten hinzugeführt, um eine größere Bandbreite von einfachen bis zu schwierigen Aufgaben zu erreichen; das Buch ist jetzt von der Primarstufe bis zum Leistungskurs oder zum Hochschulseminar zu verwenden.

Es enthält nach wie vor einen knappen Theorieteil zur – vor allem das Verstehen von Lyrik bestimmenden – produktiven literarischen Differenzerfahrung und ist durch Personen- und Sachregister erschlossen. Die methodischen Hinweise und Vorschläge, insbesondere die auf die einzelnen Klassenstufen bezogenen Vorschläge für Unterrichtssequenzen und -einheiten, wurden neu erarbeitet und noch ausführlicher gefaßt.

Insgesamt liegt damit ein Buch vor, das für alle Schwierigkeitsgrade und auf jedem Anspruchsniveau viele sichere Wege zu einem motivierenden, lustvollen und ergiebigen produktiven Umgang mit Lyrik weist.

Kaspar H. Spinner

Umgang mit Lyrik in der Sekundarstufe I

3. Auflage, 1997. VII, 168 Seiten, Kt. ISBN 3871164984. FPr. DM 19,80

Der bewährte praxisbezogene Band liegt hier in einer Neuauflage vor. Die methodischen Vorschläge sind erweitert worden, insbesondere durch zusätzliche produktive Verfahren und Beispiele szenischer Interpretation.

Die Textauswahl ist aktualisiert im Hinblick auf veränderte Interessen der Schülerinnen und Schüler. Stärkere Betonung hat der Zusammenhang von operativ-kreativem Vorgehen und Textanalyse erfahren. So vermittelt der Band noch mehr Anregungen für spielerischen Umgang mit poetischer Sprache, für die Auseinandersetzung mit Alltagserfahrungen anhand der lyrisch verdichteten Texte und für Einblicke in historischen Wandel.

Vergnügliche und erlebnisintensive Deutschstunden, in denen Phantasie entfaltet und Nachdenken angeregt, Empfinden vertieft und Entdeckungen an Sprache und Inhalt erreicht werden: das ist es, was der Band ermöglichen will.

Schneider Verlag Hohengehren
Wilhelmstr. 13; D-73666 Baltmannsweiler

Claudia Osburg

Gesprochene und geschriebene Sprache
Aussprachestörungen und Schriftspracherwerb
1997. IX, 205 Seiten. Kt. ISBN 3871168947. FPr. DM 29,80

Viele Arbeiten widmen sich dem Schriftspracherwerb bei Kindern mit *sprachlichen Auffälligkeiten*. Kaum eine aber fragt nach den *spezifischen* Problemen von Kindern mit *Aussprachestörungen*, also von den Kindern, die Sprachlaute nicht immer erwartungsgemäß realisieren. Was schreibt Marina für ‹Reiter›, wenn sie ihn als „Eta" bezeichnet oder Sabine, die ‹Mund› als „Munk" ausspricht?

Neu an diesem Buch ist, daß es – unter Berücksichtigung der aktuellen Forschungen zum Bereich Aussprachestörungen – nach fördernden und behindernden Bedingungen für diese Kinder beim Schriftspracherwerb fragt und anhand konkreter Beispiele die individuelle und geschriebene Sprache von Kindern miteinander in Beziehung setzt. Wenn Förderung keine „Allround-Förderung" sein soll, ist die Frage nach der Systematik des kindlichen Lernens unerläßlich.

Dieses grundlegende Werk zum Zusammenhang von Aussprachestörungen und Schriftspracherwerb

☞ problematisiert das Verhältnis von gesprochener und geschriebener Sprache sowohl im historischen als auch im didaktischen Kontext.

☞ widmet sich förderdiagnostischen Fragen von phonetisch und phonologisch bedingten Aussprachestörungen.

☞ informiert über allgemeine und spezifische Probleme beim Schriftspracherwerb.

☞ zeigt anhand von vielen konkreten Beispielen auf, wie Kinder mit Aussprachestörungen sich der geschriebenen Sprache nähern.

☞ geht auf spezifisch fördernde und behindernde Bedingungen bei Kindern mit Aussprachestörungen beim Schriftspracherwerb ein und stellt Zusammenhänge dieser Bedingungen mit unterrichtsdidaktischen Fragen her.

Charlotte Röhner

Kindertexte im reformorientierten Anfangsunterricht
Zur personalen und sozialen Bedeutung des Schreibens in der Grundschule
1997. 243 Seiten. Kt. ISBN 3871164976, FPr. DM 36,—

Die Bedeutung des Schreibens und der Schrift für die personale und soziale Entwicklung der Kinder wird in diesem Buch erstmalig umfassend untersucht. Während die kognitive spachwissenschaftliche Forschung die Frage verfolgt, wie Kinder sich die Struktur der Buchstabenschrift aneignen, wird in der vorliegenden Studie analysiert, welche Lebens- und Entwicklungsthemen Kinder in freien Texten zum Ausdruck bringen und wie sie dabei ihre Biographie konstituieren.

Zur theoretischen Erschließung personaler und sozialer Aspekte kindlichen Schreibens werden psychoanalytisch und interaktionistisch fundierte Theorien der Sprache herangezogen und mit biographie- und kindheitstheoretischen Ansätzen verknüpft.

Um die personale und soziale Bedeutung kindlichen Schreibens differenziert und facettenreich zu erfassen, werden freie Texte von Kindern am Schulanfang unter verschiedenen Fragestellungen in biographischen Fallstudien, inhaltlich-systematisch sowie im Rahmen einer quantitativen Inhaltsanalyse (1013 Kindertexte) untersucht.

Schneider Verlag Hohengehren
Wilhelmstr. 13; D-73666 Baltmannsweiler

Günter Lange / Doris Marquardt / Leander Petzoldt / Werner Ziesenis

Textarten – didaktisch

Eine Hilfe für den Literaturunterricht
2. Auflage, 1998. IV, 192 Seiten. Kt. ISBN 3896760394. FPr. DM 29,80

Textarten – didaktisch entstand während der gemeinsamen Arbeit an einem Lesebuch. Die Textartenartikel sind dort Bestandteil der Lehrerbände und dienen der fachlichen Orientierung und als didaktische Hilfe für die Lehrer beim Umgang mit dem Lesebuch.

Mit diesen Textartenartikeln ist seit dem Erscheinen des Lesebuchs aber auch intensiv in der 1. und 2. Phase der Lehrerausbildung sowie in der Lehrerfort- und -weiterbildung gearbeitet worden. Dabei wurde der Wunsch von vielen Studierenden, Referendaren und Lehrern geäußert, diese Textartenartikel als Kompendium zur Verfügung gestellt zu bekommen, um sie als Grundlage und Hilfe für das Studium und den eigenen Literaturunterricht nutzen zu können.

Das erwünschte Kompendium – Textarten von der „Abenteuergeschichte" bis zu „Zeitungstexten" – liegt nun in überarbeiteter und erweiterter Form vor. **Textarten – didaktisch** füllt eine bisher deutlich empfundene Lücke und möchte Anregungen und Hilfen für das Studium und den eigenen Literaturunterricht bieten: fachlich fundiert und didaktisch reflektiert.

Das Literatursystem der Gegenwart und die Gegenwart der Schule

Hrsg. von Michael Kämper-van den Boogaart.
1997. VII, 205 Seiten. Kt. ISBN 3896760114. FPr. DM 29,80

Beobachtungen zum aktuellen Literatursystem und zur gegenwärtigen Literaturdidaktik bestimmen den thematischen Schwerpunkt dieses Bandes. Erörtert werden – auch auf empirischer Basis – Zustand und Leitvorstellungen literarischer Bildung. Diskutiert wird unter anderem das Verhältnis von Leselust, Unterhaltungsbedürfnissen und literarischen Normvorstellungen.

Zur Sprache gebracht und systematisiert werden praktische Erfahrungen aus der Arbeit an Texten in Schule und Hochschule. Zeigt sich für den Mythos als Erzählform, wie narrative Strukturen produktive Fortschreibungen über Jahrtausende ermöglichen, so dokumentiert die aktuelle Diskussion um die Bedeutung der DDR-Literatur für den Schulunterricht, wie sich mit einer politischen Zäsur Einstellungen gegenüber einer literarischen Tradition fundamental ändern.

 Schneider Verlag Hohengehren
Wilhelmstr. 13; D-73666 Baltmannsweiler